STRATEGY :
THE
INDIRECT
APPROACH

战略论：

间接路线

著
_____

[英]　李德·哈特 (Basil H.Liddell Hart)

译
_____

钮先钟

上海人民出版社

目　　录

序

李德·哈特

核弹的出现已为世界投下了一道黑影,而"自由世界"方面,尤其显得阴森。这种武器在设计时的目的,本是为了保护他们,可是结果他们反而最感焦急。他们这种日益增高的"不安全"感,正足以构成一个极富讽刺意味的反省,使人回忆起 1945 年,他们的领袖对放出这个"核恶魔"以来加速日本崩溃的决定,是如何的草率和缺乏思考。丘吉尔的《战时回忆录》,其最后一卷故意定名为"胜利与悲剧",在那本书上曾有一个极惊人且具有重大意义的透露。他说:"对于是否应该使用原子弹的问题,从来不曾有过一分钟的讨论。"

核弹对于广岛的轰炸而言,可算是一个报应。当年负责的政治家认为这是确保迅速完全的胜利,和尔后世界和平的最容易和最简单的方法。诚如丘吉尔所云,他们的想法是以为"这足以使战争结束,使世界和平,只要花少数几个爆炸的成本,即足以显示出惊人的力量,对于受苦受难的人民,伸出救援的手来。当我们经过这样多的劳苦与危难之后,这似乎可以算是一种奇迹了。"可是到了今天,自由世界的人们所感到的焦虑反而与日俱增,此正足以证明当时的领袖们,对这个问题并没有能够想透——这样的胜利并不能获得和平。

他们的眼光始终不曾超出眼前的战略目标——"赢得战争"——之外,而且更认为军事胜利即足以保障和平——这个假定是与历史的通则相违背的。这可以算是一个万古不变的真理:纯粹军事性的战略,必须受到具有较长久和较广泛观点的"大战略"的指导。

在第二次世界大战那样的环境中,对胜利的追求是注定要变成悲剧的,把德国的抵抗力完全消灭了之后,结果当然无异于是为苏联扫清了侵入欧陆的道路,而使苏联的势力可以向四面八方扩展。这也是同样自然的结果:在战争结束的时候,核武器既然有了如此惊人的表演,苏联人在战后就一定会设法发展这种武器了。

从来不曾有过这样不安全的和平,经过了八个神经紧张的年头之后,核武器的生产更使"胜利的国家"日益增加其不安全感。但这还不是其唯一的效果。

即便还只是在试爆之中,核弹却早已比任何的东西,更足以证明出用"总体战"当作方法,和用"胜利"当作战争目标,是如何的荒唐不经。这两个名词以及它们所代表的观念,似乎都是完全不合理的。

连主张战略轰炸的巨子们,也都已经认清了这个事实。英国空军元帅约翰·斯莱塞爵士(Sir John Slessor),最近曾经发表他的见解说:"四十年来,我们所知道的总体战,现在是已经过时了……今后若再有世界大战发生,其结果无疑是集体自杀,而人类的文明亦将就此结束。"英国空军元帅泰德勋爵(Lord Tedder),也早已强调过这一点,他说:"用核武器的战争不是决斗,而是相互自杀。"

可是接着他又说:"这种趋势似乎可使侵略行为不致受到鼓励。"——这句话却比较不合逻辑。因为一个冷血的侵略者,也许会估计到他的对手有一种不愿意自杀的先天犹豫心理——这种心理使他们对那些不是明显致命的威胁,可能就不会采取立即的反应。

任何一个负责的政府,当它达到这个地步时,是否会敢于使用核弹,以来回应一个间接性的侵略,或者是任何局部和有限性的侵略呢?连空军方面的领袖人物本身,都警告我们说,这是一种"自杀"的行为,那么若是再感到跃跃欲试的话,则似乎真是疯狂了。因此,我们可以假定除非这个威胁,要比核弹本身还更可怕,否则就决不会有人使用核弹。

政治家想把这种武器用来当作对于侵略的一种阻吓工具,这种信念的基础实在是一种幻觉。使用这张王牌的威胁可以当作是一种虚声恫吓。可是事实上,苏联人,尤其是克里姆林宫的主人,对于它似乎是不会太认真,而那些靠近铁幕边缘的国家,却也许会感到更伤脑筋,因为他们会害怕苏联的战略空军拿他们当作开刀的试验品。假使说用核武器来保护他们,其结果可能反而削弱了他们的抵抗决心,那么它的"后膛爆炸力"早已证明出来是有很大的损毁力量。

对于"遏制"政策而言,核弹是不但无益而又害之。它固然可以减低全面战争爆发的可能性,但是它却也使有限战争的可能性大为增加,助长了间接局部性侵略之风。侵略者可以使用各种不同的技术,形式虽各有不同,而其设计着眼点却是完全一样的——设法使对方犹豫不决,不愿意使用核弹或其他核武器。

要想"遏制"这种祸害,我们现在对于"传统武器"反而倚仗更深。不过这个结论并不是说,我们一定要回到传统性的方法,我们在方法方面是可以翻陈出新的。

我们已经进入一个新的战略时代,它的本质与核空权论者的假想具有很大的差异——这些人对于旧时代而言,是一些"革命"派。我们的对手今天所发展出来的战略,其基本的着眼点有二:一是闪避优势的空权;二是使优势空权无用武之地。很够讽刺的是,当我们对轰炸武器的"巨型"效力愈加以发展,则我们愈促进了新型游击战略的进步。

我们自己的战略必须以明白把握住这个观念为基础,我们的军事政策也需要重新决定它的方向。我们必须针对敌人的战略,成功发展出一种有效的反战略。在这里我们还可以附带的说明一句:想用核弹来毁灭敌人的城市,其结果则是减少了可以做我们"第五纵队"的材料。

认为核武器即足以取消战略的假定,是完全不正确的。因为它既然能使毁灭达到"自杀"的极致,其结果一定会促使人们加速反省,而又回到间接的路线上——这本是战略的精义,它为战争带来了智慧,使战争超出了暴力的境界之外。在二次大战中,早已有很多的迹象,足以证明"间接路线"的价值——在那次战争中,战略所担负的角色,远比一次大战中更为重要,虽然大战略方面却不免令人失望。而今,若沿着惯用的路线,而用核吓阻力来采取直接行动,则结果反而会使侵略者在战略上坐享渔人之利。所以当核武器日新月异之际,我们对于我方所具有的战略力量,也必须有同等程度的了解,才足以发挥配合的效力。严格说来,战略的历史也就是间接路线的使用和演化的记录。

从本书的初版(用《历史上的决定性战争》〔*The Decisive Wars of History*〕为书名)迄今,已经25年了。1941年曾经有一个增订版,用《间接路线的战略》(*Teh Strategy of Indirect Approach*)的书名发表。在二次大战期间和战后也曾经一再再版,不过现在却早已销售一空。此外,这个增订版也从来不曾在美国出版。自从战后,外国的译本数量大增,似乎显示出它的英文原本也有再出新版之必要,于是我就乘着这个机会,把内容又作了一次增补。这样一来,书的篇幅就更扩大了,不过我对战役的说明,还是力求简洁,避免琐碎的叙述。只有如此,才不会有见树不见林之弊。

当我在研究古今的无数战役时,我才发现到,间接路线实在是远比直接路线更为优越——在此,我还是专就战略学的观点来立论的。不过经过了更深入的反省之后，我才开始认识到这种间接路线，还可以有更广泛的应用。在所有一切生活的领域之内，这都是一条不易的定律——这也是哲学上的真理。对于人生途径上的一切问题，它都能够加以解决。无论在何种情形之下，一个新观念的直接攻击，结果必然会挑起顽强的抵抗，使局面反而难于改善。若是使用出人意外的渗透手段，用侧击的方式，则其收效反而会更容易和更迅速。从政治的领域以至于恋爱的场合，间接路线都是一个基本的原则。在商业方面，用讨价还价的手段，则成交的机会可以较多。在任何的情形之下，要想说服一个人接受一个新观念，最可靠的方法就是使他认为这就是他自己的观念！正和战争中的情形是一样的，在未克服敌人抵抗之前，应首先减弱他的抵抗，而最有效的手段即为把他引出其本身的防线之外。

在一切和人心有关的问题上，间接路线的观念都具有密切的关系——而人心在人类历史上，也正是一个最重要的因素。不过这却与下述的另一种见解颇难调和——只有不顾一切后果去追求真理，始能获得真正的结论。

历史固然证明了，"先知者"对于人类的进步，是具有极重大的贡献——这也表示出，当一个人看到真理之后，若对于它做无保留的表达，还是能发挥终极的实际价值。不过历史却也同样显示出，要使先知者的观点为大家广泛的接受，还需要有另一类人物的努力。这种人就是"领袖"，他们是哲学的战略家，在真理与人们所可能接受的限度之间，获致一个折衷的解决。决定他们成就的因素有二：一为他们自己对于真理的了解限度，二为当他们表达真理时所具有的实际智慧。

先知者是应该殉道的，这是他们命中注定了的，求仁得仁，死复何憾！但是一个领袖若以身殉道，则不过适足以证明他是失败的，没有达成他的任务。一方面表示他缺乏智慧，另一方面表示他并未认清他的任务和先知者是有所不同的。不过只有时间才能做最后的裁判者，以来判决这种牺牲是否值得——就一个领袖的身份而言，表面上他是失败了，但就一个"人"的地位而言，则这种失败也许又足以增加其光荣。至少，他已经避免了一般领袖人物的通病——那就是不惜为"便宜主义"而牺牲真理，可是对于结果却并无真正利益可言。假使一个人总是惯于为了眼前的利害，而牺牲真理，则从你的思想子宫中所生产出来的，一定都会是畸形的婴儿。

那么有无一种实际的方法，折衷于二者之间呢？一方面不违背真理，而另一方面又使人易于接受。从战略原理的研究中，似乎可以暗示出一个可能的解决方案。战略学告诉我们最重要的，**就是一方面经常保持着一个目标，而另**

一方面在追求目标时,却应该适应环境,随时改变路线。真理必然是会遭到反对的,尤其是当它采取一种新观念的形式时更是无可幸免,但是这种抵抗的程度,却可以设法减轻——那就是不仅要考虑到目标的本身,而且还更要考虑到进行的路线。避免向坚固的阵地作正面的突击,尽量采取侧翼上的行动,以求找到一个暴露的弱点。不过,在任何这一类的间接行动中,必须非常小心谨慎,不要背离了真理,否则就会遭到更大的失败。

从每个人自己的实际经验中,就可以找到充分的例证,来说明这些思想的意义。每当一种新观念想要获得大家的接受时,最容易的方式即为设法使大家认为这并非一种崭新的东西,而只是把"古已有之"的旧东西,加以摩登化而已。这也并非故意做欺人之谈,实际上,在太阳底下的东西没有一样是全新的,只是大家不太肯用脑筋,去寻找新旧两者之间的关系而已。下面所说的即为一个明显的例证,当我们证明了机动化装甲车辆就是古代装甲骑兵的承继者以后,那些反对机械化的呼声马上就降低了,他们马上就自然而然地回想到骑兵在过去战争中所担负的决定性任务。

孙 子 语 录

兵者,诡道也。故能而示之不能,用而示之不用,近而示之远,远而示之近,利而诱之,乱而取之。

夫兵久而国利者,未之有也。故不尽知用兵之害者,则不能尽知用兵之利也。

不战而屈人之兵,善之善者也。故上兵伐谋,其次伐交,其次伐兵,其下攻城。

凡战者,以正合,以奇胜。

出其所必趋,趋其所不意。

进而不可御者,冲其虚也。退而不可追者,速而不可及也。

人皆知我之所以胜之形,而莫知吾所以制胜之形。

夫兵形象水,水之行,避高而趋下。兵之胜,避实而击虚。水因地而制行,兵因敌而制胜。

故迂其途,而诱之以利,后人发,先人至,此知迂直之计者也。

先知迂直之计者胜,此军争之法也。

无邀正正之旗,勿击堂堂之阵,此治变者也。

围师必阙,穷寇勿追。

兵之情主速,乘人之不及,由不虞之道,攻其所不戒也。

第一篇　二十世纪以前的战略

第一章　绪　　论

　　"愚人说他们从经验中学习,我却宁愿利用别人的经验。"这句话据说是俾斯麦说的,但是却不一定是他最先发现了这个真理。这个真理对于军事问题具有特殊的意义。和其他的行业不同,一个"正规"军人并不能经常的实习他这种职业。所以甚至有人会强辩说,军人这一行职业,简直不能算是一种真正的职业,而只是一种"临时性的雇佣关系"(casual employment)。这似乎是很矛盾的:当过去实行佣兵制的时候,军人倒还可以算是一种职业,为了战争的目的,他们才受雇和领饷。可是等到佣兵制度为常备兵制度所取而代之以后,军人在不打仗的时候,也都照样可以领到薪饷了。

　　关于这种严格说来并没有"职业军人"的辩论,假使说在工作方面,对于今天多数的军人并不适用;那么至少在练习方面,却是非常的适合。因为比之从前,战争是越来越少,而且也越来越大。平时所谓训练,即便是最好的,也都只是"理论"多于"实践"。

　　但是俾斯麦的名言在这个问题上面,却又投射出一线新希望。它使我们认清了事实上有两种不同的"实际经验"(practical experience):直接的和间接的。而在这两者之间,间接的实际经验可能是更有价值,因为它的范围比较广泛。即便在一个最活跃的职业中,尤其是一个军人的职业,其实习的范围和可能性一定还是十分有限。与军事作一个对比,医师这一行职业可说是具有极大的实习机会。可是在医药方面的最大进步,多数还是要归功于科学思想家和研究工作者,而并非实际开业的医师。

　　直接经验有其先天上的限制,无论对于理论或应用而言,都不足以构成一个适当的基础。最多它只能造成一种气氛,这对于思想结构的精炼化具有相当的价值。为什么间接的经验能够具有较大的价值呢?主要的原因是由于它的种类较繁多,范围也较广泛。"历史是一种普遍性的经验"——这不是某一个人的经验,而是许多人在各种复杂多变的条件下,所产生的经验。

为什么要把军事史的研究当作是军事教育的基础,这就是一个合理的根据,对于一个军人的训练和心智的发展,它都具有无上的实际价值。不过也和其他一切的经验一样,这种研究的成就应决定于两点:它的范围宽度,以及研究的方法。

拿破仑有一句常为人所引用的格言:"在战争中,精神对物质的比重是三比一。"大多数的军人都一致接受这个广泛的真理。实际上,这种算术上的比例可能是毫无意义的,因为假使兵器不适当,则士气也就会随之减退,而在一具死尸上面,连最坚强的意志力也都会丧失了它的价值。不过尽管精神因素和物质因素是分不开的,可是拿破仑这一句格言却还是具有不朽的价值,因为它表现出一个重要的观念——在一切军事性决定中,精神因素是居于首要的地位。战争和会战的结果经常是以它们为转动的基础。在战争的历史中,它们成为一个最具有"常"性(constant)的因素,仅仅只有程度上的变化而已。而其他的物质因素,则几乎在每一个战争中和每一种军事情况之下,都可以完全不同。

这种认识对于以实用为目的,而研究军事历史的整个问题,都具有影响作用。近代的研究方法常常是选择一两个战役,而加以深入研究,想以此来当作职业训练的工具和军事理论的基础。不过这种基础的范围却很有限,无法表示出从这一个战争到那一个战争之间,军事方法(工具)的连续演变,所以很具有危险性,会使我们的视界狭窄而得不到正确的结论。在物质的领域中,唯一经常不变的因素就只是下述的事实:一切工具和条件几乎经常是在变化之中。

反过来说,人类天性对于危险的反应却几乎很少变化。某些人,由于遗传、环境,或训练的影响,其反应可能不像旁人那样敏感,但这只是程度上的差异,而并非根本上的差异。我们的研究若愈局部化,则此种程度上的差异愈不明显,也愈难计算。我们固然无法精确地计算出来,人们在某种情况之下,就会具有多少的抵抗力,但是下述的判断却是人尽皆知的:受到奇袭时的抵抗一定会比在有戒备时差;在饥寒交迫时的抵抗力一定会比暖衣足食时差。心理观察的范围愈广,则研究的基础也就愈佳。

心理因素既然比物质因素还重要,而且它又具有较大的"常"性,因此可以得到一个结论:任何战争的理论,在基础方面总是越宽广越好。除非我们对于全部战争的历史,都先具有广泛的知识,然后以此为基础再来对某一特定战役作深入的研究,否则这种深入研究很可能会把我们引入迷途。反而言之,假使在不同的时代和不同的环境中,一共有二三十次的例证,都足以证明有某种的"因",即能产生某种的"果"时,那么我们再把这种因果关系当作是任何战争理论中的一个完整部分,似乎也并非没有理由了。

这一本书的内容就是这种"广泛"观察的结果。实际上,它也可以认为是由于某些因素所引起的复合后果,这些因素与我曾担任《大英百科全书》军事部主编的职业有关。以前,我也只是就兴趣之所趋,个别地研究某些时代的战史,可是这个工作却强迫我不得不对各个时代作一个普遍的观察。一个观察者——甚至于只是一个游历者——对于世界上的一切,却也至少能够具有较广泛的看法,而一个矿工却只知道他那个坑道以内的一切。

在这个观察之中,我逐渐获得了一个强烈的印象——那就是从古到今,在战争中除非所采取的"路线"(approach)是具有某种程度的"间接性"(indirectness),以使敌人感到措手不及,难以应付的话,否则很难获得有效的结果。**这种"间接性"常常也是物质性的,但却一定总是心理性的。**从战略方面来说,最远和最弯曲的路线,常常也就是一条真正的"捷径"。

这些累积的经验明白地告诉我们,若是一个人沿着敌人所"自然期待的路线"(line of natural expectation),"直接"地向他的精神目标或物质目标进攻,则所产生的常常都是负面的结果。拿破仑的名言——精神对物质的比重是三比一——即足以清楚的说明这个理由。我们也可以更科学化地把它的涵义再重述一遍:一支敌军或敌国的力量,从表面上看来,其表现的方式就是它的数量和资源,可是其真正的基础却是指挥、士气和补给上的稳定性。

沿着敌人"自然期待的路线"采取行动,结果足以巩固敌人的平衡,因而也增强了他的抵抗力量。战争也和摔跤一样,假使不先使敌人自乱步骤和自动丧失平衡,而企图直接把敌人弄翻,结果只会使自己搞得精疲力竭——用力愈大则输得愈惨。除非双方的实力太悬殊,否则这种笨方法是绝不可能获胜的。而且即便获胜,也不易获得决定性的战果。在多数战役中,首先使敌人在心理上和物质上丧失平衡,常常即足以奠定胜利的基础。

一个战略性的"间接路线"——可能是有意的,也可能是偶然的——即足以使敌人"丧失平衡"(dislocation)。诚如以下分析所显示出来的,它可以采取各种不同的形式。根据卡门将军(Gen. Camon)的研究,当拿破仑指挥作战时,其经常不变的目标和方法,就是"敌后的活动"(manoeuvre sur les derrières)。所谓间接路线的战略,实际把这个观念包括在内,而比它的范围还更广泛。卡门所注意的主要是物质性的行动——时间、空间和通信交通等因素。但是从心理因素上分析,我们可以看出来在许多战略行动之间,是具有某种内在的关系,和向敌后的活动在表面上并无相似之处。可是这些却也都是"间接路线战略"的重要例证。

要发现这种关系,并想决定这种行动的性质,并不需要把双方的实力数量,以及补给运输的详情,全部表列出来。我们所要注意的只是在这一套综合性的例证中,找到其历史性的结果,并且研究引出这些结果的物质上或心理上的行动是什么。

假使不管条件如何的变化,某种类似的行动即足以引起某种类似的后果,那么很明显的,我们就可以找到一个共同的规律。这种条件的变化愈广泛,则所得的结论也就愈可靠。

对于战争作广泛的观察,其客观价值并不仅限于新型战争原理的研究。假使对于任何战争理论而言,这种广泛的观察均是一个必要的基础;那么对于一个有志于发展自己的观点和判断的军事学者而言,这种广泛的观察,也就具有同样的重要性。否则,他对于战争的知识将好像是一个倒金字塔,头重脚轻,随时都有倾覆的危险。

第二章　希腊时代的战争

这个观察的当然起点就是欧洲历史中的第一次"大战"——希波战争（The Great Persian War）。在这个时代中，战略还只是在萌芽的阶段，我们当然不可能希望获得很多的教训，可是马拉松（Marathon）的大名，却在每一个历史研究者的心灵上和意象上，留下了一个太深刻的烙印，所以对于这一时期的战争，还是有略加说明之必要。因为欧洲人对于古代的希腊人，都抱着一种崇拜的幻想，因此它的重要性就更显得夸张。当我们作客观的研究时，这些史实的重要性固然相当的被减低，但是其在战略上的意义却反而增加了。

公元前490年，波斯人的侵略行动，实际上只是一个规模相当小的远征行动，其目的是要教训埃雷特里亚（Eretria）和雅典（Athens）少管闲事，不要鼓动波属小亚细亚境内希腊人作谋叛的企图。在大流士（Darius，波斯名王）看来，这些国家真是渺小得可怜。埃雷特里亚为波斯人所灭，它的人民被强迫迁移到波斯湾地区。第二个对象就轮到了雅典，据说当时雅典国内的极端民主党，由于反对保守党的缘故，也准备伺机帮助波斯人入侵。波斯并不直接向雅典城进军，而是在东北方24英里（1英里＝1.609公里）以外的马拉松登陆。他们的计划可能是想吸引雅典陆军出城迎敌，然后他们的友党便在雅典城内乘机夺权。若是直接攻击雅典城，则会使这种机会不易发生，甚至于还会促使反对党也合力自卫，结果就会使他们必须作艰苦的攻城战。

假使这真是波斯人的计划，那么他们这一次诱敌行动算是已经成功了。雅典的军队果然向马拉松前进，以迎击入侵者。此时，波斯人又开始执行他们战略计划中的第二步。在少数兵力掩护下，他们把其余的部队又重新装上船只，企图绕道开往帕列隆（Phalerum），并在那里登陆。然后从那里向防务空虚的雅典城进攻。这个战略计划在原则上是很不错的，可惜由于各种因素的关系，结果却没有成功。

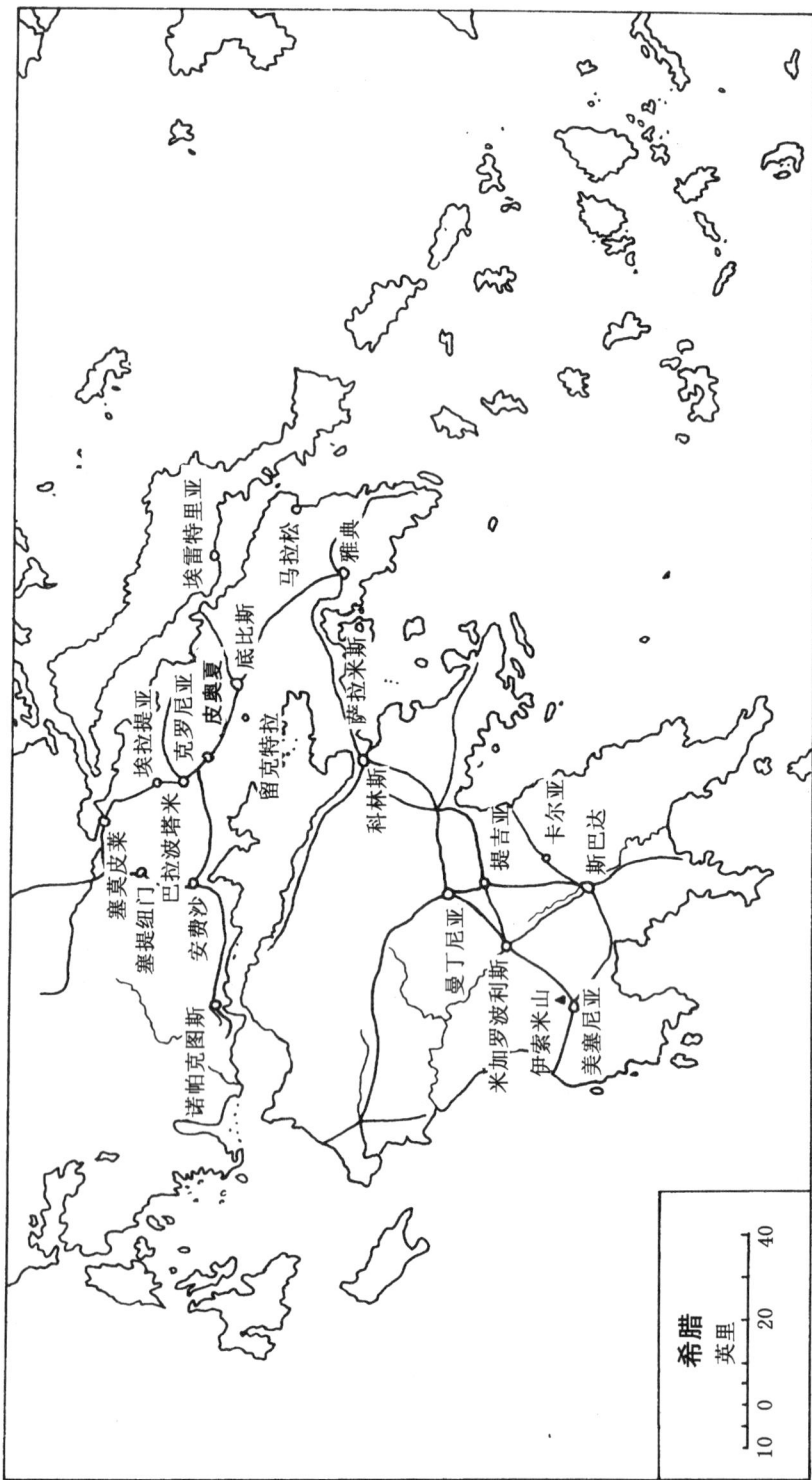

希腊
英里
10   0   20   40

由于希腊主将米尔泰德斯（Miltiades）具有过人的毅力，所以雅典军一获得机会，便立即毫不迟疑地向波斯的掩护部队进攻。在马拉松会战中，希腊军的装甲和长矛都比较优良，也是制胜原因之一——在希波双方的战争中，这都是希腊人所拥有的重要优势。即便如此，这一次的战斗却要比稗官野史上所形容的更为激烈，而且波斯掩护部队中的大部分都还是安全的上船撤走了。雅典军队又迅速地回到他们的城里，由于这个行动上的迅速，加上反对党的迟疑不决，才使他们获救了。当雅典军队回城之后，波斯人就看出来非实行攻城战不可。但是他们的目的只不过是想教训雅典人一番，所以认为若要付出较高的代价，实属得不偿失——所以他们自动的退回亚洲。

过了 10 年之后，波斯人才再度大举来犯。可是希腊人对于这一次的警报，却反应得很慢，一直到公元前 487 年，雅典人才开始扩充他们的海军——这是对抗波斯人优越陆上兵力的唯一决定性因素。事实上，希腊和欧洲之所以能逃避波斯人蹂躏的主因，是由于在埃及曾经发生了一次叛乱，这个叛乱使波斯人从公元前 486 年到公元前 484 年之间，无暇他顾。此外，大流士之死也是原因之一。

当公元前 481 年，波斯人大举侵略希腊的时候，这一次的规模可以说是大到了空前的程度。它不仅足以迫使希腊的各城邦和各党派都一致团结御侮，而且也使得薛西斯（Xerxes，大流士的继承者）对于他的目标，非采取直接路线不可。因为兵力太大了，无法使用海运，而必须由陆路前进。但为了应付规模空前庞大的补给作业，又必须利用海运。结果陆军的行动被限制在海岸上，而海军又受到陆军的牵制——彼此都缚着一只腿。所以希腊人对于敌人的进路，事先可以有很准确的预测，而波斯人却无法耍弄一点变化。

地理的形势也使希腊人可以获得一连串的据点，足以有效地封锁敌人的天然通道。诚如格伦迪（Grundy）所说，假使当时不是由于希腊内部意见分歧，利害不一致的话，那么侵入军可能永远达不到塞莫皮莱（温泉关）（Thermopy-lae）以南。实际上的结果是，历史上留下了一个不朽的故事，希腊的舰队在萨拉米斯（Salamis）击败了波斯的舰队，而使侵入军立于必败的地位。当其时，薛西斯和他的强大陆军只能在一旁爱莫能助地看着他的舰队，以及更重要的补给来源被毁。

值得注意的是所以能获得这次决定性海战机会的原因，是希腊人用了一个诡计，这也可以算是间接路线中的某一种形式。地米斯托克利（Themistocles）故意送了一个假情报给薛西斯,告诉他说希腊舰队投降的阴谋已经到了成熟的阶段。根据过去的经验,波斯人信以为真,于是波斯舰队被骗入了狭窄的海峡,使他们数量上的优势丧失了价值。事实上,地米斯托克利之所以出此一计,是因为他害怕伯罗奔尼撒(Peloponnesus)的联军指挥官会从萨拉米斯撤走——他们在战争会议中确曾作如此的主张。于是就只剩下雅典的舰队,单独和波斯人作战,在大海之中,数量的优势即足以决定胜负。

在波斯方面,只有一个人曾经当面警告薛西斯——他本人是很想和希腊作一次决战的。此人即为从哈利卡纳苏斯(Halicarnassus)来的阿尔提米西亚(Artemisia)女王。她精通海军之道,反对波斯海军采取直接进攻的办法,而主张与波斯陆军合作,先向伯罗奔尼撒进攻。她认为在这个威胁之下,伯罗奔尼撒的联合舰队一定会赶回家,于是希腊的海军就会自动分散了。她的预测也正和地米斯托克利的焦虑是相同的,假使不是波斯的舰队阻塞了出口,那么伯罗奔尼撒的舰队在第二天上午就会开始撤退的。

攻势开始之后,攻方即处于绝对不利的地位,守方一部分兵力后撤,变成了诱敌之计,结果使攻方的强大兵力丧失了平衡。当攻方船只进入了狭窄的海峡之后,希腊人再度撤退,于是波斯船只加快划行的速度,终于乱成一团。此时希军从两侧逆袭,使他们完全处于暴露的地位。

在此后70年当中,唯一足以约束波斯人侵入希腊的因素,就是雅典人拥有一种间接攻击的力量,以波斯的交通线为目标。当雅典的舰队在叙拉古(Syracuse)被毁之后,波斯人马上又卷土重来了,由此即可证明这种看法的正确。从历史上来看,这是一个值得注意的事实,使用战略上的机动性,以采取间接的路线,在海战中对此项原理的认识和发挥,要比陆战早。这也是理所当然:只有在发展的后期中,陆军才开始依赖“交通线”以取得他们的补给。可是,海军却是惯于以海上交通线(对方的补给工具)为作战对象的。

波斯人的威胁过去之后,萨拉米斯之战的结果使雅典成为希腊的盟主。其霸权的结束就是伯罗奔尼撒战争(公元前431—公元前404年)。这个长达27年的苦战,不仅使双方主要交战国精疲力尽,连所谓的中立国也受到严重的影响。主要的原因是双方在战略上常常犹豫不决和无的放矢,所以才会使战争拖了这么久的时间。

在第一个阶段中,斯巴达(Sparta)和它的同盟国,准备向阿提卡(Attica)作一次直接的侵入。他们却为伯里克利(Pericles)的战争政策所阻,他拒绝和敌人作陆上的战斗，而只用雅典的优势海军，到处发动突袭，以消磨敌人的斗志。

虽然"伯里克利战略"是和"费边战略"（Fabian strategy）齐名，但是这种说法却很容易引起误解。为了使思想澄清起见，名词的定义也一定要力求正确。"战略"这一个名词，最好是限于"为将之道"（generalship）的范围内——即以实际指挥兵力作战为限，而与使用其他手段——经济、政治和心理等方面——的政策有别。这种政策也可以说是一种较高级战略的应用，我们可以另外创造一个名词，那就是"大战略"（grand strategy）。

所谓间接路线的战略，其目的就是要设法使敌人丧失平衡，以产生一个决定性的战果。若以此来看，那么伯里克利的计划应该算是一种大战略，它的目的是想逐渐使敌人丧失耐性；最后使他认清没有战胜的希望。对于雅典人可以说是很不幸的，在这个精神和经济的消耗战中，突然来了一次大瘟疫，使他们转入不利的阶段。于是到了公元前 426 年，伯里克利的消耗战略，就为克里昂（Cleon）和德摩斯梯尼（Demosthenes）的直接攻势战略取而代之。这种战略的成本要高得多了，虽然有一些卓越的战术性成功，但是总结果并不太好。接着在公元前 424 年的初冬时节，斯巴达的名将布拉西达斯（Brasidas）一口气就把雅典人辛辛苦苦所赢来的成绩，完全扫荡干净。他的办法是对着敌人的根本，采取战略行动。绕过雅典本身，他迅速向北进展，以进攻雅典在卡尔西德斯（Chaleidice）的领土——这里素有雅典帝国的"阿基里斯脚跟"（Achilles heel）之称。一方面使用军事力量，一方面用自由和保护的诺言，来鼓动各个城市背叛雅典。这个行动使雅典的守军大为震惊，于是他们派主力驰援，在安菲波里斯（Amphipolis）为斯巴达军所大败。虽然在胜利中布拉西达斯也同时战死了，可是雅典人仍然愿意和斯巴达人订定一个吃亏的和约。

在以后的假和平时期中，雅典人虽然一再发动远征，但始终不曾收复他们在卡尔西德斯的立足点。于是作为一种最后的攻击手段，雅典人决心向西西里（Sicily）之锁钥的叙拉古，发动一次远征。该地是斯巴达和伯罗奔尼撒主要的海外粮食供应地。这当然可以算是一种间接路线的大战略，但却具有一个重要的弱点，那就是它并非以敌人的实际同盟国为攻击对象，而是以他在贸易上的伙伴为对象。所以结果不但未能牵制敌人的兵力，反而更吸引了新的生力军，来和自己作对。

虽然如此，假使在执行上不犯一连串的错误——这几乎是史无前例的——则也许还可能有成功的希望。若是真能成功,则在精神上和经济上都能发生很大的作用,足以使整个战局改观。亚西比德(Alcibiades)本是这个计划的拟定者,却中途受了国内政敌的暗算,被迫解除兵权。因为他知道回国之后,必然会被判处死刑,所以他就逃往斯巴达,并且帮助对方来对付他自己所拟定的计划。尼基亚斯(Nicias)本是坚决反对这个计划的人,现在反而奉命来执行这个计划。由于他的冥顽不灵,终于使雅典吃了一个大败仗。

雅典陆军在叙拉古被歼灭之后,只好再利用海军来自卫,经过了9年的海战,结果使它不仅获得了一个有利的新和约,而且还重新建立了它的大帝国。可是好景不长,斯巴达在公元前405年,又出了一位海军名将赖桑德(Lysander),终于使雅典从此一蹶不振。依照《剑桥古代史》的叙述:"他的作战计划是避免战斗,而专事攻击雅典帝国的各个要害,使雅典人无法应付。"这第一句话并不太正确,因为他并未绝对避免战斗,而是用避战为手段,以来寻求一个有利的决战机会。他神出鬼没地掉换他的航线,终于达到了达达尼尔海峡(Dardanelles)的出口处,于是他在那里等候从朋提克(Pontic)运输粮食前往雅典的船只。因为这个粮食的供应对于雅典是一个重要的生命线,所以雅典的指挥官赶紧带着总数180艘军舰的全部舰队,开往护航。一连4天,他们都无法引诱赖桑德出战,而他更装作窘相百出的样子,使雅典人深信他是已经被围困住了。于是他们就没退入塞斯托斯(Sestos)的安全港口中,而是留在开阔的海面上。到了第5天,雅典的多数海军人员都已经上岸去寻找食物,赖桑德却突然全军冲出,几乎兵不血刃就把雅典的舰队一网打尽。在一个小时之内,就为这个最长的战争画上了休止符。

在这个长达27年的争霸战中,有二十余次的直接战略都全告失败,通常都是使主动的一方吃了大亏。由于布拉西达斯打击在雅典的根本上,所以才使雅典的最后失败成为定局。亚西比德的计划,从大战略方面来说,也是一条间接路线,以斯巴达在西西里的经济根源为攻击对象。这对于雅典而言,是唯一转败为胜的希望。再拖了10年,由于在海战中采取了一条战术性的间接路线,才使斯巴达获得了一次大胜——但这个行动本身又是在大战略上采取新间接路线的后果。以经济目标为攻击对象,赖桑德希望至少可以使敌人的力量逐渐枯竭;但由于这个行动引起了敌人的恐惧和愤怒心理,终于又使他获得了一个实行奇袭的有利机会,最后才使他迅速获得了军事上的决定性结果。

雅典帝国的衰落,使得在下一阶段的希腊历史中,由斯巴达取得了霸主的地位。于是我们的第二个问题当然就是,何者是使斯巴达丧失霸权的主要因素? 这个答案是一个人,以及他对于战争艺术和科学的贡献。在埃帕米农达(Epaminondas)兴起之前,底比斯(Thebes)就已经摆脱了斯巴达的羁绊,而成为独立国家。当斯巴达的大军经过皮奥夏(Boeotia)所向无敌的时候,底比斯人却使用后人所谓的"费边战略",拒绝和敌人发生战斗——就大战略方面而言,这是一种间接路线,但就战略方面而言,这却仅是闪避的行动而已。这个方法使得底比斯获得了足够的时间,以发展一支职业性的精兵,号称"神圣部队"(Sacred Band),在此后的作战中,这支兵力总是被当作矛头使用。同时,它也获得了时间和机会,来鼓励各城邦反对斯巴达人。对于雅典人而言,他们又解除了陆上的压迫,而可以集中全力来重建海军。

于是在公元前374年,雅典同盟,包括底比斯在内,迫使斯巴达和他们缔结了一个有利的和约。虽然这个和约很快就破裂了,但由于雅典的海军敢于冒险作战,所以在3年之后,又重新召开了一个新的和会——到了此时,雅典同盟本身对于战争也感到厌倦了。斯巴达在这次和会上,收回了它在战场上所丧失权利的大部分,并设法使底比斯与它的同盟国断绝了关系。此后,斯巴达遂开始专以毁灭底比斯为目的。可是当公元前371年,斯巴达的陆军——在传统上它是素质较优,但实际上却是数量较多(一万对六千)——开入皮奥夏的时候,却在留克特拉(Leuctra)为埃帕米农达所率领的底比斯新型陆军所击败了。

埃帕米农达不仅放弃了根据几百年来之旧经验所建立起来的战术方法,而且无论在战术、战略和大战略方面,他都奠定了一个新的基础,以供后来的名家建立新的理论体系。甚至于他的组织设计也能够永生或复活。因为从战术上看,使腓特烈大帝负有盛名的"斜行序列"(oblique order),实际上只是把埃帕米农达所用的方法,略加以修正而已。在留克特拉之战中,埃帕米农达违反了通常的惯例,不仅把他最好的兵力,而且更把他最多的兵力,都放在左翼方面,于是遂使他的中央和右翼的脆弱兵力向后收缩,而使对于敌人的一翼上,保持着压倒性的优势——这也是敌方将领所在的地方,所以也是他们意志上的关键。

留克特拉之战后1年,埃帕米农达率领着新成立的阿卡迪亚同盟(Arcadian League)联军,开入斯巴达本土。伯罗奔尼撒半岛的心脏地区,本来一直都是斯巴达的禁区,从来不曾受过外国的侵略。这一次进军的特点,充分表现出它的间接路线性质。时间是在仲冬,共分为三个独立的纵队,采取向心的方向,以分散对方的兵力和迎击的方向。专以此点而论,在古代,甚至于在拿破仑时代以前,都要算是绝无仅有了。但是不仅如此,埃帕米农达还表现出他对于战略具有更深刻的认识,当他的兵力在卡尔亚(Caryae)集结之后——距离斯巴达只有20英里——他却溜过了这个都城本身,而向它的后方活动。这个行动是具有预先估计的附带利益,足以使侵入军号召相当数量的希洛人(Helots,编注:美西塞亚地区之原住民,斯巴达人占领此地后,原住民遂沦为农奴或仆役阶级)和其他的不满分子,参加作战。不过斯巴达人却向这些人民,提出允许解放的紧急诺言,以阻止这种危险的内忧发展;此时伯罗奔尼撒其他同盟国的强大援军也如期赶到,使这个不战而陷敌之城的机会成为过去。

埃帕米农达不久就认清了斯巴达绝对不肯被诱出战,而长时间的围攻又会使他的杂牌部队自行瓦解。于是他马上把这个已经磨钝了锋口的战略武器,换成一个更锐利的武器——一种间接路线的大战略。在依索米山(Mount Ithome)上,这是美塞尼亚(Messenia)的天然卫城,他建立了一个城市,把它当作一个新美塞尼亚国的首都。把所有依附他的人民都安顿在这里,把这次侵入战中所获得的一切战利品,当作是这个新国家的基金。这个国家在希腊南部,对于斯巴达构成一个监视和对抗的力量。这个国家站稳了之后,斯巴达就会丧失它所有领土的一半和大半的农奴。埃帕米农达在阿卡迪亚的米加罗波利斯(Megalopolis)所建立的基地,又构成另外一道防线,于是斯巴达在四周都受到政治性和要塞线的包围,所以它在军事优势上的经济根本也已经被切断。仅仅经过了几个月的战争,埃帕米农达就离开了伯罗奔尼撒,他在战场上并未赢得胜利,但是他的大战略却使斯巴达的国力基础受到了真正的撼动。

可是在国内的政客们,却希望能获得一个毁灭性的军事胜利,所以感到很失望。于是埃帕米农达暂时引退。底比斯的民主党人,使用短视的政策和错误的外交,逐渐使国家丧失了国际上的领导地位。结果阿卡迪亚同盟中的其他国家,由于自负和野心的驱使,开始忘记了底比斯的恩德,而想要夺取它的领导权。到了公元前362年,底比斯就面临着最后选择的关头,除非使用实力来维护他的权威,否则就必须牺牲它的威望。它对于阿卡迪亚的行动,使希腊诸国又重新分为两个对立的集团。这也可以说是底比斯的大幸,它不仅还有埃帕米农达可供驱策,而且他一手推动的大战略,现在也已经结果了——由于他手创了美塞尼亚和米加罗波利斯两个新国的缘故,现在不仅足以监视斯巴达,而且也更使底比斯的实力大增。

他首先进入伯罗奔尼撒,在提吉亚(Tegea)与他的同盟军会合在一起,于是他把自己的位置,摆在斯巴达军和其他反底比斯国家联军的中间——后者已经集中在曼丁尼亚（Mantinea）。斯巴达人采取迂回的路线，准备与他们的同盟军会合，此时埃帕米农达乘着黑夜的掩护，突然率领一支机动的纵队向斯巴达军进攻。斯巴达本可能会全军覆没，但由于有一个逃兵事先泄漏了消息，所以斯巴达军才兼程赶回首都，因而幸免于难。于是他决定用会战的方式，来寻求一次决定性的结果，从提吉亚直趋曼丁尼亚。其间距离约为 12 英里，须沿着一个葫芦形的谷地前进。敌人在只有 1 英里宽的腰部，占领着坚强阵地，准备顽抗。

当他前进的时候，我们就达到了战略和战术的分界线，不过这种分界线实在只是虚拟的，同时他这一次的胜利，其原因要归功于他的间接路线，而并非实际的接触。最初，埃帕米农达直接向敌人的阵地前进，敌军在他的进路上严阵以待——这是一条自然预期路线。可是，走过了几英里之后，他突然转向左方，转入了一个突出横岭的下面。这一个出奇的行动，使敌人的右翼方面受到侧击的威胁；为了使敌人的战斗部署丧失更大的平衡，他又停止不进，并命令部队把武器放在地上，好像是准备要宿营的样子。这个诱敌计划成功了，敌人居然也放松了战斗的准备，准许兵员散开和马匹松缰。这个时候，埃帕米农达的大军，在轻装部队的掩护下，实际上已经完成了战斗的部署——和留克特拉的布置大致相似，但有若干的改进。于是在一声号令之下，底比斯的军队拾起他们的兵器，横扫直前——当敌人已经丧失了平衡之后，胜负是早已成为定局了。在胜利的途中，埃帕米农达也逝世了，他的死对于后代也构成一个同样有价值的教训——这是一个非常惊心怵目的例证：证明了无论是一个国家或是一支军队，假使它的头脑麻痹了，那么全体也就会很快地随之而崩溃。

整整又过了 20 年，才又发生一次决定性的会战，结果使希腊的霸权又转移到马其顿人的手里。其意义之重要不仅是因为它那伟大的结果，而且这个公元前 338 年的会战也是一个极明显的例证，足以显示政策和战略之间是如何地相辅相成，同时战略的运用又是如何把地理上的障碍，由有害变为有利。这个挑战者虽然也算是希腊人，但却一直被当作是局外人。此时底比斯和雅典却联合在一起，组成一个泛希腊同盟（Pan-Hellenic League）对抗如日东升的马其顿。他们还找到了一个国外的支援——波斯国王——不论在历史渊源或人类天性上，这个行动都要算是一个奇谈。这一次，又似乎是这个挑战者，曾经认清了间接路线的价值。甚至马其顿国王菲利普（Philip）企图夺取霸权的藉口也都是间接的，因为他只是被邀请参加近邻同盟会议（Amphictyonic

Council)，以协助惩罚阿姆菲萨（Amphissa）的工作——这个国家位于皮奥夏西部，因为犯了渎神罪而成为众矢之的。菲利普之被邀请，可能是出于他自己的示意，结果虽促使底比斯和雅典两国联合起来反对他，但至少却使其他的国家保持着善意的中立。

在向南前进之后，菲利普到了塞提纽门（Cytinium），突然离开了趋向阿姆菲萨的路线——这是敌人所预期的路线——而改去占领埃拉提亚（Elatea），并在那里建立要塞。这个最初的方向变换，即足以暗示出他较广义的政治目的，同时也暗示出一种战略性动机，后来的事实即足以证实此点。底比斯和皮奥亚的联军封锁住了进入皮奥夏的道路：（一）西线由塞提纽门到阿姆菲萨，（二）东线由埃拉提亚到克罗尼亚（Chaeronea），并通过巴拉波塔米（Parapota-mii）隘路。第一条路线好像是"L"字中之一直，而经过塞提纽门到埃拉提亚的一段路线又好像是下面一横，至于再经过隘路延长向克罗尼亚的那一段，则又像最后的一钩。

在尚未采取进一步的军事行动之前，菲利普又采取新的步骤，以削弱对方的力量——在政治方面，他提出重建弗西亚诸邦（Phocian communities）——这是底比斯过去所征服的地区。在精神方面，他又自称为特尔斐神（the God of Delphi）的保护者。

于是在公元前338年的春天，使用了一条妙计把他的进路扫清之后，菲利普马上就向前跃进。在占领埃拉提亚之后，他已经把敌人在战略方面的注意力，吸引到东面这条路线上面来了——这条路线现在已经变成了预期路线——于是他又安排了一封假信，说他要回到色雷斯（Thrace），故意让信落在敌人的手里，以使防守西面路线的敌军，分散他们在战术上的注意力。接着他就从塞提纽门采取迅速的行动，乘着黑夜偷过隘路，在阿姆菲萨冲入了皮奥夏的西部。一直再向诺帕克图斯（Naupactus）压迫，打通出海的交通线。

他现在已经钻到了敌人的后方，不过距离据守东线的敌军，尚隔有相当的距离。于是敌军遂自行撤离巴拉波塔米隘路，不仅是因为他们若再守下去，其退路将被切断，而且实际上再守下去也无价值可言。可是，菲利普还是继续出奇制胜，又采行另外一条新的间接路线。他不从阿姆菲萨向东前进，因为那必须要经过山地，足以增强敌人的抵抗力。他突然又从塞提纽门和埃拉提亚把他的全部兵力撤回，再转向南面经过现在已经无人防守的巴拉波塔米隘路，在克罗尼亚追上了敌军，并发起了攻击。这个巧妙的行动即足以为他后来的会战奠定胜利的基础。再加上他的高明战术,遂收到了完全的战果。他首先诈败,以引诱雅典人离开原有的阵地,向前追击;当他们进入了低地之后,菲利普马上发动逆袭,把他们击溃。由于克罗尼亚一战的成果,马其顿取得了希腊的霸权。

当他正要继续向亚洲发展的时候,菲利普却不幸中道崩殂,留下他的儿子来完成他的遗志。亚历山大(Alexander)所承继的遗产,不仅有他父亲手创的计划和军队,还有他的大战略观念。另外还有一个具有决定性物质价值的遗产,那就是在公元前336年,由于菲利普的指导,马其顿人占领了达达尼尔桥头阵地。(注:菲利普在青年时期,曾以人质的身份在底比斯度过了三年的时光。那正是埃帕米农达的鼎盛时期。所以菲利普对他有极深的印象,以后在马其顿陆军的战术上,还可以找到这种线索。)

假使我们研究亚历山大东征的路线图,就可以看出来它是由一连串的"之"字形所组成。从历史的研究中,我们发现这种"间接性"的原因是政治多于战略的。虽然政治也可以算是属于大战略的范围之内。

在他的早期战役中,他的战略直截了当,殊少变化。原因有两点:(一)年轻时的亚历山大是在宫廷和胜利气氛之中长大的,所以他的"英雄主义"色彩要比历史上任何名将都更浓厚。(注:当他开始出发东征的时候,亚历山大曾经戏剧性地把古希腊人远征特洛伊〔Troy〕的故事重演了一次。当他的大军正在等候渡过达达尼尔海峡的时候,亚历山大本人却率领着一小队精兵,在依流门〔Ilium〕附近登陆,那是传说中古希腊人在特洛伊战争中的停船之地。于是他进到古城的遗址,在雅典娜〔Athena〕的神庙中举行了牺牲祭典,再作了一次战斗演习,然后在著名的阿基里斯的墓地上——这是他神话上的祖先——发表了一篇演说。在这些象征性的表演完毕之后,他才赶上了他的大军,开始真正的战争。)

(二)更重要的理由是他对于他自己的兵力和战术,具有充分的信心,认为凭着这种优势即足以迅速击败对方,因此当然不需要先用战略的手段,以使对方丧失平衡。所以他对于后世的教训是在两个极端方面——大战略和战术。

公元前334年,他以达达尼尔的海岸为起点,首先向南行动,在格拉尼卡斯河(Granicus)击败了波斯的屏障兵力。在这一战中,由于他麾下使用长矛的骑兵,具有惊人的重量和冲力,敌人很快就被击溃。不过这个勇猛过度的亚历山大也认清了假使敌人能再度集结,继续作战,则这一次的侵入很可能会在最初的阶段中即为敌军所阻止。敌人固然曾做如此的尝试,但是却不幸功败垂成。

东地中海

英里

0 100 200 300 400 500
亚历山大东征路线

斯河 提西绵 波河 提里比亚河 特拉西梅诺湖 阿雷提姆 卢比孔河

罗
马
卡普亚 努米底亚 文图里亚 巴格拉达斯河 叙拉古 卡塔那

马其顿 提萨利 斯巴达 雅典 阿提米米 伯罗奔尼撒 佩拉斯提 乌提卡 塔普苏斯 雷普齐斯

色雷斯 拜占庭 普罗波恩提斯

安赛拉 西里西亚门 伊苏斯 阿曼尼克门 阿勒颇 叙里亚

提尔 埃及 亚历山大里亚

底格里斯河 高加米拉 幼发拉底河 巴比伦

亚
述

米
底
亚

格拉尼卡斯河 萨迪斯 以弗所 米里吉亚 卡里亚 弗里吉亚 利西亚

　　亚历山大第二步就向南攻入萨迪斯（Sardis），那是吕底亚（Lydia）的政治和经济总枢纽。由此又西向进入以弗所（Ephesus），使这些希腊人的城镇都恢复了他们旧有的民主政府形式和权利，这是一种巩固他自己后方的最经济做法。

　　现在他又已经回到了爱琴海的海岸上，于是又首先向南走，然后再转向东方，沿途经过了卡里亚（Caria）、利西亚（Lycia）和庞费里亚（Pamphylia）。他之所以采取这种路线，目的是要撼动波斯人的制海权——用占领他们基地的方式，来限制波斯舰队的行动自由。同时，占领这些港口之后，也使敌人舰队的人力来源发生困难，因为他们的兵员大部分都是从这些地方招募而来的。

　　过了庞费里亚，小亚细亚其余地区的海岸线实际上就可以说是毫无港口之可言。所以亚历山大现在又转向北方，进入弗里吉亚（Phrygia），再向东一直远达安赛拉（Ancyra，即今天的安卡拉〔Ankara〕）巩固他所已经征服的地区，使他在小亚细亚中部可以无后顾之忧。于是到了公元前333年，他又转向南方，企图通过"西里西亚门"（Cilician Gates），直接向叙利亚（Syria）进攻。而波斯国王大流士三世，就集中兵力在这里等着他。一方面由于情报的不确实，一方面由于他个人的错误判断——他认为波斯军一定会在平原上等候他——结果亚历山大在战略上受到了敌人的暗算。当亚历山大采取一条直接路线时，大流士却采取一条间接的路线——经过幼发拉底河（Euphrates）的上游，通过阿曼山（Amanic Gates），钻到了亚历山大的后方。亚历山大虽然一直很谨慎，保持着一连串的基地，现在却发现他的后路已经被切断了。但是他却不慌不忙地回过头来，接受伊苏斯（Issus）的会战。凭着他在战术和战术工具方面的优势，终于冲出了难关。从来没有一个名将，在应用战术方面会比他具有更多的间接性。

　　此后，他又继续采取一条间接的路线，不直接向巴比伦（Babylon）进攻——那是波斯政权的中心——而是沿着叙利亚的海岸线向下直进。大战略很明白地指示着他的进路：因为虽然他已经使波斯人的制海权发生了动摇，但是却并未能把它毁灭掉。只要波斯的海军还继续存在，则对于他的后方始终是一个威胁，而希腊人——尤其是雅典人——对于他又一直是心怀叛意的。他进入腓尼基（Phoenicia）之后，马上使波斯舰队发生了混乱现象，因为所剩余的兵力多数都是腓尼基人，其中大部分都向亚历山大投降。而提尔（Tyre）城陷落之后，驻防在该城的海军也跟着完结了。到了这个阶段，他还是继续向南发展，一直进入了埃及。这个行动从海军的立场上来说，是很难加以解释的，除非说他是过分小心。不过从政治的观点上来看，他先占领波斯大帝国的属地,以巩固自己的地位,倒不失为是一种很明智的措施。对于这个目的而言,埃及可以算是一个极大的经济宝库。

最后,到了公元前331年,他又再向北攻入阿勒颇(Aleppo),然后转向东面,渡过幼发拉底河,一直进到底格里斯河(Tigris)的上游。在尼尼微(Nineveh)附近(即今日的摩苏尔〔Mosul〕),大流士又已经集中了一支数量庞大的新军。亚历山大是很热心求战的,但是他所采取的路线却是间接的。他从上游渡过了底格里斯河,沿着东岸向下走,逼迫大流士变换他的阵地。在高加米拉(Gaugamela)开始会战(常被称为阿贝拉之战,阿贝拉〔Arbela〕距离战地最近的一个城市,约在60英里以外)。亚历山大的大军占着完全的优势,所以敌军在他这个通向大战略目标的进路上,只算得上是一个极小的障碍物。亚历山大接着就占领了巴比伦。

亚历山大以后的进展,一直达到印度的边境为止,就军事方面来说,都只算是对波斯大帝国的"扫荡"工作。从政治方面来说,也就是为了巩固他自己的地位。他利用间接路线,攻破了乌克西亚隘路(Uxian defile)和波斯"门",当他在海达斯佩河(Hydaspes)上为波鲁斯(Porus)所阻时,他又创造了一个间接性的杰作,由此即足以证明他的战略能力已经发展到了成熟的阶段。他重新布置谷仓的位置,并且把军队广泛地分布在西岸上,他使敌人对于他的意图感到神秘莫测。亚历山大的骑兵冲来冲去,最先使波鲁斯感到犹豫不决,一再重复之后,更使他的反应随之而迟钝。当波鲁斯陷入一个固定而静态的位置之后,亚历山大留下大部分的兵力监视敌人,而亲率一支小型的精兵,在上游18英里的地方,凭着黑夜的掩护,渡过了海达斯佩河。藉由这种出人意料的奇袭手段,他使波鲁斯本人在心理上和物质上都感到措手不及,而波鲁斯的军队在精神上和物质上,也都丧失了平衡。在以后的会战中,亚历山大只以他自己兵力的一部分,居然击败了敌人的全军。假使他不是事先使敌人丧失平衡,则此种行动,无论从理论或事实上来说,都是绝对不合理的。因为他只带着一小部分兵力,而又处于孤立暴露的地位,是绝对有被敌人各个击破的危险。

亚历山大死后,发生了长期的"继承人"争夺战,终于使他的大帝国瓦解。在这个时期中,有很多的战例都足以说明间接路线的运用和价值。亚历山大的部将要比拿破仑手下那些元帅们更能干,由于他们的经验,他们对于"经济兵力"(economy of force)的原理,似乎具有更深入的认识。虽然他们的作战有许多都是值得加以研究的,但是本书的范围却只以古代历史中具有决定性会战的分析为限,而在这些战争中,只有最后在公元前301年的会战才可以够得上这个标准。这一次会战的决定性是毫无疑问的,《剑桥古代史》上曾经这样说过:由于这一次战役的结果,中央政权和诸侯之间的争斗宣告结束,而希腊——马其顿世界的解体,遂成为无可避免的事实。

到了公元前302年,自称为亚历山大继承人的安提贡努斯(Antigonus),已经差不多达到了稳定他这个帝国的目的。从他自己原有在弗里吉亚的采邑开始向外扩张,他已经获得了小亚细亚地区的控制权,其疆界由爱琴海直达幼发拉底河。反对他的势力有:(一)塞琉古(Seleucus)很困难地才守住了巴比伦一隅之地;(二)托勒密(Ptolemy)手中只剩下了埃及一块土地;(三)莱西马库斯(Lysimachus)在色雷斯比较安全;(四)最大劲敌卡桑德(Cassander),却已经被安提贡努斯的儿子德米特里厄斯(Demetrius)赶出了希腊的境域。德米特里厄斯在个性上,有许多地方都可以算是"亚历山大第二"。当他向敌人提出无条件投降的要求时,卡桑德却使用他的战略天才,作了一个实力上的答复。这个计划是在和莱西马库斯及托勒密两个人举行会议时所决定的。他更派遣使者,骑着骆驼越过阿拉伯沙漠,以与塞琉古取得联络。

当德米特里厄斯率领着号称57 000人的大军向塞萨利(Thessaly)进犯的时候,卡桑德一共只率领着31 000人去迎敌,而把他的其余兵力都借给莱西马库斯。后者越过达达尼尔向东进发。而塞琉古则同时向西攻入小亚细亚,他的部队包括着500头从印度得来的战象。托勒密则向北攻入叙利亚,但是中途获得一个假报告,说莱西马库斯已经失败了,于是他就半途折回埃及。尽管如此,东西两路的大军,却直逼安提哥那帝国的心脏地区,逼得他不能不从塞萨利召回他的儿子,以作紧急的应援。卡桑德在那里一直设法把德米特里厄斯弄得寸步难移,由于后者在小亚细亚的战略后方已经受到了间接行动的威胁,他只好自行退却——这正和以后西庇阿(Scipio)迫使汉尼拔退回非洲的战略,在原理上是完全一样的。

在弗里吉亚发生了依普苏斯(Ipsus)之战,由于他的同伴在战术上获得了决定性的胜利,所以才使卡桑德的战略得以成功。结果是安提贡努斯战死,德米特里厄斯远逃。在这次会战中,值得一提的,就是战象成为决定胜负的主要工具,而胜利者的战术也是采取间接的方式,以来与此配合。当德米特里厄斯正在乘胜穷追的时候,对方的骑兵却突然不见了,而大象却涌出,切断了他的退路。此后莱西马库斯又故意不立即向安提贡努斯的步兵攻击,而改用攻击的威胁和弓箭来打击他们的士气,一直等他们的士气到了溶解的阶段,才开始进攻,于是塞琉古一击就把安提贡努斯击败了。

当战役开始的时候,安提贡努斯似乎是具有绝对的优势,像这样由大胜转为大败的情形,实在是很少见。很明显,由于卡桑德采取间接的路线,才使安提贡努斯丧失了平衡。安提贡努斯在心理上首先丧失了平衡,接着他的臣民在精神上也丧失了平衡,最后他在军事上也丧失了平衡。

第三章　罗马时代的战争

第二个在欧洲历史上具有决定性影响和结果的大战，就是罗马和迦太基（Carthage）的战争。其中又以汉尼拔时代的战争，或称第二次布匿战争（Punic War），为其决定阶段。这个战争又可以分为一连串的战役，每一个战役都各自具有决定性，足以使战争的潮流趋向一个新的方向。

第一个阶段的序幕，是汉尼拔（Hannibal）于公元前 218 年从西班牙向阿尔卑斯山脉和意大利进攻，而其结束点似乎就是第二年春天在特拉西梅诺湖（Trasimeno）的歼灭性胜利。假若当时汉尼拔若进攻继续，则罗马城除了它本身的城墙和守兵以外，可以说是再没有其他的屏障了。

为什么汉尼拔在最初要选择这一条迂回而艰难的陆上路线，一般的解释都认为是因为罗马人握有制海权的缘故（译注：这个解释的主要提倡者，即为《海权论》的作者马汉）。不过当时的船只还是那样的原始化，他们在海上拦截敌人的机会也是非常的不可靠，所以若是把"制海权"的近代化定义应用上去，那实在很不合理。而且进一步说，当时罗马人在海上是否占有优势，也很可疑。根据罗马史家波里比乌斯（Polybius）的记载，当时的罗马元老院，对于迦太基人可能会获得较完全的制海权，感到很焦急。甚至到了战争的末期，罗马人在海上曾经一再获得胜利，使迦太基的舰队无法再利用西班牙的一切基地，同时他们自己也在非洲获得了立足点；可是他们却还是无法阻止马戈（Mago）的远征军在热内亚的沿海地区（Genoese Riviera）实行登陆，而且汉尼拔也平安地退回了非洲。所以汉尼拔之所以要采取间接迂回的侵入路线，他的目的很可能是想纠合意大利北部的塞尔特人（Celts），以来协力进攻罗马。

其次，我们应该注意到这次陆上行军的间接性，并且说明它所获得的利益。罗马人曾经派遣他们的执政官普布利乌斯西庇阿（Publius Scipio）到马赛（Marseilles）去阻止汉尼拔渡过罗纳河（Rhône）。可是汉尼拔不仅出其不意的从上游渡过这条号称天险的大河，而且继续向北进行——采取伊泽尔（Isere）

河谷中的艰险路线,而不经过里维拉附近的直路,因为那条路线容易为敌人所拦阻。据说当老西庇阿在三天后到达渡口时,却惊讶地发现敌人早已渡过该河,因为事先他认为敌人是绝不可能从这一条路线上进入意大利的。于是他当机立断,采取了一个敏捷的行动,把一部分兵力留在后面,他自己却从海路赶回了意大利,恰好在伦巴底(Lombardy)平原上,和汉尼拔碰上了。但是在这里,却有足够广大的空间,使汉尼拔的优势骑兵能够大展其长。结果是在提契诺河(Ticinus)上和特雷比亚河(Trebia)上,汉尼拔连续获胜。这个精神上的影响,使得汉尼拔获得了大量的兵员和物资。

汉尼拔现在已经成为意大利北部的主人翁,就留在那里过冬。第二年春天,因为预料汉尼拔必然会继续前进,所以罗马的新执政官把他们的兵力分为两部分,一部分开向亚德里亚海边上的阿里米努姆(Ariminum,即今里米尼〔Rimini〕);另一部分开向埃特鲁斯坎(Etruria)的阿雷提乌姆(Arretium,即今阿雷佐〔Arezzo〕)。于是无论汉尼拔采取东线或西线向罗马进攻,都一定要受到他们的阻击。汉尼拔决定采取西线,但是他却不采取大家所常走的路线,从四处访问中他获得了一个结论:通向埃特鲁斯坎的路线,不仅距离较长,而且也是敌人所知道的;反而言之,另有一条通过沼泽地的小路,不仅距离较短,而且一冲出来就到弗拉米尼拉斯(Flaminius),可以使敌人感受到奇袭的作用。这个发现和他的特殊天才正好相得益彰。他马上决定采取这条小路。当他的部队知道主将是在领着他们向沼泽中前进的时候,所有的士兵都不免大吃一惊……

一般的军人都是欢喜已知的东西,而害怕未知的东西。汉尼拔却是一个"非常"的将才,所以他正如所有的其他名将一样,宁愿选择最艰险的途径,而不愿意让敌人立于"有备"的地位。

整整四天三夜,汉尼拔的军队在沼泽的泥水中行军,人员疲倦得要命,一路损失了不少人马。可是等到他们走出沼泽后,却发现罗马的军队还是安安静静地驻在阿里提姆,一点动作都没有。汉尼拔还不想作直接的攻击。他却这样计算着:假使他越过敌人的营地,而径向后方的城镇——弗拉米尼拉斯——进攻,那么敌人一方面害怕人民的谴责,一方面忍受不住这样的挑战,必然不会消极地坐视城镇被攻击,而一定会自动跟上来。这样就可以使他获得一个反客为主的机会——设下陷阱以待罗马军队自投罗网。

这是在敌后行动时,如何根据敌人个性的研究,以来决定作战方针的典范。接着就是实际上的执行。沿着向罗马的大路前进,汉尼拔布置了一个有史以来的第一次大埋伏战。第二天上午,正当晓雾未消的时候,罗马军队沿着特拉西梅诺湖周围的山地,向汉尼拔舍命穷追,却突然掉入了陷阱,前后都为敌人所截断,终于全被歼灭。读历史的人也许只会注意到这次胜利的结果,而忽略在心理上的攻击才是胜利的真正基础。唯有波里比乌斯在他的评论中曾道出这个基本教训的意义:

> 好像一艘船一样,假使你把它的舵工取消了,于是全船就都会落入敌人的手中,所以在战争中,假使你能使对方的主将在斗智的过程中失败,或者是使他在行动上处于被动的地位,那么全军也就会落入你的手中。

在特拉西梅诺湖大捷之后,为什么汉尼拔不立即进攻罗马城,这在历史上也是一个神秘的疑案——几乎一切的解答都只是猜想罢了。缺乏适当的攻城装备当然是其中原因之一,但却并非完全的解释。我们所确知的事实,却是在以后的几年中,汉尼拔的主要努力就是想拆散罗马和意大利其他同盟国间的合作,并另行组成一个反罗马的同盟。为了达到这个目的,胜利只能算是一种精神上的刺激。假使他能够使会战的条件适合他所拥有的优势骑兵运用,则在战术上即足以保证他百战百胜。

第二阶段的开始,是由于罗马方面采用一种间接的路线。以性质而言,这似乎是希腊气味重于罗马气味。这个号称"费边战略"(Fabian strategy)的形式,曾经为史家所乐道,而且在后世也有多人模仿它(有些却学得很坏)。费边(Fabius)的这种战略不仅是避免会战以来争取时间,而且更进一步估计到它对敌人士气的影响,以及它对敌人潜在同盟国的影响。所以它主要是属于军事政策方面——即是大战略。费边深切认清了汉尼拔在军事方面的优势,所以他决心不冒险求战。他一方面尽量避免决战,另一方面却到处挑拨,以消磨敌人的耐性。同时更使敌人无法从意大利城市和迦太基本土中,获得兵员的补充,以维持他们现有的实力不至于磨灭。为了要使这种大战略能付诸实施,在军事战略方面的要点,就是要设法使罗马的军队永远不离开山地,以抵消汉尼拔在骑兵方面的绝对优势。在这个阶段之中,汉尼拔和费边双方都是使用间接的战略,真可以说是"棋逢敌手"。

在敌人周围盘旋不去,截断敌人的零星兵力,阻止他们建立任何永久性的基地。费边好像是天边的一片浮云,遮断了汉尼拔的胜利光辉,使它显得黯然无色。这样,费边本人永远立于不败的地位,使汉尼拔过去的胜利,在意大利

其他国家的心目中,减轻了重量,因而阻止了他们背叛罗马。这种游击式的战法也使罗马的部队,恢复了士气;同时迦太基的军队离家千里,当然希望能够速战速决,这样拖延下去,士气也随之而一落千丈。

但是消耗战却是一柄双刃剑,即便使用得再巧妙,使用的人也一样会感到吃不消。尤其是老百姓更是怨声载道,他们都希望战争赶紧结束。当汉尼拔大胜之后,罗马人民都感到十分震惊;现在他们慢慢恢复了,于是就忘记了是由于费边的智慧,才使他们获得了恢复的机会。军队中有许多"匹夫之勇",都开始批评和反对费边的战略,认为他是一个"懦夫"。于是罗马政府遂古无前例的,任命米拉修(Minucius)为副统帅——他是费边手下的大将,同时也是他的主要批评者。接着汉尼拔找到了一个机会,把米拉修诱入陷阱,若非费边迅速来援,则一定会全军覆没。

由于这个事件的发生,才使大众对于费边的批评暂时停息了。但是到了他六个月的任期届满时,他的人望和政策都已不足以使他获得连任。在执政官的选举中,所选出来的两个人,其中一个就是瓦罗(Varro)。他这个人个性容易冲动,而且又愚昧无知,过去任命米拉修做副统帅,也是出于他的主张。此外,罗马元老院又通过了一个决议案,决定要和汉尼拔决一死战。做这个决定当然也并非毫无理由:一方面意大利有许多地区都正在受着敌人的蹂躏;另一方面为了准备这个公元前216年的会战,罗马已经建立了一支史无前例的庞大兵力,一共是8个兵团(legion)。但是因为罗马人选出了这样一个该死的领袖——他的攻击精神和他的判断力不能保持平衡——所以终于付出了极高的代价。

另外一位执政官包拉斯(Paullus),希望能等候一个有利的时机,再发动攻势;可是这种谨慎的态度却不合于瓦罗的观念——"一个人上战场之后,就应该少顾虑,而多使用他的刀剑"。瓦罗的主张也正是民意的主张,那就是说看到敌人就打。因此,在坎尼(Cannae)平原上,他决心和汉尼拔拼一个你死我活。当包拉斯辩论着说,应该设法把汉尼拔引到有利于步兵作战的地区,再发动攻势的时候,瓦罗却利用他轮值指挥的那一天,把军队开到了接近敌人的位置。第二天,包拉斯又把部队关在设防营地之中,认为由于补给上的缺乏,不久就可以强迫汉尼拔自动引退。可是瓦罗却怒不可遏,一心只想找敌人拼命,同时大多数的部队也都同情他的主张,痛恨包拉斯的迟误。正如史家波里比乌斯所说:"对于人类而言,再也没有比拖延更使人感到受不了的。"

第二天上午,瓦罗把罗马军队开出了营地,向汉尼拔挑战——这正是汉尼拔最喜欢的一种会战形式。照平常的习惯，双方的步兵都布置在战线的中央，而骑兵则在两翼上面。但是汉尼拔的部署却有其别出心裁的地方。他把西班牙人和高卢人构成步兵战线的中央，并向前凸出，而把他的非洲步兵摆在后方，恰好构成这一条线的两端。这样一来，西班牙人和高卢人就变成一颗天然磁石，把罗马步兵都向他们身上吸引过来。他们故意后退，于是凸线变成了凹进的弧线。罗马兵团被眼前的胜利气氛所迷惑，一直向这个空洞中拥入，大家都挤成一团，甚至于连使用兵器的空间都没有了。当他们正沉溺在突破迦太基阵线的美梦时，却恰好钻进了迦太基人的口袋。在这一刹那间，汉尼拔手下的非洲精兵从两面向中央进逼，轻而易举地把密集的罗马军团围在中间。

　　这次的行动，一切都是事先计算好了的，正像萨拉米斯的海战一样。这在战术上可以说是一种集体的"柔道"——很明显，它的基础就是"间接路线"。

　　此时，汉尼拔的重骑兵本布置在左翼方面，也击破了这一翼方面的罗马骑兵，并且扫过罗马军的后方，又把另一个侧翼（右翼）的罗马骑兵也击散了。于是他们把追击的任务，移交给原先扼守右翼的努米底亚（Numidian）轻骑兵，接着重骑兵就开始作最后的一击，向罗马步兵的后方直冲了过去。罗马军团已经三面受困，挤在一起，完全无法作有效的抵抗。之后，这场会战就开始变成了一场屠杀。罗马军一共76 000人，在战场上被杀死的却有70 000人之多。其中包括包拉斯在内，但是那个罪魁祸首瓦罗，却侥幸逃出，这实在是十分的讽刺。

　　坎尼的惨败固然曾使意大利同盟自动崩溃了一段时间，但是却还是未能使罗马本身崩溃。结果又是费边出来收拾残局，领导人民继续抵抗。罗马之所以还能够恢复元气的原因，可以分为两点：一是由于费边具有冷静的定力和高度的耐性，不惜一切的牺牲，以来实行他的避战战略。二是由于汉尼拔缺乏适当的攻城装备和补充，同时在一个经济发展程度颇低的地区中，侵入者是很难于以战养战的。（注：以后西庇阿用同样的手段反侵入非洲，他却发现迦太基的经济状况是具有较高度的发展，因而使他获得了很大的帮助。）

　　第二阶段的结束是在公元前207年，这又是另外一种新形态的战略性间接路线。罗马的执政官尼禄（Nero），突然从他面对着汉尼拔的位置溜走了，然后集中全力去进攻汉尼拔的兄弟——后者率领着他的军队，刚刚才到达意大利北部。当这支兵力在梅陶罗河（Metaurus）被击败之后，汉尼拔想获得援兵以赢得胜利的希望，也随之而毁灭了。在汉尼拔发现对方是空营以前，尼禄又迅速回到了他原有的位置。

此后,在意大利境内的战争又恢复了僵持的局面——这是第三阶段的开始。在此后 5 年当中,汉尼拔始终无法攻入意大利南部;而每当罗马的将军过分接近汉尼拔的狮穴时,也一定会受到重伤而还。

此时,老西庇阿的儿子阿非利加·西庇阿(Africanus Scipio)在公元前 210年,被派往西班牙作一种希望甚微的冒险。他的目的是偿父志、报父仇(罗马军在他的父亲和叔父指挥之下,遭到了惨败,才会使国势一蹶不振;而他们也都已经战死了),并且若是可能的话,在西班牙东北角上,为罗马保住一个渺小的立足点。面对着在西班牙境内的优势迦太基兵力,利用快速的行动、优越的战术和巧妙的外交手段,他把这个防御性的目标,变成了攻击性的目标——间接的,以迦太基和汉尼拔为打击对象。因为西班牙是汉尼拔的真正战略基地。他在那里觅取增援和训练新兵。利用一次时机配合恰到好处的奇袭,西庇阿首先夺取了卡尔塔吉那(Cartagena),该地是迦太基军在西班牙的主要基地,这是他们覆军杀将的前奏曲。

当他在公元前 205 年回到意大利的时候,西庇阿就被选为执政官,此时他又准备执行第二个具有决定性的间接战略,这是他早已胸有成竹的,那就是攻入汉尼拔的战略后方。费边现在已经年老,他的头脑逐渐顽固,反对这种非正统的方法,认为西庇阿的职责就是在意大利本土击败汉尼拔。他说:"你为什么不直接在此地进攻汉尼拔,而一定要到非洲去绕着大圈子走,你又如何确知汉尼拔一定会跟着你走呢?"

西庇阿从元老院方面只获得一个可以渡海去非洲的准许,但拒绝增派任何兵力给他。所以当公元前 204 年春天,他出发远征的时候,一共只率领着7 000名志愿兵和两个丧失了名誉的兵团——他们被罚担负西西里岛的防御工作,以赎他们在坎尼之役战败的罪愆。当他在非洲登陆的时候,迦太基一时之间只能调动一支骑兵来迎敌。西庇阿使用逐渐退却的巧计,引诱敌人进入陷阱,然后把他们全部歼灭。这一次的大捷,不仅使他获得充分的时间以来巩固他的地位,而且更创造了一个先声夺人的威势,一方面使罗马国内当局肯付出更多的力量来支援他;另一方面也使迦太基在非洲的各盟国,受到了相当的震动——除了最强大的赛法克斯(Syphax)以外。

西庇阿于是尝试夺取乌提卡(Utica)港口,当作他的基地。他本想和过去夺取卡尔塔吉那一样,企图获得一个迅速的成功。6 个星期之后,当赛法克斯派来了 60 000 大军,以增援吉斯哥的儿子哈斯德鲁巴(Hasdrubal Gisco)所率领的迦太基新军时,他就只好解围而去。两路联军的到达,姑不说质的方面,至少在量的方面已使西庇阿处于劣势。于是他退到一个小型半岛上面,建立工事,凭险固守——其形势正和威灵顿的托里什韦德拉什(Torres Vedras)防线差不多。在这里,他首先使敌军的指挥官产生一种虚伪的安全感,接着假装想向乌提卡进行海上攻击,以来分散敌人的注意力,而最后却乘着黑夜向敌人的两个营地进发。

由于西庇阿的精密计算,更增强了这次奇袭对于敌军组织和士气的打击作用。他首先进攻纪律较差的赛法克斯军营地,在那里,盖营舍的草料堆出了要塞的边缘之外。在混乱之中,罗马人首先放火,然后透入了营地的中心。火光又引得迦太基军大开营门,纷纷跑出来救火,他们还以为这只是偶然的火灾——因为当天黑的时候,位置在7英里外的罗马营地,还是寂静无声,一点都看不出有异常的现象。当迦太基人营门大开之后,西庇阿马上挥兵进攻,并迅速攻占了迦太基营地,只付出了极轻微的代价。两支敌军纷纷溃逃,据说一共损失了总兵力的一半。

若是仔细分析这一次作战,就发现我们已经越过战略的界线了,而进入了战术的领域。事实上,在这一次会战中,战略不仅是为会战中的胜利铺了一条道路;而且更直接产生了胜利。胜利仅仅只是战略行动中的最后一幕而已。因为一场漫无限制的屠杀算不上是一场会战。

当他获得了不流血的胜利之后,西庇阿并未马上进攻迦太基。为什么呢?与汉尼拔在特拉西梅诺和坎尼大捷之后,为何不向罗马进攻的史实相较,虽然说历史也还是不能提供一个肯定的答案,但至少却已经提供了一个比较清楚的解释。那就是除非能够获得一个有利的机会,可以作迅速的奇袭,否则在战争的所有作战形式中,"攻城"实在是一种最不经济的方式。假使敌人手里还保持着一支野战军,能够随时加以干涉,那么攻城战也就是一种最危险的作战——因为除非是获得了最后的胜利,否则继续不断的围攻,将会使他自己的兵力逐渐减弱,而无法与敌人对抗。

西庇阿所考虑的不仅是迦太基的城墙,而且还有汉尼拔回军救援的问题。把汉尼拔吸引回来,本是他的主要目的之一;假使他能在汉尼拔赶回之前,先占领迦太基城,那当然是最有利的。但是要达到这个目的,却只能使用精神上的方法,以来减弱敌人的抵抗力,而决不可以顿兵坚城之下,大量地耗损自己的实力。假使向前攻城不下,而后方又为汉尼拔的大军所乘,那么势必就会全军覆没了。

他不直接向迦太基进攻,而是有体系地破坏它的资源来源和同盟国的实

力。最重要的,是对于赛法克斯的部队穷追不舍,终于把这个国家颠覆掉了;因此,西庇阿虽然分散了他自己的兵力,也是非常有理由的。他又扶植他自己的同盟势力马西尼撒(Masinissa),夺取了努米底亚的王位,这使西庇阿获得了宝贵的骑兵来源,足以对抗汉尼拔手中的最好武器。

为了增强这种精神压迫的效力,他又进到了突尼斯(Tunis),距离迦太基已在目视距离之内,这是在精神上打击迦太基的最好方法,使他们陷入了恐慌的情绪中。当他用了各种间接的方法,使迦太基人的抵抗意志渐次削弱之后,终于迫使迦太基提出了和平的要求。可是当这个条件正在等候罗马当局批准的时候,迦太基人又突然听到汉尼拔回来了,并已在雷普提斯(Leptis)登陆的消息,于是他们马上又撕毁了临时的和约——时为公元前202年。

这时,西庇阿的处境实在是十分的困难、危险。虽然他并未对迦太基实行蛮攻,以削弱他自己的实力;但是他却已经让马西尼撒返回努米底亚,以巩固他在该国的统治权——这是迦太基接受了西庇阿和平条款之后的事情。在这种情形之下,一个普通的将军就只有两条路好走:(一)先向汉尼拔进攻,以阻止他到达迦太基;(二)在原地坚守,以待援兵的到达。可是西庇阿所采取的路线,从地理上看来,简直是完全不合理。因为假使汉尼拔从雷普提斯到迦太基城的直接路线,好像是"人"字形右面的一捺,从下往上走;西庇阿只留下一个支队,守住迦太基附近的营地,而自己却率领着大兵,向"人"字那左面一撇的方向,由上往下退去。这才真是一条非常间接的路线! 但是这条路线,通到巴格拉达斯河谷(Bagradas),一直深入到迦太基的内地——即该城物资补给的主要来源。同时当他每前进一步的时候,他就距离马西尼撒的援兵更接近一步。

这个行动达到了它的战略目标。因为这个主要的地区,逐渐有为敌人毁灭的危险,所以迦太基的元老院感到十分忧心,于是立即命令汉尼拔赶紧设法和西庇阿决一死战。尽管汉尼拔回答他们说:"一切听我自己调度好了",但是他究竟还是受着环境的压迫,向西南强行军去找西庇阿挑战,而不是北向回到迦太基城。于是西庇阿已经把他的敌人,引诱到他自己所选择的战场,在那里汉尼拔缺乏物质上的增援和安定的旋转枢纽;一旦战败之后,也不像在迦太基附近,可以退入有良好掩蔽的避难所。

西庇阿估计到敌人有求战之必要,并且对于己方在精神上的优点——以逸待劳——更曾加以充分的发挥。当汉尼拔赶上了西庇阿的时候,恰好马西尼撒的援兵也刚刚赶到了。西庇阿还是继续向后退,以引诱汉尼拔进到一个理想的战场——（一）使迦太基军缺乏水源的供给，（二）这是一个平原，西庇阿在骑兵方面所得来的新优势，在这里正好大展所长。所以在扎马（Zama）会战中（说得更精确一点，应该叫作"那拉格拉"〔Naraggara〕会战），他的骑兵终于把汉尼拔的百战精兵打得大败。当汉尼拔在战术上第一次失败之后，他在战略上事先所造成的错误也就不再饶过他。因为他战败之后，附近并无城塞可以供收容之用，于是只好落荒而逃，在敌人的追击下，终于难免被歼灭的命运。接着迦太基也就不流血的投降了。

扎马会战使罗马成为地中海世界中的主人，自此以后，罗马的地位如日中天，谁也无法制止它的膨胀。所以公元前202年，从军事的观点来看，可以算是古代史上一个重要的转折点。最后罗马的膨胀也开始退缩了，这一个大帝国终于难免瓦解的命运，其原因一部分是由于野蛮民族的压迫，而主要的却还是由于内在的崩溃。

在这"衰亡"的时期当中，有好几个世纪之久，欧洲又由"统一"而变回到"割据"的局面。对于这个时代的研究，在"将道"（military leadership）方面也当然可以获得很多有益的教训。不过就一般而论，所谓"决定性"者很难确定，转折点也不太明显，有目的的战略也太不肯定，而纪录也太不可靠，所以似乎很难当作一种科学化研究的基础。

不过当罗马的势力还没有发展到最高峰的时候，却有一个内战是值得详细加以研究的，其理由有两点：（一）这是另外一位名将的杰作，（二）它的结果对于历史的演化具有重大的影响。正好像第二次布匿战争使罗马成为世界的中心一样；公元前50年到公元前45年之间的内战，则使恺撒（Caesar）和恺撒主义（Caesarism）成为罗马世界的中心。

当公元前50年12月，恺撒渡过卢比肯河（Rubicon）的时候，他的实力基础只有高卢（Gaul）和伊利里库姆（Illyricum）两地，庞培（Pompey）却控制着整个意大利和罗马其他领土的全部。恺撒只有9个兵团，而其中又只有1个驻在拉文纳（Ravenna）的兵团是跟在他身边，其余的兵力都完全留在遥远的高卢。庞培在意大利境内一共有10个兵团，在西班牙另有7个兵团，在帝国其他各地还有许多的支队。但是在意大利的兵团却只不过是一个空架子——一个现有的兵团，却比两个尚未动员的兵团还更有价值。有人认为恺撒这种鲁莽的，只带着一部分兵力，即向南进攻的行动是非常的冒险。但是时间和奇袭

却正是战争中的两个最主要因素。恺撒战略的基础是,他对于庞培的心理具有极深刻的了解。

从拉文纳有两条路可以通到罗马。恺撒采取较长而较不直接的路线——沿着亚德里亚海的海岸——但是他的行动却很快。当他经过这些人口众多的地区时,有许多部队本来是集中起来,准备投入庞培的麾下,现在却反而都跟着他走。这正和1815年拿破仑的经验完全一样。因为在精神上发生了动摇,庞培的党羽就逃出罗马,而退到了卡普亚(Capua)——此时,恺撒却推进到敌人位于科菲尼乌姆(Corfinium)的前卫兵力,以及位于鲁西里亚(Luceria)附近由庞培指挥的主力间的位置。于是敌人的前卫兵力又都向他投降了。当他兵不血刃的一直往南面的鲁西里亚挺进之时,这种滚雪球的程序就也跟着继续发展。不过他的进展现在却已经变得直接化了,直接迫使敌人向意大利靴踵地区退却,那里有一个要港叫作布鲁登西(Brundisium,即今布林迪西〔Brindi-si〕)。因为恺撒追得太厉害,结果才逼得庞培决定渡过亚德里亚海,逃入希腊。由于这个直接行动未免太过火,缺乏艺术的气质,所以使恺撒丧失了在第二阶段中,寻求一次决定性的会战,以结束整个战争的机会,于是他只好环绕着地中海的盆地周围,继续苦战了四年之久。

现在第二个战役又开始了。恺撒这一次却不再尾随着庞培后面,一直向希腊境内追下去,而反过来攻击庞培在西班牙方面的防线。有许多人批评他这是"小题大做",事实上却不尽然,因为他早已料定庞培绝不会乘机行动,所以他可以放心先去解决敌人的羽翼。恺撒在这一次战役开始的时候,动作又是未免鲁莽,一越过比利牛斯山脉之后,即直接向驻在依勒尔达(Ilerda,即今莱里达〔Lerida〕)的敌人主力进攻,使得敌人有了避战的机会。当突击失败之后,幸亏恺撒亲临前线,才算是未酿大祸。但是恺撒所部的士气日益低落,逼得他只好马上改变他的方法。

他不再勉强作攻城的打算,改用全力来建造一个人工要塞,使他能够控制着塞格雷河(Sicoris)的两岸,依勒尔达就位于河岸上面。这个行动使敌人的补给来源受到了威胁,于是庞培的部下遂不敢久留,而自动撤走。恺撒并没从后面加以追击,而听任他们溜去;但却派遣他的高卢骑兵,深入敌人的后方,以迟滞他们的行动。他不攻击敌人后卫部队所占领的桥头阵地,而宁愿冒险率领他的步兵通过深水滩(通常认为只有骑兵才可能徒涉),乘着黑夜迂回到敌人的退却线上。到了这个时候他仍然不想和敌人交战,而只是设法强迫敌人无法采取另外一条新的退却路线。先使用骑兵去实行阻挠和迟滞的动作,然后再使用步兵来切断他们。他一方面尽量控制部下跃跃欲试的雄心,另一方面更设法使敌人丧失斗志;最后,他把敌人逼到了水边,在饥寒疲惫和失望的压力之下,敌人终于不战而降了。

这种兵不血刃的胜利,也是一种战略性的胜利;因为流血愈少,则投降附和的人数也就会随之而增多。当他用间接的方法来代替直接的方法以后,这个战役一共只用了六个星期的时间,就胜利的结束了。

可是到了公元前 48 年,当他进行下一个战役时,他又改变了他的战略——结果花了 8 个月的时间,才使他的军队获得胜利;即便如此,也还只是不完全的胜利而已。这一次,他不采取间接的路线,经过伊利里库姆进入希腊;反之,他却决定采取直接的海上路线。如此一来,固然在最初阶段中节省了一些时间,可是最后却还是吃了大亏。庞培原先有一个大型的舰队,恺撒却完全没有,虽然他已经下令建造和搜集大量的船只,但是却只找到一部分。可是恺撒却不肯再等,兵力只集中了一半,即开始从布林迪西登船出发了。恺撒在帕拉斯提(Palaeste)登陆之后,就沿着海岸走,直趋重要港口迪尔拉齐乌姆(Dyrrhachium,即今都拉斯〔Durazzo〕),但庞培却已先一步赶到该地。对于恺撒而言,可以说是十分的侥幸,庞培的行动老是那样的迟缓,以至于坐失良机;当安东尼(Antony)率领恺撒的另外一半军队躲过对方的舰队,开来加入恺撒的兵力之前,庞培没有能够用他的优势兵力,先把恺撒击败。甚至于当安东尼已在迪尔拉齐乌姆的另外一面登陆之后,庞培虽然居于中央的位置,却还是未能阻止恺撒和安东尼的两支兵力在地拉那(Tirana)会师。于是庞培开始向后撤退,他的敌人跟在后面追,无法使他停下来接受会战。以后两军就继续在格努斯河(Genusus)的南岸上对峙着——这条河正位于迪尔拉齐乌姆的南面。

结果还是使用间接的方法,才打开了死结。经过了山地,走了 40 余英里的艰难路程,恺撒终于达到迪尔拉齐乌姆与庞培之间的位置。假使庞培若能早些发现这个危险,而赶回去援救他的基地,则所要经过的只不过是一段 25 英里长的直路而已。但是恺撒并未能利用这种有利的形势,因为庞培还是保有海运补给的便利,而且像庞培这样一个性格的人,是很难引诱他领兵向敌人进攻的。于是恺撒只好劳而无功地建立一条绵长的包围线,可是他的敌人不仅兵力比他强大,而且还拥有海运的优势——其补给不至于匮竭,同时必要时还可以从海路撤退。

即使像庞培这样消极的人,对于这样单薄的包围线,也不会放弃寻找弱点加以攻击的机会。恺撒为了救援起见,遂不得不集中兵力来实行逆袭。这个逆袭却不幸遭受惨重的失败,若非庞培这个人惰性太重,否则恺撒的军队一定会一败不可收拾。

当恺撒把残部整顿好了之后,他马上认清了这次失败的教训,在整军而退之后,即开始采取一种间接路线的战略。当恺撒正在调整战略的时候,庞培若能乘此青黄不接的机会,主动向敌军进攻,则一定可以大获全胜,更可以乘胜渡过亚德里亚海,重新夺取意大利的统治权——因为恺撒大败之后,其所辖的军民在精神上一定会发生动摇。此时恺撒已经明了向西的行动是不再有可能性,于是马上倒过来向东发展,迅速去攻击庞培留在马其顿的部将纳西卡(Scip io Nasica)。庞培的心理立即受到恺撒的控制,他接着采取了另外一条路线,追随在恺撒的后面,赶去援助纳西卡。结果还是恺撒先到,但他却不命令军队攻城,反而等待庞培赶来。这对恺撒而言,似乎也可以说是丧失了一个良好的机会,但是也可以说由于迪尔拉齐乌姆的经验,恺撒认清了必须要有强烈的诱惑,才能使庞培在开阔地区接受会战。假使真是如此,那么恺撒这个观念要算是相当正确。尽管庞培所拥有的兵力,在数量方面是具有二对一的优势,但还是由于部下的劝说,他才肯冒险出战。正当恺撒准备用各种手段,来创造一个战胜的机会时,庞培却自己送上门去,使他得来全不费工夫——这就是法萨卢斯(Pharsalus)会战。但对于恺撒而言,这个会战毫无疑问的是过于仓促——损失之重即足以说明其仓促的程度。恺撒的间接方法固然已经在战略上,重新建立了平衡的局面,可是还需要再进一步,才能够使庞培本人丧失平衡。

在法萨卢斯战胜之后,恺撒追击庞培越过了达达尼尔海峡,通过小亚细亚,然后渡过地中海,以到达亚历山大港(Alexandria)。在那里庞培即为托勒密(Ptolemy)所杀,使恺撒省了许多麻烦。但是恺撒本人却把这个有利的机会糟蹋掉了,为了干涉托勒密和他妹妹克娄巴特拉(Cleopatra)之间对于埃及继承权的争执,他一共浪费了8个月的宝贵时间。恺撒所常犯的严重错误,是他老只注意着眼前的目标,而缺乏远大的眼光。在战略方面来说他是瑕瑜互见。

由于恺撒坐失良机,所以才使庞培的旧部有死灰复燃的机会,他们在非洲和西班牙又获得了一线生机。

在非洲方面,由于恺撒的部将古力阿(Gurio),早已采取了直接的行动,结果使他的处境更为困难。在登陆之后,古力阿首先赢得了一个初步的胜利,于是他就因胜而骄,被庞培余党的同盟者朱巴国王(King Juba),引入陷阱而被歼灭。公元前46年,恺撒展开了他自己的非洲战役。他还是像过去希腊战役那般直接而冲动,使用着不充足的兵力,一头钻进了敌人的圈套。也正和他过去的惯例一样,仅仅凭着好运气和战术技巧的结合幸免于难。此后,他就在鲁斯皮那(Ruspina)附近设营固守,以等候其他兵团的到达,无论敌人如何引诱,他都绝对不出战。

这一次恺撒又把他的不流血战略,运用到了最高的程度。几个月当中,即使他的增援已经达到之后,他还是执行一种绝对间接性质的战略,只不过是路线略嫌狭窄而已。他发动了一连串的小战,以打击敌人的士气,从敌方逃亡数字激增的事实看来,即足以证明这种战略的价值。最后,他才采用一种比较宽广的间接路线,向敌人在塔普苏斯(Thapsus)的重要基地进攻。这样他就创造了一个有利的会战机会,而他的部队——早已等候得不耐烦——立即不需上级的指挥,而自动向敌人猛攻,终于获得了大胜。

接着在公元前 45 年,恺撒又发动了西班牙战役,这也是整个内战的结束。这次,恺撒从一开始就力求避免生命上的损失,在狭窄的限度之内,不断运用调度上的技巧,一定要使敌人立于绝对不利的地位,才肯和他们交战。结果他在蒙达(Munda)获得了一个有利的机会,而终于大获全胜;但这次还是经过了激烈的苦战,所损失的士兵也还是不少。由此即足以指明出所谓"经济兵力"(economy of force)的意义和仅仅是"节省兵力"(thriftiness of force)的意义,是大有区别的。

恺撒的间接战略路线,似乎都是很"狭窄"的,而且缺乏"奇袭"的意味。在他的每一次战役当中,他都只不过是使敌人的精神发生"紧张"的现象,而并未能使其溃裂。主要的原因似乎是他所重视的,只是敌方部队的心理,而非敌方指挥官的心灵。假使说他的这些战役足以当作一个极好的例证,来说明两种不同间接路线的区别——(一)以对方的部队为目标,(二)以对方的主将为目标——那么还不如说,更足以有力地说明直接路线和间接路线的区别。当恺撒每次采取直接路线时,几乎无往而不失败;反过来说,当他失败后改用间接路线之后,则又往往能够转败为胜。

第四章　拜占庭时代的战争

当公元前 45 年,恺撒在蒙达获得了最后胜利之后,他就荣获罗马和罗马世界的"永久独裁权"。这一个具有决定性的事件,使罗马的共和从此告一结束。也就是由一个共和国转变成为帝国的前奏曲——在帝国的制度中,就潜伏着使它自己内在崩溃的细菌。不过这些发展都是逐渐性的——从远大的观点看来,这也是一种进步。从恺撒的凯旋,到罗马的最后崩溃,中间还经过了五百年的光阴。甚至此后,在另外一个地方还有一个"罗马帝国",一直又再延长了一千年之久,才终告灭亡。这个原委从头说起,是:(一)君士坦丁大帝(Constantine the Great)于公元 330 年,从罗马迁都拜占庭(Byzantium),即君士坦丁堡(Constantinople)。(二)公元 364 年,罗马世界正式分裂为东西两个帝国。东罗马帝国的命运较长,而西罗马帝国则由于野蛮民族的不断攻击和渗透,国势日趋衰颓。到了公元 5 世纪末叶,随着高卢、西班牙和非洲的榜样,独立的意大利王国也建立起来了,于是名义上的西罗马皇帝遂终于被废除。

不过在 6 世纪的中叶,西罗马又有复活的迹象——这却是由东罗马所发动的。当查士丁尼(Justinian)在君士坦丁堡做皇帝的时候,他的部将们又重新征服了非洲、意大利和西班牙南部。这些成就主要应归功于一个人,那就是贝利撒留(Belisarius)。他之所以能被称为名将的理由,有两点:(一)他的兵力真是少得可怜,与他的工作简直不成比例;(二)他经常使用守势的战术。在一连串的征服之中,竟完全缺乏攻势的行动,这种奇迹也可以算是史无前例的。而最大的特点,却是他所率领的军队,其基础又完全是机动部队——主要是骑兵。贝利撒留并不缺乏胆量,但是他的战术都是设法引诱对方先动手进攻。他这种作风的理由,一方面是因为他在数量上总是居于劣势的缘故,但另一方面也表示他在战术和心理两方面,都有极精密的计算。

他的军队在组织形态上,和罗马全盛时期的兵团制度很少相似之处——它很接近中世纪的形态,但是却具有较高度的发展。若是恺撒时代的军人看到这种部队，他们一定不会承认这也是罗马的军队；不过若从追随西庇阿转战非洲的军人眼中看来，也许对于这种演变的趋向，一点都不会感到惊异。从西庇阿到恺撒之间的时代中，罗马本身渐次由一个城邦国家，变成了一个帝国；他们的军队也由短期服役的公民部队，变成了长期服役的职业化兵力。尽管扎马会战已经显示出骑兵的重要性，但是他们的军事组织却够不上这个标准。尽管马种已经大为改良，体型和速度都已经进步，但是在罗马帝国的陆军中，步兵仍然是主力兵种，而骑兵还是和初期对抗汉尼拔的战争一样，始终只是一种辅助性的兵种。以后由于在边防方面需要较大型的机动兵力，于是骑兵的比例才逐渐增加，但是一直到公元 378 年，罗马兵团在阿德里安堡（Adrianople）遭到了惨败之后——为哥特人（Goths）的骑兵所击败——罗马陆军才记取这个惨痛的教训，开始实行改组。在以后的时代中，钟摆却又摆向另外一个极端。在狄奥多西（Theodosius）统治之下，为了加速扩充机动部队，甚至大量收编野蛮人的骑兵。以后，这个招募的比例终于获得了某种程度的平衡，于是才发展成为一种有体系的新型组织。到了查士丁尼和贝利撒留的时代，主要的兵种是由重骑兵所组成，他们穿着铁甲衣，所使用的兵器是弓弩和长枪。在原理上，它是想兼有机动"火力"和机动"冲力"两者之长——匈奴和波斯的骑弓手显示出了第一方面的价值，而哥特的骑枪兵也显示出了第二方面的价值。作为重骑兵的辅助兵力，又有轻骑兵的组织，那便是轻装的骑弓手。无论从组织上或战术上来看，这两者的结合都可以算是近代轻重（或中型）两型坦克联合使用的先例。步兵也同样分为轻重两型，但是后者却使用重矛和密集的队形，只是当作会战中的一个固定枢纽使用，而骑兵则环绕它做各种的运动。

在公元 6 世纪的初期，东罗马帝国的国势是十分危险的。它的军队在波斯的边界上，一再遭到屈辱的战败，其在小亚细亚的整个地位也都在动摇之中；有一度——由于匈奴人从北面侵入了波斯——这个压力曾暂时减轻，但是在公元 525 年左右，边界上又发生了新的战争——不过其形式却很散漫。贝利撒留在这次战争中，开始崭露头角。他曾经率领骑兵，几度侵入波斯属的亚美尼亚（Armenia）地区，以后当波斯人占领了一个边境要塞之后，他又发动了一个精彩的逆袭，把它夺了回来。把他的成功和其他诸将的失败对比之后，查士丁尼提升他做东面军的总司令——那时他还不到 30 岁。

公元 530 年，一支总数约 40 000 人的波斯大军，向达拉（Daras）要塞发动进攻。面对这个威胁，贝利撒留手中只有大约 20 000 人的兵力，而其中大多数都是刚刚开到的新兵。可是他并不准备作守城的打算，而决心冒险和敌人作一次会战,不过他对于战场却事先有精密的选择,以便运用他"防御攻势"(defensive-offensive)的战术。他估计敌人一方面抱有直捣拜占庭的雄心,一方面仗着他们在数量上的绝对优势,必然会一直向前进攻,而不多所顾虑。他在达拉的前方,挖掘一条既宽且深的壕沟,位置很靠近城墙,以便壕中的守兵可以获得城头上的"火力"支援。贝利撒留就把最不可靠的步兵,布置在这里。在这条战壕的两端,呈直角的又挖掘两条长壕,在顶点上又有两条横壕,一直向外伸展到谷地两侧的丘陵地中。沿着这两个侧翼之上,重骑兵就分别埋伏在那里,以供逆袭之用。匈奴人的轻骑兵又摆在两个内角里面,假使两翼的重骑兵为敌人所逐回,他们就可以突然袭击敌人的后方,以来消除这种压力。

波斯人到达了战地之后,首先是对于这种部署感到困惑,于是第一天的时间都花在侦察工作方面。第二天上午,贝利撒留派人送了一封信给波斯军的主将,暗示最好是不必兵戎相见,而采取互相讨论的方式来解决争端。他的信上这样写着:"最大的善事就是和平,所有略有理性的人都莫不公认如此……所以最伟大的将军,就是要能够从战争中求得和平。……"这真是至理名言,而尤其是在他第一次伟大胜利的前夕,从这样一个青年将领的口中说出来,才更感难能可贵。可是波斯的主将却回答他说,罗马人的诺言素来是不可以相信的;照他的看法,贝利撒留的来信,以及他躲在战壕后面采取守势的姿态,都足以表示他是心存畏惧。所以波斯人开始进攻了。当然他们也很谨慎,并未冲入位于中央的那个明显的"陷阱"中,但是他们这种谨慎的态度,却正中了贝利撒留的妙计。因为这不仅使他们的兵力分散,而且更使战斗限制在两翼骑兵的方面。对于贝利撒留而言,这些正是他手中最可靠的精兵,并且在数量上也不比敌人少得太多。同时他的步兵,也可以使用弓弩的"火力"参加作战。拜占庭的弓弩在射程上要比波斯的远,同时波斯的装甲也不如罗马的精良。

波斯骑兵首先攻击他的左翼,最初似乎颇有进展,可是有一支小型的骑兵支队,预伏在侧翼上一座小山背后,现在突然跃出,向波斯人的后方猛冲。这个意想不到的奇袭,再加上在另一个侧翼方面,又有匈奴轻骑兵出现,结果遂迫使波斯人自动后撤了。另外在右翼方面,波斯骑兵攻入的距离更深,一直达到了城墙脚下。可是结果却恰好使他们这个前进的侧翼,与中央的静止部分之间,露出了一个极大的空隙。贝利撒留立即把他手中所有的骑兵,都投掷在这个空隙里面。这个针对波斯战线弱点的逆袭,首先把波斯骑兵赶得落荒而逃,脱离了战场,然后再向中央的波斯步兵——他们的侧翼已经暴露——进攻。这次达拉的会战使波斯人遭到决定性的失败。这是许多年来,他们第一次败在拜占庭人的手里。

经过几次挫败之后,波斯国王就开始和查士丁尼的使臣,讨论和平的条件。当这个和谈还正在进行的时候,波斯人的同盟萨拉森(Saracen)国王,却提出了一个新的作战计划——用间接的方式来打击拜占庭的势力。他认为不应该向具有坚城利兵的拜占庭边界上进攻,而应该采取一条大家所料想不到的路线。一支大部分由机动部队所组成的兵力,可以从幼发拉底河向西走,越过沙漠地区——这是当时人认为不可能越过的障碍物——向东罗马最富庶的城市安提阿(Antioch)进攻。波斯人立即采纳这个计划,在执行的时候也证明出,只要有适当的军队组织,这种沙漠是绝对可以越过的。不过,贝利撒留却已经使他的军队具有极高度的机动性,而且沿着边界也建立了一个有效率的通信体系,所以他才能够从北面星夜驰援,恰好在敌人之前赶到了战地。当这个威胁解除之后,他却仅以把敌人逐回为满足。这种自制的态度使他的部下非常不满。当他发现部下都在私下议论纷纷的时候,就向他们解释说:真正的胜利就只是要强迫敌人自动放弃他们的意图,而同时又尽可能减少自己的损失。假使这个目的已经达到了,那么又何必要在会战中去寻求胜利呢?正所谓"穷寇勿追",因为这种行动可能会引起不必要的失败,结果反使帝国有受到新侵略的危险。对于退却中的敌人,使他们感到无路可走,这无异于提高他们死里求活的勇气。

这种说法是太理智化了,很难使那些"匹夫之勇"的军人们感到心悦诚服。因为害怕军心离散的缘故,他只好听任他们去碰一次钉子——这是他有生以来唯一的一次失败,恰好证明了他的警告是完全正确的。但是波斯人虽然战胜了追兵,却也付出了极高的代价,所以他们还是被迫继续撤退。

在东方累立战功之后,贝利撒留不久即被派往西方,担负一次攻势的任务。在一个世纪之前,日耳曼民族的一支,汪达尔人(Vandals)占领了罗马所属的非洲殖民地,结束了他们向南移殖的行动,并且建都于迦太基。以那里为基地,他们开始进行大规模的海盗行动,并且派遣突击性的远征军,去劫掠地中海沿岸的各个城市。公元455年,他们曾经攻入罗马,以后君士坦丁堡方面曾派重兵进剿,但却被他们所击败。不过经过了几代之后,奢侈的生活加上非洲的烈日,不仅已经使他们的态度软化,而且也消磨了他们的意志。于是到了公元531年,原有的汪达尔国王希尔德里克(Hilderic),突然被他那个黩武好战的侄子盖利默(Gelimer)所废并加以监禁。因为希尔德里克在青年时期,曾与查士丁尼友善,所以后者写了一封信给盖利默,要求他释放自己的叔父。当这个要求被拒绝之后,533 年,查士丁尼遂决定派遣贝利撒留,率领一支远征军,到非洲去兴师问罪。可是他一共却只有 5 000 名骑兵和 10 000 名步兵。虽然他们都是精兵,但是众寡之势还是差得太远,因为汪达尔人号称拥有十万大军。

当这支远征军到达了西西里之后,贝利撒留听到一个好消息——当时汪达尔人的属地萨丁尼亚(Sardinia),发生了叛乱,他们已经派了一部分精兵去平乱,而且当时盖利默本人也离开了迦太基。贝利撒留当然不肯放过这个时机,他立即扬帆向非洲前进,为了避免遭到优势的汪达尔舰队拦截,他在距离迦太基还有九天行军距离的地点实行登陆。听到了贝利撒留登陆成功的消息,盖利默匆忙命令几方面的部队,集中在阿德戴西门(Ad Decimum)附近的隘路上——这是通往迦太基大路上的第十个里程碑——他希望在那里可以把侵入军加以包围聚歼。但是这个计划却失败了,因为贝利撒留进展得太快,同时他的舰队也对迦太基城,摆出严重威胁的姿态。当汪达尔军队正在集中的时候,马上即为侵入军所乘,于是在一连串的混战中,他们发生了混乱的现象,不但不能击败贝利撒留,而且纷纷向各方逃走——使贝利撒留势如破竹地进入了迦太基城。到了这个时候,盖利默已经重新集中了他的军队,并且从萨丁尼亚召回远征军,准备重整攻势。可是贝利撒留已经把迦太基的防御部署完成了——使汪达尔人感到毫无办法。

等了几个月之后,他看到汪达尔人还无攻城的意图,贝利撒留就获得了一个结论:认为从他们这种消极的态度上,即足以证明他们的士气已经非常低落。同时就他自己这一方面而言,若是一旦战败之后,也有一个安全的退步,所以他决定冒险进攻。他率领着他的骑兵前进,直迫汪达尔人设在特里卡梅伦(Tricameron)的营地——在一条河流的后面——不等他的步兵赶到,即开始进行战斗。他的想法可能是这样的:因为当他这样显得兵力很薄弱的时候,必可能引诱敌人倾巢来犯,于是就可以达到"半渡而击"的目的。但是这种"挑拨"性的进攻,和紧接着后面的退却,都不能够引诱敌人渡河追击。所以贝利撒留又马上抓着他们这个过度小心的弱点,乘机把大量的兵力,安全的送过了河去。首先向敌人的中央部分进攻,以吸住敌人的注意力,然后再沿着全线上展开攻击。

汪达尔人的抵抗马上开始崩溃,残余部队逃回营中,不敢再战。盖利默本人乘着黑夜逃走了,在他失踪之后,他的全军也就自动瓦解。贝利撒留乘战胜的余威,实行追击,最后俘虏了盖利默,结束了这场战争。这个收复罗马非洲失地的计划,在最初看来,似乎是一种冒险的赌博;可是在执行的时候,却显得十分的简单。

这一次轻松的胜利,鼓励着查士丁尼在公元 535 年又开始企图从东哥特人(Ostrogoths)手中,作夺回意大利和西西里的尝试——不过也以付出最低廉的代价为原则。他只派了一支小型部队到达尔马提亚(Dalmatia)的海岸上。他又用“贿赂”的谎言,来引诱法兰克人(Franks)从北面进攻哥特人。在这种分散敌人兵力的战略掩护之下,才再命贝利撒留率领远征军 12 000 人,开往西西里岛,并且命令他在到达该岛的时候,应扬言这一支兵力是假道开往迦太基的。假使他认为这个岛屿可以很容易地加以占领,那么他就可以进占该岛;否则他可以不动声色的,再重新上船扬帆而去,不必显示出他的意图。在这次的情况中,是一点困难都没有。虽然西西里岛上的诸城一向很受到他们征服者的优待,但是他们却还是热烈的欢迎贝利撒留,把他当作解放者和保护者看待。除了在巴勒莫(Palermo)一地以外,这一支小型的哥特戍兵对他根本未作任何激烈的抵抗。至于巴勒莫的抵抗也被他利用巧计所击退。与他胜利恰好成一个对照,拜占庭军对于达尔马提亚的侵入企图却遭到了惨败。不过不久,拜占庭军又获得了增援,继续进攻;同时贝利撒留也越过了墨西拿海峡(Straits of Messina),开始侵入意大利半岛的本部。

由于哥特人内部意见不一,同时他们的国王也疏于防范,结果才使贝利撒留在意大利南部的进军,并没有遇到阻拦。当他进到了那不勒斯(Naples)之后,始暂时受阻。这是一个坚强的要塞,守兵的力量也大约与他的兵力相当。但是不久,贝利撒留还是从一个废弃不用的水道中,找到了攻进这个城塞的捷径。他派了少数的精兵,从这个狭窄的隧道中,钻进了城里,于是乘着黑夜攻城,里应外合很快便占领了该城。

那不勒斯的陷落使得哥特人为之大哗,于是群起而反对他们的国王,结果取而代之的是一员勇将,名叫维蒂西斯(Vitigis)。可是维蒂西斯却具有一种很特殊的军事观念,他认为必须先结束对法兰克人的战争,然后才再来集中全力对付这个新的侵入者。所以,当他在罗马留下了一支自以为很足够的守兵之后,就亲率大军向北面进发,以对付法兰克人。但是罗马的人民却不同意他的见解,同时哥特的守兵也认为若无人民的协助,则势必无法守住这个城塞,所以当贝利撒留的军队开抵罗马时,守军立即弃城而走,使他毫不困难地收复了这座名城。

当维蒂西斯重新做决定的时候,已经太迟了。他用黄金和土地做代价,才向法兰克人买得了和平,于是他集中了 150 000 人的大军,企图重新夺回罗马。而贝利撒留却只有 10 000 人的兵力,来供防守之用。但是在围攻开始之前,他却早已有了 3 个月的准备时间,来改建该城的防御工事,同时还囤积了大量的粮食。此外,他的防御方法也是采取一种积极的方式——不断地作有计划的出击。在这种出击中,他又尽量发挥他骑兵的优势,因为他们都配备了强力的弓弩,所以可以在敌军骑兵达不到的射程之外,使其受到阻挠,或者是引诱哥特的骑枪兵作盲目的冲锋。虽然这少数的守军在苦战之下,已经是疲惫不堪,可是围攻部队的兵力却损失得更快,尤其是因为疾病的缘故。为了加速敌人的崩溃,贝利撒留更勇敢地冒险,从这个单薄的兵力中,再抽出两个支队,用奇袭的方式攻占了蒂沃利(Tivoli)和特拉西纳(Terracina)两个城镇。它们恰好控制着围攻军的补给线。等拜占庭的援兵到达后,贝利撒留更扩大了这种机动突袭的范围,直达亚德里亚海的海岸上,直趋哥特人在拉文纳的主要基地。最后,经过了一年的围攻,哥特人终于放弃了他们的企图,开始向北撤退——由于他们获得了一个消息,说拜占庭的袭击部队已经占领了里米尼(Rimini),这是距离他们基地拉文纳交通线极近的一点,所以更加速了他的撤退。当哥特大军的后半部正拥挤在穆勒威(Mulvian)桥梁上面的时候,贝利撒留开始发动猛烈的追击,使他们损失惨重。

当维蒂西斯向东北撤回拉文纳的时候,贝利撒留派遣他一部分的兵力,连同舰队一起,沿西岸推进,占领了帕维亚(Pavia)和米兰(Millan)。他自己却只带着 3 000 人,横到东岸上,和新到的 7 000 援兵会合在一起——这些援兵是由宫廷中的总管太监纳尔西斯(Narses)所率领。于是他火速去援救围在里米尼城中的一个支队——他们正被维蒂西斯的大军所包围着。在外围的阿西莫(Osimo)要塞中,哥特人曾经留有 25 000 人的守兵,可是贝利撒留却很巧妙地溜了过去,直接向里米尼进发。他的兵力分为两个纵队,另外还有一部分则由海上开来。因为三路进攻,显得声势浩大,使哥特人对于他的兵力不免发生了夸大的印象。为了加强这个印象。在夜里他又多燃营火,故意虚张声势。这个计策成功了,尤其是现在光凭他的英名都足以使哥特人不寒而栗,所以当他决定接近的时候,大多数的哥特军队都开始望风而逃,不敢接战。

现在,贝利撒留就一方面监视留在拉文纳的维蒂西斯,另一方面计划如何扫清通往罗马的交通线,因为当他迅速挺进的时候,有许多要塞都是溜过去的,现在必须一一加以攻陷。由于他手中的兵力是如此微弱,所以这实在不是一个容易解决的问题。他的方法是首先集中力量对付某一个要塞,使其孤立化,利用机动部队构成一道铁幕,使任何可能的救兵都被牵制在他们自己的地区之内,使其无法分身。即便如此,这种工作还是需要相当长的时间,尤其是有一些部将,恃着宫廷中的宠爱作护身符,故意违背他的调度,专门寻找容易和富庶的目标,所以更使时间延长了。此时,维蒂西斯又派遣使臣往法兰克和波斯求救,他们说现在是击败拜占庭人的最好机会,因为他们的兵力已经伸展得太远,若此时能从各方面同时发动攻势,那么一定可以成功。法兰克的国王听了,马上就率领了一支大军,翻越了阿尔卑斯山,进入意大利。

第一个吃大亏的却是对于他们期望殷切的同盟国。当哥特人在帕维亚——当时哥特人正在该地与拜占庭军对峙——附近,放他们过了波河之后,他们却毫不客气地向两方面同时发动了攻击,使双方都措手不及,纷纷逃窜。于是法兰克人就开始向各地蹂躏。因为他们的军队差不多完全是由步兵所组成,所以搜劫的距离很有限,不久就在他们自己所造成的饥馑中,大批地饿倒。他们实在太愚笨,一碰到机动的对手,就不敢交战,所以贝利撒留并未花多少工夫,就把他们劝诱回家去了。贝利撒留接着便加紧对拉文纳的控制,以迫使维蒂西斯投降。

然而在公元 540 年,贝利撒留却突然被查士丁尼召回,其理由是要他去对付波斯人的新威胁——这当然也是真的。不过,似乎真正的动机却是出于妒忌的缘故,因为有消息传到查士丁尼的耳朵里,说当哥特人向贝利撒留求和的时候,已经承认他就是西方的皇帝。

当贝利撒留正取道回国的时候,波斯的新王乔斯罗斯(Chosroes)又重新采取横越沙漠的路线,并且攻占了安提阿城。当他把这个城市以及其他叙利亚各城夷为废墟之后,查士丁尼就只好许以大量的"岁币",以求缔结一个新的和约。当乔斯罗斯回到了波斯,而贝利撒留也回到了君士坦丁堡之后,查士丁尼马上就撕毁了这个和约,不肯再破财了。于是吃亏的人还是他的臣民——这是一般战争的正常结果。

在下一次的战役中,乔斯罗斯侵入在黑海岸上的科尔基斯(Colchis),并且占领了拜占庭人在佩特拉(Petra)的要塞。这时贝利撒留也已经到达了东面的边界上。他听到乔斯罗斯已经出发远征,虽然他还不知道他的真正去向,可是贝利撒留却马上抓到了这个机会,立即用奇袭的方式,侵入波斯的国境。为了加强效力,他又派遣他的阿拉伯同盟军沿着底格里斯河发动突袭,向亚述(Assyria)进攻。这个来得恰到好处的反击,无形中正足以证明间接路线的价值。这就是"围魏救赵"的办法,当波斯大军已经侵入科尔基斯的时候,贝利撒留却威胁到他们的基地,这样就把乔斯罗斯调回来了,否则他就会有后顾之忧。

不久之后,贝利撒留又被召回君士坦丁堡——这一次是由于内乱的缘故。当他离开了东方之后,波斯国王马上又向巴勒斯坦(Palestine)发动了一个侵略战,以占领耶路撒冷(Jerusalem)为目标,自从安提阿被毁之后,它已经成为东方的一个富庶大城了。接到了这个消息之后,查士丁尼就立即派遣贝利撒留去援救。这一次,乔斯罗斯率领了一支非常庞大的兵力,估计约在 200 000 人左右,因此他不能再采取那条越过沙漠的旧路线。而必须从幼发拉底河上游,进入叙利亚,然后南转向巴勒斯坦进攻。这是乔斯罗斯所必然会走的路线,所以贝利撒留集中他所可能集中的兵力——数字虽少但却具有高度的机动性——把他们都摆在幼发拉底河上游的卡契米希(Carshemish),在侵入军向南转进的紧要关头上,这就恰好威胁到他们的侧翼。乔斯罗斯听到这个消息之后,马上派了一个使臣到贝利撒留军中,名义上是以讨论和平条件,实际上却是想侦察对方的实力和部署。事实上,贝利撒留的兵力比之侵入军,还不到十分之一,甚至于还不到二十分之一。

因为猜到了敌人的意图,贝利撒留马上就在军事上变了一个"戏法"。他把他手里最精壮的人员,挑选了出来,其中还包括着哥特人、汪达尔人和摩尔人(Moor)等——这都是所收编的俘虏——率领着他们先进到某一点上,以来等候波斯使臣的到达。这样遂使对方误认为他们所遇到的,只不过是贝利撒留大军的前哨而已。这些部队奉命展开在平原上面,并且经常在运动之中,更使人难以估计他们的真正兵力。贝利撒留本人显出十分乐观自信的态度,他手下的部队也都显出趾高气扬的味道,所以更增强了对方的印象——好像他们对于波斯人的攻击,是满不在乎的。使臣回来后认为乔斯罗斯若再继续前进,则交通线势必要受到侧面上的威胁,那似乎是非常的危险。于是贝利撒留更进一步派遣骑兵沿着幼发拉底河神出鬼没地活动,这些行动终于把波斯人骇昏了,他们匆匆忙忙渡河撤回了本国。从来不曾有过这样来势凶猛的侵入行动,就这样轻松地被击败了。而这个奇迹式的结果,却完全是利用间接路线得来的,虽然表面是由于一个侧翼位置的作用,但事实上却纯粹是心理的。

由于查士丁尼的妒忌和猜疑,贝利撒留又再度被召回君士坦丁堡。不久以后,意大利的属地由于管理不善,局势又变得岌岌可危,于是查士丁尼不得已，又只好命令贝利撒留去收拾残局。但是却只给他最微弱的兵力，以来担负这个颇为艰巨的任务。等到贝利撒留到达拉文纳之后，局势就更加严重。因为哥特人在一个新王托提拉(Totila)的统治之下，已经逐渐恢复了他们的实力，重新占领了意大利的西北部，并且开始向南部发展。那不勒斯已经被他们攻陷，而罗马也受到了威胁。贝利撒留为了救援罗马城，作了一个果敢而并未成功的行动，用一个支队的兵力，绕着海岸航行，并且勉强进到了台伯河(Tiber)边。托提拉于是拆除了罗马城防工事，留下大约15 000人的兵力，把贝利撒留的7 000人钉死在海岸上面，而自己率领大军向北进发，想乘贝利撒留本人不在的时候，重行夺取拉文纳。可是贝利撒留却躲过了他的"监视"者，又溜入罗马城。这个香饵使任何哥特人无法不上钩。三个星期之后，托提拉才又领兵来攻，可是贝利撒留已经把一切的防御工事都布置好了，所以他一连击退了两次的猛攻。因为哥特人损失惨重，所以他们的信心已经开始消沉，等到他们第三次来攻的时候，就已经成为强弩之末，于是贝利撒留接着开始发动逆袭，把他们打得大败而逃。第二天，他们放弃围攻的企图，退回了蒂沃利。

　　尽管他一再向查士丁尼要求增派援兵，可是所获得的数量却十分有限，因此贝利撒留无法收复全部的失地，而只好在要塞和港口之间，东奔西跑地进行游击战。最后，他也绝望了，他知道查士丁尼绝不会再信任他，再也不会把一支够强大的兵力交给他去指挥，所以在公元548年，坚决要求辞职回到君士坦丁堡去。

　　4 年之后，查士丁尼决心不放弃意大利，于是又发动了一次新的远征行动。他还是不愿意让贝利撒留当统帅，因为他害怕贝利撒留会乘机独立，于是最后命令纳尔西斯为统帅。纳尔西斯一向以军事理论家著名，而且在贝利撒留的第一次意大利战役中，也曾经有机会显过身手，表示他并非仅是一个理论家而已。

　　纳尔西斯对于这个较大的机会，现在就充分加以利用。他首先提出一个条件，要求必须有一支真正够强大且具有良好装备的兵力，他才肯接受这个艰巨的任务。接着他就率领着这一支大军，绕着亚德里亚海岸向北进发。因为哥特人认为侵入军必须渡海来犯，所以使他这次行军大为便利。哥特人认为沿着海岸的道路太险恶，同时又有许多的河口，所以拜占庭军似乎不可能循这条路线进攻意大利。但是纳尔西斯却预备了大批的船只，沿着海岸与他的部队一同前进，利用这些船搭成浮桥，所以他的进展之速，出乎一般人意料之外，未受到任何抵抗，即到达了拉文纳。他不想浪费时间，立即向南进发，对于挡路的若干要塞都设法绕过，其目的是想要在托提拉兵力尚未完全集中之前，即强迫他接受会战。托提拉扼守着亚平宁（Apennines）山地上的主要隘路，但是纳尔西斯却从侧路上溜了过去，并且在塔吉纳（Taginae）逼住了托提拉。

以前，贝利撒留在每一次会战中，兵力几乎总是居于劣势，可是这次纳尔西斯的兵力却要比哥特人优越。虽然如此，当他已经把战略上攻势的优点充分发挥了以后，纳尔西斯在遭遇到托提拉时，却宁肯采取战术上的守势。他知道哥特人具有一种"攻势"的本能，所以决定让他们先行进攻，并且安排好了一个陷阱来等候他们——这正和 800 年以后，英国人在克雷西（Crecy）击败法国骑士的战术完全一样。他这个计划的基础，是根据他对于哥特人心理上的一种认识——哥特人素来看不起拜占庭的步兵，认为他们吃不消骑兵的冲锋。所以他在战线的中央，摆着一大批徒步（下马）的骑兵，使用他们的长枪，使敌人看起来好像是一堆使用长矛的步兵一样。在这个中央部分的两翼上，他布置着步兵弓弩手，向前推进成一个新月形，假使敌人向中央突击时，就可以从两面来加以夹击。多数的乘马骑兵就集中在他们的后方。此外在左面一个小山的下面，埋伏了一支最精锐的骑兵，等到哥特军深入陷阱之后，这支兵力就跃出向敌人的后方实行奇袭。

这种巧妙的安排达到了它的目的。哥特人果然认为中央是一些不可靠的步兵，所以发动骑兵向他们突击。在他们冲锋的时候，首先受到两翼箭雨的"射击"，然后在正面又被坚定不动的徒步骑枪兵所阻。当他们冲不进的时候，两翼的弓弩手更向中央卷进。此时哥特的步兵却不敢上前支援他们的骑兵，因为纳尔西斯的骑兵正在侧翼山地附近，他们害怕骑弓弩手攻击他们的后面。硬攻了相当时间没有结果之后，哥特骑兵在气馁之余，开始后退。纳尔西斯立即发动他的骑兵预备队，组织了一次具有决定性的逆袭。这一次，哥特人可以说是"大获全败"，从此纳尔西斯即毋须花费太多气力，就把整个意大利都收复了。

哥特人最后投降之后，法兰克人却接受了哥特人的最后求救呼吁，也开始举兵进犯，但是纳尔西斯这时已经腾出了手脚，可以应付新的威胁。这一次，法兰克人要比以前各次都更深入——一直进到了坎帕尼亚（Campania）。纳尔西斯根据过去的经验，决心让他们用自己结好的绳子去上吊——首先避免和他们交战，让他们在行军的困难和痢疾的死亡中逐渐消耗兵力。到了公元553 年，当他在卡西里仑（Casilinum）准备和他们交战时，法兰克人的兵力还有80 000 人之多。在这里，纳尔西斯又发明了一个新的圈套，针对法兰克人的特有战术。因为他们是步兵，所以在攻击中使用一个纵深的纵队，专门依赖重量和动量来取胜。他们的武器也都是近距离形态的——长矛、投斧和短剑。

在卡西里仑会战中纳尔西斯用徒步的长矛兵和弓弩手，来扼守防线的中央。法兰克人的冲锋把他们逐退，可是纳尔西斯却立即旋转侧翼上的骑兵，用他们来攻击敌人步兵的侧翼。敌人步兵马上停止不进，转身向外准备抵抗拜占庭骑兵的冲锋。但是纳尔西斯却不去接近他们，因为他深知法兰克步兵队形是相当坚强，不是骑兵所能冲散的。所以，他命令骑兵停驻在法兰克人"投斧"的射程之外，用"箭雨"去攻击敌人，逼得他们非散开不可。最后法兰克人无法支持，只好解散密集纵队，并往后撤退，于是纳尔西斯立即抓着这个机会，命令骑兵冲锋。这个恰到好处的逆袭，几乎杀得法兰克人片甲不留。

从第一眼看来，对于贝利撒留和纳尔西斯的战役，似乎在趣味上是战术重于战略，因为其中许多行动都是直接与会战有关，比起其他名将的战役，似乎较少专以敌人交通线为行动对象的例证。但是若仔细加以观察之后，这个印象就要有所改正。贝利撒留曾经发明了一种新型的战术工具，他知道只要敌人肯在适合这种战术的条件下，先行进攻，则他利用这种工具，即足以击败具有极大数量的优势敌军。为了达到这个目的，他的兵力劣势反而是一种优点，这是大家所不易看出来的，而尤以与大胆的直接战略攻势相配合，更为相得益彰。所以他的战略着眼点是心理上的，而非物质上的。他知道如何挑拨西方野蛮民族的军队，使他们发"牛性"，于是不顾一切地向前直冲。至于对于文明程度较高的波斯人，他首先利用他们对于拜占庭人的优越感，以来当作诱敌的工具。以后，当波斯人累战累败，以致对于他个人发生了一种敬畏的心理之后，他又马上利用他们这种谨慎小心的态度，当作是一种心理上的作战工具。

他的最大特长就是能把他自己的劣势变成优势，而同时又把敌人的优势变成劣势。此外，他的战术也具有间接路线的特征——先使敌人丧失平衡，然后使敌人在战线上接头的地方暴露出来，成为一个可以攻击的对象。

在第一次意大利战役中，有朋友私下问他，当他面对着这样强大的优势敌军，他凭什么可以拥有必胜的信心。他回答说在第一次和哥特人交手的时候，他的位置在前哨，马上就发现了他们的弱点，认为他们虽有强大的兵力，但却不知道怎样去运用。这个理由，除了由于兵力过大，调度不灵以外，哥特人的骑兵，事实上也不如贝利撒留的那样精锐。哥特人的骑兵只受了长枪和短剑的训练，而他们的步弓手却惯于躲在骑兵的背后作战。这种骑兵仅能在近接战斗中发挥作用，因为当敌人骑兵在远距离用弓箭向他们攻

击时,他们毫无抵抗的能力;至于他们的步弓手,却又绝不敢直接面对敌人的骑兵。其结果就是哥特的骑兵总是希望尽量接近敌人,因此常常会发动不合时机的冲锋。至于步兵在骑兵的掩护下向前推进后,却停留在很远的后方,不敢跟上去。于是步骑间的联络就开始中断了,在侧翼上的敌人马上就获得了一个反击的机会。

贝利撒留的战术体系和防御攻势战略,构成了拜占庭帝国的军事基础。在以后几个世纪当中,西欧进入了黑暗时代,可是拜占庭却能继续维持它的地位和罗马的传统。从拜占庭的两本著名军事学教科书:莫里斯皇帝(Emperor Maurice)的《战略学》(Strategicon)和李奥六世(Leo Ⅵ)的《战术学》(Tactica),还可以发现这些方法和军事组织的遗风。这种组织似乎是很够强硬,足以抵抗野蛮民族从多方面所施的压力,甚至伊斯兰教徒的征服狂潮,已经席卷了整个波斯帝国后,他们都还是屹立无恙。虽然外围的地区已经丧失掉了,但是拜占庭帝国的主要堡垒却并未发生动摇,而自从9世纪巴希尔一世(Basil Ⅰ)的朝代之后,那些失地又逐渐被收复。到了12世纪初叶,在巴希尔二世的统治之下,这个帝国的国威达到查士丁尼之后的最高峰。五百年以来它比过去更为坚强有力。

可是50年之后,它的安全开始受到了威胁,而在几个小时之内,它的前途开始显得黯然失色了。因为一直没有受到外侮的威胁,所以它的军事预算一再受到削减,结果使陆军的兵力减少了,而其内部也开始腐化。于是塞尔柱突厥人(Seljuk Turks),在阿尔普阿斯兰(Alp Arslan)的领导下开始强大了起来。从1063年之后,拜占庭才开始觉醒,准备重整军备,但是却已经太迟了。1068年,罗曼努斯(Romanus Diogenes)将军,被拥戴做了皇帝,其目的也是为了抵御外侮。他本应先争取时间,来训练他的军队达到如同过去的水准;可是他却偏不如此,而发动了一个时机未成熟的攻势战役。由于在幼发拉底河上获得了初步的胜利,所以使他更有信心,于是领兵向亚美尼亚境内深入,在曼兹科特(Manzikert)附近和塞尔柱的大军遭遇。因为拜占庭的军容颇盛,突厥的苏丹(Sultan)必须撤出他的营地——对他而言这是一种"面子"上的损失,他当然是不肯接受。当阿斯兰拒绝了之后,罗曼努斯立即开始进攻,他完全违反了拜占庭的传统,为敌人少数兵力所引诱着,直向陷阱中猛冲,而敌人的骑弓手却不断地阻挠他们的前进。到了天黑的时候,他的部队已经精疲力竭,他们的队形已经混乱破裂,最后他只好命令后退,于是突厥人从两翼方面直逼过来,在包围的压迫之下全军覆没。

　　这一场惨败使拜占庭帝国从此一蹶不振,突厥人不久就侵占了小亚细亚的大部分。由于这个匹夫之勇的将军,他的攻击精神和他的判断力不能取得平衡,所以才会使国家受到如此重大的损失——不过即便如此,微弱的拜占庭帝国还是又拖了 400 年之久才告灭亡。

第五章　中世纪的战争

这一章的目的只是当作古代史和近代史两个周期之间的一个衔接而已,虽然中世纪也有几次战役是很有示范的意义,可是资料的来源比之前后两个时代,都更缺乏且不可靠。在科学真理的研究方面,最安全的途径就是把我们分析的基础,放在已经证实的史实上面,对于某些时代却不妨略去,尽管这样会牺牲若干有价值的例证,但是因为根据不可靠,所以还是宁缺毋滥比较好。固然这种意见上矛盾的地方,多半是属于战术方面,与中世纪军事史的战略方面关系较少。但是对于一个普通的战争研究者而言,这种矛盾所引起的尘雾,却足以把这两方面都掩蔽住了,因此会使他们对于这个时代中所获得的研究结论,感到十分的怀疑。不过,假使不把它们包括在我们的详细分析之中,而只是把某些片段作一个简明的叙述,也未尝不可以暗示出它们的意义和价值。

在中世纪的西欧,所谓封建武士的精神是与军事艺术互不相容的。不过尽管一般说来,他们在军事方面的表现都是拙劣不堪,但是在黑暗之中却也不乏少数的明星——而且从比例上来说,比之历史上其他任何时期,其数量也毫不逊色。

诺曼人(Normans)是最先崭露头角的,他们的子孙在中世纪的战争中,也始终保持着他们祖先的光辉。因为他们把诺曼人的血液估价颇高,所以势必要用脑力来代替,这样遂使他们获利不少。

1066年是英国小学生都记得的一个年代,在战略和战术两方面,诺曼人都有惊人的成就,所以他们的结果也是真正具有决定性的——不仅是对当时的局势具有决定性,而且对于整个历史的演进,也都具有决定性的作用。由于有一个战略性的纷乱,使诺曼底的威廉(William of Normandy),在侵入英格兰时获得了极大的便利,于是从一开始起,他就获得了间接路线的利益。这个纷乱的成因,是由于哈罗德国王(King Harold)的叛弟托斯提格(Tostig)和他的盟友挪威国王哈德拉达(Harlod Hardrada),事先在约克郡(Yorkshire)的海岸上登陆。这似乎没有威廉的侵入那样可怕。但是它却提前发生,所以即便它立即失败了,对于威廉的计划也还是增加了很大的功效。当挪威人在斯坦福桥(Stamford bridge)被歼灭之后的第三天,威廉就在苏塞克斯(Sussex)的海岸上登陆了。

威廉登陆后并不立即向北前进,而先蹂躏肯特(Kent)和苏塞克斯地区,以引诱哈罗德,后者只带着一部分兵力,便急忙向南方进发以来救援。哈罗德愈向南方深入,想要赶紧和敌人交战,则在时间和距离上,与他的后方也就愈加遥远了。这也正是威廉的算计,结果完全不出他所料。他把哈罗德引到了可以看见海峡海岸的地方,才开始和他交战,然后又用了一个战术性的间接路线,决定了这次的胜负——首先命令一部分的军队假装战败逃走,以来引诱敌人自乱阵脚。而到了最后阶段,高角度的弓弩"火力",使哈罗德死于非命,也可以算是一种间接的火力方式!

在这次胜利之后,威廉的战略也是同样的具有意义。他不马上向伦敦进发,而先占稳了多佛尔(Dover),并确保他自己的海上交通线。当他到达了伦敦的郊外后,他避免任何直接的攻击,首先绕着城区向周围作破坏性的骚扰,先到伦敦的西面,再绕到北面。因为有饿死的危险,所以当威廉到达柏坎斯台德(Berkhampstead)之后,伦敦就自动开城投降了。

在下一个世纪当中,又有一次历史上的惊人战役使诺曼人的军事天才又获得了进一步的明证。那就是"强弓"伯爵(Earl "Strongbow")和几百个威尔士边界武士的功劳,他们征服了爱尔兰的大部分,并且也击退了挪威人的强大军队。因为他们的兵力是如此薄弱,而这些地区的森林和沼泽又是那样的险恶,所以他们的成就也就更显得惊人。为了适应这种特殊的环境,征服者对于封建时代的传统作战方式,遂不得不加以修改,甚至于完全违背。他们表现出精密的计算和高度的技巧。经常总是引诱敌人在开阔地面上交战,使他们的骑兵冲锋可以发挥充分的效力。此外,他们又尽量使用诈败、佯攻和后方的攻击,以拆散敌人的阵形。当他们无法引诱敌人离开防御阵地的掩护时,他们就改用战略上的奇袭、夜间攻击和弓弩术上的妙用,以来战胜他们。

到了13世纪,还有很多战略巧妙运用的例证。第一个是发生在1216年,英国国王约翰(King John)在几乎完全亡国之后,居然在一战之中又把它挽救了回来。这一次的战役是纯粹战略的运用,完全与战斗不相混杂。他的工具就是机动性,堡垒所具有的坚强抵抗力,以及城市中人民对于"男爵"(Baron)

们和他们的外国盟友法国国王路易（Louis）的传统厌恶心理。当路易在东肯特登陆之后，立即就占领了伦敦和温切斯特（Winchester），约翰的兵力太薄弱，不足以在会战中与对方交手，而多数的乡村都是控制在男爵们的手里。但是约翰却还保有温莎（Windsor）、里丁（Reading）、瓦林福德（Wallingford）和牛津（Oxford）等要塞——它们足以控制着泰晤士河（Thames）之线，并且把男爵们的势力隔绝在南北两边。同时重要的多佛要塞也仍然留在路易的后方。约翰本身已退到多塞特（Dorset），可是等到情况逐渐明朗之后，在 7 月间，他开始向北进到伍斯特（Worcester），确保住了塞文河（Severn）之线，于是建立了一道屏障，使叛乱的狂潮不能向西面和南面流动。于是他再移师东指，沿着已经占稳了的泰晤士河之线，好像是以解救温莎之围为目的。

为了使围攻温莎的敌军深信不疑，他又派遣了一个威尔士弓弩手的支队，乘着黑夜向敌人营地射击，而他自己却转向东北方，由于这样的安排，才使他先赶到了剑桥（Cambridge）。他现在横跨着通向北方的大路，又建立了一道新的防线，此时法军的主力却都为多佛的围攻战所吸引，不能脱身。虽然在 10月间，约翰本人病故，结束了他的统治，可是他的成功却已经使反叛的地区缩减并分化，由于失败的关系，叛徒和他们盟友之间也发生很多的冲突。假使说他是因吃多了桃子和新麦酒的缘故而送命的，那么他们的希望也就是因为吃多了战略据点而被断送了。

1265 年，受了爱德华亲王（Prince Edward，即以后的爱德华一世）的战略打击之后，第二次男爵们的叛乱又复功败垂成。因为英王亨利三世（Henry Ⅲ）在刘易斯（Lewes）的战败，遂使英格兰各地几乎都完全控制在男爵们的手里，只有威尔士边界地区例外。蒙德福特（Simon de Montfort）就开始向这一方面进展，越过了塞文河，率领他的常胜军一直深入到纽波特（Newport）为止。爱德华亲王刚刚从叛军手中逃了出来，也回到这个边界上的地区，来收集勤王的兵力。他首先攻占了蒙德福特后方，塞文河上的桥梁，一直钻到敌人的后方，于是破坏了蒙德福特的原定计划。爱德华不仅把敌人赶过了乌斯克河（Usk），同时又派遣三艘大划船组成了一个突袭队，攻击停在纽波特的敌人船只，打乱了敌方用船只把军队运回英格兰的新计划。于是蒙德福特被迫只好采取一个迂回的路线，向北通过威尔士的蛮荒地区，做艰苦的行军。此时爱德华却退到乌斯特，扼守着塞文河，以等候敌人的到来。当蒙德福特的儿子从英格兰的东部领兵救援时，爱德华利用他的中央位置，把这两位分别盲目前进的父子，予以各个击破——他迅速地来回调动他的兵力，利用机动性获得了两次奇袭的胜利,第一次在肯纳尔沃斯堡(Kenilworth),第二次在伊甫舍姆(Evesham)。

爱德华即位之后,在他的威尔士战争中,对于军事科学颇有重大贡献,他不仅发明了使用弓弩的"火力"与骑兵冲锋相配合的战术,而且在战略方面也有很多的创见。问题是一个野蛮而强悍的山地民族,他们可以退入山地避免战斗;等到冬季侵入军停止作战之后,他们马上又可以重占那些谷地。虽说爱德华所能使用的方法是很有限的,不过他却也另外有一个优点足以抵消这个弱点,那就是事实上这个地区的面积也很有限。他的办法是把机动性和战略据点结合在一起。在这些要点上建立碉堡,并用道路把它们连结起来,同时迫使他的敌人经常在运动之中——这样就可以使敌人在心理上和物质上,都无恢复元气之可能。于是他把敌人的力量分散了,并且逐渐消磨他们的抵抗力。

可是爱德华的战略天才却未能传之子孙,所以在百年战争(Hundred Years' War)中,从他的孙子和曾孙的战略中,我们就只能学到负面的教训。他们在法国境内做无目的的行动,是丝毫不生效力的,几个比较重要的战果却都是他们更大的愚行所造成。在克雷西和普瓦捷(Poitiers)的两次战役,爱德华三世和黑王子(Black Prince)使自己先陷入了危境中,因此才发生了一种非常间接而完全出人意料的效果。由于英国人已经处于如此的窘境,所以才会引得具有"勇往直前"个性的敌人,敢于在绝对不利的条件下,发动鲁莽的攻击。结果遂使英国人乘机逃出了他们的厄运。因为在一个守势的战斗中,英军据有自己所选择的地形,并使用"长弓"来对付法国骑士的冲锋,他们在战术上遂获得了绝对的优势。

法国人在会战中受到这次惨败之后,却反而使他们获益不少。因为在以后的战争中,他们就坚守着盖斯林(Constable du Guesclin)的"费边战略"。这种战略是尽量避免与英军主力交战,但却经常地阻挠敌军的运动,迫使他们缩小占领地区的范围。他并非纯粹消极的避战,在战略上他是尽量发挥机动和奇袭的功效,其程度之高,在历史上是很少有几个人能够与之比拟。他切断敌人的运输队,攻击他们的支队,攻占孤立的守兵。他总是采取期待性最少的路线,通常总是在夜间向敌人守兵发动奇袭;他一方面发明了一种新型的快速攻击方法,另一方面在选择目标时,具有极巧妙的心理计算。利用这些方法,他在各地煽起了不安的火焰,分散了敌人的注意力,最后使他们的领土日渐缩小。

不到五年的时间,盖斯林已经把英国人在法国的庞大领土,缩小成夹在波尔多(Bordeaux)与巴约讷(Bayonne)之间的一个狭窄带形了。事实上,他不曾作过一次会战,即获得如此的成绩。即使是一支极小型的英国兵力,只要他们有足够的时间来从事防御部署,他就绝不会冒险地加以硬攻。一般的将军,大都是遵守着放债者的信条:"不安全就不放款(前进)";可是盖克兰的原则又还进一步:"无奇袭就不攻击。"

英国人第二次想作征服外国的企图时,虽然在开始时是同样的鲁莽,但是以后却略有进步,知道用长计取胜了。亨利五世(Henry Ⅴ)的第一个和最著名的战役,实际上也是最蠢的一个。1415 年他又作"爱德华"式的前进,直到阿金库尔(Agincourt)为止,法国人只要把他的进路塞住,即足以使他的军队由于饥饿的威胁而自动崩溃。但是他们的领袖却忘记了克雷西的教训和盖斯林的遗言。他们认为己方的兵力占了四对一的优势,若再不直接进攻,那才是可耻孰甚。结果使他们的失败,比克雷西和普瓦捷的旧事还更可耻。在这次侥幸战胜之后,亨利五世就开始采取一种号称"分区"制度(block-system)的战略。他有计划地逐步扩张领土,争取当地人民的拥护,以作为永久征服的基础。亨利五世以后的战役,在趣味和价值方面,都偏重大战略,而越出了战略的限度。

关于中世纪的战略研究,我们似乎可以把爱德华四世当作一个总结束。他在 1461 年即位,中间被流放出国,到了 1471 年,使用卓越的机动作战,又终于重新复辟了。

在第一次战役中主要是由于判断和运动的迅速,而获得了胜利。当他听到兰开斯特家族(Lancastrian,编注:即红蔷薇党,英国内战期间支持兰开斯特家族出任英王之党派)的主力军正从北面向伦敦进迫的时候,爱德华正在威尔斯与当地的兰开斯特党支队作战。他在 2 月 20 日回师到达了格洛斯特(Gloucester),在那里他听到兰开斯特党人于 2 月 17 日,已经在圣阿尔班斯(St. Albans)击败华尔维克(Warwick)所率领的约克军(编注:即白蔷薇党)。圣阿尔班斯距离伦敦仅 20 英里,而格洛斯特却在 100 英里以外,换言之,兰开斯特党有三天的优先时间。但是到了 22 日,他在伯福德(Burford)和华维克的残部会合在一起,并且听说伦敦城还在和敌人谈判和平条件——城门还是关着的。第二天,爱德华离开了伯福德,在 26 日进入了伦敦城,就在那里宣布登基为主,兰开斯特党人沮丧之余,就开始向北撤退。当他在跟踪追击的时候,决定选择托顿(Towton)一地作战场,以来冒险攻击优势的敌军。由于天降大雪,他的部将法孔堡(Fauconberg)利用这个机会,用弓矢激怒盲目的敌人,终于使他们不顾一切地发动了毫无秩序的冲锋,而遭到了惨败。

在 1471 年,爱德华的战略不仅是具有相同的机动性,而且还更灵巧。在这中间的阶段,他丧失了王位,但是从他的内兄那里借到 5 万克朗(crown,一克朗值 5 先令),率领着 1 200 名旧部,开始作复辟的企图,此外在英国各地也都有旧部向他许下了拥护的诺言。当他从法拉盛(Flushing)扬帆启程的时候,他知道英格兰各地海岸上都设有守兵,以防备他回国。但是他却采取了一条最不被预期的路线,决定在恒比尔(Humber)登陆。这是经过精密计算的,因为这个地区是同情兰开斯特党的,所以它可能并未设防。他迅速行动,在他登陆消息还未传开,敌人尚未集中兵力之前,他就已达到了约克。于是他就沿着伦敦大路向下前进,在塔德卡斯特(Tadcaster)巧妙地绕过了一支挡路的敌军。他一直往前走使这支敌军跟着他后面追。于是他又威胁到另外一支敌军,他们被布置在纽瓦克(Newark)等候他的到达,但是他却引诱他们向东撤退。接着爱德华转向西南面,到达了莱斯特(Leicester),在那里他又收集了不少的兵力。此后他就直向考文垂(Coventry)进发,华尔维克——过去的部下,现在的主要敌人——正在那里集中他的兵力。他把他的两路追兵都再拖行了一段距离,并且使他自己的兵力逐渐增加,而使敌人的兵力相对减弱之后,接着突然转向东南直向伦敦进发,那里却大开城门欢迎他进来。现在他觉得他的兵力已经足够强大,可以接受一次会战,当两路追兵达到巴尼特(Barnet)的时候,他就出城去迎击他们;在大雾之中发生了混乱会战,终于使他获得了全胜。

同一天,兰开斯特家族的王后,安茹的玛格丽特(Margaret of Anjou)也率领了一些法兰西的雇佣兵,在韦茅斯(Weymouth)登陆了。她在西部征集了拥护她的兵力之后,就向前推进以与彭布鲁克伯爵(Earl of Pembroke)在威尔士所召集的军队会合在一起。又是由于行动迅速,当女王的军队正在河谷地区沿着布里斯托—格洛斯特之间的大路向北前进的时候,爱德华却已经赶到了科茨沃尔德(Cotswolds)丘陵的边缘上。于是在一整天的竞走后——一支军队在谷地中,另一支军队在丘陵上面——到了黄昏时,他终于在图克斯伯里(Tewkesbury)追上了她。因为他事先已经命令地方官关闭城门,所以阻止了她在格洛斯特渡过塞文河的行动。自从拂晓时起,他一共走了差不多 40 英里的距离。那一天一夜间,他宿营在与敌人极接近的地方以防止他们逃走。女王部队的阵地具有坚强的防御力量,但是爱德华却利用他的攻城机和弓弩来引诱他们冲锋,终于在次晨的会战中获得了决定性的胜利。

爱德华的战略具有特殊的机动性,而在那个时代中尤属难能可贵。因为在中世纪里,所谓战略,就是直接单纯地寻求正面的战斗而已。假使会战的结果不具决定性,那么吃亏的多半是寻求会战的那一方。除非他们能够反客为主,先引诱守方在战术方面采取攻势,才可能有例外的结果。

在中世纪中,最后的战略例证不在西方,而是来自东方。在 13 世纪中,蒙古人对于欧洲的骑士,才是在战略方面最好的教师。无论在规模和素质方面,在奇袭的机动方面,在战略和战术的间接路线方面,他们的战役都可以说是远迈前古。当成吉思汗伐金的时候,他利用大同府来作为一个引诱敌人入伏的香饵,这正和拿破仑利用曼图亚(Mantua)要塞一样。他兵分三路,用分进合击的战略,终于使金国在精神方面和军事组织方面,都全部崩溃。当他在 1220 年侵略花剌子模帝国的时候,后者的权力中心位置在今天的新疆省内。他使用一支兵力分散敌人的注意力,让他们注意到南面通喀什(Kashgar)的路线;而他的主力却又在北方出现。以这个作战为屏障,他本人又率领着总预备队向更远处迂回,一度在克孜勒空(Kizyl-Kum)大沙漠中失踪了之后,终于在布哈拉(Bokhara)出现,而开始从后方向敌军防线发起奇袭。

1241 年,他的将领速不台奉命远征欧洲,让他们接受一个双重意义的教训。他以一军当作战略性的侧卫,通过加利西亚(Galicia)前进,以吸引波兰人、日耳曼人和波希米亚人的注意,并使他们连续地遭受挫败。而他的主力则分成三个间隔颇远的纵队,扫过匈牙利,直抵多瑙河上。在这个前进中,两侧的纵队又恰好做了中央纵队的掩护物。当他们的兵力在格伦(Gran)附近,集中在多瑙河上时,匈牙利人却集中兵力在对岸,以阻止他们渡河。蒙古人立即用技巧的行动,逐渐向后撤退,以引诱匈牙利军离开这个河川的天险,进到了增援兵力赶不上的地点。于是速不台利用黑夜迅速调动部队,在绍约河(Sajo)上发动了一个奇袭,终于把匈牙利军歼灭殆尽,而成了中欧平原的主人。一年之后,他才自动放弃了他所征服的地区,在他没有自动撤走之前,欧洲几乎没有一个人敢碰他一下。

第六章　十七世纪的战争

　　现在我们就要来研究近代史中的第一次"大战"：三十年战争（1618—1648年）。它的最大特点，就是在这样长期的战争中，却没有一个战役是称得上具有决定性的。

　　最接近此一标准的战役，就是古斯塔夫（Gustavus）和瓦伦斯坦（Wallenstein）的最后决战。因为前者在吕岑（Lützen）会战的最高潮中突然死去，结果遂使在瑞典领导之下组成一个巨型新教同盟的可能性被打消掉了。但若非法国人参战和瓦伦斯坦被刺，那么也就可能会有另外一种结果——使日耳曼提早三个世纪统一。

　　不过这些结果和可能性却都是间接获得的，而并非战役的直接决定性后果。在这次战役内的唯一一次正式会战中，原先最占优势的一方面却反而遭到了失败。这个失败的原因有二：一是瓦伦斯坦的战争工具远不如瑞典人的优秀，二是瓦伦斯坦在战略上固然具有胜利的机会，但是他的战术却不足以与此相配合。当他在会战之前，可以说是获有真正的优势，最值得注意的，是三次连续应用间接路线的结果——它使得战争的全部局势都完全改观。

　　1632年，过去曾经亏待过他的国王，现在却恳求他回来，并出任一支并不存在的陆军的指挥官。瓦伦斯坦凭着他个人的英名，在3个月之内召集到了40 000名兵员，他们都是一些亡命之徒。尽管巴伐利亚已经提出求救的紧急呼吁，因为古斯塔夫的常胜大军已经压境了。可是瓦伦斯坦却反而向北面，以古斯塔夫的较弱同盟国萨克森（Saxon）为攻击的对象，把他们逐出了波希米亚之后，就直接进攻萨克森本土。他甚至于强迫巴伐利亚选侯也带着他的军队来参战，表面上这样将使巴伐利亚的防务比以前更空虚。但事实上却完全相反，瓦伦斯坦的计算是一点都不错——因为害怕他这个脆弱的同盟国被击败，所以逼得古斯塔夫只好放弃了巴伐利亚，而赶回来救援。

　　在他尚未赶到之前，瓦伦斯坦和选侯的兵力已经联合在一起，面对着他们

的联合兵力,古斯塔夫退回了纽伦堡(Nuremberg)。瓦伦斯坦也跟进追击,但却发现瑞典人已经严阵以待,所以他认为会战的时机是已经丧失了,必须尝试另外的方法。他不敢把他的新兵用来攻击瑞典的精兵,于是找到了一个有利的位置,可以用他的轻骑兵来控制着古斯塔夫的补给线,同时他的新军在获得充分的休息后,信心也日益增强。他一直继续这种方法,对于瑞典人的挑战,绝对置之不理。而瑞典军一方面受到饥饿的威胁,一方面累攻他的阵地不下。这种结果在军事方面的影响还比较有限,但在政治上却具有极大的意义;消息传遍了全欧,都知道古斯塔夫这次失败了。虽然古斯塔夫的力量并未丧失平衡,但是他的百战雄威却不免大打折扣,于是他对于日耳曼诸国的控制力也就开始松懈了。瓦伦斯坦的成功,关键在于他对自己能力的限度,具有现实感;同时对于较高的战略目标,也具有远大的眼光。

从纽伦堡,古斯塔夫又向南再度侵入巴伐利亚。瓦伦斯坦还是不跟着追,而再度从北面攻向萨克森——这是一个极高明的行动。它马上使古斯塔夫又和上次一样赶了回来。但是他却回来得很快,使瓦伦斯坦来不及强迫萨克森订立一个单独的和约。接着就是吕岑的会战,瑞典军利用战术上的成功,挽回了他们在战略上的挫败,但是他们的领袖却战死了,这个代价也着实不轻。于是瑞典人想组织新教国家大同盟的理想也从此告一结束。

这个战争又再拖了16年,使日耳曼成为一片废墟,而使法国从此在欧洲的政治舞台上,变成一个最重要的主角。

若把1642至1652年间的英国内战,拿来和同世纪欧洲大陆上的其他战争作一个对比的话,那么前者的唯一特点就是具有寻求决战的精神。笛福(Defoe)所著的《骑士回忆录》(*Memories of a Cavalier*)一书中,对此有很适当的描写:"我们从不设营和掘壕……从不凭险固守。战争中的最大的格言,就是那里有敌人,我们就跑到那里去打他们。"

尽管具有这样好的攻击精神,可是第一次内战却还是一拖就是四年,除了战术性的意义以外,没有哪一个会战可以算是真正具有决定性。等到1646年,战争名义上宣告结束的时候,英国到处都留有王党的余烬,以后加上胜利者本身之间的冲突,不过两年的时间,这些死灰又复燃了,其火焰比上一次更猛烈。

既然大家都提倡寻求决战的精神,为什么战争却反而这样缺乏决定性呢?其原因何在? 主要是由于在每一次战争中,双方都是一再采取直接进攻的方式,其间夹着所谓的"扫荡战",但却只具有局部和暂时性的作用。这样的作战结果只是把双方的实力都完全消耗殆尽而已。

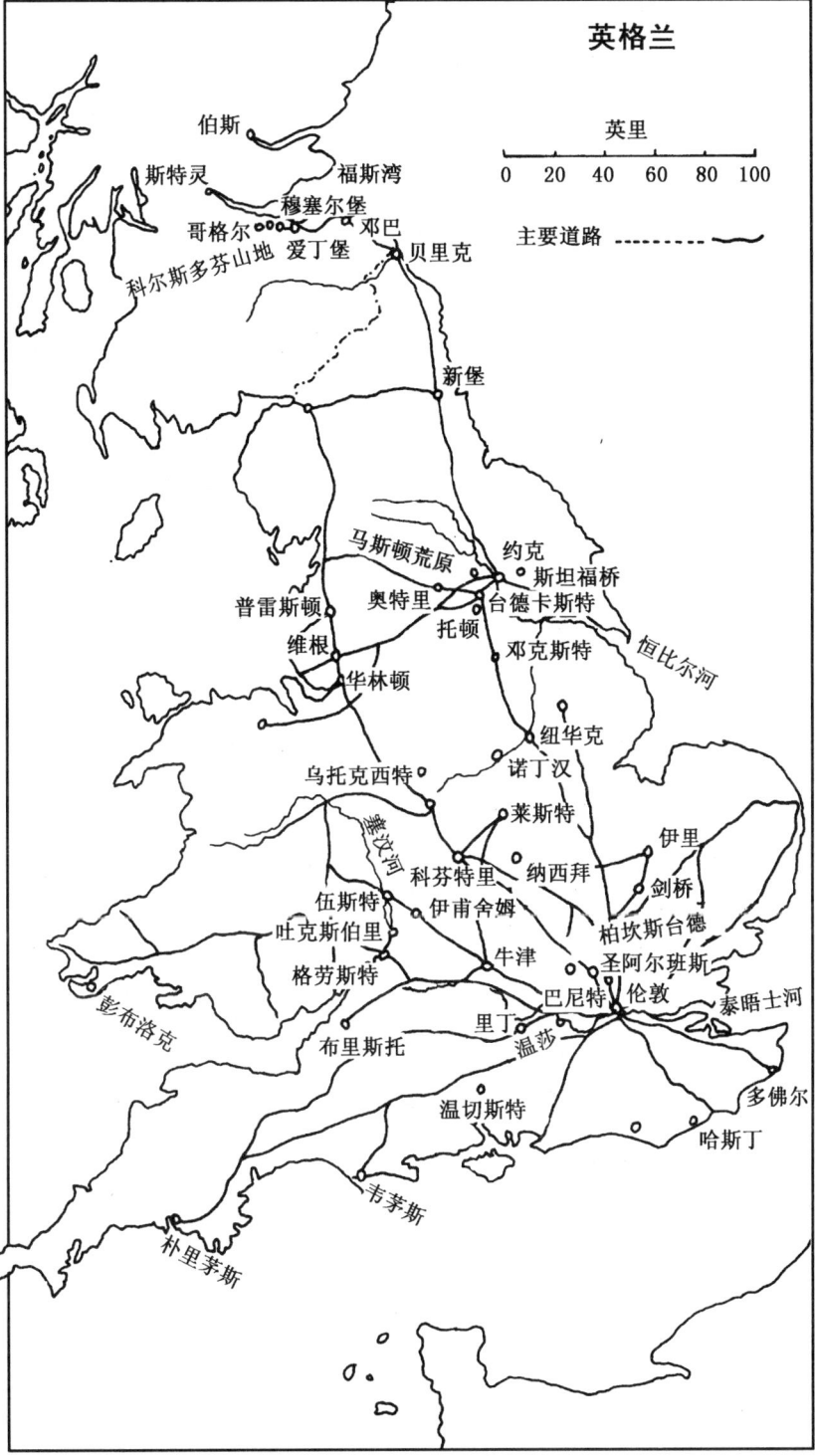

英格兰

英里

0 20 40 60 80 100

主要道路 ------

伯斯

斯特灵　　　福斯湾

穆塞尔堡　　　邓巴

哥格尔　　　　　贝里克

科尔斯多芬山地　爱丁堡

新堡

马斯顿荒原　　约克

　　　　　　斯坦福桥

普雷斯顿　　奥特里　台德卡斯特

　　　　　　托顿

维根　　　　　　　邓克斯特

华林顿　　　　　恒比尔河

纽华克

乌托克西特　　诺丁汉

莱斯特

　　　　　　　　伊里

科芬特里　纳西拜

伍斯特　伊甫舍姆　　剑桥

吐克斯伯里　　　　柏坎斯台德

格劳斯特　　牛津　　圣阿尔班斯

彭布洛克　　　巴尼特　伦敦

里丁　　　泰晤士河

布里斯托　温莎

多佛尔

温切斯特　　哈斯丁

韦茅斯

朴里茅斯

塞文河

·59·

在战争开始的时候,王党的军队是以西部和中部作为基地;国会军则以伦敦为基地。当王党第一次进攻伦敦的时候,到了特南格连(Turnham Green)就可耻的崩溃了。因为在此以前,双方的主力曾在埃奇希尔(Edgehill)作过一次毫无结果的苦战,其精神上的影响力遂使这次进攻不流血地结束。

此后,牛津和它附近的城镇成为王党军队的作战枢纽。在这个地区的边缘上,两军的主力曾经反复的搏杀,却一点结果也没有。此外,各地的局部兵力在西部和北部,到处形成了混乱的局势。最后在1643年的9月间,由于格洛斯特的围城有加以解救的迫切需要,遂迫使埃塞克斯勋爵(Lord Essex)率领着国会军的主力,沿着牛津区的侧翼上,采取一条狭窄的进路去援救它。这个行动使王党有截断他的后路的机会;但以后在纽布里(Newbury)的直接冲突,又还是不曾获得决定性的结果。

天然的厌战心理很可能使战争就此化为谈判的和平;但是英王查理一世(Charles Ⅰ)却在政治方面犯了一个大错误,和爱尔兰的叛徒先订了和约。这个行动使人看来,好像是要利用天主教的爱尔兰,来制服新教的英格兰,结果使隶属长老会的苏格兰,也参加了反王党的作战。因为苏格兰的军队可以牵制北面的王党兵力,所以国会党立即集中兵力再直接向牛津区进攻。这一次除了占领少数的外围堡垒之外,也还是一无所获。甚至于在这个时候,英王还能命令鲁珀特(Rupert)迅速集中在北部的王党兵力,以与苏格兰军决战。可是不幸的很,在马斯顿荒原(Marston Moor)上的战术失败,却浪费掉了这个战略性的机会。胜利的一方也没有获得什么利益。由于对牛津区的直接进攻失败,又使国会军在精神上受到了很大的打击,逃亡者日众,若非有意志坚强的领袖人物如克伦威尔(Cromwell)者,则可能早已罢兵求和。所幸王党方面的情形还更恶劣,内在的危机较外来的打击还更严重。实际上,他们在精神上和数量上,都是居于劣势的,只因为国会军的战略一误再误,所以才使他们苟延至今。到了1645年,费尔法克斯(Fairfax)和克伦威尔终于率领了一支新型的军队,在纳斯比(Naseby)把他们击败了。不过即便有这次战术上具有决定性的胜利,战争也还再拖了一年才结束。

当我们谈到第二次内战的时候,情形就完全不同。此时克伦威尔已成为统治的中心,而28岁的兰伯特(John Lambert)也做了他的重要助手。在1648年4月底时,听说苏格兰人已经组织了一支勤王的军队,准备侵入英格兰,于是费尔法克斯领兵北进去征讨他们。克伦威尔则前往西部镇压王党在南威尔斯的起事。可是当苏格兰人从北面入侵时,在肯特和东盎格鲁(East Anglia)

又发生了新的叛乱,把费尔法克斯的兵力牵制住了。所以兰伯特手里只剩下一支极单薄的兵力,以来迟滞侵入军的行动。但是他却运用极巧妙的间接路线,在敌人沿着西海岸大路前进时,不断的威胁他们的侧翼,并且设法制止他渡过潘宁斯河(Pennines),以与约克方面的叛党结合。

最后,1648 年 7 月 11 日,彭布鲁克被攻陷之后,克伦威尔也开始移师北向了。他并不直接向苏格兰人进攻,而采取经过诺丁汉(Nottingham)和唐开斯特(Doncaster)的迂回路线——沿路收集补充——然后向西北进发,在奥特兰(Otley)与兰伯特会合在一起。他们正面对着苏格兰军的侧翼,它们的位置延展在维根(Wigan)和普雷斯顿(Preston)之间,由兰代尔(Langdale)率领着 3 500 人,来保护这个侧翼。此时克伦威尔的总兵力仅为 8 600 人,包括兰伯特的骑兵和约克郡的民团在内,而敌人的总兵力则在 20 000 人左右。但是他却在普雷斯顿先攻击苏格兰军的尾部,使他们丧失了平衡,于是苏格兰军纷纷向后转,逐次用部分的兵力来向他进攻。在普雷斯顿荒地上,兰代尔一军遂全被击溃。克伦威尔乘胜急追,席卷苏格兰的纵队,把他们从维根一直赶到了乌托克西特(Uttoxeter)。在那里,前面有中部的民团阻路,后面有克伦威尔骑兵的追击,于是到了 8 月 25 日,敌军全部投降。这个胜利具有决定性,克伦威尔不仅肃清了在国会中的仇敌,而且使国王受审,并判处以死刑。

此后对于苏格兰的侵入战,实际上要算是另外一个独立的战争。这时国王的儿子,即未来的查理二世,正准备利用苏格兰人的助力,以来重新夺取他那已经丧失了的王位,于是新的统治者决定先下手去破坏他的计划。这一个战役可以算是对历史具有决定性的影响力。同时也可以算是一个明证,足以证明克伦威尔对于间接路线的战略,具有强烈的认知。当他发现由莱斯利(Leslie)所率领的苏格兰军,正位于在他向爱丁堡(Edinburgh)前进的道路交叉点上,他只是进行了一场小型的遭遇战,以探测敌人的实力和部署。尽管一方面目标已经在望,另一方面又缺乏补给,但是他却具有强烈的自制力,绝不在不利的环境之下,作正面的直接攻击;尽管他具有迫切的求战决心,但除非他能够把敌人引到开阔地上,并有机会威胁其暴露的侧翼,否则他决不冒险挑战。所以他先退往穆塞尔堡(Musselburgh),再退往邓巴(Dunbar)以来引诱敌人,并使他的军队获得补给。一个星期之内,他又再度前进,在穆塞尔堡配发了三天的口粮,准备经过爱丁堡丘陵地,采取迂回的路线以到达别人的后方。但是对手莱斯利也很高明,他于 1650 年 8 月 21 日,又在科尔斯托芬山(Corstorphine Hill)直接拦住了克伦威尔的进路。克伦威尔此时距离自己的基地是已经很远,但是他却很有耐心地采取了另外一条迂回路线,向敌人的左面前进,可是到了哥格尔(Gogar)又再度为莱斯利所阻。多数人在这种情形之下,都不免会冒险一战。可是克伦威尔却不是这样的人。他把他的损失减去之后——由于疾病和行军的疲劳所造成的——又退回到穆塞尔堡,再回到邓巴,以来吸引莱斯利跟着追击。有些部将劝他把部队装上船只撤走,但他却不肯,只是在邓巴坐候着。希望敌人走错一步,即可以使他获得胜利的机会。

不过,莱斯利也是一个高明的对手,他的下一个行动更使克伦威尔陷入险境。离开了主要的大路,莱斯利在9月1日乘着黑夜,绕过了邓巴,并占领了顿山(Doon Hill),监视着通到贝里克(Berwick)的道路。他也派了一个支队去攻占在更南面7英里以外的烧鸡隘路(Cockburnspath)。所以到了第二天上午,克伦威尔才发现他和英格兰间的交通线已经被切断了。更严重的是他早已缺乏补给,而病兵的数字也大量的增加。

莱斯利的原定计划,是把兵力部署在高地上面,等英军沿着通往贝里克的道路突围而出时,再冲下去打击他们。可是他的部将们却都已经很高兴,认为不怕敌人会突围而去。尤其是9月2日的天气极坏,使苏格兰军在这个秃山上简直站不住脚。大约下午4时左右,他们就从山地下来,移到了贝里克道路附近的低地上,在那里有较多的房舍可以避雨。他们的前方又受到布洛克溪流(Brock)的掩护——经过谷地一直流到海边。

克伦威尔和兰伯特在一起,注视到敌人这个行动,他们同时心里在想:这是一个有利的机会,可以击败敌军。因为苏格兰军的左翼恰好插在山地和溪流峡谷之间,所以假使集中全力进攻其右翼,则左翼就很难加以应援。那天黄昏开军事会议的时候,兰伯特主张立即攻击苏格兰军的右翼,席卷他们的阵线,并且同时用炮兵痛击那个被束缚住的左翼。克伦威尔极度赞赏他这种主动的精神,于是就命令他担任前锋。在大风雨之夜幕中,部队移到了布洛克溪流北岸的阵地上。在把炮兵集中在面向敌人左翼的位置之后,兰伯特在拂晓时,又骑马赶到另外一翼上,率领骑兵在海岸附近,发动了攻击。由于奇袭发生了效力,他们和中央的步兵都毫无困难地渡过了溪流,虽然他们暂时被阻止住了,可是等到英军预备队投入之后,在海岸侧翼方面的敌军立即发生了动摇。于是克伦威尔就可以乘势从右到左,席卷敌人的战线,把他们逼到山地和溪流之间的一个角落里面,使他们只好溃散逃命了。把握敌人的偶然过失,使用一个战术性的间接路线,克伦威尔终于击败了比他自己兵力多两倍的强敌。在这个战役中,他之所以能够获得胜利的主要原因,就是因为他能够拒绝一切的诱惑,即使在万难之中,也绝不放弃他的间接路线战略。

邓巴的胜利使克伦威尔获得了苏格兰南部的控制权。把苏格兰教会(Kirk)的军队完全扫荡干净,并且使教士们从此不再算是一个政治因素后,就只剩下高地上的纯粹保王党,还保留着反对克伦威尔的态度。由于他害了重病的缘故,所以很久都未能把乱事平定,此时莱斯利却已经获得了一个喘息的空间,在福斯湾(Forth)以北开始组一支新的王党军队。

到了1651年6月间,克伦威尔的健康恢复了,使他可以继续作战,这时他就面临着一个非常困难的问题。他所采取的解决方案,以技巧和精密而言,比之战史上任何的战略杰作,似乎都毫不逊色。虽然这是他第一次占有数量上的优势,可是他的敌人却是非常狡猾,据有极有利的地形,到处都是沼泽和荒原,使他们可以很容易阻塞通往斯特林(Stirling)的道路。除非克伦威尔能在短时间之内击败敌人的抵抗,否则他就势必要在苏格兰再度过一个艰难的冬天。若是这样,他的部队就无可避免地要大吃苦头,而国内的情况也会更趋恶劣。只是击退敌人还不够,因为这种不完全的胜利只是把敌人赶进山地中,留在那里他们依然还是祸害。

克伦威尔的解决方法可以算是一个杰作。首先从正面攻击莱斯利的部队,在福尔柯克(Falkirk)附近,向卡兰德屋(Callander House)冲锋。于是他逐步使他的全军渡过了福斯海湾,一直推进到伯斯(Perth)为止。这不仅已绕到莱斯利防线的后方,还进一步控制了他的补给线,同时也使敌人前往英格兰的道路上不再留有任何障碍物;这也正是克伦威尔计划的要点,他已经到达了敌人的后方,使他们感到饥饿和被切断的威胁,但是另一方面却又有意留下一个大空洞。于是他的敌人一定会这样想:"不动也是死,那么何不率领这少数的兵力冲向英格兰去,也许还可能死中求活。"于是他们自然而然地采取这种办法,到了7月底,他们向南攻入英格兰。

克伦威尔早已预料到了,并已经作好了迎击的准备。所有民团立即被召集,一切有王党嫌疑的人都已经受到了监视,一切私藏的军火和物资也已经被搜出充公。这次苏格兰人又是沿着西岸路线前进。克伦威尔派了兰伯特的骑兵去追击他们。当时哈里逊(Harrison)从纽卡斯尔(Newcastle)斜进,以达沃灵顿(Warrington),弗利特伍德(Fleetwood)率领中部的民团向北进发。兰伯特从敌人的侧翼方面绕过,于8月13日和哈里逊会合在一起。于是两支兵力就开始对于侵入军实行有弹性的迟滞抵抗。此时,克伦威尔在8月的酷热中,每天走20英里,沿着东岸路线,赶回英格兰,然后再折向西南方。这样,四支兵力集中在一起,构成一个陷阱把敌人围在中间。查理二世离开了伦敦大路,趋向塞文河谷,也只多拖了几天日子,但并未能突破这个包围。9 月 3 日,这是邓巴大捷的周年纪念日,在伍斯特的战场上,遂使克伦威尔获得了空前的胜利。

从三十年战争结束之日算起,直到西班牙继承权战争开始之日为止,中间曾经有过许多次的战争。在这些战争中,一方面是法国国王路易十四的军队,而对方则欧洲各国的军队都有,有时还是他们所合组的联军。这些战争的特点就是不具有决定性,目标常常是有限的,彼此如出一辙。这种缺乏决定性的主要原因有二:(一)筑城术的发展超过了兵器的进步,使守方居于绝对有利的地位,这正和 20 世纪初叶机关枪刚刚发明时的情形是一样的。(二)军队还没有组织成一个永久性自给自足的独立单位,所以在运动和作战中都必须凝成一个整体,这使他们在分散兵力时受到极大的限制——但分散兵力却是欺骗敌人和限制他们行动自由的最好方法。

在这许多次战役中,只有一个战役在它特殊的领域中可以算是具有决定性的。那就是 1674 至 1675 年之间的屠云尼(Turenne)冬季战役,其顶点为图克海姆(Turkheim)的胜利。这时法国的处境颇为危险,路易十四的盟友已经一个个地背叛了他,西班牙、荷兰、丹麦人、奥地利和多数的日耳曼诸侯们纷纷加入了敌方的同盟。屠云尼在蹂躏了帕拉提那特(Palatinate)地区之后,就被迫退过了莱茵河。勃兰登堡(Brandenburg)选侯正准备集中兵力来进攻敌军,但是在 1674 年时,却为屠云尼的兵力在恩兹汉(Enzheim)受阻。可是当日耳曼人进入了阿尔萨斯(Alsace),并且在斯特拉斯堡(Strasbourg)到贝尔福(Belfort)之间的城镇中过冬的时候,屠云尼只好撤回了戴特威勒(Dettweiler)。

这就是屠云尼演出他这幕名剧的布景。因为他决定作一次仲冬的战役,使他获得了最初的奇袭效果。为了欺骗敌人,他使阿尔萨斯中部的要塞处于设防的状态之中;于是他就悄悄地把整个野战军都撤入了洛林(Lorraine)。接着他又迅速的向南推进,在孚日(Vosges)山地的掩护下,一路上尽可能征集他的援兵。到了运动的最后阶段中,他甚至于把他的兵力化整为零,以来欺骗敌人。在大雪深山之中,经过了艰苦的行军后,他在贝尔弗特附近才重新集结他的兵力,立即从南面侵入阿尔萨斯——他本是从北面退出亚尔萨斯的。

对方的主将布农维尔(Bournonville)手里握有强大的兵力,遂决定在米卢兹（Mulhausen）阻止屠云尼的进攻，但却立刻被击败（12月29日）。于是法军横扫夹在孚日山地和莱茵河之间的谷地，敌军纷纷向斯特拉斯堡逃走。此时在通往斯特拉斯堡半路上的科尔马（Colmar）指挥日耳曼诸国兵力的布兰登堡选侯，就建立了一道新防线，守军的兵力约和屠云尼的兵力相等。但是屠云尼乘战胜的余威，在物质和精神方面都具有较大的优势，而且在图克汉姆的战场上，他更巧妙地采用战术性的间接路线。在这里，屠云尼亦不以毁灭整个敌军为目的，而只以专门消灭敌军坚强抵抗为原则，至于其他的敌军则听任其散去。他这个手段获得了高度的成功，几天之后，他提出报告说，在阿尔萨斯境内已经一个敌兵都没有了。

于是法军就在斯特拉斯堡宿营过冬，以恢复他们的实力，并且将莱茵河对岸的日耳曼地界中，自由地获取补给物资，甚至于远到内卡尔河（Neckar）上。这时，勃兰登堡的选侯，已经率领他的残余兵力回国去了，而屠云尼的老对手蒙特库柯利（Montecuculi）在春天里又被召回，充任日耳曼帝国的总司令。他也被屠云尼引到了一个绝地，可是当萨斯巴赫（Sasbach）之战一开始时，屠云尼即为一颗炮弹所击中——他的死遂使整个战局改变。

比起17世纪欧洲所有其他的战役，为什么屠云尼的冬季战役特别具有决定性呢？在这个时代中，所有的将军都擅长迂回之术，他们的本领都在伯仲之间，所以在其他时代中可能获得成功的侧翼行动，在这里却会不生效力。真正使敌人丧失了平衡，就只有这一次。屠云尼是一位鼎鼎大名的名将，他的本领随着年龄而进步。这是特别有意义的，当他所指挥的战役次数超过所有历史上的任何将领之后，在他的最后战役中，终于达到了最高峰，找到了一个如何在17世纪的战争中，获得决定性的方案。当他拟定这个方案的时候，他并未背弃那个时代的黄金教条——具有高度训练的军队，其成本实在太高，所以千万不可以随意的浪费。

似乎在经验中使他获得了一个教训，认为在这种条件之下，要想获得一个决定性的结果，则在战略上所采取的路线，其间接性一定要超过一般人的认识之外。在那个时候，所有的调动都是以城塞作为基地和枢纽——对于野战军在补给上构成一个保障。他却放弃了这种大家所惯用的作战基地，而认为奇袭和机动的结合，不仅可以使他获得一个决定性的成果，而且也可以提供他安全的保障。这是一种合理的计算，而并不是一种赌博。因为敌人在心理上、精神上和物质上都已丧失了平衡之后，他在安全上也就可以不必多加顾虑了。

第七章　十八世纪的战争

　　1701 到 1713 年之间的西班牙王位继承战争,具有相当显著的矛盾特性。在政策方面,它是一个有限目标战争的极好例证,但同时也是一个具有决定性的战争,足以推翻或增强路易十四统治下的法国在欧洲的统治地位。在战略方面,是充满了直接路线的例证,但其间却也不乏优秀的间接路线,而其中主要又都与马堡公爵(Marlborough,或译马尔波罗,为二次大战期间,英国首相丘吉尔的祖先)的有关。它们就成为战争中的几个主要转折点,因此可以想见其价值。

　　反对法国的同盟军包括奥地利、英国、几个日耳曼小国、荷兰、丹麦和葡萄牙。至于拥护路易十四的国家有西班牙和巴伐利亚,最初还有萨伏依(Savoy)。

　　战争开始的地点是在意大利北部,其他各国的军队也在准备之中。奥地利的军队在尤金亲王(Prince Eugène)率领之下,集中在提洛尔(Tyrol),表面上准备作直接的前进。所以,对方的军队,在卡提尼特(Catinat)的率领之下就部署在利弗里(Rivoli)隘路上面,以来挡住他的进路。但是尤金亲王却早已秘密探知在深山之中,还有一条艰险的小路,那是多年来未曾有部队走过的,这条路向东绕了一个大圈子,终于通到了平原上。利用这个优点,然后一再作机动的调度,使敌人摸不清他真正的意图,终于引诱敌人在基亚里(Chiari)向他发动了一个盲目的攻势,使他在意大利北部站稳了脚跟。这个间接路线的结果,不仅使同盟军在开战之初,就在精神方面吃下一剂有价值的定心丸,摧毁了"大君主"军队百战百胜的英名;更使法西两国的联军在意大利遭受到沉重的打击。其重要的后果之一,就是使素来依附较强一方面的萨伏依公爵,马上掉换了他的方向。

　　主力的战斗在 1702 年展开。一支最大的法军集结在法兰德斯(Flanders)地区,并在该地建立了一条长达 60 英里的布拉班特(Brabant)防线,从安特卫普(Antwerp)到马斯河(Meuse)上的于伊(Huy),以来使他们在前进时可以获得安全的保障。面对着侵入的威胁,荷兰人的本能使他们准备困守在要塞之内。可是马堡公爵对于战争却具有另一种不同的观念。但是他也并非用直接的攻势,以来代替这个消极的守势——直接攻击由布夫勒(Boufflers)所指挥的法军,然后再向莱茵河进发。他舍弃了这些宝贵的要塞,迅速向布拉班特防线和法军退却线上进攻。布夫勒马上感到了这种心理上的吸引力,立刻赶了回来。法军此时在精神上和体力都已经疲惫不堪,丧失了平衡,实际上很容易为伺机而动的马堡公爵所击败;可是荷兰的代表看到侵入的威胁已经解除,就感到心满意足,于是拒绝继续作战。在那一年当中,法军还曾经两度为马堡公爵的计策诱入陷阱,可是每次都是由于荷兰人的犹豫不决,而使他们有脱逃的机会。

第二次,马堡公爵使用了一条妙计,占领了安特卫普,从那里透入设防的堤岸。从马斯垂克(Masstricht)直接向西进攻,他希望能吸引维勒鲁瓦(Villeroi)所率领的法军主力,移往战线的南端。接着由柯贺恩(Cohorn)所率领的荷兰军就要攻击奥斯坦德(Ostend),由一支舰队来予以协助。另外有一支荷兰军,并由斯巴尔(Spaar)指挥,从西北向安特卫普运动——这些从海岸上出发的行动,目的是引诱在安特卫普的法军指挥官向后面看,并且迫使他分兵防守防线的北端。四天之后,另有一支荷兰兵力,由奥普丹(Opdam)率领,准备从东北面进攻,此时马堡公爵也就放松了维勒鲁瓦,向北面赶去以便集中全力来攻入安特卫普。

第一阶段开始得很顺利,马堡公爵的威胁迫使维勒鲁瓦的法军也随之趋向马斯河。可是不久柯贺恩却取消了向奥斯坦德的进攻,而改和斯巴尔会合在一起,并采取在较窄的正面,向安特卫普附近前进——其对于敌人的牵制力量并不相同。而奥普丹的兵力因为看到本身有危险,所以也就提前发动了攻势。此外,当马堡公爵也向北转进的时候,他也未能使维勒鲁瓦不发现他的动向;事实上,维勒鲁瓦却追到了他的前头——派布夫勒率领 30 个骑兵中队和3 000 名榴弹兵(grenadier)去追击。这支机动兵力在 24 小时之内,差不多走了40 英里的距离,并在 7 月 1 日与安特卫普的守兵会合在一起,向奥普丹进攻——他的军队被打垮了,连逃走的机会都没有。这个马堡公爵所称的"伟大计划",全部都付之流水。

在这次失败之后,马堡公爵即主张在安特卫普的正南方,向敌人战线作一次直接的突击。荷兰的指挥官们拒绝了这个建议,这个看法是正确的——因为当敌人的兵力与我方大致相等,而想向一个设防阵地实行硬攻的时候,总是害多利少的。尽管他在战略调度上颇有卓越的成就,但马堡公爵却常常显出赌徒的狂妄心理,而尤其是在失败时为然。英国的史学家,震于他个人的成就,而且又多敬爱其为人,所以对荷兰人常有不公正的批评。事实上,荷兰人的处境是远比马堡公爵危险,他们面临着强敌的威胁,稍一不慎即有亡国的危险,所以他们当然不敢把战争当作儿戏或赌博。他们正和两个世纪以后的杰利科上将(Adm. Jellicoe,第一次大战中的英国海军舰队司令)的想法一样:他们可以在一个下午之中,输掉了整个战争——假使在这种不利的环境中挑战,就一定有一败涂地的可能。

因为荷兰将领们的一致反对,马堡公爵只好放弃强攻安特卫普的观念,回转到马斯河上,在那里掩护对于伊的围攻。8月底,他又力主向敌方防线进攻,这一次的理由比较充足,因为敌人防线在南段是比较容易进攻的。可是这个辩论还是不能说服荷兰人。

马堡公爵因为对荷兰人极端不满,所以他对奥皇的使节瓦提斯拉(Wratislaw)的见解特别容易接受,瓦提斯拉力劝他把兵力转移到多瑙河方面去。这种影响力量的结合,再加上马堡公爵的广义战略看法,于是就在1704年,产生了一个史上少见的间接路线的完全例证。主要的敌军分为两支:一由维勒鲁瓦统率,位置在法兰德斯平原上;一由塔拉尔(Tallard)指挥,位置在上莱茵河上,夹在曼海姆(Mannheim)和斯特拉斯堡之间,此外还有少数的连接部队。而在巴伐利亚选侯和马尔森(Marsin)统率之下的巴法联军,则在乌尔姆附近和多瑙河上,并正由巴伐利亚向维也纳推进。马堡公爵的计划是把他所率领的英军,从马斯河上移到多瑙河上,然后先击溃巴伐利亚军,因为他们是敌人中间最脆弱的一环。他这次的行动距离他的基地,以及他在北面所应该保护的直接利益,都实在是太远了,从任何标准来看都嫌鲁莽,而从他那个时代中谨慎战略的观点上看来,则尤其是如此,它的安全保障完全依赖在奇袭的冲力上面。他在前进的过程中,不断变换他的方向,在每一个阶段中都威胁着不同的目标,而使敌人摸不清楚他的真正目的。

当他向南达到莱茵河上的时候,最先好像是准备沿着摩泽尔河(Moselle)之线进入法国。以后当他推进到科布伦茨(Coblenz)之后,他又好像是以在阿尔萨斯的法军为攻击对象。他又故意在菲立普斯堡(Philipsburg)作架桥渡过莱茵河的准备,以来加强这个印象。可是等他到达曼海姆的附近以后,他原本应该转向西南,可是他却故意转向东南,在内卡尔河谷边缘的山林中,突然失踪了,然后又越过莱茵、多瑙三角形的底线,向乌尔姆前进。因为战略上的捉摸不定,使他的行军得到了安全的保障,而且也抵消了他速度迟缓的弱点——平均一天只有 10 英里,一走就是 6 个星期。在大希巴赫(Cross Heppach)与尤金亲王和巴登(Baden)的马格雷夫(Margrave)会合在一起之后,马堡公爵就与后者的兵力一起行动,而前者则转过身来,以便将法军迟滞在莱茵河上——维勒鲁瓦虽然行动略迟,但却已从遥远的法兰德斯平原上,追赶过来了。(注:除非等到马堡公爵真正离开了莱茵河谷,否则他随时可以利用已经征集好的船只,迅速地把部队装上,顺流而下回到法兰德斯平原——这也是法军指挥官没有立即追赶的主要原因之一。)

虽然马堡公爵把他自己的位置——对于法国而言——是已经放在法巴联军的后面,可是对于巴伐利亚而言,却还在该国的面前。这种复杂的地理形势,再加上其他的因素,使他无法发挥这种战略优势。在这些条件当中,其中有一个是那个时代中最普通的:由于军队战术组织的硬化,所以很难配合战略上的要求。一位将军可以把敌人引到水边,但是却无法使敌人一定喝水——假使他不肯,无法使敌人接受会战。另外一个更特殊化的困难就是他和谨慎小心的马格雷夫共同指挥。

巴伐利亚选侯和马尔斯元帅的联军,在多瑙河上的迪林根(Dillingen),占据了一个要塞化的阵地,它在乌尔姆以东,又在乌尔姆与多瑙沃特(Donauwörth)之间的中点上。因为塔拉尔元帅的军队可能会从莱茵河上向东走,所以若想从乌尔姆进入巴伐利亚,实在是非常的危险。马堡公爵决定他应在多瑙沃特渡河,这是他新交通线的天然终点——为了更安全起见,这个交通线已经变成了通过纽伦堡的东面路线。当他占领了多瑙沃特,他就可以安全地进入巴伐利亚,并且在多瑙河的两岸自由的运动。

不幸的是,由于这个在迪林根敌人阵地面前的侧翼运动,在目标上过于显著,而速度也太迟缓,所以巴伐利亚选侯能够派出一支强大的支队,以防守多瑙沃特。虽然马堡公爵在行军的最后阶段中,已经加快了他的速度,可是敌人却已经在掩护着多瑙沃特的希仑堡(Schellenberg)山地上建筑好了工事,等到 7 月 2 日马堡公爵到达时,就只好徒唤奈何了。于是他决定不等待敌人去完成他们的防务部署,即在黄昏的时候发动攻击。第一次突击受到惨重的损失,全部兵力差不多损失了一半以上。一直等到联军主力赶到之后,使其在数量上占了四对一的优势,然后才转败为胜。即便如此,也还是在敌人防线上发现了一个兵力较弱的地段,然后使用侧翼行动透入之后,才决定了胜负。马堡公爵在他的私信中,也承认这是一次"惨胜",至于批评他的人更一致认为战胜功应归之于马格雷夫。

敌人的主力现在就向奥格斯堡(Augsburg)撤退。从此之后,马堡公爵就向南进入巴伐利亚,在四乡骚扰,烧毁几百个乡村,及一切的谷物。其目的是想借此强迫巴伐利亚当局求和,或是在不利的情况之下,接受会战。马堡公爵对于这种野蛮的行动也很感到羞耻,而且其效果也很微弱。因为在那个时代中,战争只是统治者之间的事情,与老百姓毫无关系,所以用这种间接的手段,并不能使巴伐利亚的选侯感到心痛。于是,塔拉尔现在已经有时间从莱茵河上赶来助战,于8月5日达到了奥格斯堡。

不过很侥幸的是,当塔拉尔出现的时候,尤金亲王也上场了。他采取了一个果敢的行动,摆脱了维勒鲁瓦,和马堡公爵会合在一起。照预定的计划,在马堡公爵和尤金的联合兵力掩护下,马格雷夫就应该向多瑙河的下游发展,以围攻敌人在因戈尔施塔特(Ingolstadt)的要塞。可是在9号那天,突然有消息传来,敌人的联合兵力已经正在向北移动,以直趋多瑙河为目的,他们的目标很可能是想打击马堡公爵的交通线。虽然如此,马堡公爵和尤金两人却还是继续让马格雷夫去分兵进击;于是使他们的联合兵力减到了56 000人,以来面对差不多60 000人的敌军,而且还可能再增加。他们要把马格雷夫遣走,其动机是很容易解释,因为他们都不喜欢他那种审慎的态度;但是此时分散兵力却实在是很奇怪,因为他们的决心本是尽量寻找会战的机会。他们似乎对于自己部队的素质优势是具有充分的信心——照以后战况的激烈情形来判断,他们这种自信的态度实未免有一点过火。

所幸的是敌人也和他们具有同样的自信。虽然他自己部队的大多数尚未达到战地,可是巴伐利亚选侯却十分希望立即开始进攻。当塔拉尔主张暂时掘壕固守,等候援兵的到达时,这位选侯却痛斥此种谨慎小心的态度。塔拉尔反唇相讥回答说:"假使我不是对于殿下的人格完整素有认识的话,那么我会以为你是故意想让法国国王陛下的军队去冒险,而保留住你自己的实力。"最后他们获得了一个折中的意见,法军首先跃进到布伦海姆(Blenheim)附近的位置,该地在通向多瑙沃特路上的尼贝尔(Nebel)小河后面。

第二天,8月13日上午,他们在那里突然为联军所乘——联军正沿着多瑙河北岸前进。在河岸附近,马堡公爵正向法军右翼进攻,而尤金则以法军左翼为目标向内陆挺进。在河与山之间,空间很狭窄,殊少活动之可能。联军的优点,除了他们的精神较旺盛,训练较优良以外,还有在这种环境之下实行挑战,也是出人意料的。这个局部性的奇袭阻止了两支法军做适当的联合部署,所以他们是在仓促之中应战，因此本身即具有不平衡的效力。结果使他们在这个宽广的中央地区中，感到了步兵的缺乏。不过这种弱点直到这一天过去了很久之后，才显现了出来，但若非另有其他的失着，则还是不会太严重的。

会战的第一个阶段还是联军不利。马堡公爵军的左翼向布伦海姆进攻，受到了重大的损失而被击退，其右翼向奥贝尔格劳（Oberglau）的进攻也失败了。尤金向敌人左翼之右方的进攻也两次被逐回。当马堡公爵在中央的部队正在渡过尼贝尔河时，却一头碰上了法国骑兵的冲锋，花了很大的力量才把他们击退。这实在很侥幸，由于误会的原因，法军逆袭的兵力并不如塔拉尔所计划中的那样强大。接着马尔斯的骑兵，也对着联军的暴露侧翼上发动了另外一次逆袭。不过刚刚在这个紧急关头，尤金的骑兵也同时发动逆袭，于是才使局势化险为夷。当尤金接到了马堡公爵的紧急呼吁之后，他马上毫不迟疑的把他的本钱都投掷了下去。

当这一个难关度过之后，所剩下来的也不过只是一个危险的平衡而已。除非马堡公爵能够冲出去，否则他还是陷在一个窟穴之中——背后就是尼贝尔沼泽地。不过到了此时，塔拉尔由于计算的错误，让马堡公爵安然渡过了尼贝尔河，那才真是铸成了大错。因为一旦法军的骑兵逆袭未能达到目的之后，马堡公爵的中央兵力就乘着这一个空当，陆续渡河了。虽然塔拉尔手里有 50 个营的步兵，以来对抗马堡公爵的 48 个营，可是由于最初部署上的错误，而且当他还有时间的时候，也没有把它纠正过来，所以专以这个地区而论，他手里只有 9 个营以来对抗敌人的 23 个营。当这少数的法国步兵为数量优势的敌人和密接支援的炮火所击溃之后，马堡公爵就可以从这个空洞中一直向前进攻，并在多瑙河上的布伦海姆附近，切断了法军步兵的主力，同时也使马尔斯的侧翼暴露了出来。马尔斯摆脱了尤金的压迫，没有受到太多的损失，安然撤退了，可是塔拉尔大部分的军队，却都被围在多瑙河上，被迫投降。

布伦海姆会战是花了重大的成本才获得的胜利，而且更是一个巨大的冒险。平心静气的分析显示，这次获胜的原因是由于士卒的拼命和法军指挥官的计算错误，而并非因为马堡公爵的将才。但是由于最后的胜利，遂使人们都不曾注意到，这实在只是一场大赌博。法军"常胜"的威名从此丧失，使整个欧洲局面又为之一变。

紧跟着法军败退之后，联军也推进到了莱茵河，并且在菲立普斯堡渡河。但是由于布伦海姆的胜利所付出的代价实在太大，所以除了马堡公爵本人以外，大家都不主张再打下去，于是这个战役就这样停止了。

1705 年,马堡公爵又拟定了一个侵入法国的计划,他的目的是要设法避免法兰德斯要塞地带的纠缠。尤金负责在意大利北部牵制法军的兵力,荷兰人在法兰德斯平原上取守势,至于联军的主力,在马堡公爵率领下,准备开到在提昂维尔(Thionville)的摩泽尔河上,而马格雷夫的掩护兵力将越过萨尔河(Saar)作向心的前进。但是这个计划却为一连串的障碍所阻。补给未能如期运到,运输工具缺乏,联军的增援要比理想数字低太多,同时马格雷夫也不肯合作——大家都认为马格雷夫的动机是因为嫉妒,可是比较合理的解释却是他正负重伤,最后他也是由于这个伤而死的。

当一切成功的条件都已经消失以后,马堡公爵还是坚持不肯放弃他的计划,于是就变成了一个意义非常狭窄的直接路线。他一直冲到了摩泽尔河,很明显的,他的目的是希望利用自己的弱点引诱法军出战。但是法将维拉尔(Villars)元帅却希望马堡公爵因为粮食缺乏的原因而日益衰弱,所以坚守不出。同时维勒鲁瓦在法兰德斯方面的攻势,又已经迫使荷兰人提出了求救的紧急呼吁。这双重的压迫逼得马堡公爵势必非要放弃他的冒险不可。在无限的失望和苦痛中,他就怪罪马格雷夫,把他当作代罪的羔羊。他甚至于还写了一封信给对方的主将维拉尔,对于他自己的撤退表示非常的遗憾,并且把整个责任都推到马格雷夫的头上。

马堡公爵迅速回到法兰德斯,立即把那里的情况改善了。当他到达之后,维勒鲁瓦也立即放弃了列日(Liège)的围攻,并且退入布拉班特防线。马堡公爵于是专心研究穿透这个障碍物的计划。首先在马斯河附近,向一个设防较弱的地区进攻,以吸引法军的移动,接着他就兼程赶回,在特勒蒙(Tirlemont)附近企图突破一段工事坚强,但守兵却很薄弱的地区。但是当这个企图成功之后,他却并未能乘机扩张战果,没有立即进至鲁文(Louvian)并渡过迪莱河(Dyle)。这次失败的原因之一,是由于他欺骗盟军的程度,甚至比敌人还有过之;另外一个原因是他自己的精力也用尽了。而且这个著名的防线也不再是一个障碍物了。

几个星期之后,他又设计了一个新计划,由此即可以看到他在"将道"方面的进步。虽然他并未获致较大的成功,但是却表现出一个较伟大的马堡公爵。他过去在法兰德斯平原的行动,都是以纯粹欺诈为基础,假使要想成功,在执行时就必须要迅速,这却是荷兰部队所做不到的。这一次他却采取了一个间接的路线,在路上好像不止一个目标——他使对方的兵力作了广泛的分散,于是他本身就不必依赖那样高的速度了。

　　在鲁文附近,他转向维勒鲁瓦阵地的南面,他所采取的路线使敌人一直都摸不清他的目的,因为他可以威胁到在该区中的任何要塞——那慕尔(Namur)、沙勒罗伊(Charleroi)、蒙斯(Mons)和阿特(Ath)等地。等他到了热纳普(Genappe)之后,又马上向北转,直达从滑铁卢(Waterloo)到布鲁塞尔的道路上。维勒鲁瓦匆匆地决定赶回援救这个城市。正当法军准备行动时,马堡公爵却乘着黑夜的掩护,又绕回了东方,突然在敌军的正面前出现。由于受到了牵制,所以这个正面的组织十分空虚,虽然也许要比行军的侧翼略为坚固一点。但是马堡公爵因为行动得太快,反而使他本身蒙受其害,那些谨慎的荷兰将领们又找到了一些理由,来反对他这个立即进攻的理想。他们的理由是,尽管对方已经发生了混乱现象,可是敌人在依斯克河(Ysche)后方的阵地,实际上要比在布伦海姆时更强。

　　在第二年的战役中,马堡公爵孕育了一个新观念,把间接路线又拓展得更宽了——越过阿尔卑斯山以和尤金会合。在把法军完全逐出意大利后,就从后门攻进法兰西。他的陆上进攻更可以和对土伦(Toulon)的两栖作战,以及彼得伯勒(Peterborough)在西班牙的作战相配合。荷兰人这次却一反他们过去谨慎小心的作风,而同意让他冒险一试。因为维拉尔把巴登的马格雷夫击败了,同时维勒鲁瓦也向法兰德斯进攻,所以这个计划也未能实现。法军为什么要采取这个冒险行动,其原因是路易十四相信若能在"各处"采取攻击,则可以制造一种印象,显得他的声势浩大,于是就可能使敌人接受对于他有利的和平条件——这是他现在所迫切需要的。可是对于马堡公爵所在的那个战场上采取攻势的行动,其结果却适得其反,反而使法军获得一条通往失败的捷径,使他丧失了一切的目标。马堡公爵毫不犹豫地抓住这个机会——照他的判断是法军觉得胜利在望,所以不肯再安静地守下去,这样就使他获得一个翻本的机会。他在拉米利斯(Ramillies)遭遇到法军,此时法军正占着凹进的阵地。马堡公爵正占着弓弦的地位,他就充分发挥这种形势上的优势,实行战术上的间接路线。首先攻击法军的左翼,把他们的预备队吸引到了那一方面之后,接着他马上让自己的部队摆脱了左翼上的战斗,立即转到右翼方面,此时丹麦的骑兵已经在那里冲开了一个大缺口。这个后方的威胁再加上正面的压迫,遂使法军开始崩溃。马堡公爵乘胜穷追,使这次胜利的战果获得了极大的扩展,于是所有法兰德斯平原和布拉班特防线都完全落在他的手里。

　　同一年中,意大利方面的战争也事实上告一段落,这也可以当作战略性间接路线的又一例证。在最初的阶段中,尤金被迫撤退,一直退至加尔达湖

（Lake Garda）为止，于是就钻进了山地。至于他的同盟者，萨伏依公爵，却在都灵（Turin）被围。尤金并不向正面进发，他用巧妙的行动溜过了敌人，也摆脱了自己基地的束缚，从伦巴第一直进入了皮埃蒙特（Piedmont）。接着在都灵使敌人受到了决定性的失败。敌军在数量上固然远占优势，但是却已经丧失了平衡。

现在南北两方面，法军都已经受到了挫败。可是在 1707 年，由于同盟国之间的目标不一致，所以使法国获得了卷土重来的机会；到了第二年，他们又集中全力来对付马堡公爵。他的腿在法兰德斯被束缚住了，而且数量上也相差太远，他就决定再向多瑙河行动一次，以来重建平衡——尤金率领他的军队从莱茵河上前进，以与马堡公爵会合。但是法军的主将现在却是能干的文当（Vendôme），他在尤金尚未到达前，即已开始采取行动。利用这个直接的威胁，他把马堡公爵诱回了鲁文，这一计成功之后，文当又生一计，他突然向西急转，于是不花一点气力就把在斯凯尔特河（Scheldt）以西的全部法兰德斯地区都收复了。可是马堡公爵却不直接与敌人交战，而突然转向西南方，插入了法军和法国边境之间的地区。在奥登纳德（Oudenarde），这个战略上的运用，使马堡公爵获得了初步的优势，接着在战术上也获得了胜利。

假使能够让马堡公爵自己独立作主，他就会立即向巴黎进攻，那么这个战争即可能就此结束。即使联军未能如此地扩张战果，但是到了那年冬天，路易十四却还是开始求和；他所提出来的条件虽然令同盟国感到满意，但是他们却拒绝接受，因为大家觉得已有希望使法国完全屈服——这在大战略方面，实在是一个愚行，也是一个失败。马堡公爵本人对于这种和平建议的价值，应不会那样的盲目无知，不过他对战争的兴趣是要比和平更为浓厚。

到了 1709 年，战争又有了新的生气。马堡公爵现在的计划还是一条间接性的军事路线，且具有一个重要的政治目标。他的想法是溜过敌人的主力，监视着他们的各要塞，而以巴黎为目标。不过这未免过分勇敢了，连尤金都感到吃不消。结果这个计划又作了下列的修改：避免直接进攻在杜埃（Douai）和贝蒂纳（Bethune）之间，掩护法军正面的要塞防线，而以站稳侧翼上，位在图尔奈（Tournai）和蒙斯等地的要塞为第一目标，以便采取在要塞地区以东的路线，攻入法国。

这一次马堡公爵的欺敌行为又收到了效果。他对于要塞线首先实行佯攻，使敌人把图尔奈的大部分守兵都抽去增援。接着他兼程赶回，立即进攻图尔奈。但守军却抵抗得十分激烈，使他耽搁了 2 个月之久。不过由于拉巴西

(La Bassée)防线上受到了新的威胁,结果使他不费吹灰之力就占领了蒙斯。可是法军的行动也很快,马上阻塞了他的进路,使他无法作更进一步的扩展。这个挫折使他在一怒之下,而采取了一条直接路线,这足以表示他对当前的环境和未来的后果,是如何的缺少计算——这也表示他远不如克伦威尔在邓巴一役中那样的聪明。虽然敌人在马尔普拉凯(Malplaquet)的坚强防线终于被攻破了,可是其损失的惨重,足以使败军之将的维拉尔很高兴的上书给法王路易十四说:"假使上帝肯让我们再这样的失败一次,那么陛下您的敌人就注定要毁灭了。"这个预言是一点都不错,这一个惨胜的会战,使联军断送了他们对于整个战争的胜利希望。

1710 年,又回到了僵持的局面,法军从瓦朗谢讷(Valenciennes)起,直到海岸为止,建立了一条"特强防线"(Ne Plus Ultra),把马堡公爵挡住了,而他的政敌也在英国国内掀起了反对他的狂潮。幸福女神对于那些糟蹋她恩赐的人们,是绝不会加以饶恕的。1711 年尤金的军队由于政治因素,也被召回,只留下马堡公爵独自对付实力远较强大的敌人。现在他的兵力实在太弱,不足以做任何决定性的行动,于是他决定使用他的拿手本领,粉碎法国人对"特强防线"的夸大宣传。这次他采取了最富间接性的路线,一再欺骗敌人和分散他们的兵力,结果他终于不发一枪溜过了这一道防线。但是两个月以后,他却被召回国接受不荣誉的处分,到了 1712 年,这个厌战的英国退出了战争,让它的同盟国去独力挣扎。

现在在尤金统率之下,奥荷两国还继续作战达相当长的时间,不过双方都已经疲惫不堪了。可是在 1712 年,法将维拉尔却采取了一个高明的行动——其机密、神妙和速度都可以和马堡公爵相比拟。结果在德南(Denain)获得了一个廉价而又具决定性的胜利。这一战使同盟国从散约解,也使路易十四获得了一个有利的和平,和他过去所想象的完全不同。一次直接的路线,即足以使过去许多次间接路线的累积效果完全付之东流。不过,更值得注意的,这次战争之所以能获得决定性结果的原因,也还是因为法国采取了间接路线。

虽然同盟国对于阻止法西两国合并的目的并未达成,但是英国在这一次战争中却获得了领土上的收获。这主要该归功于马堡公爵的远见,能够把他的眼界推广到战场以外去。一方面当作军事上的牵制行动,另一方面又在政治上具有实际的利益,马堡公爵在地中海曾经进行一个目标远大的作战,来和他在法兰德斯地区的作战相配合。1702 年和 1703 年的远征对于葡萄牙和萨伏依退出战争,具有很大的助力,并且为他们铺好了一条大路以争取更大的财产——西班牙。接着在 1704 年，又获得了直布罗陀(Gibraltar)，于是彼得伯勒在西班牙才能够完成牵制敌军兵力的任务；而在 1708 年，英军又作了另外一次远征，并占领了梅诺卡岛(Minorca)。虽然以后在西班牙的作战，因为指挥失当而失败，但英国在战争结束后，却仍旧占领着直布罗陀和梅诺卡岛，这是控制地中海的两把锁钥。此外在北大西洋中，他们也占领了新斯科舍(Nova Scotia)和纽芬兰(Newfoundland)。

腓特烈的战争

　　1740 至 1748 年间的奥地利王位继承战争，也是完全没有决定性的结果。最好的例证可以用下面的故事来代表当时的法国人在军事上是最成功的，他们骂人的时候，常常惯用这种语气："你顽皮的程度简直和和平一样。"腓特烈大帝是战争中唯一获得利益的君主。他很早就获得了西里西亚(Silesia)，然后就退出了竞争。虽然他以后又重回战场，并且冒了很大的危险而未获得更多的收获，不过由于累次的胜利使其威名大振。一言以蔽之：这个战争使普鲁士奠定了成为强国的基础。

　　1742 年的布雷斯劳(Breslau)和约，决定了把西里西亚割让给普鲁士，这个经过是很值得加以注意。在那一年刚开始时，普军似乎是并没什么希望。普法两国的联军已经准备向奥军的主力进攻，但是法军的进展不久即告停顿。此时腓特烈却不向西前进和他的盟友会合，而突然向南进攻维也纳。虽然他的军队已经攻到了敌人都城的门口，他却又迅速折回，因为敌军已经威胁他的后路。腓特烈这一次的进攻，常常被批评是一种鲁莽的示威行动，然而，鲁莽的却可能是这种批评本身。因为他迅速的撤退，使敌人误以为他是怯弱，所以就引得奥军乘胜长追，一直深入西里西亚境内。于是他把敌军困在巧屠希兹(Chotusitz)附近后，突然发动一次猛烈的攻击，把奥军击败并立即穷追以扩张战果。仅仅 3 个星期之后，奥军即单独与腓特烈议和，把西里西亚割让与他。若从这个事实中引出太强烈的结论似乎略嫌过分，不过至少可以看出，这个具有牺牲意味的和约，却还是战场上一个间接路线的后果——虽然它仅是在维也纳前方出现一下，接着获得一个小型的战术胜利而已。表面上只不过是转败为胜，比腓特烈其他胜利的光辉似乎差得太远了。

　　固然奥地利王位继承战争，在一般的结果上来说，是不具决定性；而其他

18世纪中叶的大型战争也都莫不如此——从欧洲政策的观点上看——唯一能获得结果,并足以使欧洲历史进程受到决定性影响者,就是英国。在七年战争(1756—1763年)中,它只是一个间接的参加者,而它的贡献和利益也都是间接的。当欧洲各国的军队和国力都因为采取直接行动而精疲力竭的时候,英国的少数兵力即足以转弱为强,使大英帝国收到了实利。此外,当普鲁士到了快要失败的时候,他宁可获得一个不决定的和平,而避免屈辱投降。可是法国在殖民地方面的失败,使法国的攻势力量受到了间接的打击,接着由于俄国女皇的去世,也使俄国放弃了进攻普国的企图。命运之神对腓特烈大帝是太慈悲了。到了1762年,虽然他曾经有过一连串的光荣胜利,但是现在却已经资源匮乏,完全丧失了继续抵抗的能力。

在这一长串的战役中,从军事和政治性的结果上看,只有一个算得上具有决定性。这个战役的结果就是英国人占领魁北克(Quebec)。这不仅是最简单的,而且也是在次要战场上的。因为魁北克的占领和加拿大法属领土的被取消,都是由于使用海权,在大战略方面采取了间接路线之所致,所以战役的实际军事路线也是决定于战略上的间接路线。结果最使人感到趣味的,却是在蒙莫朗西河(Montmorency)之线上。当采取直接路线失败,并且在生命和士气方面受到严重损失后,才改采取这种表面上似乎很冒险的行动。当时英军的主将沃尔夫(Wolfe),本是想尽量引诱敌人——炮轰魁北克,并且把少数孤立的单位,暴露在雷微角(Point Levis)和蒙莫朗西瀑布附近——但是却始终未能把法军诱出他们的坚强阵地。比较他们这次的失败和他们以后在法军后方冒险登陆的成功后,我们可以获得一个教训:引诱敌人还不够,必须把他们引出来才算。当沃尔夫准备采取直接行动之前,他的佯攻失败也可以提供一个教训:使敌人感到神秘还不够,一定要使他感到迷惑才行——这个名词的意义不仅是使敌人受骗,而且还要使他们丧失行动自由,不能调动军队以采取反制行动。

沃尔夫的最后行动,从表面上看来,好像是赌徒孤注一掷,但是因为一切的条件都符合,所以结果才大获全胜。即便如此,对于那些惯于从纯军事立场,研究战史的人来说,似乎会觉得这一点挫折,应该不至于使他们一败涂地。有许多的文章曾经讨论过法国应该采取怎样的行动以改善这个情况。不过魁北克之战却是一个极好的例证,足以说明假使能使指挥官在精神和心理上丧失平衡的话,那么所产生的决定性,就要比使敌方部队在物质上丧失平衡时更大。这种效力要比地理上和统计上的计算,不知道大了多少倍,而在一般军事史的教科书上,却十分之九都是充满了这一类的计算。

假使历史上的事实,足以证明出来七年战争中的欧洲战场都是不具决定性的,虽然其中不乏许多战术性的胜利,那么这个原因又在哪里,似乎是很值得加以研究。腓特烈的敌人太多,是一种通常的解释,不过他本人也具有不少的优点,似乎足以抵消这种解释。因此我们还要更深入一点。

与亚历山大和拿破仑一样,而和马堡公爵不同,腓特烈可以没有一切的责任和限制,这是一般战略家所不能享有的特权。他一身兼管大战略和战略两方面的工作。又因为他是一个国王,所以他和他的军队间具有永久性的关系,使他可以不断地准备和发展他的工具,以达到他所选定的目标。在他的战场上,要塞比较稀少也是另外一个优点。

尽管只有英国是他唯一的同盟国,而他所面对的敌人却是奥法俄瑞(典)萨(克森)等国的联军,可是从开战之日起,一直到第二次战役的中途为止,腓特烈实际所能调动的兵力,却还是始终居于优势的地位。此外他还有另外两大优点:(一)他的战术工具要比任何敌人更优秀,(二)他占有中央的位置。

因此他可以运用一般人所谓的"内线"战略;从他的中央位置先向周围任何一个敌人发动攻势,然后利用较短的距离马上缩了回来,在敌人有互相应援的机会前,即先把他们逐一各个击破。

从表面上看来,这似乎是很明显的,个别敌军间的距离隔得愈远,更容易获得决定性的成功。从时间、空间和数量上的关系来分析,这应该是毫无疑问的。不过精神上的因素此时又加了进去。当敌人们彼此间隔远的时候,他们成了一个自给自足的单位,在外来的压力下,反足以加强他们的组织。当他们彼此靠得很近时,在心理、精神和物质等方面,却不免发生了互相依赖的现象。各个指挥官的心灵好像是互通消息的,一切精神上面的印象都很迅速地交流着,甚至于每一个部队的行动,都很容易使其他的部队发生惊扰和解体的危险。固然对方在行动时,时间和空间都比较受限制,可是其使敌人所受到的震动效力,其发展也更快和更容易。而且当敌人们都密集在一起的时候,只要其中有一个敌人偶然离开了他原定的路线,即足以使其他部队受到奇袭的打击。反而言之,假使个别敌军中间距离很远时,那么他们就可以有相当长的时间来准备和趋避,于是使中央位置的军队在一击获胜之后,就很难于再继续作第二次的打击。

像马堡公爵在向多瑙河流域进军时,所采用的"内线"战略,当然算是一种间接路线的方式。不过其对于整个敌军的关系,固然是间接的;但对于其实际目标而言,却并不尽然,除非在袭击的时候能出敌不意。否则,要使这个行动达成目的,则势必还要再加一个新的间接路线——以目标本身为对象。

腓特烈不断地利用中央位置,以集中全力攻击敌人的一部分,而且他也总是使用间接路线的战术,因此获得了许多次的胜利。但是他的战术性间接路线却是几何性重于心理性——并不像西庇阿那样富奇袭意味——尽管在执行时是非常有技巧,这些运动的路线却很狭窄。假使对方在心理上和部队组织上并非如此的缺乏弹性,则对于以后的打击应该不会难于应付,因为打击本身的来临并非完全出于意料之外。

1756 年 8 月底,腓特烈为了破坏同盟国的计划,首先侵入萨克森,战端从此开启。由于奇袭的利益,腓特烈差不多没有遭遇抵抗即进入了德雷斯顿(Dresden)。奥军虽然赶来救援,但已经太迟了,腓特烈已经推进至易北河(Elbe)上去迎击他们,在莱特米里兹(Leitmeritz)附近的罗布西茨(Lobositz)会战中,将他们击退,于是就站稳了萨克森。1757 年 4 月间,他翻过山地进入波希米亚,并向布拉格(Prague)进发。当他到达之后,却发现奥军在河对岸的高地,已经建立了坚强的阵地。于是他留下了一个支队监视河岸,并且掩护他的行动;而他本人则率领大军乘着黑夜向上游转进,在那里渡河进攻敌人的右翼。虽然当他开始行动时,这要算是一种间接路线,可是在这个行动完成以前,却已经变成了直接性的——奥军有充分的时间来变换他们的正面,所以当普鲁士步兵进攻的时候,即已变成了面对敌人的火线硬冲,结果死伤了几千人之多。幸亏齐腾(Ziethen)的骑兵从迂回的路上突然赶到,才使布拉格之战的局面改观,而迫使奥军后撤。

普军接着就围攻布拉格,但由于道恩(Daun)又率领了一支奥军来解围,所以使普军只好暂停进攻。当腓特烈听到奥地利援军将至的消息后,他只留下极少数的兵力去围困布拉格,而亲率大军迎击道恩。当他在 6 月 18 日于科林(Kolin)和奥军遭遇时,他却发现奥军不仅已经构筑了坚强的阵地,兵力也比他自己超过了两倍之多。这一次,他又是想转到敌人的右翼方面进攻,但这一次的机动性却太狭窄,所以他的纵队为敌方轻型部队的火力所乘,被引出了应取的路线,而变成了不连贯的正面攻击——结果遭到了一场惨败。腓特烈被迫只好放弃围攻布拉格,并撤出了波希米亚。

此时,俄军已经侵入东普鲁士,法军已经占领了汉诺威(Hanover),而希尔德堡豪森(Hildburghausen)所率领的混合联军,也从西面威胁柏林。为了防止后述的两军会合,腓特烈经过莱比锡(Leipzig)匆忙赶回,制止了这个祸害的发展。接着西里西亚又面临了新的威胁,他又连忙赶到那一方,可是当他行到半路上时,奥军又已经侵入并围攻柏林。当希尔德堡豪森开始继续前进的时候,腓特烈已经勉强的击退了奥军,于是又赶过来迎击他。

接着就是罗斯巴赫(Rossbach)之战,此时联军的兵力约为腓特烈的两倍,也开始尝试模仿腓特烈的老办法——迂回进攻敌人的右翼——想以其人之道还治其人。但由于这个行动太狭窄,使腓特烈事先早已获得了充分的警告,同时敌人在匆忙中,又误认为他已经开始撤退,于是自乱步骤,分别引兵穷追以防止他逃走。可是腓特烈并未溃退,他立即采取对抗的行动,不面对敌人主力,而向他们的侧翼方面深入,结果使他们立即丧失了平衡。在这一场会战中,由于他的敌人自己犯了错误,所以才使腓特烈获得了一个真正的间接路线,不仅是机动性的,更是奇袭性的。罗斯巴赫会战在他所有各次胜利之中,要算是最经济的胜利,他自己的损失只有500人,却使敌人损失了7 700人,并且击溃了总数64 000人的大军。

不幸的是,在他以前的各次战斗中,已经把兵力消耗得太多,所以使他无法获得完全的战果。他还要继续对付奥军,那是他在布拉格和科林两次战斗中都未能击溃的,虽然他以后在洛伊滕(Leuthen)终于战胜了,所使用的就是著名的斜行序列,这是一种太明显的间接路线,不过他在执行时却很巧妙。但是这次胜利的代价却未免太高,简直使他付不起。

在1758年,战争还是继续进行,而前途却越来越黯淡。腓特烈最初对奥军采取了一条真正的间接路线,越过他们的正面向右前进,在阿尔穆兹(Olmütz)经过了敌人的侧翼,此处已经深入敌人后方达20英里以上。甚至于当他在途中丧失了一个重要的补给纵队之后,他还是不稍却步,仍然继续挺进,经过波希米亚,从右边绕到敌人的后方,一直到达敌人在柯尼格雷兹(Königgrätz)的基地。可是由于过去在布拉格和科林丧失了良好的机会,使他今天还要再度食其恶果,俄军又重整攻势,从通向柏林的大路上,已经进到了波森(Posen)。腓特烈于是决定放弃完成波希米亚战役的希望,向北方转进以阻止俄军的侵入。他虽然成功了,但是左恩多夫(Zorndorf)会战却又是另一次的布拉格会战。腓特烈还是绕过了俄军的坚强据点,向右绕过了他们的东翼,以便从后方加以攻击。可是守军却也同样转变了正面,而把腓特烈的间接路线变成了正面的攻击。于是腓特烈陷入了严重的困难之中,一直等到他手下的骑兵名将塞德利茨（Seydlitz），经过了号称不能通过的险地，向敌人侧翼上实行迂回攻击之后，才转败为胜。因为塞德利茨的行动完全出乎敌人意料之外，所以要算是一个真正的间接路线。虽然腓特烈的损失要比苏联人轻，但是以他所有的力量而言，则可说是十分惨重。

因为他的人力资本还在不断的减少，所以他只好听任俄军去恢复他们的元气，而回转过来对付奥军。他在霍克齐（Höchkirch）遭到了挫败，使他的兵力更加减少，主要的原因是他过分自信，认为他的老对手道恩，是永远不会具有主动精神的。在黑夜之中，腓特烈受到了双重意味的奇袭，幸亏齐腾的骑兵为他杀开了一条血路，才使他免于灭亡。1759年，战争还是继续往下拖，而腓特烈的兵力也日趋于衰落。在库勒斯道夫（Kunersdorf），他从俄国人手中，蒙受有生以来最惨重的失败，在马克森（Maxen）也再度为道恩所败——原因又是因为他的过度自信。从此之后，他所能做的事情，就只不过是消极抵抗敌人而已。

不过当普鲁士的命运正在黯然失色的时候，在加拿大方面却出现了胜利的曙光。由于沃尔夫的成功，促使英国人愿意直接出兵欧洲，在明登（Minden）击败了法军之后，使腓特烈度过难关。

虽然如此，他在1760年的形势却比过去更危险。他使用了一条诡计，减轻了东面来的压力，使他获得了一个喘息的机会。他故意让俄国虏获一封假造的通讯，上面说："今天奥军完全失败了，现在该轮到俄国人了。照我们事先所约定的办法进行。"虽然俄军上了当，立即退兵，事后腓特烈在托尔高（Torgau）固然也击败了奥军，但这次胜利却已经是强弩之末。他自己的惨重损失使他形成了瘫痪的状态，现在全部剩余兵力只有60 000人，他无力再冒险作另一次的会战，而且更被封锁在西里西亚，与普鲁士之间的联系也被切断。很侥幸，奥军的战略还是和过去一样毫无生气，而此时俄军的后勤组织也发生了裂痕。正当危机四伏的时候，俄国的女皇突然逝世了。她的承继者不但愿意讲和，而且还有倒过来帮助腓特烈的意图。在以后几个月中，法奥两国的军队还是继续漫无目的的作战。法国人因为在殖民地方面遭受了挫败，实力已经大为削弱，而奥军现在则不仅惰性颇重，而且更已疲惫不堪，所以不久就签订和约。几乎所有的交战国都已经精疲力竭，也许只有英国的损失比较轻微。

在腓特烈的战役中，固然可以使我们获得很多的教训，但其中最主要的，似乎就是他的间接性还是太直接化了。换一种说法，他只是把间接路线当作一种机动性的运动，而并没有把它当是机动和奇袭的结合。所以尽管他很高明，他的兵力还是不免消耗殆尽。

第八章　法国大革命与拿破仑

又过了 30 年,另一场"伟大战争"的序幕开始展开,因拿破仑天才的照耀,更显得光辉万丈。和一个世纪前的情形差不多,法国再度成为欧洲的祸首,其他各国都只好团结自卫。不过这一次的斗争过程却与过去不同。革命后的法国曾经有许多的同情者,但是他们既非各国的政府当局,也不能控制各国的军队,法国好像是害了传染病一样被迫与其他国家隔离,自始至终都是独立应战,结果使他们不仅拼命击退了敌人的围攻,而且更变本加厉地对欧洲其他地区,形成一个正在膨胀中的军事威胁,最后更成为许多国家军事上的主角。法国人为什么能有如许成就,一方面是具有优越有利的条件,另一方面也是时势造就。

所谓革命的精神,在法国创立了一支国民军,同时也创造出新的条件和活力。因为他们不可能有精密的操练,所以为补偿起见,只好注重战术上的意义和个人的主动精神。这种新的机动战术有一个基本事实,是最简单也最重要的:法军在行军和战斗中,都是每分钟走 120 步,而他们的敌人却坚持每分钟走 70 步的传统。当军队还没有机械化的时候,主要的运动工具就是两条腿,所以这个基本的差异就具有重大的意义。法军可以迅速的调动,随时把打击力量集中在选定的要点上,用拿破仑所惯用的术语来说,就是无论在战略和战术上,都可以实行"动量乘速度"的原理。

另外一个有利的条件,就是把军队分成"师"的永久性组织。当一支军队分成了若干自给自足的单位后,他们就可以独立作战,并且可以向共同的目标实行分进合击的战法。包色特(Bourcet)是在理论上第一个主张改制的人,从 1740 年以后,也曾经多次的加以试验。1759 年,布罗伊元帅出任法军总司令时,官方才正式接受这个原则。另外有一位革新派的军事思想家吉伯特(Guibert),更曾对这种理论作进一步的发展,在法国大革命的前夕,1787 年的军事改革中,也曾经由他将这个原则加入。

　　第三个条件也与此有关,由于革命军的补给制度极为混乱,同时纪律也较差,所以势必又回到了"就地取食"的老办法。因为军队已经分成了师的组织,所以在采取此种行动时,对于军队效力的影响已不如过去般严重。在过去必须把分散的兵力集中后,才可以开始作战,而现在当他们现地取粮时,同时也可以执行军事上的任务。

　　因为补给的负担减轻了,所以军队行军速度提高,使他们具有更高的机动性,能够在山林地区中作自由的运动。同时,因为他们在粮食和装备方面都不能仰赖后方的补充,反而使这种饥寒交迫的军队,愿意鼓起勇气攻入敌人的后方,因为这是取得补给最直接有效的方法。

　　除了这些条件以外,还有一个具有决定性的个人因素——一个像拿破仑这样的伟大领袖。他的军事才能是从战争研究中得来的,而更重要的,是他的思想深受包色特和吉伯特两人的影响。这两个人是18世纪中,最出色和最富想象力的军事思想家和作家。

　　从包色特的理论中,拿破仑学会了如何故意分散自己的兵力,引诱敌人也分散兵力,然后再突然集中自己兵力的原理。此外他也认清了"有计划地派遣数个支队"(plan with several branches)的价值,采取作战线总是以能威胁两个以上的目标为原则。而且,当拿破仑在进行他的第一次战役时,所选定的计划,实际上也是以包色特在半世纪以前所拟定的为基础。

　　从吉伯特方面,他认清了兵力机动性和流动性的无上价值,并且也认清了,当一个军分为几个师之后,所具有的特殊潜力。吉伯特在十多年以前就曾这样写道:"战争的艺术就是要在延伸兵力时,能不暴露自己的意图;在包围敌军时,不至于脱节;在运动或向敌人作侧翼攻击时,不暴露自己的侧翼。"这些话似乎是为拿破仑而写。吉伯特主张从后方进攻,以破坏敌人的平衡,这也成为拿破仑所惯用的手段。拿破仑又惯于集中他的机动性炮兵,在敌人战线的要点上打开一个缺口,这也是吉伯特思想的实践。更重要的是在革命前夕,吉伯特曾经在法国推动军事改革,以后拿破仑所用的工具,也就是以此为模型。最后,吉伯特曾预言说,战争在将来一定会发生革命,而推行这个革命的人一定是出身于一个革命性的国家之内,由此才使青年的拿破仑在内心里,点着了幻想和野心的火焰。

　　拿破仑对于他所接受的观念,虽然殊少新的补充,但是他却使它们得到完善的发展;如果没有他那种具有活力的执行,则这种新机动性者,也只不过是纸上空谈而已。因为他所受的教育与他的天性恰好暗合,同时他的环境又足

以发展他的天才,所以他对于这种新"师"制的优点才能作充分的发挥。由于战略的范围具有较广泛的发展,于是拿破仑才能对战略做出重要贡献。

当1792年,外国军队首次侵入法国时,在瓦尔米(Valmy)和热马普(Jemappes)曾经遭到了惨败。由于这个事实,遂使大家未曾注意到,在以后法国的革命势力也曾遭遇更重大的危机。一直到法王路易十六被处决后,英、荷、奥、普、西、萨(丁尼亚)等国才开始组织第一次大同盟。由于法国人在精神上具有坚定的决心,并倾全力作战,才扭转了局势。虽然侵入军对于战争的执行,缺乏目标和技巧的指导,可是法国的处境还是愈来愈危险;一直到1794年,局势才突然改变,侵略的狂潮开始倒流。自此之后,法国由被侵略者的地位,转变成为侵略者了。其理由何在?当然这算不得是一个战略上的杰作;虽然其目标是很模糊而有限的,但是其唯一的意义则在于:这个产生决定性的战略路线,毫无疑问是间接性的。

当两军的主力正在里尔(Lille)附近搏斗时,虽然双方流血颇多,但是却一点结果也没有,于是远在摩泽尔河上的约尔丹(Jourdan)军,奉命在左岸集中一支打击力量,然后经过阿登(Ardennes)山地,以攻击列日和那慕尔为目的。他们饿着肚皮行军,一路只靠沿途搜劫来的补给维生,终于达到了那慕尔。从通信和远处的炮声,约尔丹得知法军主力的左翼,在查利瓦的前面接战不利。所以,他就决心不向那慕尔实行形式上的围攻,改从西南面向沙勒罗瓦前进,钻到了敌人后方的侧翼上。他的到达使这个要塞(沙勒罗瓦)投降了。

约尔丹似乎并不具有更广泛的观点,他之所以向敌人后方运动的动机,是受了天然心理上的吸引作用,而不像拿破仑和其他名将,是故意这样的行动,不过结果却还是一样的。敌人的总司令科堡(Coburg),匆忙地奔向东面,沿途收集部队。接着就率领这支兵力进攻约尔丹,他正据守在沙勒罗瓦的郊外。这个号称弗勒吕斯(Fleurus)的会战,是一场猛烈的战斗,但是法国在战略方面却具有绝对的优势:敌人不仅在战略上已经丧失平衡,而且也被引诱着,只率领了部分兵力来企图进攻。这一部分的兵力被击败后,联军也跟着总退却了。

以后轮到法国来充当侵略者时,尽管他们在数量上具有优势,但是在越过莱茵河的主要战役中,却未能获得任何决定性的结果。事实上,由于一个间接路线的作用,这个战役到了最后不仅是落空了,而且更惨败了。1796年7月间,查理士大公(Archduke Charles)面对约尔丹和莫罗(Moreau)两支优势敌军的进攻时,他就作了如下的决定:"把自己和华腾斯里本(Wartensleben)的两支兵力，步步为营地向后撤退，避免与敌人交战。然后找机会集中两支兵力，以先击破两支敌军中的一支。"但是敌军的压迫，使他根本没机会来实行这种"内线"战略。不久法军却转变了方向，准备作更冒险的打击，才使他获得了一个难得的机会。最先提出这个主动思想的，是一位骑兵旅长瑙恩多夫（Nauendorff），他发现法军已经脱离了查理士大公的正面，而准备用全力先攻击华腾斯里本。他马上向查理士报告说："假使殿下能够派12 000人向约尔丹的后方进攻，那么他就完蛋了。"虽然大公的执行并不如他部下所设想的果敢，结果也还是能使法军的攻击崩溃。约尔丹的败军毫无秩序地退过了莱茵河，此时莫罗虽已顺利地进入巴伐利亚，但也只好随着退回来了。

不过当法军的主力在莱茵河上一再受挫败的时候，在另外一个次要的战场上，却获得了一次决定性的胜利。在意大利，拿破仑从一个情况很危险的守势，转变成一种具有决定性的间接路线，终于大获全胜。两年以前，当他还在这个地区担任参谋军官时，内心里就早已蕴藏着这个计划，当他回到巴黎后，这个计划也就逐渐发展成形。这个计划本身，实际上是以1745年的计划为蓝本，不过再根据那次战役的实地经验略加修改而已。这正可以说明拿破仑的一切基本观念，都是受了过去几位军事大师的影响，在他这一生中最紧要的阶段上，他曾经努力于军事学术的研究。不过这个时间却非常的短促——在他24岁时，以一个炮兵上尉的身份参加土伦的围攻战；而到了26岁时，却已经升任"意大利军团"的总司令了。他在这几年当中，固然读了不少书，吸收了很多思想；可是此后，却很少有余闲来作深思和反省。他这个人是具有充沛的活力，而缺乏深刻的思考，所以并不能创造任何条理清楚的战争哲学；而从他所写作的东西里，去发掘他实际应用时的理论，就不免有断简残篇之感。后世的军人因为遵守他的教训，有时就不免会发生误解，而被引入歧途。

下面一句话是大家所最爱引用的，即足以作为一个极好的例证，以说明这种趋势——"战争的原理和围攻的原理是完全一样。火力必须集中在一点上，一旦打开了一个裂口之后，平衡就被破坏了，其余的就完全等于零。"后来的军事理论就把重点放在这句话的前半段上，而忽略了后半段。尤其是只注重"一点"，而忽略了"平衡"。前者只不过是一个具体性的"隐喻"，而后者却表现出实际的心理结果，因为丧失了平衡，所以其余的才会完全等于零。从拿破仑本人在战役中所采取的战略路线，即足以证明他所注重的是什么。

尤其是这个"点"字（point），更是引起混乱和误解的根源。有一派认为拿破仑的真意，是主张对于敌人的最强点加以集中的打击，理由是唯有如此才保证获得决定性的结果。因为敌人的抵抗主力崩溃之后,其余的残部当然就会不堪一击。这种说法完全忽视了成本因素,事实上,胜利者在攻坚的行动中,可能已经把实力消耗殆尽,于是就再无余力来扩张他的战果。因此即使敌人的兵力已经减弱,但是抵抗力却反而比过去增强。另外又有一派过分重视"兵力经济"的原则,而主张攻击的对象应针对敌人的最弱点为对象。不过假使这个点是一个非常明显的最弱点,那么它不是距离敌人的神经中枢和大动脉过远,就一定是敌人故意布下的陷阱来诱我入局。前者是不值得一攻,而后者则是不可攻。

于是我们只好从拿破仑本人的战役过程中,去寻找真正的解释,看看拿破仑本人是如何应用自己制订的格言。从这里即暗示出他的真正意思并不是一个"点",而是一个"结"(joint)。从他在这个阶段(意大利)的战役中,就可以看出他是如何的重视兵力经济的原则,绝对不肯把手中有限的兵力,用去攻击敌人的坚强据点。反而言之,一个"结"(接头的地方)通常总是既重要而又容易被攻入。

在这期间,拿破仑又曾经说过另外一段话,也常常为后人引用,替他们的愚行辩护。他说:"奥地利是我们最顽强的敌人……只要奥地利被打倒了,则西班牙和意大利就都会不战而溃。我们绝不能分散我们的攻击力量,而一定要集中它们。"但是从包括这一段话的整个备忘录中,却表示出他的意见正和表面的看法相反,他反对直接向奥地利进攻,而主张把兵力使用在皮德蒙的边境上,作为击败奥地利的间接路线。照他的理想看来,意大利北部应该算是通往奥地利的一个走廊。而在这个次要的战场上,他的目的——完全是依照包色特所指示的——是准备先击败较弱的对手皮德蒙(编注:萨丁尼亚王国),然后再来对付较强的敌人。在执行时,他的路线就变得更间接化,几乎达到了神化的境界。当他获得了最初的胜利后,他呈给政府当局的报告中曾说道:"在一个月内,我希望可以到达提罗尔的山地,在那里和莱茵军团会师,然后把战争带入巴伐利亚的境内。"可是等到和现实接触之后,才打碎了他的美梦。不过话又说回来,因为他这个原有的计划未能兑现,反而使他获得了一个真正成功的好机会。奥地利的大军被他吸引了出来,一再地在意大利境内向他进攻,并且也一再地受到挫败,结果使他在 12 个月之后,可以一路长驱直入奥地利。

当 1769 年 3 月间,拿破仑出任意大利军团司令时,他的部队正沿着热内亚沿海地区展开,而奥地利和萨丁尼亚的联军则扼守住通往平原地带的山地隘路。拿破仑的计划是分兵两路越过山地,向长瓦(Ceva)要塞作向心的进攻,在夺取了这个进入皮德蒙平原的大门后,就准备向都灵进攻,以威胁萨丁尼亚的政府和他签订单独的和约。他希望奥军还继续在休息过冬之中。当然他们可能会尝试与他们的同盟军会合,不过拿破仑心里却认为,只要向亚奎(Acgui)作一个佯攻,即足以把奥军吸引到东北方向去。

事实上,拿破仑固然获得了把两支敌军隔开的初步优势,但是这个机会的到手却完全是偶然的,而并非依照原有的计划。因为奥军突然向法军发动攻势,才创造出这个机会——他们威胁拿破仑的右翼,以阻止法军进攻热内亚。拿破仑为了对抗这种威胁,就向奥军前进的"接头"处进行突袭,然后再在附近的点上作了两次以上的突击,结果遂迫使奥军向亚奎撤退。

此时,法军的主力正向卡瓦前进。4月16日,拿破仑想用直接突击的方式,来占领这个要塞,但是这个鲁莽的企图却还是失败了。于是他改变计划,准备在18日作迂回的行动,并且也变更了他的交通线,使它的位置更远,更没有受到奥军扰乱的可能性。可是在这个新的攻势尚未展开之前,萨丁尼亚却自动撤出了这个要塞。在追击的时候,拿破仑又受到了一次损失严重的挫败,因为他向敌人已经站稳了脚步的阵地再度作直接的突击。但是当他采取次一个行动时,他们的两翼就开始向后卷,并且匆匆退入平原中。

从萨丁尼亚政府的眼中看来,因为奥军必须采取迂回的路线,所以他们应援的诺言迟迟未能兑现,而法军的进迫都灵就更显得威胁严重。这样一来,"平衡就破坏了",有了这个心理上的作用后,遂不再需要任何物质上的打击,也足以强迫萨丁尼亚要求休战。从此他们就退出了战争。

在任何指挥官的第一次战役中,再没有比这次战役更足以说明时间因素的重要性。假使萨丁尼亚能再多守几天,则拿破仑为了克服补给上的困难,可能就要退回沿海地区。不管他当时是否承认这个事实,可是从他下述的感想中,即可证明他对时间的重要性具有极深刻的认识——"在将来,我可能会丧失一个会战,但是我绝不会丧失一分钟的时间。"

他现在比单独的奥军在数量上已经占了优势,但是他还是十分谨慎,并没有直接向奥军前进。在与萨丁尼亚休战协定签字后的第二天,拿破仑就以米兰为目标;但是他所采取的路线却是间接的,由特多纳(Tortona)经皮亚琴察(Piacenza),而到达了米兰的后方。他首先设法欺骗奥军,使他们在瓦伦萨(Valenza)集中兵力,以阻止他向东北方前进。可是拿破仑却向东进发,沿着波河(Po)的南岸,一直到达皮亚琴察。这样他就绕过了奥军的一切可能抵抗线。

为了获得这种利益,他毫不犹豫地侵犯了帕尔马大公国(the Duchy of Parma)的中立,皮亚琴察即在该国境内,并且估计在那里可以找到船只和渡口,以抵补他缺乏适当架桥纵列的缺点。但是这次侵犯中立权的举动,却也有一个意想不到的副作用。当拿破仑向北面迂回,以攻击奥军的后方侧翼时,奥军也就通过了威尼斯(Venetia)的领土,不失时机的退走了——他们学着拿破仑的成例,不尊重战争的道德规律,而逃出了危境。在他想要用阿达河(Adda)以阻止敌人退却之前,奥军即已溜到他所达不到的地方,利用曼图亚和著名的四边形要塞作为掩护。

面对这个顽强的现实,拿破仑想在一个月之内侵入奥地利的梦想变成了一个遥远的幻影。因为距离隔得愈远,法国政府就愈感到焦虑,他们害怕资源会匮竭,会遭到意外的危险,所以就命令他一直向来享(Leghorn)前进,并且沿途"撤出"那四个中立国——照当时文字的解释,那就是抢劫他们的一切资源。因为这个原因,意大利遭受了空前的浩劫,其搜括之彻底,使它以后永远不曾恢复以往的繁荣程度。

不过从军事的立场上来看,这个对拿破仑行动自由的限制反而使他"因祸得福"。因为这迫使他迟迟不能去追求他个人的梦想,在敌人抵抗之下,使他反而可以调整他的目的,以配合他的手段。一直等到双方力量平衡的关系变得对他有利时,那个原有的目的才会有实际的意义。费里罗(Ferrero)是伟大的意大利史学家,他曾经作过下述的判断:

> 差不多一个世纪以来,大家都把意大利的第一次战役,描写成一个攻势行动的凯歌。根据这种说法,因为拿破仑是连续不断地采取攻势,其果敢的程度正和他的好运是一样的伟大,所以才轻松地征服了意大利。但是假使对战史作进一步的客观研究后,我们就可以马上认清双方都曾采取攻势,或者可以说他们是轮流进攻,而在多数的情形之下都是攻方失败。

与其说是由于拿破仑的设计,毋宁说是为环境所逼,曼图亚恰好变成一个香饵,连续地吸引奥地利的援军远离他们的基地,自动钻入拿破仑所设的陷阱。不过有一点却是值得重视的,拿破仑并不遵照当时的传统惯例,找一个有掩护的位置,掘壕固守;他让他的军队保持着机动性,分别作宽松的部署,以便可以向任何方向集中。

当奥军第一次作救援企图时,由于拿破仑舍不得放弃对于曼图亚的围攻,结果使他几乎遭受失败。以后当他解除了这个拘束之后,他才终于利用他的机动性,在卡斯蒂戈隆(Castiglione)击败了奥军。

拿破仑现在奉法国政府的命令,经过提罗尔前进和法军的主力——莱茵军团——协同作战。他这个直接的前进,使奥军坐收其利,他们大部分的兵力都向东撤走了,经过了法尔苏加那(Val Sugana),进入了威尼斯平原,然后再向西救援曼图亚。但是拿破仑既不继续北进,又不退回来保卫曼图亚,他的办法是经过山地,向敌军的尾部穷追,这样就把敌人的间接路线变成了自己的同样路线——而且其目的要比敌人更具决定性。在巴萨诺(Bassano),他抓到了敌军的后半段,把他们打得粉碎。而当他进入曼图亚平原去追击敌人的前半段时,他并不把敌人从曼图亚附近向外面赶,反过来切断了敌人通到的里雅斯特(Trieste)和奥地利的退路。于是敌军无路可逃,就只好钻入曼图亚,使他的保险箱中又增加了一笔新投资。

因为有这许多的军事资本被封锁在曼图亚要塞中,逼得奥军势必再作一次新的冒险不可。这一次——但并非最后一次——拿破仑在战术上的直接性,却使他在战略上的间接性功败垂成。当阿尔芬兹(Alvintzi)和达维多维奇(Davidovich)的两支兵力,向心地迫近维罗纳(Verona)的时候——该地是拿破仑用以监视曼图亚的枢纽——他就首先赶去迎击前者,那是较强的一支兵力,结果在卡德耶罗(Caldiero)却遭受了重大的挫败。拿破仑失败后,却不立即退回,他反而选择了一条极果敢的路线,绕着阿尔文奇军的南面,作了一个大迂回,再向敌人的后方进攻。这时拿破仑也感到没有把握,从他写给法国政府的报告上就可以想见其心情的沉重。他提出警告说:"由于我军的微弱与疲惫,使我害怕会发生最恶劣的事情。也许我们就要把意大利丢光了。"沼泽和河川更使他在行动上感到非常困难,可是这一个行动却还是粉碎了敌人准备在维罗纳实行合围的计划。当阿尔文奇转过身来迎击他的时候,达维多维奇却留在原地不动。即便如此,拿破仑想胜过阿尔文奇的数量优势,还是十分的困难。当会战在阿尔科拉(Arcola)尚未获得最后决定之前,拿破仑在情急之下,使用了一条战术上的诡计——这是他素来很少用的手段——派了几名号兵到奥军的后方,大吹冲锋号。不出几分钟之内,奥军就和流水一样败退了。

2个月之后,1797年1月间,奥军又作了第四次努力来救援曼图亚,这也是最后的一次,他们在利弗里为拿破仑所击碎。在该地,拿破仑的宽松分组办法可以说是获得了最完美的运用。它好像是一面张开的网,每个角上吊着一些石块,当敌人的纵队投进这个网罗中间时,网马上就向这个承受压力之点缩紧,同时每个角上的石块就一齐向侵入者飞来,直到把它击碎为止。

这种自卫的形式,一经敌人冲突之后,马上就会变成一个集中攻势的形式,这也是拿破仑对于新军制的最大贡献——在过去一个军团(或军)是一个整体,使用时只能够暂时派出若干支队,现在一个军团,却已永久划分成若干独立活动的单位。拿破仑在意大利战役中所使用的分组办法,在他以后的战争中,就变成了更高度发展的"营方阵"(bataillon carre),而军(army corps)也就代替了师。

虽然在利弗里,这个弹性的防御网已经击碎了运动中敌军的侧翼,不过更应该注意的,却是拿破仑又大胆的派了一个兵力约 2 000 人的团,用船舶渡过加尔达湖,到达奥军全军的退却线上。由于退路受到威胁,所以奥军的抵抗主力才开始崩溃。曼图亚的奥地利守军也只好投降,奥地利人为了想守住他们国家的第一道门户,就已经把兵力都消耗殆尽,现在看到拿破仑迅速地向毫无防御力量的内门进犯时,却感到无可奈何。这个威胁逼得奥地利只好求和,此时法军的主力却仍然徘徊在莱茵河上,未能越雷池一步。

1798 年的秋天,俄、奥、英、土、葡、那(不勒斯)和教皇国等国家又重组第二次同盟,以解除此次和约的束缚。拿破仑此时已经到埃及去了,当他赶回来时,法国的国运已经降到了最低点。野战军已经疲惫不堪,国库一空如洗,而征兵也无法足额。

拿破仑回国之后,首先推翻原有的督政府(Directory),而上尊号为第一执政(First Consul),接着就命令在第戎(Dijon)成立一个预备军团,把所有能搜括到手的地方部队都编了进去。但是他却并不用它去增援主要的战场和在莱茵河上的主力部队。相反,他却计划实行一个间接的路线,这也是他所有计划中最富冒险精神的一个——绕着一个巨大的弧线走,一直深入到意大利境内奥军的后方。此时在意大利境内的奥军,已经把法国兵力微弱的"意大利军团"差不多赶到了法国的边境上,并且把它钉死在意大利的西北角上。拿破仑原有的计划是想先进入瑞士,经过卢塞恩(Lucerne)或苏黎世(Zurich),然后从圣哥塔尔(St. Gothard)隘道以东的地区,进入意大利,甚至于还要远到提罗尔地区,但是后来因为听到"意大利军团"已经受到极严重的压迫,为了赶紧应援起见,就改采较短的路线,经过圣伯纳德(St. Bernard)隧道前进。当他在1800年5月的最后一个星期,从伊夫雷亚(Ivrea)的阿尔卑斯山中跃出时,他仍然位置在奥军的右前方。当时法将马塞纳(Masséna)正在热内亚被围,可是拿破仑并不立即向东南挺进,拯救他脱险,反而派遣他的前卫向正南面的齐拉斯柯(Cherasco)进发,这样就分散了敌人的注意力,于是他才亲领主力直趋东面的米兰。

用拿破仑所惯用的话来说,奥军的"天然位置"(natural position)是面对着亚历山德里亚(Alessandria)的西方,拿破仑并不直接向他们进攻,他却获得了一个横跨奥军后方的"天然位置"。这构成了一个战略性的阻塞物,这也正是他在敌人后方作最险恶运动的原始目标。因为这样的位置,能够具有天然的障碍力,使他获得一个稳定的枢纽以绞杀敌人。当敌人在退路和补给线被切断之后,其本能的趋势一定是匆忙回头,常常是溃不成军地向他冲来,因此极容易加以收拾。这种战略性阻塞物的观念,要算是拿破仑对于间接路线战略的最大贡献。

在米兰他已经切断了奥军两条退路中的一条,现在他就沿着波河南岸进展,到达了斯特拉德拉(Stradella)隘路,于是另外一条退路也被封锁了。不过到了这个时候,他的观念却已经超出了他的工具范围之外——因为他手里只有34 000人,虽然拿破仑曾经命令莱茵军团分兵15 000人,立即开到圣哥塔尔隘道,由于莫罗的犹豫不决,这支兵力迟迟未到。于是他对于自己的兵力单薄,不免感到焦急。正在这个时候,热内亚投降了,又使他丧失了"固定"敌人的工具。

由于拿破仑算不准奥军会采取哪一条路线,而尤其是害怕他们会退向热内亚,在那里他们可以取得英国海军的支援和补给,所以拿破仑只好放弃已经获得的战略优势。因为他对敌人主动精神的估计,超过了敌人真正具有的程度,所以他放弃了他在斯特拉德拉的"天然位置",而向西推进以侦察敌人的行动。另外派遣狄舍(Desaix)率领了一师人,去切断从亚历山德里亚到热内亚之间的道路。这时他突然为敌人所乘,他手里只带着一部分的兵力,而奥军于6月14日,却突然离开亚历山德里亚,在马伦戈(Marengo)平原上和他发生了遭遇战。这一次的战斗拖了很久都未能结束,甚至于当狄舍的支队赶回来之后,也仅仅只是把奥军逐回而已。但是拿破仑的战略位置却还是使他获得了一个工具,以使奥军的指挥官在精神上受到打击,于是签署了一个协定,奥军自愿撤出伦巴第,并且退到明西奥河(Mincio)后面去。

在明西奥河的彼岸上，战争虽然还是漫无目的地继续着，但是马伦戈这一战对于敌人精神上的压力，却终于在 6 个月之后，使第二次同盟的战争宣告结束。

法国大革命这一场戏的幕布已经放了下来，经过了几年的勉强和平之后，一幕新的好戏又登场了——那就是拿破仑战争。1805 年，拿破仑手里的 200 000 大军，正集结在布伦（Boulogne），准备渡海攻英，突然奉命用强行军赶回莱茵河上。到现在这仍然还是一个疑案，到底拿破仑是真的准备进攻英国么？抑或这个威胁只是他准备向奥地利采取间接路线的第一个步骤呢？可能他是采取包色特的原则，一个计划是具有两个分支。当他决定采取向东发展的路线时，他估计奥军一定会和过去的惯例一样，派一支军队进入巴伐利亚，阻塞黑森林（Black Forest）的出口。以此估计为基础，他的计划就是远远绕过敌人的北翼，跨过多瑙河，而到达莱希河（Lech）上——这样他就可以获得一个切断敌人退路的战略位置。实际上，这只是把斯特拉德拉的行动加以放大而已——拿破仑本人也曾向他的部下说明这一点。此外，因为他这一次拥有兵力上的优势，所以一旦"阻塞"建立了之后，他又可以把它变成一道活动的障碍物。在把奥军的退路完全切断之后，遂迫使他们在乌尔姆不流血的投降了。

把这个较弱的敌人扫除了之后，拿破仑现在就要去对付由库图佐夫（Kutosov）所率领的俄军——他们穿过了奥地利，沿路收整了若干小型的奥军支队，刚刚达到了茵河（Inn）之上。另外还有一个比较小的威胁，那就是其他从意大利和提罗尔等地撤回的奥军。这是第一次，但却非最后一次，由于兵力过大，反而使拿破仑感到很不方便。因为拥有这样大的兵力，在多瑙河和西南方山地间的空间就显得太狭窄，使他很难对敌人采取局部性的间接路线，同时时间也不够作乌尔姆式的大迂回行动。可是当俄军停留在茵河之上时，他们正占据着一个"天然位置"，不仅是对于奥地利的领土构成了一个防盾，而且在这个防盾的掩护下，其他的奥军可以从南部调来，经过卡林西亚（Carinthia）和俄军会合，而对拿破仑构成一道坚强的抵抗墙壁。

面对着这个问题，拿破仑遂使用了一套最高明的间接路线，并随时变换它们的方向。第一个目标是尽量把俄国人向东面推送，距离越远越好，这样才可以把他们和从意大利回国的奥军隔成两段。所以，当他自己向东面对着库图佐夫和维也纳前进时,另一方面又派遣莫提耶(Mortier)军沿多瑙河的北岸前进。这个威胁库图佐夫和俄国本土间交通线的行动,足以诱使他向东北方作斜行的撤退,以多瑙河上的克雷姆斯(Krems)为目标。于是拿破仑又另派缪拉(Murat)越过库图佐夫的新正面,而以维也纳为其目标。从维也纳,缪拉又奉命向北进攻荷拉布仑(Hollabrunn)。那就是说,在先威胁了俄军右翼之后,拿破仑现在又开始威胁他们的左翼。

因为缪拉误与敌人订了一个临时的休战协定,这个行动才未能切断俄军,但至少也已经把他们匆忙的向东北方撤退,直到阿尔穆兹,这已经很接近他们自己的国界了。虽然现在他们和奥地利的援军已经隔得很远,可是他们却已经很靠近自己的援军,实际上,俄军在阿尔穆兹还接受了一大批的增援。若是再压迫他们往后退,那无疑是使他们的力量团结在一起。此外,时机也已经迫不及待,普鲁士的参战也已指日可待。

于是拿破仑采取心理上的间接路线,有意显出他自己的弱点,引诱俄军采取攻势。面对着80 000的敌军,他在布留恩(Brünn)只集中了50 000人的兵力,而从那里又分派一支孤立的支队,向阿尔穆兹挑战。一方面摆出这个"示弱"的姿态,另一方面再向俄奥两国的皇帝,放出了"和平的鸽子"。当敌人吞下了这个香饵之后,拿破仑却从他们的面前后撤至奥斯特里兹(Austerlitz),该地的天然形势非常适合当他的陷阱。在这次会战中,他用了一个稀有的战术性间接路线,以抵消他在战场上的数量劣势(这也是很少见的情形)。他引诱敌人向左伸展,以攻击他的退却线(编按:是伪装的),然后他用在中央所集中的兵力,向敌方那个脆弱的"接合"处,加以猛击。这一次他所获得的胜利,是如此的具有决定性,在24小时之内,奥地利的皇帝即提出了和平的要求。

几个月以后,当拿破仑再回过身来对付普鲁士时,他所占的数量优势差不多是二对一,他的军队不仅量多而且质精,至于对方的普军,训练既差,观念又都已经陈腐过时,这种绝对的优势,对于拿破仑战略上所具有的效力是非常显著的,而对于他以后各次战役的进行,也都具有很大的影响。在1806年,他最初还是寻找奇袭的机会,而且也真的找到了这种机会。为了达到这个目的,他首先把军队分段驻扎在多瑙河附近,于是在绍令吉森林(Thüringian forest)的天然掩护下,突然集中起来向北进攻。接着,他的部队从森林掩蔽的山地里,突然跃入下面的开阔地区中,于是直接冲向敌国的心脏部分。这样拿破仑自然就达到了普军的后方,实在是得来全不费工夫,接他就席卷过来,在耶纳

(Jena)将他们击碎。这一次,他似乎只是完全依赖他的重量,虽然他在形势上的优势也很重要,但那只是偶然的。

接着在波兰和东普鲁士等地的对俄战役中,拿破仑似乎就只关心一个目的,即如何把敌人引入战场——他已经具有坚强的信心,认为不管怎样,他的战争机器都一定可以胜过敌人。他虽然仍使用向敌人后方迂回的行动,但是其目的却只是把敌人握得更紧,以便将他们引入他的陷阱。而不是用来当作一种打击敌人士气的工具,以便更易将敌人嚼烂。

从这里所看出来的间接路线,似乎只具有物质上的作用,而不具有精神上的价值,并不能使敌人在心理方面丧失平衡。

所以在普尔图斯克(Pultusk)的行动中,他的目的是要引诱俄军向西进攻,以便当他从波兰向北前进时,可以切断他们通往俄国的退路。俄军却溜出了他的陷阱。1807年1月,俄国人又自动地向西进攻,拿破仑马上抓到了这个机会,企图切断他们与普鲁士间的交通线。可是他的命令不幸落入了哥萨克骑兵的手里,于是俄军立即后退,才幸免于难。接着,拿破仑又直接追上了他们,发现他们在埃劳(Eylau)占领着坚强的阵地,准备接受会战,他就向敌人后方进行一个纯粹战术性的行动。在中途又遭到了大风雪的阻挠,所以结果俄军虽然失败,但却并未崩溃。

4个月之后,双方都已恢复了元气,俄军突然南下向海尔斯堡(Heilsburg)进攻,拿破仑立即调动兵力向东进发,以切断他们与中间基地哥尼斯堡(Konigsberg)之间的交通线。但是这一次,他却未免太重视"会战"的观念,当他侧卫方面的骑兵报告说发现俄军在弗里德兰(Friedland)占领了坚强的阵地时,他马上就掉转兵力直扑这个目标。这次他获得战术性胜利的主要原因,既非奇袭又非机动,而是拿破仑的一个新型炮兵战术,把大量的火炮集中在一个选定点上。以后这逐渐成为他战术机器中的主要机件。虽然在弗里德兰和以后的其他战斗中,这种方法都可以保证胜利,但是它对于生命的节约,却只有少许的贡献。

1807年到1814年的情形,恰好与1914年到1918年的情形非常相似,都是任意的浪费人力。而更奇怪的是两次都与使用强烈炮击的方法有关。这个解释也许是因过度的使用,就培养成浪费的习惯了,这正是"兵力经济"原理的心理反应。要想节约兵力,必须以机动和奇袭为工具。从拿破仑的政策中,即可以获得明确的认识。

拿破仑利用他在弗里德兰战胜的余威,以增强他个人的威望,藉此来引诱俄皇退出第四次同盟。但是因为他以后过度追求这个目标,结果遂使其帝国也为之而倾覆。他对普鲁士所订的严厉和约,足以使这个和约无法持久。他对于英国的政策,也正足以使他本身陷于危亡的境界;而他的侵略行动又使西班牙和葡萄牙变成了新的敌人。这些都要算是大战略方面的基本错误。

英将摩尔(Sir John Moore)对于布尔戈斯(Burgos)和法军在西班牙的交通线,施以频繁的突击,才使拿破仑对于西班牙的作战计划受到了扰乱;才使西班牙起义的人民,有充分的时间和空间来集结他们的力量;这样才使伊比利亚半岛变成拿破仑身上一个化脓发炎的创口。所应该注意的,这又是一种间接的路线。尤其重要的是当拿破仑正在一帆风顺时,这个行动却使他首次受到了阻力,这个精神上的影响实具有决定性的意义。

拿破仑没有机会来补救这个局势,因为当时普鲁士已经有叛变的可能,而奥地利又可能会卷土重来,所以他只好立刻赶回。结果奥地利人果然又来了,在1809年的战役中,拿破仑在兰茨胡特(Landshut)和维也纳,又再度作向敌后迂回的企图。但是当这些行动在途中遇到了阻碍后,拿破仑就感到不耐烦,而决定采取直接路线,用会战的手段来孤注一掷。于是在阿斯本—艾斯林(Aspern-Essling)遭到了他有生以来的第一次大失败。虽然6个星期之后,他在同一点上又有了瓦格拉姆(Wagram)的胜利,但是所付出的代价却很高,而所获得的和平也当然不稳定。

半 岛 战 争

现在拿破仑有了2年的休息时间,他利用这个时间来割治"西班牙的溃疡"。摩尔的努力使拿破仑未能在初期即扑灭那个星星之火。在以后几年中,威灵顿(Wellington)继续扩大创口,使毒素蔓延。法军固然曾累次击败西班牙的正规军,但是这种失败的程度愈惨重,则结果反而对失败者更有利。因为唯有经过这种教训之后,西班牙人才会倾全力来实行游击战。一个组织完整的游击网,代替那些容易被击毁的军事目标。指挥作战的都是经验丰富,非正统出身的游击队领袖,代替了那些出身高贵的西班牙将军们。

对于西班牙而言,是间接的,对于英国而言,最大的不幸就是组成新正规军的企图,往往可以暂时获得成功,所幸的是他们不久即被击败。这样法军帮了他们的忙,促使毒素向各处蔓延,而不向一处集中。

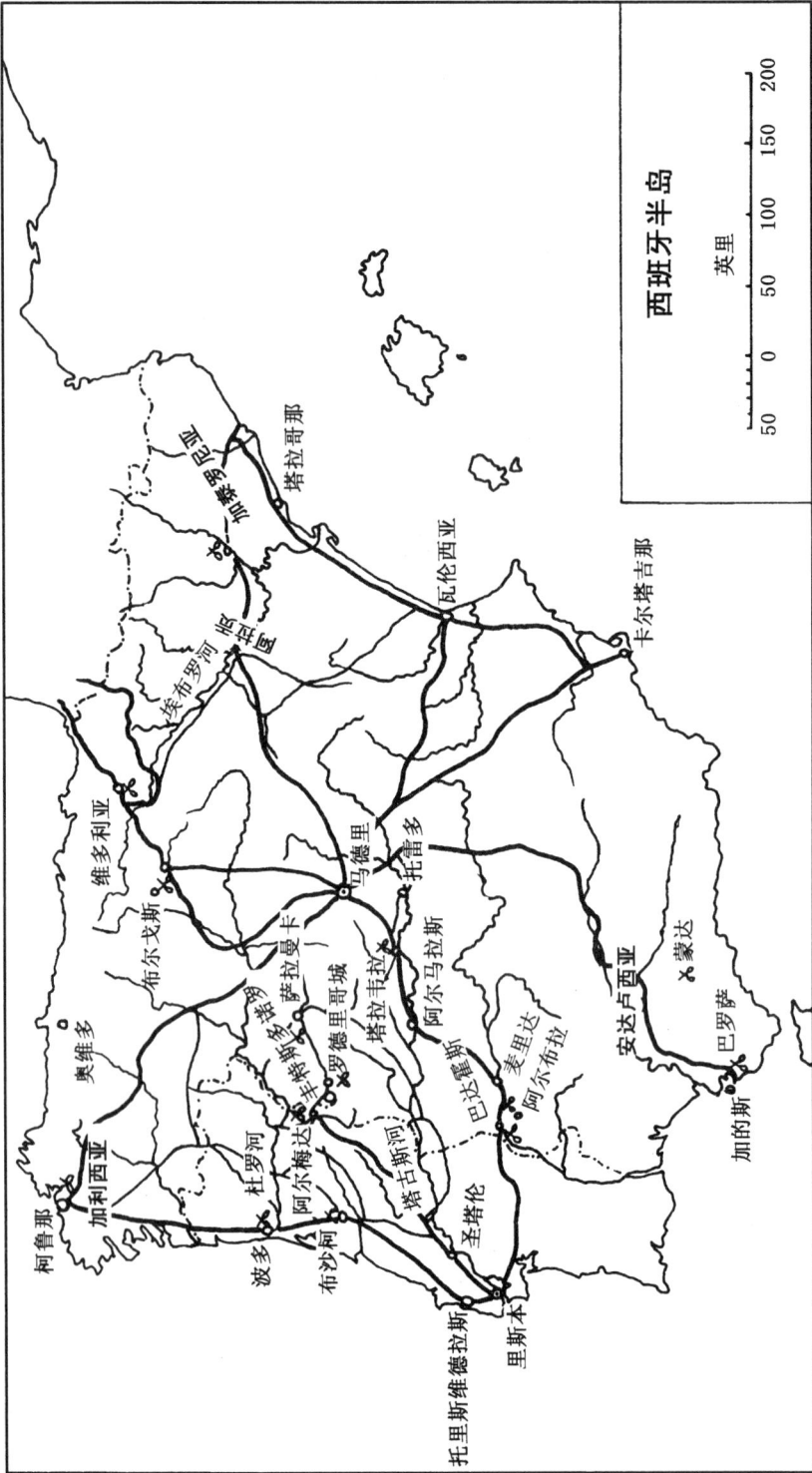

西班牙半岛

英里

50 0 50 100 150 200

托里斯维德拉斯
里斯本
圣塔伦
波多
布沙柯
里罗河
杜罗河
阿尔梅达
桑坦
罗德里哥城
萨拉曼卡
塔古斯河
塔拉韦拉
巴达霍斯
阿尔布拉
麦里达
阿尔马拉斯
安达卢西亚
巴罗萨
蒙达
加的斯
柯鲁那
奥维多
加利西亚
布尔戈斯
维多利亚
埃布罗河
纳瓦拉
潘普罗尼亚
塔拉哥那
马德里
托雷多
瓦伦西亚
卡尔塔吉那

在这种奇怪的战争中,英国最大的作用就是增强这种扰乱的程度和扩大它们的来源。这真是一个稀有的成就,用这样少的军事力量,而使对方受到了这样大的牵制。在这些战争中,英国一方面与他们的大陆同盟军比肩作战;另一方面也远涉重洋,向海外的敌人殖民地发动远征。这些行为所产生的结果可以说是微乎其微,甚至只有不愉快的结果,若与西班牙战争所产生的效力相比,那才真是不可同日而语。那些海外殖民地因为距离太远,所以无论在地理上和心理上,都不足以使对方受到影响。不过从国策和国富的立场上来看,这一类的远征却有其价值,它使大英帝国又增加了很多的领土。

因为一般的史学家大多重视有形的会战,这种传统趋势,使英国人在西班牙的大战略间接路线,很难显示出它的真正价值。假使以威灵顿的会战和围攻来当作基础,为半岛战争编撰一部编年史,其结果将会毫无意义。英国史学家弗特斯鸠(Sir John Fortescue)对于这种趋势和误解,曾经作过很多的矫正。虽然他的研究对象主要是以"英国陆军史"为限,可是当他的研究愈深入后,他就愈重视西班牙游击队对这次战争的贡献。

虽然英国的远征军对于这场战争是一个重要的基础,但是威灵顿的会战在整个战争中,却是最不重要的一部分。一直到法军被逐出西班牙之日为止,在 5 年的战役中,威灵顿使法军所受的损失——包括死伤和被俘都在内——只有 45 000 人左右。而在这个阶段之内,据马尔波特(Marbot)的估计,平均每一天法军都要死亡 100 人。由此可以看出使法国的兵力逐渐消耗殆尽,使他们的士气低沉到底的因素,都是由于游击队的作战。威灵顿本人用这样的战略,把西班牙变成了一个人造沙漠,使法国人无法再停留,否则只好全部饿死。

另外一个特别值得注意的现象,是在这样长的一连串战役中,威灵顿所作的会战次数少得可怜。传记家通常都认为实际的"常识",就是他的个性和观点的基础,这是否足以解释此种现象呢?最近有一个传记家曾经对威灵顿作下列的评语:"直接和狭窄的现实主义,即为威灵顿个性的要点。对于他的限度和失败,这个因素都应该负责,但是若就其大者而言之,则这却又相当于是天才了。"威灵顿在半岛上的战略,足以证明这种分析的不谬。

这一次的远征虽然产生了这样伟大的后果,可是在最初时,它只是英军主力挽救葡萄牙的尝试,并不曾想到更高深的大战略运用,使"西班牙的溃疡"一发不可收拾。威灵顿曾经发表他的见解:假使葡萄牙的军队和民团,能够受到两万英军的增援,那么法国人就需要用 10 万人的兵力,才能征服葡萄牙。可是当西班牙还在继续抵抗时,法国绝不可能抽出这样庞大的兵力。用另外一种说法来表示,那就是两万英军即足以牵制 10 万法军,至少可以使他们无法投入奥地利方面的主战场中。

　　若想直接帮助奥地利,这一点远征军才真是无济于事。即专以保护葡萄牙而论,也都不能使他们的人民感到满足。但是它却使拿破仑受到了很大的损失,也使英国人坐收其利,从这一点看,其效果之大简直可说无法计量。

　　威灵顿率领了 26 000 人,于 1809 年 4 月到达了里斯本(Lisbon)。一部分是由于西班牙各地都已经燃起了反抗的怒火,一部分是由于摩尔向布尔戈斯突击之后,又退回了科伦那(Corunna),结果遂使法军散布在半岛上,彼此间隔得很远。奈伊(Ney)在西北角落上,正围攻加利西亚(Galicia)不下。在他的南面——即葡萄牙北部——苏尔特(Soult)位置在波尔图(Oporto),他的军队却已分成许多支队。维克多(Victor)位置在梅里达(Merida)周围,面对着通到葡萄牙的南面路线。

　　威灵顿占有三种不同的优势:他是居于中央的位置,他的出现是出其不意,同时敌人的兵力却早已分散。于是他首先向北运动攻击苏尔特。照他原定的计划,他本想切断苏尔特最南面的一个支队,可是他却未能达到目的。不过在苏尔特尚未来得及集中兵力前,威灵顿已经使苏尔特遭到奇袭,他从杜罗河(Douro)的上游渡河,扰乱了苏尔特的部署,再接着驱逐苏尔特离开他的天然退却线,而使他丧失了平衡。也正和 1675 年的屠云尼一样,威灵顿接着就扫荡敌人的残部,使他们无法再会合。最后的结果,是苏尔特被迫经过不毛的山地,向北退往加利西亚,他的部队在行军中所受的损失,其程度远超过正式的战斗。

　　可是威灵顿的第二次作战却不如第一次那样顺利,同时在用目的去配合手段的工夫上,也不那样的显明。在苏尔特"失踪"之后,原本消极留在梅里达的维克多,也奉命撤回到塔拉韦拉(Talavera),在那里他可以掩护通到马德里(Madrid)的直接路线。1 个月以后,威灵顿决定采取这条路线,向马德里进攻,一直攻入西班牙的心脏——同时也等于钻进了狮子口。因为他恰好构成一个目标,使所有的法军都可以从最容易的路线上,集中兵力向他攻击。而且当他们都集结在一个中心枢纽上时,彼此之间也有机会织成交通网——当军队分散在各地时,他们最大的弱点就是交通上的隔绝。

　　威灵顿只率领 23 000 人前进,支援他的有同等数量的西班牙军,其主将为软弱的库斯塔(Cuesta),此时维克多已经向后撤退,使他和在马德里附近的两支法军很接近,足以受到他们的支援。法军所集中的兵力差不多已经超过

100 000人,诚如弗特斯鸠所说,这只是偶然的结果,而并非事先有完整的计划。奈伊、苏尔特和莫提耶的兵力都正分别从北面向马德里退却。由于库斯塔的优柔寡断和他自己的补给接上不来,所以一直等到维克多受到从马德里方面的增援之后,威灵顿才开始与他交战。此时维克多和拿破仑的长兄约瑟夫(Joseph)会合在一起,可是威灵顿却并未败退,而在塔拉韦拉侥幸赢得了一次防御战,假使不是库斯塔反对,那么他就要再向前进。这对于威灵顿却是一个难得的好运,因为苏尔特正好达到了他的后方。原有的退路既已被切断,威灵顿就溜到塔古斯河(Tagus)以南,逃出了险境。但是仍然经过了一个成本极高的退却,他才再度获得了葡萄牙边境的掩护,这时他的部队已经疲惫不堪,士气低落。因为缺粮的缘故,才阻止了法军的追击。这样遂结束了1809年的战役,同时也教会了威灵顿,让他认清了西班牙正规军的毫无用处——根据莫尔的经验,早就已经可以获得这个教训。为了奖励他的功劳,威灵顿被封为子爵,事实上他在第二年的成就才足以配得上这样的奖赏。

因为在1810年,奥地利已经被迫求和,因此拿破仑可以自由地把注意力集中在西班牙和葡萄牙方面,一直到1811年为止。这两年也就是半岛战争最紧张的阶段。法军在这两年当中未能达到他们的目的,其在历史上的重要性,要比他们以后的失败,或者是威灵顿在1812和1813两年间的胜利,尤有过之。英国人此次成功的基础有两点:(一)威灵顿对于军事经济因素有很精密的计算,知道法军的生存工具非常有限;(二)他建造了托里斯维德拉斯(Torres Vedras)防线。他的战略完全是一种间接路线,其目标是军事经济性的,而且也是客观性的。

在主要战役尚未开始之前,和平常一样他也受着西班牙正规军的协助。他们发动了一个冬季战役,可是却为法军彻底击溃。此后法军就更无目标,遂使得他们更广泛地分布在西班牙境内,并且侵入了在南部的富饶地区安达卢西亚(Andalusia)。

现在拿破仑就开始从远距离之外,掌握领导权,到了1810年2月间,他在西班牙大约已集中了300 000人,还有更多的部队在运动之中。在这个总数当中,有65 000人是指定由马塞纳指挥,专门担负驱逐英国离开葡萄牙的任务。这个兵力固然很够庞大,但是比起法军的总兵力,却只占了一小部分,由此即可看出来西班牙境内游击战的严重性。威灵顿的兵力,若把接受英国训练的葡军都加进去,才勉强达到50 000人。

马塞纳的侵入从北面而来,要经过罗德里哥城(Ciudad Rodrigo),所以使威灵顿有极长久的时间和充分的空间来运用他的战略。他首先实行坚壁清野的办法,逐渐增加马塞纳在前进时的困难,然后在布沙柯(Busaco)建立了一个中途的立足点,好像是一道"脚刹车"一样,而马塞纳更是愚蠢不堪,用他的军队作毫无必要的直接攻击。于是威灵顿逐渐退到已经完成的托里斯维德拉斯防线,这条防线通过塔古斯河和海岸之间所夹成的山地半岛,成为里斯本的屏障。到了10月14日,马塞纳已经打了4个月的仗,但是距离他的起点还只有200英里。这时他才看到了这一道防线,一见之下就使他大吃一惊。他无法穿过这个防线,在那里徘徊了一个月之久,然后为饥饿所迫,撤退到30英里以外,塔古斯河边的圣塔伦(Santarem)。威灵顿却非常的高明,他既不作追击的企图,也不勉强敌人接受会战,而只是设法尽可能地把马塞纳圈禁在一个最狭小的地区内,使他的部队难于有求食的机会。在过去,拿破仑曾经痛斥谨慎的战略家,他说:"补给么? 关于这些事用不着向我啰嗦。2万人也一样可以在沙漠中生活。"以后,法军为了坚持这种乐观的幻想不免要付出很高的代价。

尽管在英国国内有变换政策的可能,这是一个间接的威胁;同时法将苏尔特取道巴达霍斯(Badajoz)在南面进攻,其目的是分散威灵顿的兵力,以解马塞纳之围。这是一个直接的威胁,可是威灵顿却不为所动,一意执行既定的战略。马塞纳使用一切的方法来引诱他发动攻势,但是威灵顿却完全置之不理。威灵顿这个战略是正确的,而且也获得了极大的收获。最后在3月时,马塞纳终于被迫撤退,当他这支饥军重行越过边界时,已经丧失了25 000人之多,而其中真正战死人却只不过是2 000人而已。

此时西班牙的游击队更是活跃非常,人数一天比一天多。专以阿拉贡(Aragon)和加泰罗尼亚(Catalonia)地区而论,有两个法国的军,总数近60 000人,本来是准备开进葡萄牙增援马塞纳的,可是在几个月之内,却为几千个游击队以及从事游击作战的西班牙正规军所牵制住了,结果使他们实际上陷于瘫痪的状态。在南面也是一样,当法军围攻加的斯(Cadiz)的时候,联军未能扩张巴罗萨(Barrosa)之战的战果,以达到解围的目的,结果反而使他们坐收其利,因为他们使法军顿兵于坚城之下,做一种徒劳无益的工作。在这几年当中,还有一个因素也使法军受到很大的牵制,那就是由于拥有制海权的缘故,使英军在绵长的海岸线上到处都可以发出登陆的威胁。

威灵顿对于战争的最大影响,也都只是他的牵制,而并非他的打击。因为无论当他威胁哪一点时,势必会使法军都吸引到那一方面去,于是使游击队在其他地区中获得了大肆活动的机会。

可是威灵顿对于这种成就并不满足。当马塞纳退回萨拉曼卡(Salaman-ca)之后,他即使用自己的兵力,向北去击破阿尔梅达(Almeida)边境要塞的封锁,同时更派贝里斯弗德(Beresford)在南面进攻巴达霍斯。这样就使他自己的机动力受到了约束,同时兵力也被分成两部分。可是他的运气还是相当好,马塞纳在略事补充之后,又集中兵力回过头来援救阿尔梅达;在丰特斯多诺罗(Fuentes de Onoro)威灵顿陷入了窘境,很吃了一点亏,虽然他还是击败了敌军的攻击,但是他自己也承认说:"假使拿破仑本人在这里,那么我们就败定了。"在巴达霍斯附近,贝里斯弗德也和苏尔特的援兵发生了遭遇战,因为他指挥失当,在阿尔布拉(Albuera)已经产生了败象,但是由于他的部下官兵拼死奋战,终于在作了壮烈牺牲之后把局势稳定住了。

威灵顿现在就集中兵力来围攻巴达霍斯,但是他缺乏攻城的工具,接着由于马塞纳的部队已改由马蒙特(Marmont)指挥,并毫无拘束地向南移动试图与苏尔特会师,所以他只好解围而去。这两支法军现在遂联合起来进攻威灵顿。很侥幸的是,合作不免引起了摩擦。同时,苏尔特因为看到在安达卢西亚境内的游击战又已势成燎原,不免感到心慌,于是就率领一部分的兵力回去平乱,而把剩余的兵力都交给马蒙特指挥。这应该感谢马蒙特的过分小心,1811年的战役就如此静静地转寂了。

在这些会战中,威灵顿所冒的险实在是很大,而他所收获的却并不比他过去的战略为多。因为他自己的兵力太有限,所以这实在不是一种有利的投资,尽管他的损失要比法军轻,但是照比例算起来已经够巨大了。不过他总算撑过了这一个紧张的阶段。现在拿破仑又无意中帮了他的忙,使他可以确保有利的地位。因为拿破仑已经在准备侵俄之战,所以他的注意力和兵力都已转变了方向。这种新发展和这种伤脑筋的游击战情况,使法国人在西班牙不得不改变他们的作战计划。法国人现在准备先集中全力肃清瓦伦西亚(Valencia)和安达卢西亚的游击队,然后再去征服葡萄牙。

若与1810年作一个对比,则这次法军的总兵力已经减少了70 000人之多,而在所剩下来的230 000人当中,又至少要用90 000人去保护交通线——从地中海海岸上的塔拉哥那(Tarragona)起,一直到大西洋海岸上的奥维耶多(Oviedo)为止——使其不为游击队所切断。

所以威灵顿现在有了很自由的活动范围,而且只面对着很脆弱的抵抗力,于是他突然向罗德里哥城进攻,而另外由希尔(Hill)率领着一个分遣师,保护他在战略上的侧翼和后方。马蒙特无力加以干涉,而且也无法夺回这个要塞,因为他的攻城装备在该地都已为英军所获,同时他也无法越过那些粮食已经搜括殆尽的地区去追击威灵顿。

在这一道饥饿的屏障掩护下,威灵顿又溜向南方,接着又向巴达霍斯猛攻——也许所付出的代价未免过高,但是在时间上却很划算。在巴达霍斯虏获法军的架桥纵列。在这个收获之后,他马上就毁灭了法军在阿尔马拉斯(Almaraz)所架设、横跨塔古斯河的浮桥。这样他在战略上就把马蒙特和苏尔特两支法军隔开了,现在他们最近的交通线,都必须经过托雷多(Toledo)的桥梁,距离塔古斯河河口在300英里以外。

除此之外,苏尔特又因为补给上的困难遭游击队阻扰,也完全被牵制在安达卢西亚境内动弹不得。所以威灵顿可以不必害怕他的干扰,而敢于集中他全部兵力的三分之二,去进攻在萨拉曼卡的马蒙特军。但是因为他采取了直接路线,结果只不过是使马蒙特向他的增援来源方向后退而已。

于是双方的兵力又恢复了平衡的关系,马蒙特也向威灵顿的交通线实行迂回运动,使他较占便宜的地方,是他已经可以不必顾及自己的交通线。有几次,双方都以平行的纵队并排地前进,其间所隔不过是几百码的距离,彼此都在寻找一个打击的机会。法军因为行军的速度较快,所以很有超过英军将其迂回的可能性。但是在7月22日那一天,由于过分的自信,马蒙特却走错了一步,于是使他暂时丧失了平衡。他让他的左翼和右翼隔得太远,威灵顿马上抓住这个机会,向这个暴露的侧翼迅速发动攻击。结果法军还没等到援军到达,即遭受了失败。

不过在这次萨拉曼卡会战中,威灵顿实际上却并未获得真正的大胜,就整个半岛而论,他的兵力比之法军还是差得很远。有人责备他为什么不立即随着法国败军残部——现在由克劳赛尔(Clausel)指挥——实行追击。不过既然没有获得把敌军击溃的机会,现在要想在敌军到达布尔戈斯庇护之前,再来获得这种机会似乎也不见得很有希望。同时这种追击也会使他本人处于暴露的地位,约瑟夫从马德里随时都可以袭击他的后方和交通线。

威灵顿虽不向法军实行追击,他却决定进攻马德里——因为这个行动具有精神上和政治上的作用。当约瑟夫狼狈出走后,他就进入了西班牙的首都,这对于西班牙人民而言,是一个精神上的兴奋剂。不过美中不足的却是威灵顿并不能久留,一旦法军兵力集中来救,他就势必要迅速撤回。事实上,只有马德里的失守,才足以使分散在各地的法军,向中央迅速的集合。威灵顿不等敌人迫近,即从容地退出了马德里,而改向布尔戈斯进攻。但是因为法军采取就地取食的办法,所以这种对于他们交通线的打击,并未发挥出正常的效力。甚至于连有限的影响都谈不上,因为威灵顿的围攻方法和工具都太不中用,当时间逐渐消耗后,他遂感到无能为力。这一次萨拉曼卡的会战,使他所获得的唯一成功,就是引诱法军放弃了原有的任务和西班牙的大部分土地,而从各地集中兵力来对付他。面对着这样强大的兵力,威灵顿的处境似乎比摩尔更危险。当希尔的兵力和他会合之后,他就感到很安全,认为足以在萨拉曼卡和法军的联合兵力作一次会战。法军在数量上所占的优势,与过去差不多,以90 000人对68 000人,但他们却不愿意在威灵顿所选定的战场上接受他的挑战。于是威灵顿只好继续向罗德里哥城退却。当他到达了该地后,1812年的战役也随之而闭幕。

虽然他又再度退回了葡萄牙边境,而且从表面上看来,他再也不曾前进;可是实际上半岛战争的胜负却已经决定了。因为法军放弃了大半个西班牙,以集中兵力对付威灵顿,结果遂使游击队坐享其成,从此一发不可收拾。正当这个紧急关头,拿破仑退出莫斯科的消息又传来,结果使更多的法军自动撤出了西班牙。所以到了下一次战役展开序幕时,一切的情况都完全改变了。

威灵顿经过了增援之后,其兵力达到了100 000人——但仅有不到半数是英军。由于受到游击队的不断骚扰,法军的士气要比在军事上战败更为低落,所以当威灵顿凭着优越的兵力,抱着进取的精神向前进攻时,他们就立即被迫退过了埃布罗河(Ebro),仅仅只想退守西班牙北部一隅之地而已。甚至于到了那里,由于游击队在他们的后方,比斯开湾(Biscay)和比里牛斯山地中,继续施以压迫,他们也还是站不住脚——在微弱的法军兵力中,还抽调了4个师去对付这个后方的压迫。威灵顿以后逐渐向比里牛斯山地进攻,终于进入了法国的领土,事实上这对于半岛战争而言,只不过是一个战略性的尾声而已。

半岛战争之所以能有如此愉快的结束,主要都应归功于威灵顿一人。他的出现使半岛上的人民,获得了精神和物质的支援;而他的活动也吸引了法国人的注意力,使游击战的范围日益扩大。

不过这却还是一个疑问,也是一个很有趣味的哑谜:是否由于他在1812年的胜利,才促使法军减低他们的损失,并且缩小他们的防区,结果反而对法军有利,使威灵顿在1813年的进攻中,遭到许多不必要的困难。因为法军在西班牙境内,分布得愈广泛,则其最后的崩溃也就一定更彻底和更确定。半岛战争是一个历史上很显著的例证,足以说明某种特殊形式的战略,采取这种战略的原因,与其说是故意,毋宁说是由于本能性的常识所致。一个世纪后,英国的劳伦斯(T. E. Lawrence)把它演化成一种合理的理论,并且付之于实际的应用,不过却并未能收到圆满的结果。

在把"西班牙溃疡"的问题观察完毕后,我们现在又要回过头来,研究另外一种战略形式的生长和发展,它对于拿破仑的内心,具有潜伏影响的作用。

从维尔纳到滑铁卢

在拿破仑的战略思想发展过程中,早就可以看出一种趋势来,那就是逐渐偏重"数量",而忽视了机动;偏重战略形式,而忽视了奇袭。1812年的征俄战役就是这种趋势的最高峰。而地理的条件,只不过是更增强了这种弱点而已。

因为拿破仑拥有总数450 000人的精兵,这样庞大的兵力,使得他只好采取一种近似直线形的分配,结果也必然会沿自然期待的路线采取直接性的行动。他是和1914年的德国一样,把他的兵力集中在战线的一端——左端——然后进行一次人规模的横扫运动,以期在维尔纳把俄军击溃。即便他的幼弟杰罗姆(Jerome)在担负吸引敌军的任务时,惰性不那么强,这个计划本身也还是太臃肿、太直接,不足以当作一个有效的方法,以使敌军丧失平衡——除非他们真是冥顽不灵,才会有这种可能性。实际上,俄军当时正小心谨慎地采取一种闪避的战略,所以这种行动更是无的放矢了。

当拿破仑向俄国境内挺进时,在他第一拳落空之后,他就依照平常的惯例,把他的战线收缩起来,准备向敌人的后方作战术性的攻击。此时俄国人也改寻求"会战"的政策,他们蠢到了这样的程度,一头钻进了拿破仑大张的狮子口。拿破仑在斯摩棱斯克(Smolensk)首次咬紧了他的牙床,可是俄国人却机警地溜走了;而在伯罗的诺(Borodino)更撞碎了拿破仑的门牙。这是一个极好的例证,足以说明一个向心性的路线和真正的间接路线之间,所显现的优劣得失。以后法军从莫斯科撤退的悲惨结果,与其说是由于严寒天气所致,毋宁说是法军士气颓丧的缘故——实际上那年的冰冻期比平常还来得晚。主要的原因,是由于俄国人的避战战略击败了他这种寻求会战的战略——而这种避战的战略,却应该当作是一种间接路线的大战略看待。(编注:对于俄国在此次战役中的"避战行为",近世有不少史家怀疑它是否真是一种有计划的行动;他们认为俄军之所以后撤,并非因为俄国有计划地回避战斗,而是因为俄国的两支主力军,在法军的重压下,始终无法顺利会师以与法军决战之故。所以只好一再撤退,寻求会师的机会,以免被法军各个击破。)

当拿破仑在俄国惨败而归后,他的军队在西班牙的失败,无论从精神和物质方面,也都足以增加他的困难。所应注意的,是在这个战役中,英国人又是追随着他们的传统战争政策,那就是"切断敌人的根本"(severing the roots)。

到了1813年,拿破仑又集中了一支生力军,其数量之庞大和机动性的缺乏都要算是空前。当时普鲁士已经在蠢动了,而俄军也正准备侵入,拿破仑还是想用他的老办法,集中力量把他们逐一击碎。但是无论吕岑(Lützen)会战也好,包岑(Bautzen)会战也好,都不曾获有决定性。此后,联军即长期坚守不出,拒绝了拿破仑一切的挑战企图,他们这种避战的态度促使拿破仑也暂行休战六星期,可是到了这个期限终了之后,奥地利也加入战争了。

秋季的战役使我们对拿破仑那个已经产生变化的心理,又多了更深刻的了解。他手里有400 000人的兵力,大致与对方相等。他使用100 000人向柏林作向心的进攻,但是这种直接的压力只不过是把贝纳多特(Bernadotte)在这个地区中的兵力压缩得更紧,使他们可以发挥出更大的抵抗力,结果法军终被击退。此时,拿破仑本人,率领着法军的主力占领一个中央位置,准备向萨克森的首都德勒斯登进攻。但是到了这个紧要关头,拿破仑突然沉不住气,立即向东前进,直攻布吕歇尔(Blücher)所率领的普军95 000人。布吕歇尔向后退以引诱他进入西利西亚,而施瓦尔岑堡(Schwarzenberg)则率领着185 000人开始向北移动,从波希米亚到易北河上,然后越过波希米亚山地进入萨克森——这样在德勒斯登到达了拿破仑的后方。

留下了一个支队作后卫,拿破仑马上赶回,准备用更厉害的一拳,击退从这一条间接路线上进袭的敌军。他的计划是向西南方运动,越过波希米亚山地,而在群山中达到截断施瓦尔岑堡退路的位置。他心里所想到达的位置,的确是一个理想中的战略阻塞物。但是敌人迫近的消息却使他感到神经紧张,在最后一分钟,他突然决定改向德勒斯登,直扑施瓦尔岑堡的主力。结果又获得了一次战术上的胜利,可是施瓦尔岑堡却安全经过山地向南撤退。

1个月后,三支不同的联军又开始联合进攻拿破仑,这时他的兵力,由于累次的会战,已经逐渐减弱,所以只好从德勒斯登退到了莱比锡附近的杜本(Duben)。施瓦尔岑堡位置在南,布吕歇尔则在北,而出乎拿破仑意料之外的,贝纳多特却已差不多绕到他北面侧翼的后方。拿破仑决定先采取直接的行动,然后再换用间接的路线——首先击碎布吕歇尔,然后再切断施瓦尔岑堡和波希米亚间的交通线。根据以前所讲过的历史经验看来,这次的后果似乎很不理想。拿破仑对于布吕歇尔的直接行动,并未能使后者接受会战。但是它却产生了一个很奇怪的结果,因为它是事先完全没有预料到的,所以也就产生了重大的意义。拿破仑固然只是直接进攻布吕歇尔,可是无意中却变成了对于贝纳多特的后方采取了一种间接性的行动。这使得贝纳多特感到神经紧张,于是匆忙向北退却,这样就解除了拿破仑退却线上的威胁。拿破仑对布吕歇尔的这一拳固然落了空,但是间接的,使他在几天之后免于一场最大的惨败。因为当布吕歇尔和施瓦尔岑堡在莱比锡,再度迫近拿破仑时,拿破仑就决定接受会战的考验,而终于失败了。但是在失败之后,他却还是有一条安全的退路使他可以撤回法国。

1814 年,联军在数量上已经占有很大的优势,于是分兵数路向法国作向心式的侵入。因为已经无法获得以往那样强大的兵力,所以拿破仑又只好再度使用旧有的武器——奇袭和机动。尽管他在使用时的技巧非常高明,可是他却已经缺乏耐性,并且太沉醉于会战的观念,所以远不如汉尼拔、西庇阿、克伦威尔和马堡公爵等人那样炉火纯青。

不过最后还是因为这种战略,才使他的命运延长了很久的时间。他现在对于他的目的和手段之间,已经作了一个很明智的配合,他认清了他的力量已经太弱,不足以在军事上获得决定性的结果。遂决定把他的目标只限于破坏同盟国军队间的合作,而他对于机动性的发挥也达到了空前未有的程度。即便如此,虽然他在阻止敌人前进的工作上,已获得相当的成功,假若他能继续不断采取这种战略,而不想在每一次战略成功后,就接着又获得一次战术性的胜利,那么其效力一定可以更大、更持久。他不断地集中兵力,以对付敌人的孤立部分——其中有五次都是攻击后方的目标——使敌人受到了一连串的挫败。可是最后他还是沉不住气,终于在拉昂(Laon)向布吕歇尔发动了一次直接攻击。结果他却失败了,受到了无法承受的损失。

他现在手里只剩下 30 000 人,遂决定孤注一掷,于是他向东前往圣狄则尔(St. Dizier),尽量集合他所能找到的地方驻防部队,并且鼓动乡村对于侵入者发动广泛的抵抗运动。但是采取这个行动,他就要越过施瓦尔岑堡的交通线。而且,他不仅要到达敌人的后方,并且要乘敌人采取行动前,在那里建立一支兵力。这个问题变得非常的复杂,不仅缺乏时间和兵力,他的基地也会丧失掩护,更会在精神上引起极大的不安。因为巴黎并不像一个普通的补给基地。这也可以说是天意,他的命令又落到敌人的手里,于是奇袭和时间两个因素完全化为乌有。即便如此,可是他这个行动在战略上却具有强烈的"引力", 使得联军当局经过了激烈的辩论后才决定先进攻巴黎, 而不回转过来对付他的行动。他们这个行动, 使拿破仑在精神上受到了彻底的打击。据说为什么联军最后会作此决定, 其中重要原因之一是害怕威灵顿的英军, 会首先进入巴黎。假使这是真的, 那么就更讽刺地为间接路线战略奏出了最后的凯歌了。

1815 年, 当拿破仑从厄尔巴岛(Elba)逃回法国时, 他的兵力又变得很庞大, 似乎使他的血液又冲进了他的头脑。不过, 他这一次很巧妙地运用奇袭和机动逐步前进, 最后几乎达成了一个决定性的结果。当他向布吕歇尔和威灵顿的联军进攻时, 他所采取的路线在地理上, 固然是属于直接性的, 但是在时机上却具有奇袭的意味, 而其方向也是直指两军"接头"的地方。可是在李格尼(Ligny), 奈伊本指定担负一个迂回的任务——战术性的间接路线——却失败了, 遂使普军免于一次决定性的失败。以后当拿破仑在滑铁卢回过头来攻击威灵顿时, 他所采取的路线却是纯粹直接性的。结果使他损失了一些时间和人力, 而尤其是他的部将格罗齐(Grouchy)未能引诱布吕歇尔远离战场, 更使这种困难加重。所以当布吕歇尔再度出现时, 虽然他仅仅只到达拿破仑的侧翼上, 但是这种意想不到的行动, 在心理上构成了一个间接的路线, 所以就具有决定性了。

第九章 一八五四至一九一四年的战争

当1851年盛大的"和平"博览会闭幕后,接着又是一个新的战争时代。在这一连串的新战争中的第一个战争,在军事过程和政治目的上,都是同样的不具决定性。但是从这个混乱和愚笨的克里米亚战争(Crimean War)当中,我们却至少可以获得一些消极的教训。其中最主要的就是直接路线的毫无效果。当将军们都是带着"遮眼罩"胡乱瞎撞时,那又何怪乎一个副官会率领轻骑兵旅直向俄军的炮口里冲锋。在英国的陆军中,其直接性使得一切的动作都是十分的准确,都是具有硬性的形式。这种情形使当时的法军指挥官康罗贝尔(Canrobert)感到大惑不解,直到许多年后,当他参加一次英国宫廷中的舞会,他才恍然大悟。于是他惊讶地说:"原来英国人打仗就正和维多利亚女王跳舞是一样的。"但是俄国方面对于这种直接性的本能,其基础之深也未遑多让,甚至某一次的迂回行动中,有一团俄军在经过了一天的行军后,终于又回到了原来的起点。

从克里米亚战争的研究中,我们绝不可忽视下述的事实(当然也不必夸张),自从滑铁卢之战以后,已经过了40年,在这段期间,欧洲国家的陆军比之过去变得更职业化。这个事实的意义,虽不能当作反对职业军队的借口,不过却足以当作一种例证,说明职业环境的潜在危险性。尤其是高阶的军人,因为服役的时间较长,若没有与外界的事务和思想多有接触,这种危险性势必更加严重。反而言之,美国内战初期,却显示非职业性军队的弱点。只有训练才能锻炼出一个有效的工具,以便将军们在使用时可以得心应手。一个长期的战争,或是一个短期的和平,对于这种工具的产生,都可以算是最有利的条件。不过假使工具要比工匠还更优秀,那么这种体系就会出毛病了。

关于这一点,1861至1865年间的美国内战可以当作一个鲜明的对照。那些军事领袖,尤其是南方的,主要都是从职业军人中挑选出来的,但是他们这些人的职业生活却不尽相同,有些人担任过文职,有些人利用余暇时间作过私人性质的研究工作。他们的战略观念既非以操场为发源地,而也不受其限制。不过尽管"个别"的战略可以具有如许广大的差异,但是最先控制各主要作战的,还是传统性的目的。

铁路的发展更使这种趋势变本加厉。铁路对于战略的最大贡献,就是增加了运动的速度,但是它却并未能使弹性也同样增加——这却是真正机动性所不可缺少的要素。铁路运输在战争中发挥重要作用,应以美国内战为有史以来的第一次。但是因为铁路线本身是固定的,所以自然使战略也照着直接和直线的趋势来发展。

而且,在这次和以后的战争中,陆军都变得仰赖铁路,以维持他们的作战,但是并未认清他们对于铁路的依赖性已经发展到了何种程度。由于补给比较容易,所以就鼓励指挥官们拚命扩充他的数量,但是他们却不曾想过一旦到了铁路终点时,如此大量的军队又将如何运动。所以很矛盾的,这种新型的运输工具不但不能增加机动性,反而会减少机动性。铁路足以使军队膨胀,足以把他们运往前方,足以使他们有东西吃,但却不能使他们进行有效的战斗。它更增加了物质要求,使他们为铁路线所束缚。同时,他们的补给线都是千钧一发地吊在这一条线上面——而这一条绵长的铁路线,本身却是极易加以破坏。

在美国内战初期,便可以看到这些事实,而尤以 1864 年最为显著。北军过惯了补给充足的好日子,所以比南军更容易陷于瘫痪。在西战场上,这种靠铁路补给的大军,对于南军卓越骑兵领袖——例如弗里斯特(Forrest)和摩根(Morgan)——所发动的机动性突袭,特别有面临暴露的危险。这对于未来而言是一个预兆——大量军队的交通线,可以用空军和装甲兵力来加以切断。最后,北军方面也出现了一位惊人的将才,那就是谢尔曼(Sherman),他对于这个困难的来源所作的分析比之同时和以后的任何人似乎还清楚——一直到第一次世界大战后,才有新的思想产生——所以谢尔曼实在可以算是近代机械化机动性战争的鼻祖。敌人本来用攻击铁路线的方式来攻击谢尔曼,谢尔曼在设法使他自己不受威胁后,马上以其人之道还治其人,也用攻击铁路线的方式来攻击敌人。为了重新获得适当的战略机动力,并且不怕敌人的突击会使他陷于瘫痪,他认清了必须摆脱一条固定补给线的束缚。这就是说他在运动中,应能自给自足,进一步说也就是必须减少物质需求,以绝对必需者为限。换言之,唯一避免让敌军捉住尾巴的办法,就是把尾巴卷起来,然后再作长距离的跳跃。所以,当他把自己的包袱缩小到最低限度之后,就可以摆脱铁路线的束缚,而一直冲进了南方的"后门",进一步切断南军的铁路线,破坏他们的补给制度和来源。这个效力所具有的决定性,可以说是十分惊人。

美 国 内 战

在战争开始的时候,双方都是企图采取直接性的进攻。结果在弗吉尼亚(Virginia)和密苏里(Missouri)的战役都不具决定性的结果。于是麦克莱伦(McClellan)受命为北军总司令,他在 1862 年拟定了一个计划,想利用海权把军队运到敌人的战略性侧翼上。这个计划比之陆地上的直接进攻,实具有更多的希望。可是当时设计者的认识并不够清楚,他并没有把它当作是一个真正的间接路线,反而把它认为是攻击敌方首都——里士满(Richmond)——的一种较短的直接路线。可是林肯却不接受这个计划,他不敢做这种有计划的冒险——他要把麦克莱伦的兵力留下来,以直接保护华盛顿。结果麦克莱伦不仅减少了一部分的兵力,同时也无法利用华盛顿来当作诱敌的工具,这本是保证他这个计划成功所不可缺乏的条件之一。

所以在登陆之后,麦克莱伦在约克镇(Yorktown)前,浪费了 1 个月的时间,于是只好改变计划,作一种向心的(或半直接性的)攻击,以与麦克道尔(McDowell)的直接攻击相配合——他奉命只许从华盛顿向里士满作陆上的直接进攻。此时南军名将"石墙"杰克逊("Stonewall"Jackson)又在谢南多厄河谷(Shenandoah Valley),采取一种间接路线的进攻,其精神上的威胁迫使华盛顿当局临时又命令麦克道尔不要参加这一次主要的攻击。虽然如此,麦克莱伦的部队还是到达了距离里士满 4 英里以内的地区,并且准备作最后的冲击,直到最后关头才为李将军(Gen. Lee)所击退。虽然在"七日会战"(Seven Days' Battles)中,麦克莱伦受到战术性的挫败,但是他在战略上却还是居于有利的地位——也许比以前任何时期还更为有利。因为他的侧翼进展固然已被阻止,但是南军却不能阻止他把基地向南移到詹姆斯河上(James River)。所以不仅他自己的交通线不会受到威胁,而且还压迫到从里士满通往南方的敌人交通线,而使对方感受到威胁。

可惜由于战略的变化,却使这种优势付之东流。由于政治上的原因,哈勒克(Halleck)做了北军的统帅,其位置又在麦克莱伦之上,他命令麦克莱伦重新上船退回北方,然后再与波普(Pope)的军队会合,一同在陆上作直接性的进攻。如同历史上的惯例一样,当兵力直接增加一倍时,其效力不但不会加倍,反而会减半——因为它会使敌人的"期待线"彻底简化。可是哈勒克的战略却满

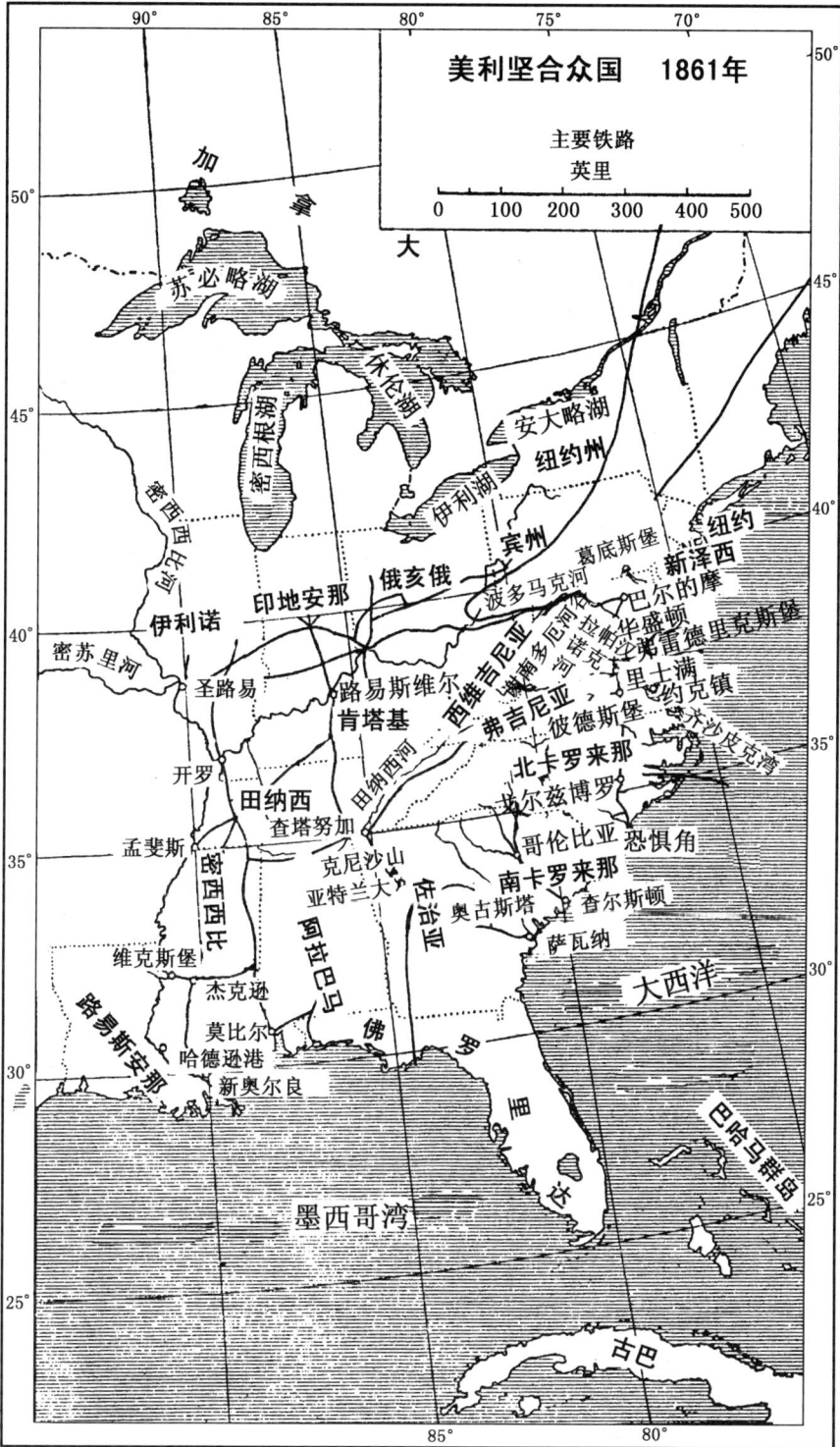

美利坚合众国　　1861年

主要铁路

英里

0　100　200　300　400　500

加

拿

大

苏必略湖

休伦湖

密西根湖

安大略湖

纽约州

伊利湖

宾州

俄亥俄

印地安那

伊利诺

密西西比河

密苏里河

圣路易

路易斯维尔

肯塔基

开罗

田纳西河

田纳西

查塔努加

孟斐斯

密西西比

克尼沙山

亚特兰大

佐治亚

奥古斯塔

阿拉巴马

维克斯堡

杰克逊

莫比尔

哈德逊港

新奥尔良

路易斯安那

佛

罗

里

达

葛底斯堡

波多马克河

西维吉尼亚

弗吉尼亚

谢南多厄河

拉帕河诺克河

彼德斯堡

北卡罗来那

达尔兹博罗

哥伦比亚

南卡罗来那

萨瓦纳

纽约

新泽西

巴尔的摩

华盛顿

弗雷德里克斯堡

里士满

约克镇

切萨皮克湾

恐惧角

查尔斯顿

大西洋

巴哈马群岛

墨西哥湾

古巴

·111·

足一般对"集中原理"的解释——这也可以显示在通向军事目标的"惯用"路线上,总是布满了很多陷阱。由于这种直接路线战略是如此地缺乏效力,所以1862年下半年战役的结束,即12月13日北军在弗雷德里克斯堡(Fredericksburg)为南军所击退,受到了重大的损失。1863年,北军还是继续实行这种战略,结果是他们不但不能更接近里士满,而且南军在北军的攻势崩溃之后,反而接着侵入北方的地界。

最初,这一次的侵入,无论从物质上和心理上,都可说是具有战略上的间接意味。但是当李将军突然把持不住,偏要向在葛底斯堡(Gettysburg)的北军阵地(主将为麦德〔Meade〕)猛攻时,这个意味即完全丧失了。他一连硬攻了3天,损失了他所有兵力的一半,然后才不得已被迫放手。到了年底,双方都回到了原有的位置,且因拼得精疲力尽,只好暂时休兵不动。

值得注意的,是在这种互相作直接进攻的战役中,似乎总是守方有利。因为在这种战略条件下,守方是比较消极的,可以少作无谓的行动,所以就这两方面说来,守方比之攻方似乎所具有的直接性还比较少一点。

南军在葛底斯堡的挫败,常常被人认为是整个战争的转折点,事实上这种说法言过其实。史学家经过冷静判断,现在都强调真正具有决定性的结果来自西方战场。

第一次的决定性会战要回溯到1862年4月间。当时法拉古特(Farragut)的骑兵绕过了保护密西西比河(Mississippi)河口的要塞,而使新奥尔良(New Orlean)地区在兵不血刃下即向北方投降。这可以算是一把战略性斧头的锋刃,把南军在这个重要的河流线上砍成了两片。

第二次决定性结果的获得是在密西西比河上游,时间与李将军退出葛底斯堡战场恰好是同一天——7月4日。此即是格兰特(Grant)占领维克斯堡(Vicksburg),使北军对于这一条重要的大动脉获得了完全的控制权。从此南军再也无法从越过密西西比河的那些州中获得增援和补给。这种首先集中全力打击敌方较弱部分的方法,在大战略方面固然具有极大的价值,但是我们也不可以忽视达到这种目的的战略本身。1862年12月,北军第一次向维克斯堡进攻时,格兰特沿着铁路线作陆上的进攻,而谢尔曼则从水上经过密西西比河顺流而下作会合的攻击。由于南军骑兵的阻挠,使格兰特的前进受阻,于是南军现在就可以集中全力来对付谢尔曼——此时他已经变成了完全直接性的进攻。所以当谢尔曼准备在维克斯堡附近登陆时,南军很轻松地便把他击退了。

在1863年的2、3月间,北军利用狭窄的侧翼迂回运动向维克斯堡进攻,四次都不曾达到他们的目标。于是在 4 月,格兰特决定改取一种真正的间接路线,和沃尔夫最后向魁北克的进攻十分相似。一部分的北军舰队和运输船乘着黑夜,向南行动溜过了维克斯堡要塞到达要塞下游约 30 英里的地方。大军在此上岸,沿着密西西比河西岸前进。而谢尔曼则向维克斯堡的东北面,作牵制性的行动以掩护格兰特的主力。在敌人的微弱抵抗之下,格兰特的大军又移到了该河的东岸。当与谢尔曼会合在一起的时候,格兰特遂决定作一次有计划的冒险,他暂时切断他与临时性新基地间的联系,向东北运动以求深入敌境,于是便到达了维克斯堡的后方,切断了敌人与东部各州间的交通线。在作这个行动时,他从起点动身,差不多绕了一整个圈子。现在他的位置似乎是夹在敌人上下两个牙床的正中央。此时敌人的兵力分别集中在维克斯堡和东面 40 英里以外的杰克逊(Jackson)两地上,而杰克逊又恰好是东西和南北两条主要铁路线的交叉点。但是事实上,他不但没有给敌人咬住,而且还撞断了他们的门牙。

　　这里应该加以说明的,却是当他达到这条铁路线的时候,他突然发现最好还是把他的全军都先移向东面以强迫敌军撤出杰克逊。这也可以当作一个例证,说明铁路的发展对于战略的条件曾经产生了如何的变化。拿破仑惯于用一条河川和一道山脊当作在战略上阻挡敌人的阻碍物,可是格兰特的方法又不同,他只要占领一个点——铁路的交叉点——即足以达到同样的目的。一旦这个目的达到以后,他就再回过身来向维克斯堡运动,现在这个要塞即已陷于孤立之中,7 个星期之后遂被迫投降。其战略上的后果是在查塔努加(Chattanooga)打开了通往佐治亚州(Georgia)的门户,这是南军的谷仓,并且由此可以控制整个东部各州。

　　现在南军的失败似乎已经无可避免。可是北军自己却几乎把已经到手的胜利糟蹋掉了。因为到了 1864 年,北方由于久战之故,已感到疲惫不堪,于是精神上的因素变得非常重要。由于人民厌战,所以和平派的势力一天比一天雄厚,总统大选又已定在 11 月间举行,除非能够获得一个提早胜利的确实保证,否则林肯即可能为主和派的总统候选人取代。为了这个原因,格兰特遂被召回出任北军统帅。那么他又将用何种方式来提早获得胜利呢?他还是重新采取了一般正统出身的军人所惯用的传统战略——用他强大的优势力量去压碎对方,或者至少使用"不断地捶击"把敌人敲碎。从维克斯堡会战中,我们可以看出来,他在直接路线一直碰钉子之后,才开始采取一条真正的间接路线。他固然很巧妙的把这个战略运用成功,可是这次战役所暗示出来的教训,在他的心灵上却并未留下足够深刻的印象。

现在他已经升任最高统帅,于是一切又故态复萌。他决定采取古老和直接的陆上进攻路线,从拉帕汉诺克河(Rappahannock)上直向南面的里士满进攻。不过在目标方面具有某种差异,因为他并非以敌人的首都为真正目标,所注意的是敌军的主力。他向他的部下麦德,发出了指示:"不管李走到哪里,你就跟到哪里。"说一句很公正的批评,固然格兰特的路线从广义的立场上来看是直接性的,但是它并非盲目地向前硬撞。实际上,他经常想迂回到敌人的侧翼方面,不过这种迂回的半径也许并不太长。此外,他对于所谓"集中"和"目标"的战争原理,都一律坚守不渝,绝不让其他任何方面的警报分散了他的注意力。甚至于福煦元帅的"胜利意志"也还不如他那般坚强。那些在1914到1918年间使用类似方法的人们,应该十分嫉妒他,因为谁都比不上他那样能够获得全国上下的拥护和政治领袖的绝对信任。凡是使用直接路线、正统战略的人,很少能够获得这样完全合乎理想的有利条件。

可是到了1864年的夏末,这颗已经成熟了的胜利之果,却居然从他的手掌中溜过了。北军差不多已经达到他们忍耐力的极限,而林肯对于再度当选也已经感到绝望——因为他开给他的军事政策执行者的"空白"支票,现在却面临兑现的困难。说起来似乎很讽刺,尽管格兰特具有运用优势兵力击碎敌人的决心,可是经过了怀尔德尼斯(Wilderness)和冷港(Cold Harbor)两场血战之后,结果还是未能达到他的目的。而最主要的收获,就是在地理上达到了逼近里士满后方的有利位置,但这却是不流血迂回运动的后果。换言之,经过了惨重的牺牲后,他才又重新回到了1862年麦克莱伦所已经占领的位置。

当天空仿佛已经黑到了极点的时候,却突然出现了光明。在11月的大选中,林肯居然又再度当选。那么这张救命的王牌又是什么? 为什么林肯可以击败主和派(民主党)的总统候选人麦克莱伦呢? 这并不能归功于格兰特。因为他在7月到12月之间,事实上可以说是毫无进展,而且在10月中旬还吃了一次大败仗。照后世史学家的判断,谢尔曼在9月里攻占亚特兰大(Atlanta)之役,才真算是扭转乾坤的一件大事。

当格兰特被召回出任统帅时,谢尔曼由于在维克斯堡之战中建了不少战功,遂接替了他出任西方战场的总指挥官。他们两人之间,在观念上具有明显的差异。格兰特是把敌人的军队当作他的主要目标,而谢尔曼的方法却是威胁战略点,以压迫敌人自动暴露出来,用求战的方式以保护这个点的安全,否则即必须自动放弃这个点以维持平衡。所以他总是同时具有两个目标,不过以后他却达到了他的第二个目的——其作用就更深远。亚特兰大是南军的基地,不仅是四条重要铁路线的交点,而且更充满了重要的补给物资。诚如谢尔曼自己所指明,它是"充满了铸铁厂、兵工厂和机器厂",此外它又更是一个精神上的象征,他说:"只要占领该地,则南军在精神上也无异于宣告了死刑。"

关于格兰特的目标和谢尔曼的目标,孰优孰劣的问题,固然有很多争论,但是后者比较适合一个民主社会的心理,那是毫无疑问。也许只有拥有绝对地位的统治者,当他大权在握时才有资格坚持这种"击败敌人军队"的军事观念;甚至于像这样一位统治者,也应该考虑到如何使这种观念去与现实情况相配合,或者是权衡它有无达到的可能性。但是当一位战略家是民主政府的公仆时,他所具有的权力通常没这么大。他一定要仰仗他的雇主对他的支持和信任,他在工作时,对于时间和成本两方面,都要比"绝对"性的战略家具有更狭窄的限度。在压迫之下,他必须要求速胜。不管最后的希望有多大,在时间上他却不可拖得太久。所以有时他不免要暂时把原定的目标放在一边,或者至少要改变他的作战路线,以使他的观念获得一个新的伪装。当面临着这些不可避免的障碍时,军事理论一定要与现实相配合,一切军事上的努力,其基础都是建立在大众的支持上面——不仅人力和物力都要以此为源泉,而且究竟能否继续作战,也要看"老百姓"的脸色。所以战略家对于他所唱的战略高调也最好是以避免"曲高和寡"为原则。

谢尔曼利用机动的运动以节约他的兵力,是最值得加以注意的,因为若与在弗吉尼亚州的格兰特对比,他在补给方面实在是更受限制,所依赖只是一条单独的铁路线而已。可是,他却不使用他的军队作直接性的攻击,反过来他甚至暂时还摆脱了他的补给线。在这几个星期的运动中,他仅仅在克尼沙山地(Kenesaw Mountain)上曾经作过一次正面攻击的企图。这一次的行动是特别具有深意,因为他的部队实在是太疲倦,所以他不忍叫他们在大雨滂沱的道路上作侧面的行军。这一次攻击在略经接触之后,也就自动停止了。谢尔曼在山林起伏、河川纵横的地区中一共走了130英里,却只让他的部队作了一次攻击战斗。然而同时,他却采取了极其巧妙的运动,一再地引诱南军发动徒劳的进攻,而这类进攻必定都以失败收场。他的攻击运动结合了高度的防御技术:灵活快速的壕沟和土墙工事。每当敌人无法透入他这种机动性的"防盾"时,他就获得了一次新的战略利益。强迫本来在战略上采取守势的敌人,不断地使用这种成本极高的战术性攻势,这从历史上来看,可以算是一种最高明的战略例证。而更值得注意的却是谢尔曼还受着一条单独交通线的束缚。除去巨大的精神和经济效力不说,专就最狭窄的军事观点而论,谢尔曼的成就也已经够伟大,因为他使敌人所受的损失,要比他自己所受到的远为巨大,这不仅是相对的,而且是绝对的——若与格兰特在弗吉尼亚的战绩作一对比,则更明显。

在攻占了亚特兰大之后,谢尔曼马上又进一步作了一次空前的新冒险,关于这一件事,他曾经受到许多军事评论家的批评。他深信假使他能深入敌境,首先进入南方的谷仓——佐治亚——接着再继续攻进南方的心脏——南北卡罗来那(Carolina)——并且破坏他们的铁路体系,那么这个侵入的行动就会产生极强烈的精神作用,同时阻止补给向北流动去接济里士满和李将军的军队,这样一来南军的抵抗就会自动崩溃了。

于是,他完全不考虑到胡德(Hood)的南军——这支军队是被他压迫退出亚特兰大城的——而开始进行他那个著名的"向海岸行军"运动。他经过佐治亚州,一路破坏铁路,也一路就地取食。1864 年 11 月 15 日,他离开了亚特兰大城,12 月 10 日他就达到了萨瓦纳(Savannah)的郊外。在那里他又接上了他的交通线——不过那是海运而非陆运。南方的亚历山大将军,同时也是一位史学家,他曾经作下述判断:"这一次的进军,对于南方地区人民的精神影响之重大可以说是毫无疑问的。比任何最具有决定性的胜利,还要更伟大。"谢尔曼于是就继续通过卡罗来那州,向北直趋李将军的后方,并且使南军丧失了他所剩余的主要港口。

谢尔曼的作战方法是很值得加以更详细的研究。因为当他经过佐治亚州行军时,他不仅和他的交通线完全断绝了联系,而且还把他的辎重减少到了最低限度,使他的部队变成了一支巨型的"飞行纵队",完全是轻快部队,一共只有 6 000 精兵。分为 4 个兵团,每个都以自给自足为原则,当纵队前进的时候,搜括粮食的部队就在前面和侧面,无形中构成了一道宽广的屏障。

此外,在这次进军中,谢尔曼又成功地发展出一种新的战略实践。在亚特兰大的战役中,他认清了当只有一个单纯的地理目标时,常常容易受到阻碍,因为敌人要阻止他前进的工作是很简单的,并无太多变化。于是谢尔曼就尽量避免这个弱点,他尽可能地使敌人不断处于"左右两难"的地位。他所采取的路线一直使敌人感到狐惑不决,最先猜不透他是以梅青(Macon)还是以奥古斯塔(Augusta)为目标,接着又猜不透他是以奥古斯塔还是以萨瓦纳为目标。而且即便谢尔曼心中早已有所选择,可是他却随时准备掉换他的目标,完全以当时的情况来作决定。由于他不断地采取欺诈的方向,于是敌人遂始终摸不清楚他的真正意图。

在穿越佐治亚州的进军中,谢尔曼已经证明了一支军队虽然轻装到如此程度,却也还是具有运动的能力。现在他进一步证明,这种轻快的程度还可以更增进。当他尚未继续越过卡罗来那州向北前进时,他已设法把他的军队,变成一种具有最高机动性的战争机器:一接到命令,顷刻之间即可开始行动,而且只需最少量的粮食即足以维持他们的生活。尽管已经是冬天,可是连军官也得露宿,两个人共用一块帆布,撑张在树枝上面过夜。所有的营帐和营具完全被取消。

这一次,谢尔曼采取一条欺敌的路线,同时具有两个可以互换的目标。所以他的敌人无法决定究竟应该防守奥古斯塔,还是查尔斯顿(Charleston),因此分散了他们的兵力。结果,他对于这两点却都弃置不顾,而从它们中间横扫过去,以攻取哥伦比亚(Columbia)为目的——这是南卡罗来那州的首府,也是南军最重要的补给来源。此后,南军又拿不准他到底是想向夏洛特(Charlotte),还是向费耶维尔(Fayetteville)进攻。最后当他从费耶维尔出发时,敌人又猜不透他的下一个目标是拉雷(Raleigh)还是戈尔兹博罗(Goldsborough)。而他自己也尚未决定到底是应以戈尔兹博罗,还是威明顿(Wilmington)作为最后目标!

因为这种神出鬼没的行动方向,在物质上和精神上是具有极大的影响作用,这也就是唯一合理的解释,足以说明为何当谢尔曼在这个远达 425 英里的长距离行军中,可以一路通行无阻的理由。事实上这个地区中充满了各种障碍物——河川、沼泽和岩岸——同时敌人的数量也远较优越,具有充分的抵抗力量。此外,谢尔曼的弹性也具有极大的贡献,其价值和方向的变换几乎不相上下。在一个宽广和不规则的正面上运动——分成四、五、六个纵队,每个纵队外面又都有一层搜括粮食人员的掩护——假使有一支纵队被阻,其他的纵队还是照样前进。从效果和方法上来看,他们就是 1940 年德国装甲兵力横扫法国的先例。对方的部队完全给他骇昏了,在精神的压迫下,他们一再后退,在未曾感到任何严重的物质压力前,即使自己发生了动摇。他们的心理对于谢尔曼的机动力量,已经产生了一种"饱和"的印象,每当他们建立了一个抵抗阵地时,就会先想到如何退却的方法。他们又总是先声夺人地喊道:"我们是谢尔曼的突袭部队,你们赶快逃吧!"假使有信心就等于赢得了会战的一半,那么若能破坏敌人的信心,就不仅只等于一半,而在一半以上了——因为这样就可以不战而胜。谢尔曼,也正和拿破仑在奥地利作战的时候一样,他可以夸口说:"我仅仅用行军即已经把敌人打垮了。"

3 月 22 日,谢尔曼到达了戈尔兹博罗,在那里他接受了补给和斯德菲尔德(Schofield)的增援兵力,经过一番整补之后,他便准备向坚守里士满的南军兵力作最后的攻击。

一直等到 4 月初,格兰特才开始继续前进。这次马上获得了惊人的成功,首先是里士满投降,在一个星期之内,李将军的军队也全部投降了。从表面上看来,这似乎是格兰特的直接战略和寻求"会战"的目标,能够获致全胜的明证。但是,在下一个严正的判断时,时间因素是特别重要。为什么南军的抵抗会突然崩溃的主因,是由于他们的肚子感到空虚,并且从"家乡"传来的消息使得他们感到灰心丧气。甚至于在谢尔曼尚未达到戈尔兹博罗之前,格兰特就已经可以这样的说:"李的军队现在已经士气低沉,逃亡得非常快。"

人类具有两种最高的"忠心"——一是忠于他们的国家,一是忠于他们的家庭。而对于多数人而言,后者因为更具有个人性,所以也就更强烈。只要他们的家庭还是安然无恙的,他们是愿意出死力保卫国家,因为他们相信这种牺牲也就是间接保护了他们的家庭。可是一旦当他们的家庭本身都已受到威胁时,那么一切的爱国心、纪律和同胞的情感就会丧失了维系的力量。所以谢尔曼的后方攻击,最大的效力也在于此,他不仅只是攻击一个军队的后方,而且还更攻击一个国家的后方,结果使这两种"忠心"形成对立的状态,这样就使军人的抵抗意志发生了裂痕。

这种间接的路线,以敌人在经济上和心理上的后方为攻击对象,终于产生了决定性的后果。只要对战争肯虚心研究的人,一定可以获得这样的结论。30 年之前,英国战史学家艾德蒙斯将军(Gen. Edmonds)曾经作过下述的按语:

> 由于南方名将,李和杰克逊都具有伟大的军事天才,而北弗吉尼亚州的军队也具有极高的战斗力,同时双方的都城又距离得那样近,所以使人们的注意力都完全集中在东战场上。但实际上作决定性打击的地点却是在西方。1863 年 7 月,北军占领了维克斯堡和哈德逊港(Port Hudson),这就是战争的真正转机。以后由于谢尔曼西面军的作战,才终于使南军覆亡。

为什么大家会有这种不正确的认识,部分原因是由于战斗的光辉,把多数军事史学家的头脑给弄昏了;另外一部分的原因是由于亨德斯(Henderson)所写的《杰克逊传》,实在未免言过其实,其传奇的意味重于历史。这本书里到处充满了亨德斯本人的战争观念,不免使其在军事史上的真正价值大为减少。英国军事学者受了这些影响,把注意力集中在维吉尼亚的战役方面,而完全忽视了西部战场——实际上那里却产生了决定性的行动。近代的史学家,若是能分析出这种错误观念对 1914 年以前的英国军事思想,以及对一次大战中英国战略的影响作用,那么对后世才不失为一项极有意义的贡献。

毛 奇 的 战 役

当分析家的眼光,从美国内战转移到紧接其后的欧洲战争上,那么最可能使他具有深刻印象的事实,莫过于这两者之间的明显对比。

第一点,在 1866 年和 1870 年,交战双方至少在名义上,对于战争都已经有周全的准备。第二点,双方所使用的都是职业性的军队。第三点,双方高级指挥官所犯的错误都要比美国内战的情形更多且更严重。第四点,德军在这两次战争中所采取的战略,完全缺乏艺术性。第五点,尽管具有这样多的缺点,战争的胜负却还是迅速地获得了决定。

毛奇(Moltke)的战略在设计上完全缺乏技巧,是一种纯粹的直接路线,全凭优势兵力的集中,以单纯的重量来把敌人压垮。那么我们是否可以就此认为这两次战争即足以证明战争的规律是具有真正的"例外"呢?固然它们可以算作一种例外的情形,但是并不足以证明从许多经验中所归纳出来的规律还是具有漏洞。因为在这两次情形中,胜方都是具有优越的兵力,而败方的能力又实在太差,所以不必等到交手,便足以判定彼此的胜负。

1866 年,奥军的主要弱点是兵器水准太差。当时,在战场上可以找到充分的例证,证明普军的后膛枪,实在是比奥军的前膛枪要厉害得多。可是后代的学院派军事思想家却故意不重视这一点。1870 年的法军,其弱点可以分为两方面:(一)数量居于劣势,(二)他们的训练也正如 1866 年的奥军般恶劣。

这些事实即足以解释奥军和法军连续为普军所击败的真正理由。不过在未来从事战争准备时,任何的战略家似乎都不至于鲁莽到假定他的敌人,在头脑和体力方面与 1866 年的奥军、1870 年的法军般脆弱,并据此再来拟定他的计划。

另外还有一点值得注意:德军的战略固然在观念上是直接的,但是执行时也还是具有相当的弹性。

1866 年,为了想利用一切可用的铁路线以节省时间起见,毛奇把普军分布在长达 250 英里以外的广泛正面上。他的意图是想迅速地前进,通过边界上的山岳地带对敌境作向心式的运动,和他在波希米亚北部的军队会合。但是因为普王不肯以侵略者自居,一再地拖延时间,而使他的意图受到影响——也同时使毛奇的战略获得了意想不到的间接性,这却是他原先所不曾计划的。因为在这期间,奥军已经集中向前推进,使毛奇丧失了他理想中的集中地区。于是普国的皇太子,相信突出的西利西亚会受到威胁,他力迫毛奇准许他的部队向东南移动来保护西利西亚。这样一来,他这支军队就和其余的部队相隔甚远,但同时也达到了一个可以威胁奥军侧翼和后方的位置。腐儒之流曾经为了这个问题做过不少文章,大都谴责毛奇不该把兵力散得这样远。事实上,胜利的种子正因此而撒播,虽然他并不曾有意播种。

这样的兵力部署使奥军的指挥官在心理上丧失了平衡,因此尽管普军一再犯下重大的错误,可是他们却还能分两路越过山地,而终于在柯尼格雷兹收获了胜果——因为多数的错误都适巧对于间接性有贡献,因此也使他们的路线更具决定性。事实上,尚未开战之前,奥军的指挥官即已战败——他们那时早已致电奥皇,要求立即向普国求和。

值得注意的是毛奇把他的部队分别集中在一个比较广泛的地区,而奥军却完全集中在一起,其正面不过 40 英里长。从表面上看来,奥军是占有所谓"内线"的便利,但事实上,普军却因此而具有较大的弹性。此外还值得一提的是,毛奇的意图固然是想在与敌人遭遇前,即先集中他自己的兵力,不过他的目的却并非立即作直接的攻击。他原定的计划是具有两个分支。试探出奥军在易北河上约瑟夫斯塔德(Josefstadt)的"假想"阵地已经有了不稳的现象,那么普国皇太子所率领的军团应立刻东进,以攻击它的侧翼,而另外 2 个军团则钉住它的正面。假使这个攻击无实现的可能性,那么 3 个军团就应一律向西迂回,在巴尔都比兹(Pardubitz)越过易北河,然后再转向东面,以威胁敌人通向南方的交通线。可是到了实际作战的时候,奥军却先渡过了易北河,其集中的位置远比毛奇所预料的更向前,所以皇太子的前进遂自动趋向奥军的侧翼上,于是立即形成了包围的形势。

1870 年,毛奇的原有意图是想在萨尔河(Saar)上,作一次决定性的会战。所以他准备把 3 个军团都集中在那里来击碎法军;这个计划事实上也未实现,其原因不是由于敌人的行动,而是由于他们的瘫痪。当时普国的第三军团,本位置于极左翼方面,已经在极东的地方越过了边界,并且在维森堡(Weissenburg)击败了一个法军支队,获得了小型的战术性成功。仅仅由于这个消息的传播,便使法军全体发生了瘫痪现象。他们一直往前推进,在吴尔斯(Wöth)又发生了一场混战,终于在其他法军部队到达战地前,即已包围了法军右翼的侧卫兵力而使其溃败。这次部分性的支队作战,其所产生的间接效力,要比他们所想像的大规模会战具有更多的决定性。因为此后,第三军团就没有照原定计划向内转动和普军的主力会合,他们被允许沿着一条畅通的路线推进,完全部署在敌军主力所在地区的外面。结果他们侥幸地未参加在维永维尔(Vionville)和格拉韦落特(Gravelotte)的错误会战。照当时法军的位置来判断,假使他们参加了,也不会有什么作用。由于他们不曾投入会战,所以到了后来的决定性阶段中,这个军团反而变成一个重要的因素。

由于受了格拉韦落特会战结果的刺激,法军主力就开始向侧翼退却,退入了梅斯城(Metz)。当时普军第一和第二两个军团都已经打得筋疲力竭,因此敌军是很容易脱逃的。但是由于害怕普国第三军团的拦截,所以法军主将巴赞(Bazaine)才会以坐守梅斯为目的,因此普军才有时间来恢复他们的力量。反过来说,法军放弃了野战的机会而坐守孤城,也可以说是一误再误。最后,麦克马洪(Mac Mahon)才企图解梅斯城之围。他这次的动机并非受了政治上的压迫,而是受了敌人的引诱。这一次的作战,在理论和实践上都可以说是一无是处。

于是既非故意,又不曾在任何人的预料中,法军为普国第三军团创造了一个新机会,他们现在继续向巴黎挺进。对于麦克马洪的军队,构成一种间接路线的威胁。他们把进行方向完全改变了,从西到北,绕着麦克马洪的侧翼而到达了他的后方。这个行动使麦克马洪的全军陷入了陷阱中,并且被迫在色当(Sedan)投降了。

在这个决定阶段中所具有的间接性,实际上要比表面上所表现出来的还多。但是 1870 年以后的军事理论家,大部分都只受表面现象的影响,而并未能作更深入的研究。这种影响对于下一个大规模战争——1904 年至 1905 年的日俄战争——就具有极重要的作用。

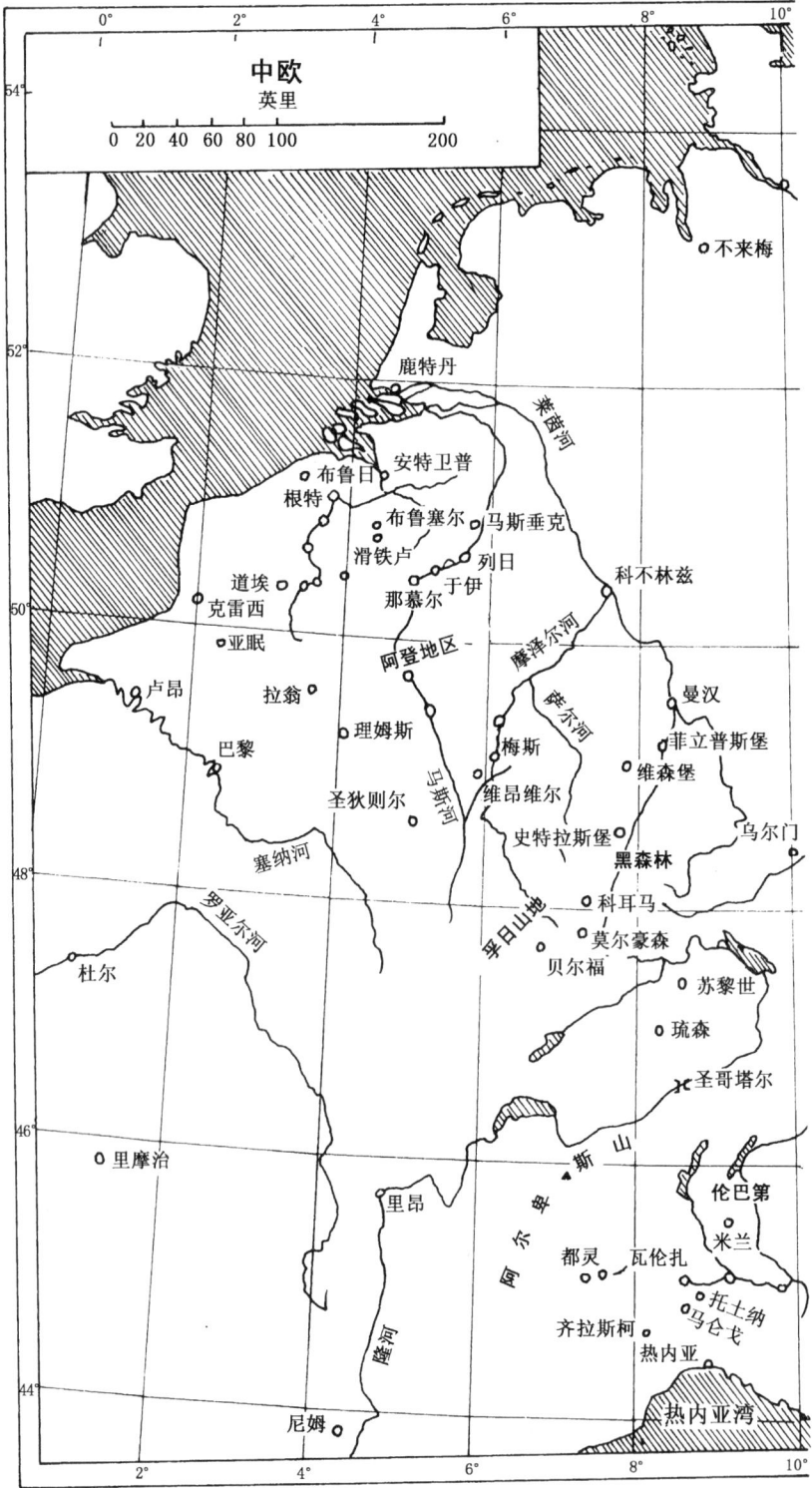

中欧

英里

0 20 40 60 80 100   200

不来梅

鹿特丹

莱茵河

安特卫普

布鲁日

根特

布鲁塞尔　马斯垂克

滑铁卢

列日

道埃　　　那慕尔　于伊　　　科不林兹

克雷西

亚眠　　　阿登地区

卢昂　　　拉翁　　　　　摩泽尔河　　曼汉

菲立普斯堡

巴黎　　理姆斯　　梅斯

维森堡

萨尔河

圣狄则尔　维昂维尔　　　史特拉斯堡

乌尔门

马斯河　　　　　　黑森林

塞纳河

罗亚尔河　　　　　孚日山地　科耳马

杜尔　　　　　　　　　　莫尔豪森

贝尔福　　　苏黎世

琉森

圣哥塔尔

里摩治

里昂

阿尔卑斯山

伦巴第

米兰

都灵　瓦伦扎

托土纳

齐拉斯柯　马仑戈

热内亚

隆河

尼姆

热内亚湾

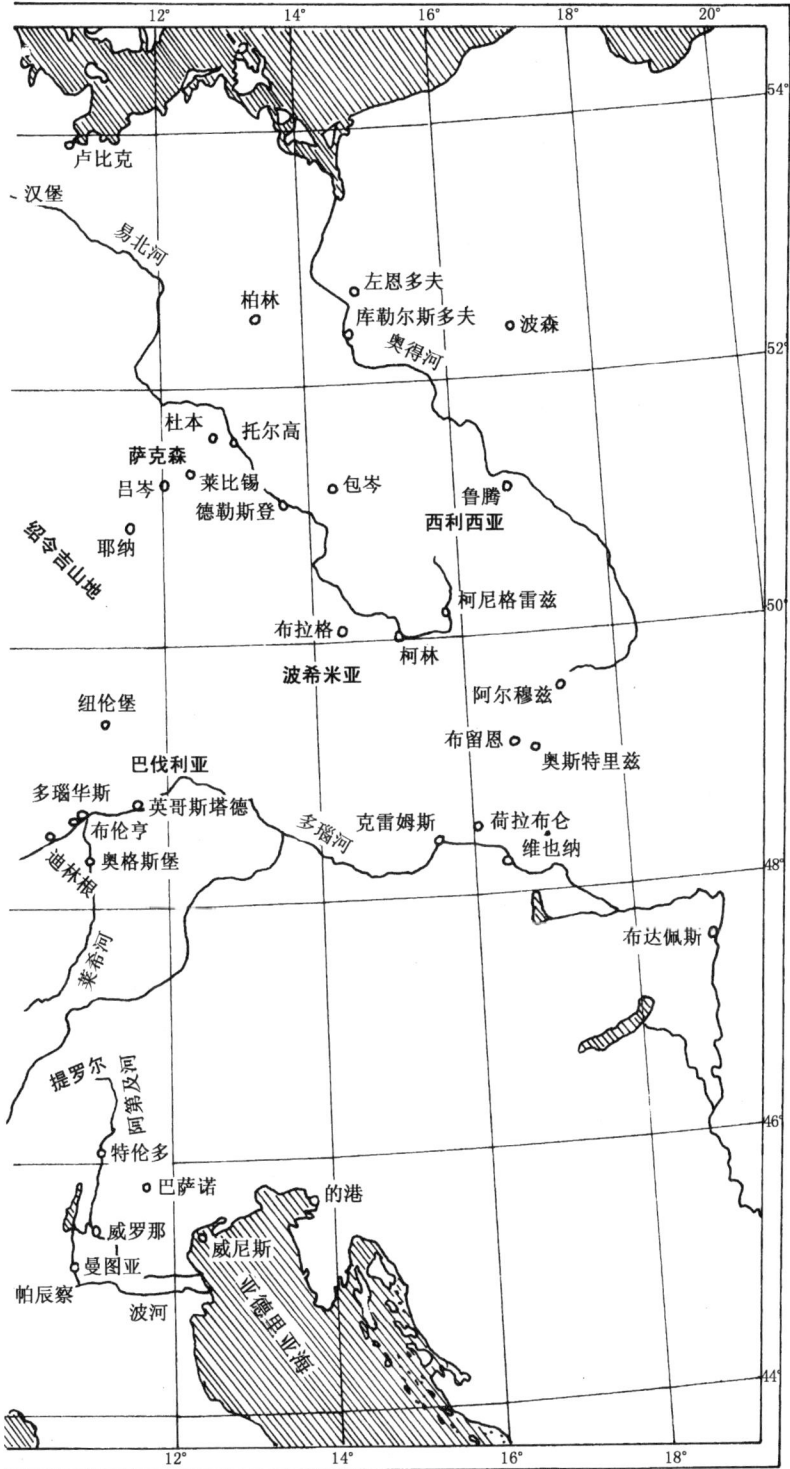

日　俄　战　争

日本的战略,完全学着他们德国师傅的榜样,纯粹是采取直接路线。尽管俄军在作战方面所依赖的就只是一条单独的铁路线——西伯利亚铁路——可是日军对这样有利的条件,却完全不知道加以利用。在古今中外的历史上,从来不曾有过一支军队是利用这样长和这样窄的通气管呼吸,而且因为这支军队的数量如此的庞大,所以更使他们感到呼吸困难。但是日本的战略家所希望的,只是想正对着俄军的牙齿作直接的打击而已。而他们对于部队的集中,其密集的程度较之1870年的毛奇,还尤有过之。诚然,他们在辽阳之前,曾经企图作某种性质的向心前进,而与敌人接触之后,又一再企图迂回敌人;不过从地图上来看,这种迂回的路线似乎是很宽广,可是若就其兵力大小的比例而言,则实在是非常的狭窄。尽管他们并不像毛奇般交了好运,手中并无一支"自由"进行的军队;同时也没有那个巧遇的"香饵",像梅斯城那样;而尤其是并无一个麦克马洪来吞食它——反过来说,他们攻击旅顺却正是吞食敌人的香饵——话虽如此,他们却希望能够获得一个"色当"型的胜利。因此,他们是徒然流了许多的鲜血,而未能获得一个决定性的胜利。最后在毫无决定性的奉天会战后,日军就已经拼得精疲力竭。幸亏俄国对这次战争根本不感兴趣,而且所用的兵力也还不到它全力的十分之一。于是俄国愿意讲和,这对日本而言,才真是一个天外飞来的好运。

以上对于历史的观察和分析,都是以事实为根据,而非以假想为根据。那是所真正已经发生的事情以及它的结果,而不是假定双方如何怎样的说法。实际的经验证明了直接性的路线,总是难于产生决定性的结果。以具体的事实为基础,才演化出间接路线的理论。当然,采取间接路线也自有其困难,所以无论赞成与否,都一定可以找到一套辩论的理由,不过实际上却无太多意义。从基本原理的观点上来看,那些都是多余的废话。即使某一位将军采用某种另外的路线,且能够获得某种较好结果,但它却并不属于我们的研究范围。

不过从一般军事学研究的立场上来说,这种假想不仅很有趣味,而且更有其价值。所以撇开我们现有的研究路线不谈,那么我们可以指出旅顺港和曼图亚所具有的地位实在颇为相似——一方面也应注意到日军在朝鲜和中国满洲,在地理和交通方面所遭受到的困难。假使当时日军所遭遇的条件要比拿破仑的法军还困难,那么他们也自有其优点——例如工具比较好。这样的比较研究,可以马上引到下述的两个问题:(一)在战争初期,日军若能效法拿破仑以曼图亚为饵引诱奥军来攻的手段,即把旅顺港当作诱敌的香饵看待,似乎也不是无利益的;(二)在战争的末期,日军至少应使用部分兵力,以期切断俄军在哈尔滨与沈阳之间的狭长通气管。

第十章　二十五个世纪的结论

　　以上的讨论一共包括 12 次战争,它们对于欧洲古代史的发展都具有决定性的影响;此外还有到 1914 年为止近代史上的 18 次主要战争——对于反抗拿破仑的斗争,被当作是一个整体的战争看待,因为这些战事此起彼伏,所以无法把它们分开。这 30 次战争又包括着 280 次以上的个别会战,其中只有 6 次会战——那就是:(一)依苏斯;(二)高加米拉;(三)弗里德兰;(四)瓦格拉姆;(五)萨多瓦;(六)色当——是采取对于敌军主力作直接战略路线的计划而获得了决定性战果的。

　　上述 6 次战役的前两次,当亚历山大向前进攻的时候,其间接路线的大战略却已经为他奠下了一个准备的基础。此时波斯帝国已经感到动摇,而它的附庸国也都丧失了信心。此外,他之所以能在每次会战中都攻无不胜的主要原因,是由于他不仅拥有一个素质特优的战术工具,而且他在使用的时候,也总是采取战术性的间接路线。

　　在中间两个例证中,拿破仑在每次开始作战时,也都是企图采取间接路线,后来他之所以改用直接攻击方式的理由,可以分为两点:一是他缺乏忍耐力,二是他对于他的作战工具的优越性具有信心。这种优越性的基础,就是他使用大量集中的炮兵火力,用来对付某一个据点的方式。在弗里德兰和瓦格拉姆之所以能获得决定性战果的主因,也是由于这种新战术方法的使用。但是这两次的成功却还是付出了高价,从它对于拿破仑本身的命运所具有的最后影响而论,即便享有这种战术性的优越,也还是最好不要采用这种类似的直接路线。

　　至于说到 1866 年和 1870 年的两次战争,我们在上章中即已说明过,尽管被认为是直接路线的代表作,可是事实上,它们却都具有意想不到的间接性。而每次又都加上普军在战术方面的优越性,所以才会大获全胜——1866 年的优势为后膛枪,1870 年的优势为比较优良的炮兵。

当我们把这上述的 6 次战役,加以彻底的分析之后,我们发现采取直接性的战略方法实在是缺乏理论上的根据。尽管就整个历史上来看,直接路线似乎是正常的,而故意的间接路线却完全是例外。不过我们还可以注意到,许多将军虽然不曾把它当作最初的战略,却又常常把它当作最后的手段。当直接路线失败之后,间接路线却反而常常会使他们获得决定性的胜利——此时他们多半是居于劣势,因此只好采取间接路线。在这种不利的情况之下,而尚能获得决定性的成功,更使人觉得难能可贵。

前几章的讨论中也可以显示出,在大多数的会战中,其路线的间接性,几乎和其战果的决定性,具有同样的价值。其中可以列举出来的有:(一)公元前 405 年,赖桑德在爱琴海中的会战;(二)公元前 362 年,埃帕米隆达斯在伯罗奔尼撒的战役;(三)公元前 338 年,菲利普在皮奥夏的战役;(四)亚历山大在海达斯配河上的战役;(五)公元前 302 年,卡桑德和莱西马库斯在近东的战役;(六)汉尼拔在埃特鲁斯坎(Etruria)的特拉西梅诺湖会战;(七)西庇阿在非洲的乌提卡和扎马会战;(八)恺撒在西班牙的依勒尔达会战;以及在近代史中的(九)克伦威尔的普雷斯顿、邓巴和乌斯特等会战;(十)屠云尼在 1674 至 1675 年间的亚尔萨斯会战;(十一)尤金在 1701 年的意大利战役;(十二)马堡公爵在 1708 年的法兰德斯战役和维拉尔在 1712 年的法兰德斯战役;(十三)沃尔夫的魁北克战役;(十四)约尔丹在 1794 年的摩泽尔河—马斯河战役;(十五)查理士大公 1796 年的莱茵河、多瑙河战役;(十六)拿破仑 1796 年、1797 和 1800 年的三次意大利战役;(十七)拿破仑 1805 年的乌尔姆和奥斯特里兹会战;(十八)格兰特的维克斯堡会战和谢尔曼的亚特兰大会战。此外,我们还曾经讨论到许多位置在直接和间接之间的例证,在这些例证中,其间接性和决定性就比较不那么显著。

一方面,我们看到直接路线的例证是如此稀少;另一方面,我们在历史上的决定性会战中,又可以为间接路线找到这样多的例证。因此我们自然可以获得以下的结论,间接性在战略上,实在是一种最有希望和最经济的形式。

那么我们从历史中是否还可以找到更肯定的结论呢?这是绝对可以的。除了亚历山大要算唯一的例外以外,一般负有常胜威名的名将,每当他们遭遇在形势上或数量上具有优势的强敌,一般很少会采取直接攻击方式。假使为了环境所迫,而必须冒险作直接攻击时,那么其结果通常总是不免失败,而在他们的纪录上留下了污点。

此外,历史上又显示出,一位真正的名将总是宁愿采取最危险困难的间接路线,而绝不愿意走直接的路线。必要时,宁肯只使用一部分的兵力,越过山地、沙漠或沼泽等等的险阻,甚至于暂时切断他自己的交通线。他宁肯面对一个不利的条件,而不愿接受直接路线所带来的潜在失败危机。

天然的障碍,不管是如何的险阻,可是其所具有的危险性和不稳性,却总还是比不上一次真正的战斗。任何的条件都可以计算,任何的障碍都可以超越,只有人类的抵抗力却是唯一的例外。经过了合理的计算和准备,一切的障碍物,都可以依照预定的"时间表"加以克服。拿破仑在 1800 年,可以"依照计划"地越过阿尔卑斯山,可是一个小小的巴尔德(Bard)要塞,却居然使他的大事在行动上受到了严重的影响,因而危及他的整个计划。

现在我们再从反面来加以观察,把历史上所有的决定性会战加以分析之后,我们就可以发现几乎所有的胜利者,都是在冲突发生之前,先使对手在心理上处于不利的地位。关于这一点的例证可以列举于下:(一)马拉松;(二)萨拉米斯;(三)伊哥斯波塔米;(四)曼丁尼亚;(五)克罗尼亚;(六)高加米拉(由于大战略的作用);(七)海达斯配河;(八)依普苏斯;(九)特拉齐木诺;(十)坎尼;(十一)米陶拉斯;(十二)扎马;(十三)提卡米仑;(十四)塔吉纳;(十五)哈斯丁;(十六)普雷斯顿;(十七)邓巴;(十八)乌斯特;(十九)布仑亨;(二十)奥德纳尔德;(廿一)地南;(廿二)魁北克;(廿三)弗勒吕斯;(廿四)利弗里;(廿五)奥斯特里兹;(廿六)耶纳;(廿七)维克斯堡;(廿八)柯尼格雷兹;(廿九)色当。

把战略和战术两方面的观察结合在一起,我们又发现了多数的例证都可以并入下述两种类型中之一种:(一)采取一种弹性防御的战略,先作有计划的撤退,然后再用一个战术性的攻击来作为顶点。(二)或者是采取一种攻势的战略,其目的是为了要使他自己立于可以"颠覆"敌人"平衡"的位置,然后再用一种战术性的守势以竟全功——像蜜蜂尾上的刺。这两种结合的方式都是间接的路线,其心理方面的基础都可以用下述的字句来表达——"引诱"和"陷阱"。

事实上,也正和克劳塞维茨所曾经暗示的观念相似,那就是说守势是一种较强的战略形势,而且也比较经济,不过此处的意义却又比克劳塞维茨更深入和更广泛。因为尽管从表面上和理论上看来,第二种结合方式应该算是一种攻势行动,可是其内在的动机还是想要引诱敌人作一种"不平衡"的前进。最有效的间接路线就是要能设法引诱,或推送敌人进入一种"虚伪"的动作——这正和柔道的原理完全一样,设法让他自己用自己的力量来击倒他自己。

在攻势战略方面,所谓间接路线通常都包括一种后勤的军事行动,以一个经济性目标——对方国家或军队的补给来源——为其攻击对象。不过偶尔,这种行动也可以具有纯粹性的心理目标,贝利撒留的某些作战即为其例证。不管所采取的是哪一种"形式",主要的"效力"就是要使敌人在"心理"上和"形势"上,产生"不平衡"的现象——一个间接路线的效力,即以此为其真正的度量标准。

另外还有一项结论,也许不那样肯定,但是其所具有的暗示性却不曾减少。从我们的观察上看来,每当一个战役中的敌人不止一个国家或一个军队的时候,那么最好的方法就是先集中全力,来攻击敌方较弱的一个伙伴,这要比先企图击败强者,较为有把握。通常弱者被击败之后,强者也就会随之而自动崩溃。

在古代史中有两次最出色的战役,一是亚历山大征服波斯,二是西庇阿击灭迦太基。这两次都是采取截断敌人根本的办法。这种间接路线的大战略不仅创立了马其顿和罗马大帝国,而且他们最伟大的承继者——不列颠帝国——也是这样建立起来的。拿破仑的皇权和幸运也是以此为基础。再往后说,在这同一基础上,也建立起美国那样伟大坚固的国家。

要想学会间接路线的运用艺术,并对它的内容有全面的了解,那么唯一的方法,就是对于整个战史不断地作博考深思的钻研。不过我们可以把这些教训具体化,化约成两条简单的格言,一是消极的,另一是积极的:(一)历史上的例证简直不胜枚举,任何一位将军对于已经据有坚强阵地的敌人,绝不可以发动直接的攻击;(二)不要想用攻击的方式来使敌人丧失平衡,一定要在真正攻击发动之前,先使敌人丧失平衡。

列宁对于这个基本的真理,似乎颇有认识。他曾经说过:"在战争中最健全的战略,就是一直等到敌人在精神上已经涣散之后,再开始作战,如此只要一击就可以轻松地使敌人丧命。"这当然不一定总是可能,而且他所主张的宣传方法,也并不一定完全有效。不过他这句话若能略加修正,那么似乎就更有实用价值:"任何战役中的最健全战略,就是一定要等到敌人在精神上已经发生动摇之后才开始会战;任何战役中的最健全战术,就是一定要等到敌人在精神上已经发生动摇之后才开始攻击。只有这样才可能作具有决定性的打击。"

第二篇　第一次世界大战的战略

第十一章 一九一四年的西战场

研究第一次世界大战西线战役的起点,应该是双方战前的计划。法德两国的边界相当狭窄,一共仅约 150 英里长,自从实行了征兵制之后,各国的兵员数量大增,所以实在是感到无回旋的余地。这一条国界的东南端,直抵瑞士,除了在贝尔福(Belfort)附近有一小段平坦地带以外,接着 70 英里的距离都是沿着孚日山地(Vosges)而走。此后这条国界上几乎布满了连续不断的要塞,这条锁链的重要基础为埃皮纳勒(Epinal)、图尔(Toul)和凡尔登(Verdun);过了凡尔登之后,就是卢森堡和比利时两国的国界。法国在 1870 年普法战争中吃了大败仗之后,在总结教训的阶段中,他们的战略计划是主张最初采取守势,以国境要塞为其基础,然后再接着来一个决定性的反击。为了达到这个目的,他们就沿着亚尔萨斯、洛林的边界,建立了一个巨型的要塞体系,中间也故意留下一些缺口,例如在埃皮纳勒和图尔之间的查尔姆(Trouée de Charmes),他们希望把侵入军卡在这些狭窄地区之内,然后再来向其作有效的反击。

这个计划可以说是具有某种程度的间接性。尤其是因为边界是那样的狭窄,而且要考虑到不侵犯中立国的领土,所以事实上也只能作如此的计划。

可是到了 1914 年前十年的时代中,突然又发生了一种新派的思想。首创新派的人为格宏麦松上校(Colonel de Grandmaison),他痛斥这种计划是违背了法兰西的传统精神,完全缺乏攻击的观念。这些"全面攻势"(offensive à outrance)主义者就拥护霞飞(Joffre)做他们的代表人,于是霞飞在 1912 年被任命为参谋总长,遂使新派的理论有了付诸施行的机会。他们控制了法国的军事机构之后,马上就废弃了旧计划,而另外拟定了一个新的"第十七号"(Plan XVII)计划。这是一种纯粹的直接路线,主张集中一切的兵力,一举攻入德国的心脏部分。可是在执行这种全面攻击计划的时候,法军所可能计算的兵力,却最多只能与敌人相等。但是当他们趋前进攻时,敌人却拥有他本国边界要塞的掩护,而法军自己却完全放弃了这种利益。这个计划中唯一不违背历史经验和常识的部分,就是决定只监视着梅斯要塞,而并不向它作直接的攻击——法军分别从梅斯的南北面绕过,再向洛林境内进攻。假使德国人侵犯中立国的领土,则法军左翼方面就准备将攻击延展到比卢两国境内。说起来似乎很矛盾,法国的计划是以德国人克劳塞维茨的思想为基础;而德国的计划却很像拿破仑——当然更像汉尼拔。

由于在前十年当中,英国人的军事组织和思想都已经开始"欧陆"化,所以他们并未经过多少考虑,即接受了法国人的计划。这种大陆派的影响使得他们不知不觉地,愿意接受充当法军左翼附属兵力的任务,而完全忘记了他们的历史教训,利用海权去发挥他们的机动力量。战争刚刚要开始时,准备出任英国远征军总司令的法兰契爵士(Sir John French),曾经在战争会议上对于"原定的计划"提出怀疑的意见,他主张把英军送往安特卫普——在那里可以增强比军的抵抗力,而且当德军若经过比利时向法国境内进攻时,就态势而论,这一支兵力也足以威胁其后方的侧翼。可是当时英国参谋本部的作战处处长威尔逊少将(Henry Wilson)却力主应直接配合法军的行动。从1905年到1914年这十年当中,英法两国的参谋本部曾经不断地作非正式的协商,结果使得英国人自动放弃了几百年来的传统战争政策。

由于有这样一个"既成的事实",所以法兰契的战略观念也就无人问津。此外海格(Haig)主张等候情况较明朗化之后再行动,以便军队可以更扩大;基奇纳(Kitchener)主张将远征军集中在国界的附近,以使目标更有限制。凡此种种,都不曾为人所重视。

因为法国人采用这样的一个计划,结果使德国人的原始计划——1905年由施里芬伯爵(Graf von Schlieffen)所创——变成一条真正的间接路线。既然面对着法国边界上的铜墙铁壁,所以唯一合理的军事路线,当然就是绕过这些障碍物——即取道比利时。施里芬决定采取这一条路线时,就应该尽可能地绕着大圈子走。说起来似乎很奇怪,甚至于一直等到德军已经侵入比利时之后,法国人却还是假定德军一定会把进攻路线,限制在比较狭窄的正面上,而以马斯河东岸为其限度。

在这个巨型的车轮上面,照施里芬的原定计划,德军的大部分兵力应该集中在右翼方面。这个右翼准备横扫过比利时和法国的北部,然后再继续经由一道巨型弧线,渐转向东面的左翼上。当它的右翼顶点经过巴黎南面以后,接着在鲁昂(Rouen)渡过塞纳河(Seine),这样就可以压迫法军向摩泽尔河上败退,于是洛林的要塞和瑞士的边境变成了铁砧,而德军的重锤,将敲在法军的背上,把他们击成碎片。

这个计划真正高明的地方,并不在于地理上的迂回,而在于兵力的分布以及它的基本观念——这也就代表着它的真正间接性。在攻击之始就把预备兵和常备兵编在一起就可以构成最初的奇袭。在全部 72 个师的兵力当中,有 53 个师都分配在突击集团,10 个师面对着凡尔登,构成轮形的枢轴;在沿着法国边境要塞线上的左翼方面,却一共只剩下 9 个师。这实在是很精明的盘算,把左翼减到了最弱的程度,以使右翼达到空前的强度。因为即使法军攻入了洛林,压迫着德军的左翼向莱茵河上退却,法军这个行动却并不能阻挠德军经由比利时的进攻,而且他们若愈深入,则处境也会愈困难。这好像是一扇旋转的大门一样,若是法军重重的压迫这一面,那么另外一面就会倒转过来,打在他们的背上——他们压得愈重,那么反击也就愈重。

从地理上来说,施里芬经过比利时进攻的计划,在战略上所具有的间接性实在是非常有限——因为在那样狭窄的空间中,集中那样多的兵力,实在有施展不开的困难。但是从心理上来说,因为他对于兵力的分配别具匠心,所以才成为一个真正的间接路线,而法军的计划又更增加了它的完美性。施里芬的灵魂若是有知的话,当他看到法国人并不需要引诱,即自动投入他所设的陷阱中,一定会将须大笑了。不过也许不要太久的时间,他就会收敛起笑容,而变得怒容满面。因为他的承继人"小"毛奇——在年龄上他固然是最"小",可是若论其持重小心,则可以算是最"老"——对于他的计划,在战前准备和战后实行时,曾经一再地加以修改,简直变得面目全非。

在 1905 年到 1914 年之间,因为部队的数量有所增加,于是小毛奇遂一再地加强左翼的兵力,使它与右翼之间已经不合于原定的比例。为了使这一翼比较安全,结果使整个的计划都丧失了安全,因为他一再地损毁这个计划的基础,结果终于导致它自动崩溃。

当法军在 1914 年 8 月发动攻势的时候,小毛奇突然冲动了起来,想用直接的态度来接受这一次挑战,决定在洛林寻找一个决战的机会,而放弃用右翼扫击的计划。虽然这种冲动只不过是暂时性的,可是在这一刹那之间,因为他自己把握不住,就把六个新成立的加强预备师全都送往洛林方面,实际上,这应该用来增厚右翼的实力。这些生力军到达了之后,更使洛林地区的德军指挥官感到得意忘形。巴伐利亚的鲁普里赫特亲王(Prince Rupprecht)完全忘记了他原有的任务,不但不继续向后撤退来引诱法军深入,反而站定了脚跟准备接受会战。因为他看到法军的攻势发展得非常慢,所以他就与邻近的友军约好,发动一次反攻以阻止法军的前进。德军方面的 2 个军团,一共有 25 个师,而法军却只有 19 个师,所以击败敌人当然不成问题。不过他们却缺乏绝对的优势和战略形势,以使这次攻击具有决定性。结果只不过是把法军赶回了他们的边境要塞之内——在那里他们不仅可以重新整顿他们的抵抗力量,并且还可以把部队向西调动,以便参加马恩河(Marne)会战。

德军在洛林的作战,对于施里芬计划所具有的破坏作用,要比他们逐渐减少右翼的重量,更为严重。不过也许在表面上不那样明显,因为最后的崩溃是发生在右翼方面,不过假使右翼的兵力若非一再地被削弱,那么当然就不会发生这种崩溃的现象。

除了把 3 个加强师派往洛林以外,右翼方面又分出了 7 个师的兵力,去围困或保卫安特卫普、吉维特(Givet)和毛布基(Maubauge)等地,另外小毛奇又抽出了 4 个师去增援东普鲁士的防线。由于邻近友军的要求,但也经过小毛奇的批准,于是位置在右翼顶点的克鲁克(Kluck)军团,在时机未成熟之前,就提早作旋翼的行动。这样会为敌所乘,使巴黎的守军有机会攻击他的侧面。在这个具有决定性的侧翼方面,德军只有 13 个师,而英法联军却一共有 27 个师之多。这个事实即表明了施里芬心目中的"决定性侧翼"已经直接和间接地被削弱了。德军由于在右翼方面一再抽调兵力,所以在数量上才会居于劣势;而法军由于德军在左翼方面作了违背计划的作战,所以在数量上才会居于优势。

假使当时德军若能听任法军的左翼向洛林境内深入,那么法军将不可能那样迅速地把左翼的兵力转用到右翼方面来。不过就算把这些分散兵力和减少兵力的问题排除,德军在右翼方面能否保持强大的优势似乎也还有疑问。由于比军把马斯河上的桥梁都破坏掉了,所以一直等到 8 月 24 日,德军的火车才有办法通过,而且尚不能畅通。这个障碍物使得他们无法照原定的计划来增强他们的右翼。此处,他们右翼方面 3 个军团的一切补给,也都非要经过这一条半断的大动脉不可。英法两军在撤退时所作的爆破,也同样使德军的补给受到了阻挠。当德军达到了马恩河上的时候,他们就好像是一个已经打了败仗的军队——这是空着肚皮强行军的结果。若是小毛奇不曾减弱兵力,而在右翼的顶端集中更多的部队,那么其结果也许还可能更坏。美国内战的教训,一向不曾为人所重视,所以才会重犯这种错误——由于铁路的发展,以及军队对于这种交通线具有极大的依赖性,结果使部队的数量越来越大,超过了长距离作战所能够维持的限度,因此极易被击碎。

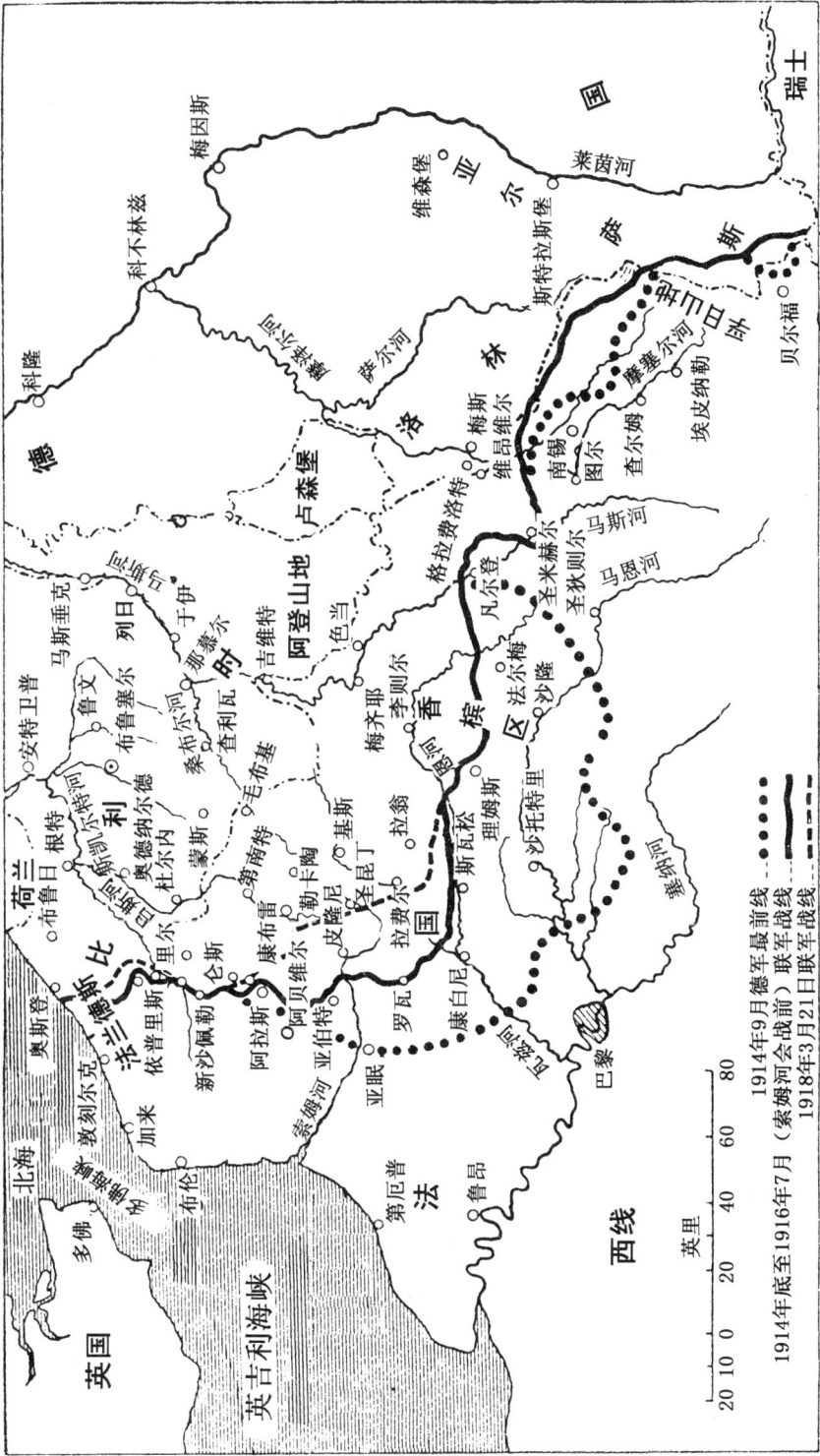

瑞士

国

亚

尔

萨

斯

莱茵河

贝尔福

斯特拉斯堡

维森堡

梅因斯

科不林兹

梅斯

洛

森

科隆

卢森堡

德

荷兰

布鲁塞尔

比

利

附

阿登山地

格拉费洛特

凡尔登

色当

圣米赫尔

马斯河

马恩河

圣教则尔

法尔蒙勒

埃皮纳勒

查尔姆

藤凑尔河

南锡

图尔

香

槟

区

沙隆

法尔梅

圣瓦松

理姆斯

隆河

塞纳河

法

国

索姆河

亚眠

英国

北海

英吉利海峡

西线

英里

20 10 0   20   40   60   80

1914年底至1916年7月（索姆河会战前）
1914年9月德军最前线 ·········
联军战线 ━━━
1918年3月21日联军战线 ━━━

· 137 ·

虽然在马恩河会战中,我们必须跨越战略和战术的模糊界线,不过这次会战却是整个战争的转折点,而且对于"路线"的问题,也具有许多启示,很值得加以详细的研究。为了明了起见,首先应说明其经过背景。

最先是霞飞的右翼在洛林为德军所击退,接着他的中央兵力在一头撞进阿登地区之后也被迫撤退了。最后他的左翼也侥幸在桑布尔河(Sambre)和马斯河之间,逃出了敌人的包围圈。现在所谓"第十七号计划"已经被击成粉碎,所以霞飞正好把这些碎片收拾起来,重新再拟定一个计划。他决定以凡尔登为枢纽,把他的左翼和中央都向后迁回,因为现在他的右翼已经撑稳了,所以他就从这一方面抽出兵力,在他的左面重组成一个新的第六军团。

德军这一方面,由于在国界上的战斗中,各军团的指挥官都纷纷发出夸张性的报告,所以使得德国的最高统帅获得了一种虚假的印象,认为这就是一次决定性的胜利。以后由于俘虏的总数相当稀少,才引起小毛奇心中的怀疑,使他认为对于情况有作更冷静估计之必要。小毛奇的这种新悲观心理,加上他那些军团司令的新乐观心理,结果就使整个计划产生了新的变化,因而播下了大祸的种子。

8月26日,当英军的左翼在受到了重创之后,开始从勒卡陶(Le Cateau)向南撤退时,德国的第一军团在克鲁克指挥之下,也再度地转向西南面。采取这个方向的原因有两点:一方面是对于英军的退却线没有认识清楚,另一方面是为符合克鲁克的原定任务,作大绕圈子的扫击。于是他就进入了亚眠—皮隆尼(Amiens-Péronne)地区,当时从洛林地区调来的法国第六军团先头部队刚在那里下火车,于是立即被迫向后撤退。这个行动打消了霞飞想要提早转移攻势的计划。

但是克鲁克还只刚刚转向西南方,马上即被牵引转了回来,因为为了减轻英军所受到的压力,霞飞已经命令邻近的朗里查克(Lanrezac)军团,暂停撤退,而反向比洛(Bülow)所指挥的德国第二军团攻击。这个正在追击中的比罗军团,突然遭到这个威胁,于是马上向克鲁克求援。在尚不需要援助之前,朗里查克的攻击于8月29日即已自动停止;可是比洛仍然还是要求克鲁克向内迁回,以期切断朗里查克的退路。在未表示同意之前,克鲁克先向小毛奇请示。当接到这个报告时,小毛奇正在伤脑筋,其原因有二:(一)习惯性地,他害怕法军又会从他的怀抱中溜脱,(二)在第二和第三个军团之间形成了一个大空洞。所以小毛奇遂批准了克鲁克改变方向的请示,换言之,就是放弃了从巴黎远道绕过的原定计划。现在德军迂回战线的侧翼就要从巴黎的附近经过,并且还要横越巴黎守军的前方。为了安全的原因,小毛奇不仅缩短了他的正面,而且也使他的路线变得更具直接性,可是他却牺牲了施里芬计划原订的希望——扫得愈宽,则希望愈大。结果事实证明,他不仅不曾减少危险,反而更招致了法军的反击,使他遭到了惨败。

9月4日,小毛奇决定完全放弃原有的计划,取而代之的是一个较狭窄的包围,以法军的中央和右翼为对象。他自己的中央(第四和第五两个军团)向南面压迫,他的左翼(第六和第七两个军团)则向西南面进击,希望能先突破在图尔和埃皮纳勒之间的要塞线,然后两面的"牙齿"从凡尔登的两侧向中间咬拢。此时他的右翼(第一和第二两个军团)则应向外转,并且朝向西面,以击退法军从巴黎附近所发动的任何反击。

但是在这个新计划尚未实行以前,法军却早已开始进行反击。

霞飞当时并未能迅速把握住这个机会,他还是命令部队继续后撤,但是巴黎的守将加列尼(Galliéni)马上看清楚了这一点。9月3日那一天,加列尼认清了克鲁克向内转动的意图,立即命令莫努里(Maunoury)的第六军团,准备攻击德军的右翼。第二天(9月4日)一整天当中,霞飞总部的激烈辩论都不曾中断。甘末林少校(Maj. Gamelin),他是霞飞的军事秘书,力主立即反攻,但是却受到贝尔瑟洛将军(Berthelot)的强烈反对,他在参谋本部中具有较大的发言权。一直等到那天夜里,加列尼在电话中和霞飞长谈之后,霞飞才表示同意,于是争执终于获得了解决。所幸一旦认识清楚之后,霞飞在采取行动时颇具决心。整个左翼都受命回转过头来,9月6日开始发动全面反攻。

莫努里首先发难,在9月5日,他就已经使德军敏感的侧翼感受到了威胁。克鲁克只好一再抽调兵力去增援这个感受威胁的侧翼。于是在德国第一和第二两个军团之间,产生了一个长达30英里的空洞,只靠一个骑兵团所构成的屏障来掩护它。因为面对着这个缺口地区的英军,已经迅速的撤退,所以克鲁克才敢冒这个危险。甚至于在9月5日这一天,尽管其他部队都已回转过头来,可是英军却还继续向南走了一天。可是英军的这个暂时"失踪",对于胜利却具有意想不到的间接贡献。因为以后当英国再回过头来前进时,德军所获得的情报却是,他们的纵队正向着这个缺口挺进,于是比罗遂在9月9日命令他的第二军团向后撤退。当时第一军团虽暂时击败莫努里,可是由于他们自己的行动使得他们处于孤立的地位,所以这种优势也马上被抵消了,结果在同一天当中,他们也向后撤退。

到了9月11日,德军所有的军团都在撤退之中,有的奉有小毛奇的命令,有的却是独立行动。想以凡尔登为枢纽，作部分包围的企图是早已失败——由第六和第七两个军团所构成的"牙床"，在法国东部边境要塞上，很快就碰断了门牙。这种发展实在令人费解：既然在战前的冷静计算中，认为正面的攻击是不可能的，所以他们才决定不惜侵犯比利时的中立权，因为这是他们认为唯一可以走得通的路线。可是到了实际作战时，德军的统帅部竟反而认为临时采取这种正面攻击的方式，可以有成功的希望。天下不合情理之事，实莫甚于此。

总而言之，决定马恩河会战胜负的因素一共有两个：一是震动；二是裂痕。莫努里向德军右翼上的攻击，就产生了一个震动，而这个震动又在德军战线的弱点上，制造了一个裂痕。这个物质上的裂痕又使德军统帅部在心理上产生了裂痕。

根据上述的事实，我们就可以看出来克鲁克的间接行动——在勒卡陶以后向外迂回——足以破坏霞飞的第二计划，阻其提早转移攻势，并且也增加了英法联军的退却速度。反过来说，他以后的向左旋转，直接向敌人进攻，却使德军的计划满盘皆输。此外，我们也可以看出小毛奇的战略路线也是越来越直接化。德军左翼的正面攻击不仅是一个成本高昂的失败，而且毫无战略上的收获，真是得不偿失。

若说霞飞的退却是一种间接的路线，则未免言过其实。马恩河的机会是人家送给他的，既不是他创造出来的，也不是他寻找发现的。加列尼的突袭在时机上可以说是"千钧一发"，刚好在德国第一和第二两个军团尚未把侧翼防务布置完毕之前。不过它也未免太直接化，不足以产生决定性的结果，假使他若是听从霞飞的第一个指示，在马恩河的南岸实行突击，那就会更直接化了。最后，我们可以看出真正迫使德军退却，而决定胜负的因素，又是一个并非故意的间接路线——这好像是历史喜剧中的一段插曲。那就是英国远征军的突然失踪，以后又迟迟地再度出现，但恰好针对着德军右翼方面那个已经削弱了的接头点上。法国方面的批评大多数都是谴责英军迟缓误事，殊不知其结果恰好相反。这正好像龟兔赛跑的寓言一样。假使英军回头进攻的时间太早，那么德军这个接头点上的兵力就不会变得那样的脆弱。莫努里的攻势也许根本上就无法产生决定性的结果——因为当德方从这个接头地区抽调出来的两个军还在行军途中时，他的攻势即早已受挫。换言之，这两个军实在是白忙了一场。

不过在分析德军退却的原因时，还有一个大家没有注意的因素，值得在此一提。当时德军统帅部获得了一个情报,说英军正在比利时海岸上进行登陆,所以他们很敏感,害怕他们的后方和交通线会受到威胁。因此在马恩河会战尚未开始之前,他们即早已有了退却的打算。9 月 3 日,德军最高统帅部的代表亨奇中校(Lt-Col. Hentsch)来到了第一军团司令部中,带来了最新的命令,上面写着:"消息很不好:第六和第七两个军团在南锡(Nancy)—埃皮纳勒地区之前,已经被阻。第四和第五两个军团也遭到了顽强的抵抗。法军已经从右翼方面,抽调兵力开往巴黎。英国的生力军也继续不断地从比国海岸登陆。谣言中还传说有俄国远征军参加此项登陆。因此是非撤退不可。"

当时英军有 3 个营的海军陆战队,在奥斯登(Ostend)登陆,由于德军统帅部的敏感作用,在 48 小时之内,3 个营竟谣传成一个总数 4 万人的"军"了。为什么会有俄国远征军的谣言呢?其来源是一位英国铁路上的搬伕幻想出来的故事——在英国的白厅(Whitehall)中,真应该为这个"无名的搬伕"铸造一尊铜像。史学家也许可以获得下述结论:认为这个在奥斯特登暂登陆的部队,再加上俄国远征军的神话,就是马恩河会战中决定胜负的主因。

这个幻想中的兵力能产生这样大的精神作用,因此自从 9 月 9 日以后,德军因为害怕英军会从安特卫普方面出击,所以行动上也受到了很多的影响。由此看来,若当初即能采取法兰契的战略,其结果一定更有效。假使能够如此,那么英军在这一次决斗中,就不仅具有消极的,而且更具有积极性的决定作用。

现在法尔根汉(Falkenhayn)已经接替了小毛奇的职务,他充分认清了比利时海岸对于德军后方所具有的潜在威胁力量。于是他第一个步骤就是要夺取安特卫普,再由此开展一项极具间接路线意味的行动。可惜在执行的时候,却并不如理想,只比直接路线好。虽然如此,但却还是使联军又几乎达于惨败的边缘。

9 月 17 日,霞飞看到莫努里对于绕过德军侧翼的企图未能生效之后,遂决定再组成一个新的军团,由卡斯特尔诺(de Castelnau)率领,负责迂回的行动。可是在此以前,联军的正面追击早已在恩河(Aisne)上被阻止住了。此时,德军已经恢复了他们的团结力,而德军统帅部对于这种有限度的机动,是早有应付的准备——而法军却沿着德军预料中的路线进行。

接下来的一个月,最明显的现象就是双方都在作迂回对方西翼的企图,但是都未能获致成功。用一个并不准确的惯用名词来说,就叫作"向海边的赛跑"(the race to the sea)。早在霞飞之前,法尔根汉即开始尝试作这样的游戏,

10 月 14 日即设计好一个战略性的陷阱,他预料到联军在下一个行动中,一定会自动上当。他使用最近组成的侧翼兵力,以来对付敌人的迂回企图,而另外用一支兵力——包括安特卫普攻陷后所多出来的部队,以及 4 个新组成的军——一直往下扫过比利时海岸,突破来攻联军的侧翼,然后打击它的后方。他甚至暂时控制着他的兵力,不去追击从安特卫普退却的比利时野战军,以避免过早使联军指挥部得到消息,而提高他们的警觉。

不过很侥幸的是,比利时国王艾伯特(King Albert)很谨慎也很实际地拒绝了福煦邀请他参加这个迂回行动的要求,而坚决不肯离开沿海地区。所以比军能够据守阵地顽抗,最后,还放水淹没了沿海的低地,以阻止德军从北面而来的攻势。如此才强迫法尔根汉只好对联军的侧翼,采取一条比较直接的路线——这时,由于英将海格所率领的一军,刚刚从恩河上开到,所以这个侧翼也刚刚进展到伊珀尔(Ypres)。

虽然早已到达的英军右翼和中央各部,所作的前进企图均已被阻止,可是英军主将法兰契还是命令海格所统率的左翼军,去完成霞飞的迂回梦想。也是很侥幸,恰好德军的攻势也提前开始,所以产下来的是一个“死胎”——虽然在一两天之内,法兰契受了福煦的影响,坚信这次英军的“攻击”已正在进行之中,可是实际上,海格的部队却正在进行前所未有的艰苦奋斗,以图勉强守住他现有的位置。由于法英两国的主将对于现实的情况如此缺乏认识,所以才会如茵克曼(Inkerman)所言,这个伊珀尔战斗,事实上完全是士兵们的各自为战。而法尔根汉在扫过海岸地区的希望断绝之后,也在一怒之下,坚持想用直接路线来寻求一个“决定”,而白白浪费了一个月的时间。尽管实力是那样不足,可是还和往常的惯例一样,一个直接的守势总还是可以击败一个直接的攻势。最后堑壕从瑞士边境一直挺到海边——僵持之局遂已形成。

一九一五至一九一七年间的西战场

在接下来的四年,联军的军事发展便是不断重复同样的方法,以期打开这种死结——或是直接突破堑壕,或者是寻找一条困难的迂回路线。

在西线方面,两条平行的战壕把战略变成了战术的仆人,而战术本身也变成一个跛子。因此在 1915 到 1917 年间,关于战略方面简直没有什么值得一谈的。就联军方面而言,其战略纯粹是采取直接路线,结果根本不足以打开这个死结。不管我们对于消耗战的评价是怎样,也不管把这整段时间当作一个连续性会战的看法是否正确,总而言之,这种需要花四年的时间才能造成"决定"的方法,似乎是不值得模仿的。

1915 年在新沙佩勒(Neuve Chapelle)发动的第一场攻势企图,虽然所采取的路线是直接的,但是至少曾具有战术性的奇袭作用。从此之后,由于采取了预先"报信"的准备炮击方式,以致所有一切的企图都变成正面的硬攻。关于这一类的攻击有 1915 年 5 月间法军在阿拉斯(Arras)附近的攻势;1915 年 9 月间,英法联军在香槟(Champagne)和阿拉斯以北的攻势;1916 年 7 月间,在索姆河(Somme)上的攻势;1917 年 4 月间,在恩河和阿拉斯的攻势;最后,从 1917 年 7 月到 10 月间,英军在伊珀尔的攻势。1917 年 11 月 20 日,在康布雷(Cambrai)的攻势,由于使用突然放出大量集中坦克的方式来代替惯用的长时间炮兵准备射击,所以又重新取得了战术性的奇袭。不过这次小规模的攻势在开始的时候,固然很愉快,而结局却很不愉快,所以从战略方面看来,它很难算是一个间接路线。

在德军方面,战略几乎完全限于守势,除了 1916 年对于凡尔登的攻势,要算是唯一例外的插曲。那个攻势还是一条纯粹的直接路线——除了那个用一连串有限的"蚂蟥吸血"方法,以使敌人失血致死的观念,或许勉强可以算是具有间接性。但是这种方法本身的消耗也很大,结果也造成自己的破产。

与间接路线的性质比较相似,但是在目标上却是纯粹守势的,那就是鲁登道夫(Ludendorff)在 1917 年春天所拟定的计划,该计划把一部分德军撤到了兴登堡(Hindenburg)防线。为了防范法英联军在索姆河上重整攻势,德军就在仑斯—那永—兰斯(Lens-Noyon-Reims)弧线的弦线上,构筑了一条非常牢固的新人工防线。在把弧线内的整个地区彻底破坏之后,德军就按计划分步撤退,退入这个缩短了的新防线上。忍痛放弃土地要算是一种精神上的勇敢,这个行动破坏了联军春季攻势的整个计划。它帮助德国人获得一年的喘息时间,逃脱最危险的境况,使联军的任何联合攻势都无所施其技。这段时间也使俄国达到了完全崩溃的程度,并使鲁登道夫可以使用优势的兵力在 1918 年展开最后一搏。

第十二章　东北欧战场

在东线方面,作战计划比较富有弹性,这些计划事先并未作过详细的规定。虽然如此,它们在变化上,却并不比西战场简单,让人有五花八门之感。可以计算的条件是地理形势,而主要无法计算的条件是俄军的集中速度。

俄属波兰好似一块大舌头,从俄国本土伸了出来,三面都为德奥两国的领土所包围。北面是东普鲁士,再外面就是波罗的海。南面是奥地利所属的加利西亚(Galicia)省,再过去就是喀尔巴阡(Carpathian)山地,保卫着进入匈牙利平原的通路。西面则为西里西亚。

在德国边界各省,遍布着具有战略性的铁路网,而波兰却和俄国本土一样,交通情形非常的恶劣。所以德奥方面占有非常强的优势,便于集中兵力,以来迎击俄军的进攻。不过若是他们采取攻势,则他们向波兰或俄国境内深入得愈深,那么这种优势也就会相对的减低。所以根据历史的经验,对他们有利的战略,即为引诱俄军离开原有的位置,向前深入,然后用反击的手段来把他们击败;这要比他们自己先进攻,有利得多了。这种布匿式(Punic)战略的唯一弱点,就是让俄军可以有集中的时间,以发动他们那个笨重生锈的战争机器。

在这个问题上,德奥双方开始在意见上发生了重要的裂痕。双方固然都认为最重要的问题就是要在 6 个星期之内,设法阻止俄军的前进,以便德军可以在这段期间内首先击败法军,然后再把兵力移转到东面和奥军会合在一起,对俄军作决定性的打击。所以所谓意见上的差别也只是在方法方面而已。由于德军希望先彻底击溃法国,所以只想在东方保留最少量的兵力。他们之所以没有作放弃东普鲁士的打算,而改在维斯瓦河上站定脚跟,仅只是因为他们不愿让国土遭敌人蹂躏的关系。但是对奥地利人而言,由于受了参谋总长康拉德(Conrad von Hötzendorf)的影响,希望立即发动一次攻势,以使俄国的机器抛锚。因为这个办法可以使法兰西战役在决定性阶段时,不至于受到俄国的干扰,所以小毛奇也赞成这种战略。康拉德的计划是首先用 2 个军团向东北方攻入波兰,在他们右边,更东的地方,还有两个军团供掩蔽之用。

在俄国方面也是同样的情形,某一个邻国的愿望也使另外一个国家的战略受到了重大的影响。从军事和种族两种动机上来说,俄国的统帅部都希望先集中全力来对付奥地利。因为此时奥地利正处于孤立无援的状态之中,很容易被击倒,之后便只剩下德国,可以等俄国总动员完成之后,再来慢慢地解决它。但是法国的看法又完全不同,他们希望先减轻德军对于法国的压力,因此力主俄军同时夹攻德国。结果是俄国人同意在对奥地利的攻击以外,再另外加上一个向德国的攻击,而对于这个额外的攻击,俄国人在数量上和组织上都没有准备。在西南正面上,两组俄国军团采取向心的方式,向加利西亚的奥军进攻。在西北正面上,另有两个俄国军团也向东普鲁士的德军进攻。俄军秉性迟缓,而且组织粗糙,所以自然地会采取一种谨慎的战略。这次却不惜破坏了固有的传统,匆匆忙忙地发动了一个两面的直接攻势。

在战争爆发之后,俄军总司令尼古拉大公爵(Grand Duke Nicholas)便加速侵入东普鲁士,以求减轻西线法军所受到的压力。8 月 17 日,芮南坎普(Rennenkampf)军团已经越过了东普鲁士的东界。而在 8 月 19 和 20 两日中,他们和普里特维兹(Prittwitz)的德国第八军团发生了遭遇战,并在贡比涅(Gumbinnen)击败了它的主力。8 月 21 日,普里特维兹又听到沙姆索诺夫(Samsonov)所率的俄军,也已经从他的后方越过了东普鲁士的南界。在那里德军只有 3 个师的守军,而俄军进攻者却有 10 个师之多。在恐慌之中普里特维兹遂匆匆下令退到维斯瓦河后面去,此时小毛奇也立即把他免职,并派一位已经退休的兴登堡将军去接替他,并以鲁登道夫为其参谋长。

第八军团的参谋军官霍夫曼上校(Col. Hoffmann)本已拟定了一个计划,鲁登道夫以其为基础再加以发展,并且采取必要的行动。他一共集中了大约 6 个师的兵力,在沙姆索诺夫的左翼方面。这支兵力并不比俄军强大,所以本不可能有决定性的作用。但是鲁登道夫,因为发现芮南坎普还在贡比涅附近,所以决定作一次有计划的冒险,除留下少数骑兵作掩蔽之外,把其余的德军全抽调出来,然后投到沙姆索诺夫的右翼上面。因为两位俄国军团司令之间并无通信联系,同时德军已经破解俄军的无线电密码,所以更使这个果敢的行动获得了很大的便利。在集中攻击之下,沙姆索诺夫的侧翼首先被击破,接着他的中心兵力受到了包围,于是实际上等于全军覆没。除了这一次的机会与其说是自己创造的,不如说是敌人贡献的,这个简短的坦能堡(Tannenberg)会战可算是"内线"方式间接路线的极佳例证。

接着,德军从法国前线调来 2 个军的生力军,然后就回转头来攻击正在缓缓前进中的芮南坎普——芮南坎普之所以缺乏活力的原因有两点:一是他在贡比涅之战已经受到很重的损失,二是他又非常缺乏情报。最后他终于被逐出了东普鲁士。由于这些会战的结果,俄军一共损失了 250 000 人,而更严重的,却是物质的损失尤其使他们感到吃不消。不过,因为俄军侵入东普鲁士的缘故,至少使得法军在马恩河上,获得了一个复苏的机会——因为德军已经有两个军由西线调往东线。

但是由于在加利西亚方面,奥军正在节节败退之中,所以使坦能堡的效力也为之减低。最初奥地利的第一和第二两个军团攻入波兰之后,也获得了相当的进展,可是接着俄国的第三和第八两个军团即向正在防守右翼的奥军第二和第三两个军团(兵力较弱)进攻。8 月 26 日到 30 日之间,这两个奥地利军团遭受了惨重失败之后,经过来姆贝格(Lemberg)向后撤退。俄军左翼的前进于是开始威胁到已经获胜的奥军左翼。康拉德想调转他左翼兵力的一部分,以攻击俄军的侧翼,但是这个行动却未能成功。于是当俄军左翼再继续进攻的时候,他的军队即开始溃败,到了 9 月 11 日,为了自救起见,遂不得不下总退却令。到了 9 月底,奥军差不多退到克拉科夫(Cracow)。

奥军的溃败又迫使德军不得不予以援助。在东普鲁士的德军,大部分改编成为新的第九军团,向南调往波兰的西南角上。从那里向华沙进攻,以配合奥军的新攻势。但是此时的俄国动员力量却已达到了最高潮,在部队重编之后,又开始发动反攻。他们击退了德军的进攻,并且跟在后面用重兵侵入了西里西亚。

尼古拉大公爵用 7 个军团组成了一个巨型的方阵——正前方 3 个军团,每边 2 个军团以保护两面的侧翼。另外还有一个第十军团,也已经侵入了东普鲁士的东面一角,并在那里与弱势的德军相峙。

为了应付这个危险,东线的全部德军遂完全由兴登堡以及鲁登道夫、霍夫曼三个人指挥。他们以德国边界内的平行铁路网为基础,拟定了一个新的反攻计划。面对着进攻中的俄军,德国第九军团步步后撤,一面有系统地破坏波兰境内仅有的交通工具,以迟滞俄军的行动。当他们到达西里西亚的边界之后,即已摆脱俄军的压迫,于是首先向北移转进入波森——索恩(Posen-Thorn)地区,接着在 11 月 11 日,又转向东南面,对着维斯瓦河的两岸进攻,其目标就是保卫俄军右翼 2 个军团之间的交接点。这一斧把那两个军团砍成两片,其第一军团被迫向华沙退却,于是第二军团在罗兹(Lodz)几被包围,若非正前方的第五军团赶来援救,则德军便可以获得另外一次的"坦能堡"了。因为如此,有一部分的德军反而几乎受到了俄军的包围,不过他们还是能够突围而出,与主力会合在一起。固然这一次德军并未能获得决定性的战术胜利,可是这个行动可算是一个典型例证,足以说明即便是一个相当小型的兵力,若能够发挥它的机动性,采取一条间接路线来攻击一个重点,那么也可以使兵力超过数倍的敌人,在前进中瘫痪。从此俄国人的"碾路机"就开始操纵不灵了,再也不曾威胁到德国的领土。

一个星期之内,德方又有4个军的生力军从西线调来,此时西线方面的伊珀尔攻击已宣告失败。虽然他们来得太迟,并不足以使德军获得一次决定性胜利,可是鲁登道夫却可以利用这些兵力,压迫俄军退回到华沙前面的布楚拉—拉弗卡河(Bzura-Ravka)之线。之后东线也和西线一样,形成了掘壕相对的僵局。不过阵线却不如西线那样固定,同时俄军已经把他们的弹药存量完全用光,而他们的工业水准是如此的落后,所以再也补充不起来。

1915年东线的故事,就是鲁登道夫和法尔根汉两人的意见争执。鲁登道夫主张用某种战略来寻求一个决定,至少在地理上要算是一个间接路线。法尔根汉认为他不仅可以限制所使用的兵力,而且更可用一种直接路线的战略,以来击毁苏军的攻势力量。因为法尔根汉的位阶较高,所以他的意见终于获胜,可是结果他的战略对于这两个目的却一个也不曾达到。

鲁登道夫认为当俄军向西里西亚和克拉科夫发动秋季攻势的时候,他们全军的主体就已经在波兰突出地中,深深地陷入了网罗之中。在西南角上,他们更把头从网眼中伸出,放在奥地利境内。接着由于鲁登道夫在洛次发动了反击,才使俄国的主体暂时陷于瘫痪之中。此时,德军已经把破网修补好了,而且又获得了增援。自从次年1月到4月之间,俄军在喀尔巴阡山地边缘上,拼命的突破,但是却毫无进展。这种挣扎只是使他们的主力被网罗裹得更紧。

鲁登道夫希望利用这个机会,采取一条宽广的间接路线,绕过在波罗的海附近的北面侧翼,通过维尔那(Vilna)达到俄国的后方,以切断那几条通到波兰突出地区仅有的交通线。可是法尔根汉却认为他这个计划太鲁莽,而且他所要求的预备兵力也太多——事实上,后来依照他自己的方法,所需要的数量反而更多。由于他正拟在西线方面进行一次新的攻势,以突破堑壕的障碍,所以不想放弃他的计划。同时他又被迫必须分出一部分预备兵力来增援他的同盟国——奥地利。结果他只好决定采取一种有限战略,企图击破俄国人,然后,他就可以安心在西线重整攻势,而不必担心俄国人的阻挠——虽然战略方面是有限的,但是战术方面却反而是无限的。

这个由康拉德提出,再经过法尔根汉批准的东线作战的计划,就是打算在喀尔巴阡山地和维斯瓦河之间杜纳耶茨(Dunajec)地区,向俄军中央方面实行突破。5月2日开始实施。这又是一次完全的奇袭,扩张战果的行动也很迅速。到了5月14日,沿着喀尔巴阡山地的俄军全线,都已经向后卷退80英里,到达了桑河(San)之上。

在这里,我们又可以获得一个明显的例证,足以说明真正的间接路线与一般所谓"奇袭"者,其间是具有很大的差别。这一次在时间、地理和兵力各方面,都完全发挥了奇袭的效力,可是俄军却只是向后卷退,好像滚雪球一样。虽然他们损失很惨重,可是当他们向后卷退时,他们距离预备队、补给和铁路也就愈近。所以德军的行动无异于是把这个雪球逐渐压紧,使俄军由碎片而变成了整体。此外,虽然这种直接路线的压力,足以使俄军的指挥体系陷于危险的紧张状态,可是却并不能使他们发生震动、丧失平衡。

法尔根汉现在也认清了他在加利西亚境内,实在是太深入了,以至于无法抽回。他这个局部性的攻势已经找不到一个安全的收脚点,尽管他本来的愿望是想把兵力赶紧调回西线,可是结果却反而必须从法国境内,不断地将兵力往东线抽调。接着他又再采取了一条新的直接路线。他把攻击的方向,从东向调成了东北向,并且命令鲁登道夫也同时向东南方发动配合的攻击——此时,鲁登道夫在东普鲁士境内,早已等候得不耐烦。鲁登道夫认为这种攻击计划一定会一无所获,所以他又重新提出他自己的那个计划,但仍然为法尔根汉所拒绝。

结果证明了鲁登道夫的看法是正确的。法尔根汉这一刀剪下去,只不过是把俄军又稍微逼退了一步而已。到了9月底,俄军从波罗的海岸上的里加(Riga)到罗马尼亚边界上的捷罗维兹(Czernowitz),把战线拉成了一条长直线。虽然他们不再能直接威胁到德国人,可是却已经牵制了大量的德军兵力,使德军感到吃不消;同时更使奥军在精神和物质两方面从此一蹶不振。

当法尔根汉最后放弃这一次大规模的作战时,他才勉强允许鲁登道夫,凭他自己那个微弱力量,去试行向维尔纳的迂回行动。这个像闪电一样轻快的行动,马上切断了维尔纳—迪纳斯克(Dvinsk)之间的铁路,并且几乎到达了明斯克(Minsk)铁路——这是俄军交通上的中心路线。虽然俄军此时已经可以自由调动预备队兵力来抵抗德军的进击,但鲁登道夫还是能收到如此伟大的效果。由此即可以反证出,假使在俄军主体还陷在波兰网罗中的时候,能够早一点动手,而且使用更强大的兵力,则结果一定更会大不相同。

德军在东线的攻势固然已告一结束,而他们在西线的守势却并未曾发生动摇,于是同盟国家就利用这个秋季,去进行在塞尔维亚境内的战役。这一次战役,若从整个战争的立场上来看,应该算是一个具有有限目标的间接路线,但是若专就其本身的范围而言,则实具有决定性的目标。一方面固然是受了地理和政治情况的帮助,而另一方面,其所采取的路线对于这种方法的效力,也具有很大的影响。这个计划的基础是由于保加利亚已经参加了同盟国方面的作战。当保加利亚从西面攻入塞尔维亚的时候,塞军尚能挡住德奥两军的直接攻势。以后由于有山地的帮助,直到保军的左翼越过了塞军的后方,绕进塞国南部,切断了英法两国从萨洛尼卡(Salonika)通到塞国的增援路线之后,塞军的抵抗才开始动摇。接着塞军就开始总崩溃,在深冬的气候中,另有一部分残部向西撤退,经过阿尔巴尼亚(Albania)到达亚德里亚海的海岸上。这个迅速集中全力以击毁敌方较弱伙伴的办法,使奥地利解除了后顾之忧,同时也使德国在中欧获得了一条自由的交通线,因而也控制住了中欧的整个局势。

1916 和 1917 两年当中,在俄国方面的前线上,没有什么作战值得加以评论,因为德奥方面是完全采取守势,而俄军则几乎只懂得采取直接路线。从俄军的作战上所获得的教训,就可以看出来这种凭藉蛮力的直接路线,不但没有战略价值,而且更使其本身在士气方面受到很大的打击。当 1917 年俄国发生革命,使其在军事方面发生总崩溃的时候,实际上,俄军的武器和装备要比过去任何时候更好。但是这种巨型的消耗已经使全欧洲最富有耐性和最具有自我牺牲精神的军队,也开始丧失斗志了。在 1917 年的西线春季攻势之后,法军也同样发生了多次的叛变现象。这些厌战的军人都已经不再想重上前线。

俄军方面只有一次作战勉强算是具有若干间接性的意味,那就是 1916 年6 月,布鲁西罗夫(Brusilor)在鲁克(Luck)附近所发动的攻势。因为这次攻势并无强烈的意图,所以才会具有这种性质。该攻势的原意是企图分散德奥方面的兵力,由于意大利的要求,所以才决定提早发动。事先既无准备,也不曾集中兵力,但因它来得是如此地意想不到,所以使奥军坚强的防线立即发生了溃裂现象,在三天之内虏获了 200 000 名敌军。

很少有奇袭可以产生这样巨大的战略效果。它使奥军停止了向意大利的进攻;它压迫法尔根汉又不得不从西线抽调兵力,因而只好放弃在凡尔登周围地区的消耗战;它更刺激了罗马尼亚投入协约国方面;同时促使法尔根汉倒台,取而代之的就是兴登堡和鲁登道夫两人——至于霍夫曼却仍然留在东线。

虽然罗马尼亚的参战是促使法尔根汉下台的近因,可是其真正原因却是由于他在1915年所采取的直接性战略——在目标和方向上都太狭窄——已经使俄军完全恢复了元气,这样才会使他在1916年大吃其亏。

不过布鲁西罗夫的攻势所具有的间接性和效力,只是昙花一现而已。它使俄军统帅部把他们全部的力量都放到这一个方向上,可是已经太迟了。而且依照战争的自然法则,俄军沿着抵抗力逐渐增强的路线继续推进,结果遂把他们的预备兵力完全吃光,而感到难以为继。布鲁西罗夫的最后损失达1 000 000人,但是这还可以设法补充:而心理上的破产却使俄军统帅部感到无法撑持,而终于不免总崩溃。

由于俄国人一心集中力量在这一方面进攻,结果遂使兴登堡和鲁登道夫又有机会执行另外一次迅速多变的间接战略——像1915年对塞尔维亚的战役一样。一部分是由于环境的逼迫,使它更像一个真正的战略性间接路线。其目标为罗马尼亚。在开战之始,罗马尼亚只有23个师的兵力,装备很差,面对着它的敌人现在也只有7个师的兵力。他们所希望的是布鲁西罗夫的俄军,索姆河上的英军,以及现在已经到达萨洛尼卡的联军,可以阻止德军获得增援。但是这些压力都完全是直接性的,所以它们并不能阻止德方抽调足够的兵力来击毁罗马尼亚。

罗马尼亚的领土夹在特兰西瓦尼亚(Transylvania)和保加利亚之间,在喀尔巴阡山地和多瑙河的两侧都具有坚强的天然防御物——但正因如此,遂使它更适合于间接路线战略的应用。此外,它在黑海附近的后院——多布鲁甲(Dobruja)地带——也更构成一个很好的香饵,若是遇到一个手段高明的敌人,很容易就会被引诱上钩。

罗马尼亚的愿望和决心,是想向西攻入特兰西瓦尼亚境内,如此一来,遂使对方的反应比预先所拟定的还更间接化、更巧妙了。

1916年8月27日,罗马尼亚的军队开始进攻。一共分为三个主要纵队,每个纵队4个师,向西北行动,经过喀尔巴阡山地的隘路,采取直接路线攻入了匈牙利平原。为了防守多瑙河,他们留下了3个师,此外在多布鲁甲又留下了3个师——俄国人曾经允诺派遣部队向这里实行增援。但是罗军向特兰西瓦尼亚的进攻,其行动过分迟缓和谨慎,敌人并未作抵抗,只不过是将桥梁破坏了,便已经阻止他们的前进。所以掩护边界的5个师的奥军,虽然兵单力弱,却并未受到严重的损失,不久援兵即已开到,一共是5个师的德军和2个师的奥军。此时另外有4个师的保军,在德军控制之下,加上1个奥军的架桥纵列,由德将马肯森(Mackensen)指挥,准备侵入多布鲁甲。

当罗军向西爬进特兰西瓦尼亚时,马肯森于 9 月 5 日开始向托尔托卡亚(Turtucaia)桥头阵地进攻,击毁了保卫多瑙河边界的 3 个师的罗军。等到他在多瑙河上的侧翼已经稳定之后,他就开始向东移动,深入多布鲁甲境内——这里远离布加勒斯特(Bucharest),换言之距离敌人预期的战线颇远。这是一次很具精神价值的突击,因为在战略方面的自动反应,即足以吸引住罗马尼亚的预备兵力,使其无法支援特兰西瓦尼亚境内的攻势。

现在这里的作战由法尔根汉统一指挥,他便开始发动反攻——也许太热心也太直接了。尽管他十分技巧地只留下少许兵力来应付其余敌军——不过所留兵力并未小到最低限度,同时这些敌军实际上也并无加以监视之必要——而集中全力攻击罗军的南面和中央两个纵队,但结果只不过是把罗军逐向山地退却,而并未能将其与山地之间的退路加以切断。这一次的失手又使德军整个计划为之搁浅。因为罗军现在既然还掌握着所有的山地隘路,于是他们也可以阻止住德军的跟踪追击。法尔根汉想向西方作进一步突入的企图失败了,不过在冬雪来临之前,德军又作了第二次的攻击,结果终于达到了突入的目的。他现在转向西面,企图从前门中打进罗马尼亚,这种直接路线必须越过一连串河流。不过他总算是侥幸,当他在阿尔特河(Alt)上被阻时,马肯森也赶到了,于是使他安然渡过了难关。

马肯森已经把他的兵力从多布鲁甲抽回,经托尔托卡亚,到达了西斯托弗(Sistovo)。11 月 23 日,又从那里渡过了多瑙河。他放弃了罗马尼亚后方的有利位置,而改与法尔根汉的主力相配合,一同对布加勒斯特作向心式的进攻。这种战略是否可算最有利的,似乎很有疑问。它固然使法尔根汉可以渡过阿尔特河,但是它也使罗军可以利用他们那个"紧密"的中央位置,对马肯森的侧翼发动十分危险的反击。马肯森几乎被围。不过等到这个危险过去之后,法尔根汉和马肯森两军的联合压力,就开始逼迫罗军退出布加勒斯特,从那里撤到塞雷斯(Sereth)到黑海之线。

德军固然已经占领了罗马尼亚领土的大部分,连同它的小麦和石油都在内,但是他们既未能切断又未能毁灭罗马尼亚的军队。当德军进攻已达末期的时候,罗军的精神和心理上的力量反而更巩固。第二年夏天,德军企图把他们赶到普鲁特河(Prut)后面,并且完成对罗马尼亚的全部占领,可是由于他们的坚强抵抗,这个计划并未能完成。一直到了 1917 年 12 月间,布尔什维克的苏俄和德军签订休战协定之后,罗马尼亚才因处于完全孤立的地位,不得不向德国投降。

第十三章　东南欧与地中海战场

意 大 利 方 面

1917 年,意大利变成了德军统帅部秋季战役中的主要目标。又是由于边境形势的关系,使得德军在地理或物资方面,占有可以采用间接路线的便利,这是他们对手所没有的优势。同时意大利人也从来不曾想到可以试用心理上的间接路线。

意大利的威尼西亚省(Venezia),从边界向奥地利境内突伸,北面是奥属提洛尔(Tyrol)和特伦提诺(Trentino),南面就是亚德里亚海。沿着海岸边,在伊松佐河(Isonzo)的正面上,有一个相当低缓的平原地带;此外奥意两国的边界,就完全沿着阿尔卑斯山走,像个大弧线般绕向西北方,而西南面更一直延续到加尔达湖(Lake Garda)为止。因为北面是如此宽广的大山地,而且又缺乏任何重要目标,所以意大利人绝不会向这个方向发展。因此,他们的攻势方向就受到极大的限制,只能向东直接攻入奥地利境内。但如此一来奥军便可轻易地从特伦提诺攻入他们的后方,对于这个威胁,意军根本无法避开。但是因为他们的选择实在是太有限了,因此他们还是只能采取这一条路线。

一连两年半的时间,意军都一直坚持着这一条唯一的直接路线。打了十一次的"伊松佐会战",结果还是徒劳无功。意军所获得的进展,距离他们的起点,简直是少得可怜。他们的死伤总数已经高达 1 100 000 人,而奥军也已经损失了 650 000 人。在这个阶段中,奥军一共只采取过一次攻势,那是在 1916 年,康拉德勉强获得了法尔根汉的支持,准备从特伦提诺向南进攻,切断正在伊松佐河上作战的意军后方交通线,希望这一举即足以击溃意大利。但是法尔根汉却不信任这个计划,更不赞成"决定性打击"的观念,他坚持着他那个凡尔登消耗战的理想,甚至于对于康拉德借兵 9 个师的最低要求,都加以拒绝了——这 9 个师的德军的用途是为了想替换出在东线上的奥军。既然得不到德军的协助,康拉德一气之下,遂决定凭他自己的力量,去实行这个计划。他从东线上抽出一些奥地利精兵,其结果是东线防务因之空虚,让布鲁西罗夫后来的进攻,可以一路长驱直入,毫无阻挡;另一方面这一点兵力又不足以完成他那个击溃意军的大计划。

虽然如此,可是这个攻击却几乎获致成功。虽然他们无法避开预期的路线,但至少完全出乎敌人意料之外——因为意军统帅部绝对不相信康拉德还会有力量发动一次大规模的攻势。这当然要算是一次大规模的攻势,可是却还不够大。当攻势刚刚发动的头几天当中,奥军进展得十分迅速。虽然,意军主将卡多纳(Cadorna)还能够立即从伊松佐地区中,抽出预备兵力,并且也来得及撤运他的辎重和重炮,可是这时两军竞赛的情形,还可以说是机会相等。奥军的攻势一直达到快要突破进入平原地区时,才开始丧失了它的动量,此时他们所需要的就是预备兵力的增援,可是由于布鲁西罗夫在东线方面的进攻,遂使这种增援无法赶到。

17个月以后,当鲁登道夫决定再向意大利作一次联合打击时,由于奥地利国内的情况已经每况愈下,其成功的机会就更不如以往。鲁登道夫从他那个微弱的总预备队中,只能够抽出6个师的兵力,而他的同盟国,在精神上和物质上,却都已经到了匮竭的阶段。因为兵力不足,所以他的计划只能限于比较狭窄和直接化的路线——在伊松佐地区的东北角上进攻,在那里意军的防线向着阿尔卑斯山地弯曲。选择这个地区的真正理由,就是在这一条战线上所从来不曾用过的一项原理——选择一条在战术上抵抗力最弱的路线。

原定的计划只想在卡波雷托(Caporetto)进行突破,以席卷伊松佐防线为目的。以后却逐渐发展成一个更富有野心的大计划——可是兵力却并未增加。鲁登道夫在卡波雷托所犯的战略错误和英军同年秋天在康布莱所犯的错误一样,那就是不"依照布的长短来裁剪衣服"。把他和法尔根汉作一对比,似乎恰好是两个极端——法尔根汉的毛病是每次所买的布都太少,把衣服所需要的材料估计过低,等到做了一半才去添布,结果总是把衣服变成东拼西凑的百衲衣。

10月24日,在精密准备和伪装之下,这个攻击开始了,马上就在意军阵线上砍开了一个深深的缺口。一星期后,便进到塔格里亚门图河(Tagliamento)。尽管意军的损失很大,可是一旦当他们把残部撤出后,德军的继续向西进攻就变成纯粹的直接路线,压迫着意军向皮亚韦河(Piave)退却而已。这是一道坚强的障碍物,意军可以躲在它的后面。此时,鲁登道夫才想把预备队调往特伦提诺方面,可是却已经太迟。由于铁路交通线的缺乏,无法达到目的。于是在特伦提诺地区的军队,仅凭着他们自己的微弱兵力向前进攻,这个行动不仅太迟而且也毫无作用,已经算不得是一次对敌人后方的进攻,因为此时整个意军防线都已经尽可能的退后,与预备队结合在一起,前线后方之间实已毫无区别之可言。

当最初的奇袭阶段过去之后,德奥方面的进攻即变成了一种纯粹直接性的行动,只是压迫着意军逐步后退,当他们愈向后退,距离他们的预备兵力、物资、家乡和联军的增援也就愈近。于是自然便会发生反作用。但是鲁登道夫使用如此微弱的兵力,尚且能获得如此巨大的成就,由此就可以想像到在1916年的时候,法尔根汉拒绝采纳康拉德的意见,委实是一个很大的错误。

巴尔干方面

在我们尚未回过头来讨论1918年的鲁登道夫作战计划之前,应该首先观察在这前三年当中,他的对手在法俄两国阵线以外的地区中,曾经采取过哪些行动和做了哪些企图。

当时英法两国在法国境内的军事领袖们,都一致坚持着直接路线,对于此种路线的威力深信不疑,不仅希望由此突破敌人的堑壕障碍物,而且更想获得一个决定性的胜利。可是自从1914年10月以后,另外也有许多人对于这种僵持的局面,很不表乐观。持这种看法的人不完全是政治家,其中也包括法国的加耶尼和英国的基钦纳在内。1915年1月7日,基钦纳曾经写了一封信给英军总司令法兰契爵士,上面说:"在法国境内的德军战线,应该当作要塞看待,它既不能加以突击,又无法完全围攻。所以似乎只能留下一部分兵力进行围攻,然后到其他的地区继续作战。"

另外丘吉尔也曾经有过下列的议论:敌人的同盟国应当作一个整体看待,近代化的发展已经使距离和机动力的观念,都产生了很大的变化,所以在其他任何战场上所作的打击,都可以相当于在敌人战略性侧翼上所作的传统性攻击一样。当时有许多人引证拿破仑的例子,以来说明应在西线方面坚持死拼下去,可是实际上,这种例证的意义似乎恰好相反。进一步说,这种性质的作战,又与英国的传统两栖战略不谋而合,它使英国人可以发挥他们的海上威力,这项重大的军事优势,却一向不曾为人所注意到。1915年1月,基钦纳勋爵提出了一个计划,准备在亚历山勒塔湾(Alexandretta)登陆,以切断土耳其的主要交通线。根据兴登堡和恩维尔巴夏（Enver Pasha）在战后所发表的意见，这个计划可以使土耳其完全瘫痪，但是却并不能产生更广泛的影响，因此对于整个中欧同盟国而言，这并不算是一个有效的间接路线。

劳合乔治（Lloyd George）主张把英军的主力移转到巴尔干地区，因为那里是一条通到敌人"后门"的路线。但是西线上的英法指挥官们，却坚信在法国境内可以提早获得决定性的胜利，所以强硬地反对其他战略。他们特别强调运输上和补给上的困难，并且照他们的看法，德国人一定可以很方便地调动他们的兵力，以应付其他地区的威胁。这当然也并非全无事实根据，不过他们在辩论的时候，却不免有过度紧张之嫌。尤其是把这些反对的理由，应用在加耶尼的巴尔干计划上面，则似乎更不适当。他主张在萨洛尼卡登陆，以此为起点向君士坦丁堡进攻，其兵力的强度应以能诱致希腊和保加利亚两国也愿意倾全力参战为原则。占领了君士坦丁堡之后，就应该沿着多瑙河溯江而上，一直攻入奥匈帝国境内与罗马尼亚的军队相会合。这个计划与战争结束前几个月所实际进行的作战，具有基本的相似之点。在 1918 年 9 月，德国军方认为这样一个攻击是具有"决定"性的意味。并且在 11 月初，虽然这个威胁还未紧急化，但已经构成了一个重要的因素，足以促使德军提早投降。

可是在 1915 年的 1 月，英法两国的大多数军人始终不肯放弃"西线第一"的见解，不愿意接受任何新的观念。不过反对派的意见也不甘沉默，在这个时候突然又有一个新的情况产生，于是所谓近东的计划又用另外一种形式借尸还魂了，虽然这个形式也许更脆弱一点。

1915 年 1 月 2 日，基钦纳收到了俄国尼古拉大公爵的要求，要他设法解除土耳其对于高加索地区的压迫。基钦纳因感无法抽调部队，于是遂主张使用海军向达达尼尔海峡作一种示威的姿态。有幻想力的丘吉尔马上认为这个观念，可以具有更广泛的战略可能性，尽管并无陆军的援助，他主张把这个示威运动，改变成一个强迫通过海峡的企图。他的海军顾问们，虽然并不一定十分热心，可是并不表示反对，于是当地的英国海军指挥官卡登（Carden）遂奉命拟定计划。这一支海军兵力，主要是由旧式军舰所组成，另外加上一些法国人的协助，在准备射击结束之后，即于 3 月 18 日进入海峡。但是在一个料想不到的地点上，突然出现了一处新近布置的雷区，于是炸沉了几艘船只，结果这个企图就这样中途被放弃了。

在此我们要问：假使英军立即继续前进，那么这个行动是否可能成功？因为当时土耳其的弹药已经用完，若无巨炮的掩护，那种雷区并不难予以克服。

但是新任的海军指挥官德罗贝克(Adm. de Robeck)决定除非能够获得陆军的援助,否则绝不再进攻。早在一个月以前,作战会议已经决定发动一次联合攻势,并且开始派遣一支陆军兵力,由汉密尔顿爵士(Sir Ian Hamilton)负责指挥。但是英法两国当局,不仅迟迟不肯接受新的计划,还迟迟不曾认清在执行时,需要多强大的兵力。等到兵力派遣好了之后,数量却是不足的,而且在亚历山大港又拖延了好几个星期的时间,原因是为了重新分配运输船只,以期更适合于战术上的要求。可是最糟的,是这种迟疑不决的政策,使一切的奇袭机会都完全断送掉了。当2月实行准备性炮击的时候,土军在海峡地区中只不过2个师而已;到了海军攻击的时候,已经增到了4个师;等到汉密尔顿最后企图准备登陆时,却已经增加到6个师。而他所有的兵力一共只有4个师的英军和1个师的法军,因此在兵力上实在处于劣势地位。同时土军还占有地利,这里的地形足以使攻势比守势困难数倍。由于数量上的弱点,再加上任务上的限制——专以帮助舰队通过海峡为目的——逼着他只好选择加利波利(Gallipoli)半岛为登陆地点,而不能在大陆上或亚洲海岸上登陆。

4月25日,他开始登陆,地点有二:一在半岛南端,希里斯角(Cape Helles)附近,二在格巴土丘(Gaba Tepe)附近,在爱琴海海岸上面,距离约为15英里。法军也同时在亚洲海岸方面的库门卡尔(Kum Kale)地方作临时性的登陆,以分散土军的兵力。但是等到最后阶段的战术性奇袭效力过了之后,土耳其人即能够召集他们的预备队实行阻击,于是侵入军对于他们这两个微小的立足点再也无法扩大。

最后到了7月间,英国政府决定加派5个师的兵力,去增援现在已经在半岛上面的7个师。可是到了这个时候,土耳其的兵力也增到了15个师。汉密尔顿决定采取一个双面打击的计划——一方面从格巴土丘增兵进击,另一方面在北面几英里以外的苏弗拉湾(Suvla Bay)作新的登陆企图,以求切断半岛的中部,并占稳控制窄海的高地。也许这个计划要比在布莱尔(Bulair)或亚洲海岸方面实行登陆更直接化,可是它的唯一优点,就是不在敌人的料想范围之内——因为土军的预备队都已经分别集中。在其他地区中,于36小时之内,一共只有一个半营的土军,挡住了英军的进路,此后土耳其的援军才开始赶到。由于登陆部队的经验太差,而在场指挥官的惰性又太重,所以才会使这样大好的机会白白糟蹋掉了。战局变成了僵持之后,许多人都感到失望,于是那些本来反对这个计划的人都纷纷发言,不久联军就撤出了这个半岛。

可是法尔根汉对于这个达达尼尔计划,却有下述的批评:"假使地中海和黑海之间的海峡不能永远的封锁住,则一切胜利的希望都会减低许多。俄国人可以因此解除被孤立的威胁……这比军事上的胜利具有更安全的保证。否则这个巨怪总有一天会自动跌倒的。"

这个错误不在观念方面,而在执行方面。假使开战之始,英国人就把他们以后所零碎消耗掉的兵力,都集中起来以图一逞的话,那么根据对方指挥官的证词,可以看出这个计划大有成功的可能性。虽然达达尼尔的攻击对于土耳其而言,是一条直接路线,但对于正在高加索作战的土军主力而言,却算是一条间接路线;而在较高的层次中,对于整个中欧同盟国而言,更是一条间接路线。从当时西线的黯淡情形可以得知,即使厚积兵力于有限的空间中,其结果还是无法获得决定的透入,因此,达达尼尔的观念似乎是很符合"调整目标以配合手段"的原理。不过在执行时,他们却完全违背了这条原则。

巴勒斯坦和美索不达米亚

对于中东的远征实不应列入研究范围之内。从战略方面来说,他们的距离太远,不可能获致任何决定性的效力。若当作战略上分散敌人兵力的手段而言,则在每一次作战中,所吸引住的英军,却要比敌人的兵力更多。

不过从政策方面来看,它却有似乎值得一谈的价值。英国人在过去,常常用夺取敌人的海外领土为手段,以抵补盟国在欧陆上的失败。当欧陆上的争斗主力不利或难于获得决定时,这种海外的行动也是一个很重要的收获,足以帮助在和平谈判中,获得有利的条件。同时在斗争中,它们也是一种很好的"补品"。(注:一次大战结束后,许多人都反对把那些已经充分没收的殖民地归还德国人,他们认为德国人若保有这些殖民地,将来可能会构成祸根。这些人却不曾认清,这些殖民地对于英国具有的间接价值。一旦到了战时,它们可使英国人有用武之地,使他们有提早获得胜利的机会,并且在敌人于欧洲战场上每战皆捷的时候,可以设法抵消一部分心理上的打击,使国家的威望不至于一落千丈。这种反击打动的心理价值是绝对不可忽视的,尤其是一个海权国家,更不可忽视这一点。反之,一个大陆国家若在海外占有领土,这时那些领地就会成为一种包袱,使它因为害怕与殖民地的联系被切断,而不得不约束它的侵略野心。所以当二次大战在1939年爆发的时候,意大利考虑了很久都不敢采取行动,一直等到德国似乎已经胜券在握,它才决定参加。这种基地性的威胁虽不一定能预防战争,但却至少可以约束侵略者的野心。)

关于巴勒斯坦远征作战的局部战略,似乎也值得加以研究。开始的时候,它兼顾了直接和间接路线的双重原则。它所采取的不仅是一条众所预期的路线,而且也是最长的和最困难的,对于土耳其的任何重要目标而言,都莫不皆然。在 1917 年 3 月和 4 月间,英军在加沙(Gaza)曾经两度遭遇失败——这里正扼守着从埃及通到巴勒斯坦的直接沿海路线。到了秋天,英军又使用较多的兵力进攻,不过所采取的路线却比较没那样直接。

该计划是由切特伍德(Chetwode)所拟定,当艾伦比(Allenby)代替了默里(Murray)出任总司令时,他就决定采行这个计划。在水源供给和海岸与沙漠之间的窄路双重限制之下,这个计划在地理方面是尽可能地采取间接路线。土军的防线从加沙起,向内陆大约延伸到 20 英里远,而贝尔谢巴(Beersheba)则在内陆 10 英里远的地方,构成一个最远的守望哨,保护着可能前进地区的东西界线。英军利用保密和欺诈的手段,使土军的注意力集中在加沙方面,于是在没有设防的那一边上,英军用宽广而迅速的突击,夺取了毕夏巴和它的水源地。这个计划的第二步,就是一方面向加沙佯攻,以分散土军的兵力,而另一方面却又向土军主阵地的侧翼发动打击,同时骑兵也从贝尔谢巴绕道向土军的后方进攻。但是由于水源方面的困难,以及土军在毕夏巴以北作了一次逆袭的缘故,这个计划还是失败了。虽然他们曾经透入了土军的防线,但是却未能获得决定性的结果。土军只是向后卷退,甚至退过耶路撒冷(Jerusalem),但是他们却并未能像原定计划那样被卷起切断。

又拖过了一年,直到 1918 年 9 月,才算是获得了最后的决定。此时,在东面和南面的沙漠中正进行着一场奇怪的战役,它不仅足以减弱土军的作战力量,而且在战略方面也出现了一些新曙光。这个战役就是所谓的"阿拉伯革命"(Arab Revolt),由劳伦斯(Lawrence)所指挥发动。该战役应当归并在游击战争的范畴之内,所以它的本质当然是具有间接性的。可是它的战略却具有如此科学化的计算基础,所以我们不要忽视了它对于一般正规战争的参考价值。这是一种极端形式的间接路线,在它的工具限制之内,也是一种最经济有效的方式。阿拉伯人比之正规军队,一方面拥有较高的机动性,另一方面却比较禁不起死伤的损失。至于土军却是不害怕人员的损失,而只是吃不消物资上的损失,那是他们所最感缺乏的。他们所最拿手的是坐守在战壕里面,用火力来击退直接进犯的目标,可是他们对于流动性的作战,却不仅是穷于应付,而且也禁不起这样的长期消耗。他们很想守住一块广大的领土,可是他们的兵力在数量上却不够充足,一分散到遍布各地的据点网上,马上就感到手不应心了。而且他们所依赖的又是一条绵长而易于被毁的交通线。

基于这些假定,所以结果当然会产生一种与正统理论完全相反的战略。当正规军队寻求与敌人保持接触时,这些阿拉伯人却尽量避免与敌人接触。

当正规军队以击毁敌人兵力为目的时,阿拉伯人却纯粹以毁灭敌方物资为目的——而且专门挑敌人没有兵力的地点攻击。不过劳伦斯的战略还不仅于此,它似乎发展得还更远。他并不想切断敌人的补给线来赶走敌人,他的目的是要把敌人羁留在原有的地方,让数量不够的粮食可以运到他们手里,这样他们停留的时间愈长,则力量愈弱,士气也愈低。一个打击可以诱使敌人集中他们的兵力,反而会使他们的补给和安全问题因而化简。这种针刺的方法却足以使他们的兵力日益分散。尽管这种战略是具有浓厚的非正统性,可是实际上,这也就是依照抵抗力最少的路线行走时,所必然能够获致的合于逻辑的结论。诚如劳伦斯本人所言:"阿拉伯人的军队从来不曾尝试保持或改进某一个有利之点,他们只是移开了,然后到其他地方再行打击。在极迅速的时间当中,使用最少量的兵力,打击在最遥远的地方上。他们一直继续行动,直到敌人被迫调动兵力来抵抗的时候,才马上又转换新的目标。"

这种战略与 1918 年的西战场又有什么关系呢? 基本上是一样的,但是在运用时却达到了更进一步的程度。

当它应用在正规战争上的时候,它就受到时间、空间和兵力等项因素的限制。就封锁而论,它要算是一个迅速而积极的形式,但是就破坏敌人平衡的战略而论,则它的效力很迟缓。所以假使情况许可的话,应尽量采取比较积极的战略,以求能达到速决的要求。不过除非在寻求速决的时候,知道如何使用间接路线,否则这种表面上的"捷径",反而会比劳伦斯的战略更迟缓,成本更高,且具更大的危险性。缺乏运动的空间和兵力密度太大,也是一种障碍,不过并非不可克服。所以合理的判断应该是这样的:在一般正规的战争中,只要预料成功的希望颇大的时候,那么应该首先采取一种间接的路线,歼敌于陷阱之内,以求达到速决的目的。若是预料颇难成功,或者是尝试已经失败了,那么就应该改采消耗战略,这当然也是一种间接路线,以逐渐消磨敌人的力量和意志为手段,来达到最后的决定,总而言之,一切间接手段都要比直接手段更好,除非万不得已,绝不可以采取直接的路线。

在阿拉伯革命中,并没有机会使这个间接战略完成它的使命,因为到了 1918 年 9 月间,当在汉志(Hejaz)铁路线上的土军,已经消耗得精疲力竭的时候,巴勒斯坦的土军主力,在英军的一次具有决定性的打击之下马上崩溃了。不过在艾伦比的这一次攻击中,阿拉伯人也具有相当大的贡献。

这些在巴勒斯坦的最后作战,在分类上应该算是一个战役呢? 还是应该算是一个会战再加上一个追击呢? 似乎还是很难决定。因为在开始的时候,固然有兵力的接触,但是当接触尚未分开时,胜利即已经完全注定,所以似乎应该是属于会战的范围。但是胜利的获得,主要的却是依靠战略的手段,战斗的成分实在是非常微不足道。

有许多人对于这种结果都不免估价过低,尤其是那些深信克劳塞维茨教条的人,往往认为血液就是胜利的代价,所以更是如此。虽然艾伦比在数量方面的优势,可能还不止二比一,甚至于有三比一之多,但是当初英军进攻巴勒斯坦时,其所占的优势实在比这个更大,而结果却还是不免于失败。同时在过去以及这次世界大战中,有许多其他的部队也具有类似的优势,但是其结果还是不免失败。

一个最严重的"低估"要属其对土耳其士气的影响。姑且不论1918年9月间的条件是如何的有利,这些作战就它们的眼光和处理方式而论,都应该算是历史上的杰作。虽然要达到这个目标并不困难,但是其景象却似乎很特殊,至少就其大致而言,可以算是一个完整的观念,并且也要算是完整的执行。

这个计划充分符合了威里森(Willisen)所拟定的战略定义,那就是战略即为"交通线的研究"。而拿破仑也曾经说过:"整个战争艺术的秘密,就是使你自己成为交通线的主人。"而该战役的目的,就是使英国人成为土耳其一切交通线的主人。切断一个军队的交通线,便能够使它的物质组织发生瘫痪现象。切断敌人退却线,即能够使它的精神组织发生瘫痪现象。毁灭了敌人间的交通线,使命令和报告都为之断绝,这样头颅和身躯之间的联系也都完全中断。第三方面的效力可以用空军来维持。把敌人的飞机驱逐出空间之外,也就等于使敌人的指挥官成为瞎子;而炸毁艾弗里(Afule)的主要电报和电话枢纽,更足以使敌人耳聋口哑。这个行动的第二阶段,紧接在阿拉伯人切断德拉(Deraa)主要铁路线之后,它所具有的物质效力,为暂时切断土耳其物资的流通,在这里"暂时"即具有一切的价值。其心理上的效力是诱致土军指挥官,把他们微弱的预备兵力不断往这里分送。

这3个所谓土耳其"军团",所依靠的只是一条铁路线所构成的大动脉。这条铁路的起点是大马士革(Damascus),到了德拉就分为两支:一支继续向南通到汉志,另一支转向西面经过约旦(Jordan),以达艾弗里。到了艾弗里又分为两个分支:一支在海法(Haifa)通到海边,另外一支向南与土耳其第七和第八两个军团的补给中心相衔接。在约旦东面的土军第四军团,就完全依靠着汉志这一条支线。假使若能掌握着艾弗里和贝桑(Beisan)附近的约旦支线交叉点,则第七和第八两个军团的交通线就会被切断。同时除了在约旦东面地区中，还有一条孤立困难的小路以外，他们的退路也可以说是完全切断了。若是占领了德拉，那么不仅可以切断这3个军团的所有交通线，而且第四军团的最好退路也在内。

德拉距离英军前线实在太远了，短时间之内不足以使其对于战局发生功效。所幸，阿拉伯人好像鬼怪一样从沙漠中跑了出来，把这三条铁路的要点都切断了。不过由于阿拉伯人的行动是战术性质，加上当地自然情况的限制，使得这种行动未能在土耳其后方构成一个战略性的障碍物。因为艾伦比想要寻求一个迅速而完全的决战，所以他必须寻找一个比较接近的地点，以来建立这种障碍物。艾弗里的铁路交点和贝桑附近的约旦大桥，都在他那10英里活动半径之内，假使能无困难地到达这几个要地，则使用装甲和骑兵，即能发动这种战略性的突击。这个问题的核心就是要寻找一条路线，一方面使土耳其人难于适时加以阻害，另一方面又要使他们无法在事后加以切断。

那么这个问题应该如何解决呢？沙仑（Sharon）平坦的沿海平原，构成了一条走廊，通往埃斯德赖隆（Esdraelon）平原和耶斯列（Jezreel）谷地——艾弗里和贝桑都位在这里。这个走廊只有唯一一扇门户通到外面，因为位置在大后方，所以并未加以设防。门户是由一道狭窄的山地所构成，把沙仑沿海平原与埃斯德赖隆内陆平原隔成两段。但是走廊的入口处却为土军的防线所阻塞着。

利用长期作战的心理准备，用诡计来代替炮弹，艾伦比把敌人的注意力，从海岸方面移到了约旦的侧翼上。因为春天时，英军曾在约旦的东面作过两次进攻的企图，但都遭到了失败，所以这次分散兵力的行动就更能获致成功。

9月间，当土耳其人的注意力还依然放在东面的时候，艾伦比的兵力却秘密地向西移动。结果在沿海地区，他们在数量上的优势由二比一升到了五比一。9月19日，经过了一刻钟的猛烈炮击之后，步兵开始前进，扫过了两道浅弱的土军防线，然后再向内陆转进，好像一扇大门，绕着它的枢纽转动一般。骑兵通过了这个大开的门户，以装甲车为前导，经过走廊地带到达了埃斯德赖隆平原的入口。这一次行动之所以能够获致成功的主因，是由于英国空军已经使敌人的指挥官变得又聋又哑又瞎。

第二天，英军已经在土军的后方，建立了一道战略性的阻碍物，他们唯一的漏洞就是土军还可以向东经过约旦退却。因为面对着顽强的土军后卫，英军步兵的直接前进十分迟缓，若非英国空军的拦截，则土军可能从漏洞中溜走。9月21日清晨，英国飞机就发现了一支巨型的纵队——由土耳其两个军团的残部所组成——从纳布卢斯(Nablus),沿着曲折的狭路向约旦退却。一连四个小时的空中攻击,把这个纵队炸成了碎片。从这个时候起,可以说土耳其第七和第八两个军团都已经完全毁灭。

在约旦以东,因为不可能建立这样一个战略性的阻碍物,所以第四军团并未被一网打尽,而只是很快地消耗完毕。接着占领了大马士革。在扩张战果的时候,更一直进到了阿勒颇(Aleppo)——距离大马士革 200 英里,距离 38 天前的英军起点为 350 英里。在这次前进之中,他们一共收容了 75 000 名俘虏,但所花的成本仅只不到 5 000 人的死伤。

当时,保加利亚已经崩溃,米尔恩(Milne)从萨洛尼卡进攻,也达到了君士坦丁堡土军的后方,所以当艾伦比才刚进入阿勒颇,土耳其就在 10 月 31 日向联军投降了。

在分析巴勒斯坦这次决定性胜利的时候,所应该注意的,是一直等到英军在土军后方建立一道战略性障碍物,使他们在心理上感受到无可避免的威胁之后,土军的抵抗才开始崩溃。在此以前,他们还是坚守得很好。此外,由于最初存在着一个堑壕战争的条件,所以必须要使用步兵去打开这个封锁。一旦等到正规战争的条件恢复之后,争取胜利的工具还是机动单位,他们在全部兵力中只占一个极小部分而已。这个关于间接路线的特殊例证,其巧妙处就在于准备阶段。它的执行纯粹依赖机动性所发生的效力,使敌人士气沮丧并丧失平衡,而这实际上也就是奇袭的极致。

另外在东南战场上,萨洛尼卡的作战也略值一谈。联军派兵到那里去的最初动机,本是在 1915 年秋季拯救塞尔维亚的危亡,可是因为时机已迟,未能生效。3 年之后,它变成了一块攻击的跳板,足以发生重要的影响。也许从政策方面来说,在巴尔干地区获得一个立足点,是很有必要的。但是从战略方面来说,把那样多的兵力——最后达到 500 000 人之多——都封锁在这一狭小的地区中,是否有此必要和是否是一种聪明的办法则似乎颇有疑问。德国方面曾经很讽刺地说,这实在是他们最早、最大的"集中营"。

第十四章 一九一八年的战略

对于最后这一年的军事行动,要作任何性质的研究时,都必须要先明了前此的海军情况。因为,当双方都未能提前获得速决的机会之后,海军封锁对于整个军事情况,就逐渐取得了支配的地位。

假使历史学家要追问哪一天才是第一次大战最具决定性的日子,那么他很可能会选定 1914 年 8 月 2 日。当天战争还没有开始,英国海军大臣丘吉尔在上午 1 点 25 分的时候,下命令动员英国的海军。这个海军并不想再赢得一次特拉法加(Trafalgar)之战,但是它对于联军的胜利,却能作更大的贡献。因为海军是一种封锁的工具,等到战后是非功过自有定论之时,大家才知道封锁对于最后胜负的决定,实在是一个最重要的因素。它正像是美国监狱用来制服囚犯的紧身衣一样,越来越紧,这样一来,囚犯的抵抗能力也就越来越小,而使他在精神上逐渐感到吃不消。

无助导致无望,而历史告诉我们决定战争胜负的因素,并不是生命的丧失,而是希望的丧失。没有一个史学家会把下列的事实估计得太低:由于德国人民已经到了半饥饿的程度,这对于"国内战线"的总崩溃,遂发生了直接的影响。现在姑且不谈革命对于军事失败具有怎样的影响,而改从反面立论,由于封锁所引起的种种缠绕不清的因素,对于军事情况的每一种考虑,也都发生了密切的关系。

也许不能说是由于封锁的效力,才迫使德国人在 1915 年 2 月进行他们首次的潜艇战役,但是至少却是受了此种事实和潜在威胁的影响,他们才会出此下策。然而此举却使英国人获得一个有利的藉口,解除了伦敦宣言的束缚,从而加强了封锁的工作——他们声称对于任何有装载货物运往德国嫌疑的船只,都具有拦截和检查的权利。进一步说,因为德国人用鱼雷把露西塔尼亚号(Lusitania)炸沉了之后,才构成了一个重要的推动力,逐渐把美国推进了战争。同时本来由于英国加强封锁之故,已经使英美两国之间发生之很大的摩擦,现在因为这个事件,遂使得摩擦瓦解冰消了。

2 年之后,因为封锁使德国在经济上发生非常严重的危机,所以才逼得德国的军事领袖们,决定不顾一切,重新采取"无限制"潜艇战役。因为英国需要依赖海运的物资,以供养他们的军民,所以在他们的甲壳上遂形成一个先天的弱点。封锁的本身先天上就足以使潜艇战的效力迅速增加,因此就有很多人激烈的争论着说:这种大战略形式的间接路线,将会使英国本身遭到致命的打击。虽然这个估计后来证明是错误的,但是若就英国人此次的情形而论,其死生存亡的关键,真可以说是间不容发。船只的损失在 2 月份为 50 万吨,到 4 月份增加了 87 万 5 千吨。以后由于反潜技术的效率逐渐增加,同时德国的潜艇资源也逐渐感到缺乏,于是这个数字才开始逐渐减少,可是到那个时候,英国的粮食只够供全国人民 6 个月的食用。

德国的领袖们因为害怕有经济崩溃的危险,所以才希望在经济方面求得一个决定性的解决。这样才促使他们发动潜艇战役。他们明知美国人必然因此参战,但是他们却决心不惜冒险一试。1917 年 4 月 6 日,这个危险终于变成了事实。虽然诚如德国人所判断的,美国的军事力量需要相当长的时间始能发展完成,但是由于美国参战的缘故,海军封锁的压力又马上比过去更紧了一步。自从美国变成交战国之后,它马上具有决心地运用这个经济性质的武器,它完全不考虑到其他中立国的权利,其态度的果敢坚定,远非英国人可比。从此再没有中立国来反对封锁的行为。反之,由于有了美国人的合作,这种封锁遂逐渐把德国活活绞死,因为军事力量的基础就是经济上的耐力——这个真理却常常为人所忽视。

封锁在分类上,可以算是一种间接路线的大战略,对于它几乎是找不到有效的抵抗方法,除了它的效力比较迟缓以外,可以说是不具任何冒险性。封锁的效力,完全受着动量定律的支配,愈发展下去其速度就愈高。到了 1917 年底,中欧国家开始感到这个影响的严重性。经济上的压迫迫使德国在 1918 年,发动大规模的军事攻势,同时也限制了此种攻势的发展。因为德国人既然不愿意自动求和,所以也就毫无选择之余地,不是实行这场攻势的赌博,就是慢慢的削弱,终至最后崩溃为止。

假使在 1914 年马恩河会战之后,甚至于再迟一点,德国人能在西线采取守势而改在东线发动攻势,则战争的结局也许就会完全不同。因为若是这样:一方面,他们可以毫无疑问地达成征服中欧的梦想;而另一方面,美国不会参战,于是封锁也就不会加紧。这样德国便可以控制整个的中欧地带,迫使俄国退出战争,甚至于使俄国成为他们的经济性附庸。面积增大后的德国,其潜力和资源也一定会随之而增加,于是在军事上战胜西方同盟军的机会也就愈多。所以从目标的选择上,就可以看得出来大战略与"大糊涂"的区别。

但是到了 1918 年,这种机会是早已消逝。德国的经济持久力已经大为减弱,封锁的缩紧更使它的力量迅速减弱,虽然从罗马尼亚和乌克兰的征服地区中,可以获得一些资源,但是为时已晚,不再可能有起死回生的效力。

在上述的条件之下,德国人开始发动他们的最后一次攻势,希望孤注一掷,以求获得决定性的机会。由于原先在俄国方面的军队都可以抽调过来,遂使他们在数量上略居优势,虽然比起联军在采取攻势时所享有的优势略微逊色。1917 年 3 月,英法比军一共集中了 178 个师,以来攻击德军的 129 个师;可是在 1918 年 3 月,德军发动攻势时,其总兵力为 192 个师,而联军的总兵力却也有 173 个师之多——美军已有 4 个半师到达法国,因为他们的编制要比欧洲大一倍,所以照比例折合为 9 个师。之后当德军还可以从东方挤出几个师来的时候,美军在紧急情况的压迫之下,其流入法国的情形,也由溪流变成了巨川。在德军总兵力当中,有 85 个师,号称为"冲锋师"(Storm division),是集中起来作为总预备队使用。联军方面的预备兵力总数为 62 个师,但却没有集中控制。联军方面本来计划把 30 个师的兵力集中起来,当作总预备队,由凡尔赛军事执行委员会加以控制。可是英军主将海格却声明无法交出他配额的 7 个师,因此这个计划遂遭搁置。当面临这个考验的时候,英法两军指挥官间的互相支援协定也随即破裂。惨败的结果迫使联军方面必须采取新的措施。由于海格的主动,福煦才奉命负责协调联军作战的工作,以后才又改为联军统帅。

德军此次计划的最大特点,就是他们对于战术性奇袭的研究,比过去任何作战都要来得彻底。德国的指挥参谋人员,深知虽有优势的兵力,也极难抵消攻势所具有的先天不利条件。此外,他们也知道只有巧妙的运用各种不同的欺诈手段,才可以获致有效的奇袭。而也只有使用这样复杂的一把钥匙,才能够在这样长久封锁住的战线上,打开一扇大门。

德军主要的手段就是使用毒气弹,企图作一次简短而激烈的轰击——鲁登道夫并未认清坦克的重要性,而未能适时的在这一方面求发展。不过在另一方面,其步兵却接受了一种新型渗透战术的训练。其基本原则就是领先的部队,应该试探和透入敌人防线上的弱点,而预备队所负的责任,是支援成功而非补救失败。担负突击任务的各师,利用夜行军向前赶;利用掩蔽的方法,大量的炮兵也都集中在接近前线的地区之内，不先作"准备"即马上开始发射。此外在其他点上，为了继续攻击所作的准备射击，也可以迷惑敌人，并为将来的行动作准备。

由于联军累次攻势的徒然失败，根据这个经验，鲁登道夫得到了一个新的结论："应该先考虑战术，再考虑纯粹战略性的目标。除非战术方面已经有成功的可能性，否则就绝无达到这种目标的希望。"因为既然无法采取战略性的间接路线，那么这种想法毫无疑问是正确的，所以在德军的计划中，为了配合这种新战术，一定要有一种新战略。两者之间是互为因果，都是以一个原理为基础。这个原理可以说是新的，也可以说是推陈出新的，那就是沿着抵抗力最弱的路线前进。1918 年在西线方面的情形限制了德国人不能采取预期性最小的路线，而鲁登道夫也并未作如此的打算。但是因为敌军是沿着一条长壕，一线展开，所以假使能够在某一点上作迅速的突破，然后再沿着抵抗力最弱的路线，迅速的扩张战果，那么也就可能达到通常只有采取预期性最小的路线所能达到的同一目标。

德军的突破和扩张都可算是相当迅速。可是这个计划还是失败了，那么原因何在呢？事后一般的批评都认为是由于战术上的偏差，使得鲁登道夫改变了方向且分散了兵力——集中全力去追求战术上的成功，而牺牲了战略性的目标。换言之，他们认为鲁登道夫所主张的原则根本不正确。但是假使仔细研究德方文件，以及鲁登道夫本人的命令和训示，那么对于这个问题将会有另一种看法。鲁登道夫失败的真正原因，似乎是他在理论上虽然接受这种新原则，可是在实践上却并未能完全做到。因为事实上，他为了补救战术上的失败，曾经分散了大部分的预备兵力，同时在决心扩张战术成功之前，他又犹豫了太长的时间。

甚至于当他选择攻击点时，这种困难即已经存在。预定的攻击点是在阿拉斯和拉费尔（La Fère）之间，正面长度约为 60 英里，由德军第十七、第二和第十八等军团负责主攻。当时也考虑到另外两种不同的计划：（一）是向凡尔登突出地的侧翼进攻。但是这个计划最后被取消了，因为地形不利，在这里突破得不到决定性的结果，而这个地区差不多一年以来都未发生过战事，法军必已养精蓄锐多时，所以更不易攻入；（二）从伊珀尔到朗斯（Lens）之间进攻，虽然鲁登道夫的战略顾问魏兹尔（Wetzell）和从圣康坦（St. Quentin）到海岸间地区的指挥官鲁普里赫特亲王，都赞成这个计划，结果还是未被采用。其理由是一定会遭遇到英军的集中兵力，而且这些低地不易干燥。

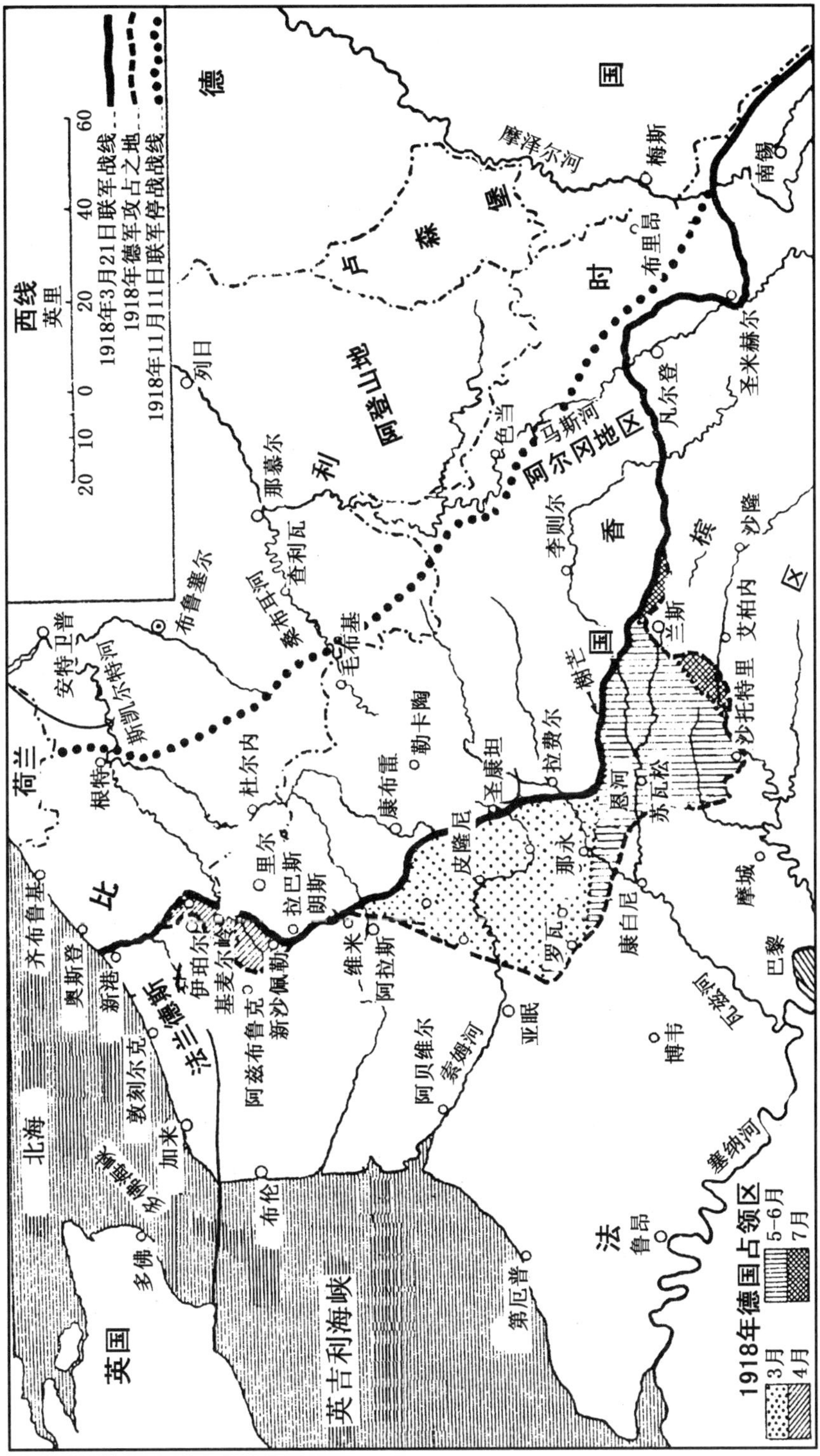
西线
英里
20 10 0 20 40 60
1918年3月21日联军战线
1918年德军攻占之地
1918年11月11日联军停战战线
德国
摩泽尔河
梅斯
南锡
卢森堡
布里昂
时
圣米赫尔
凡尔登
阿登山地
列日
那慕尔
利
色当
马斯河
阿尔冈地区
香
槟
区
李则尔
沙隆
查利瓦
桑布尔河
布鲁塞尔
毛布基
安特卫普
斯凯尔特河
荷兰
根特
杜尔内
勒卡陶
康布雷
圣康坦
拉费尔
埃河
苏瓦松
兰斯
艾柏内
沙托特里
国
那永
皮隆尼
里尔
拉巴斯
朗斯
维米
阿拉斯
罗瓦
康白尼
摩城
巴黎
亚眠
博韦
阿贝维尔
索姆河
齐布鲁日
奥斯登
新港
伊珀尔
基麦尔岭
阿兹布鲁克
新沙佩勒
法兰德斯
敦刻尔克
北海
加来
布伦
多佛
英国
英吉利海峡
第厄普
鲁昂
法
塞纳河
1918年德国占领区
3月
4月
5-6月
7月

最后选中了阿拉斯—拉费尔地区的主因是该地不仅地形比较有利,而且在这个地区中,敌人的防御工事、防御兵力和预备队也都比较薄弱。此外,它也极接近法英两军的接头处。鲁登道夫希望先把英法两军切断,然后再击毁英军。照他估计,由于英军不断在伊珀尔苦战的缘故,其兵力必已减弱到相当严重的程度。不过虽然就一般的情形而论,这个地区的确是比较脆弱,但是就细节来看,则他这种判断实大错而特错。占全线的北段三分之一,不仅筑有坚强的工事,而且拥有强大的守军。这个单位是英国的第三军团,一共有 14 个师,其中 4 个为预备队。此外,英军预备队的大部分也都集中在这个侧翼方面,而且他们还可以迅速获得更北面其他英军部队的支援。在全线上所余三分之二的地段中,则由英国第五军团负责防守,德军的打击也就落在这里。面对着德国第二军团的中央地区中,英军一共有 5 个师的守军。南面较长的一段,正面对着德国的第十八军团,由 7 个英军师加以防守,其中 1 个师为预备队。

鲁登道夫命令在阿拉斯附近的第十七军团,用 19 个师的兵力,开始作最初的攻击,攻击仅限于它的左翼方面,其正面不过 14 英里长。因为他们不拟直接进攻英军向康布雷突出的舌形地区,而只想把它切断,所以这 5 英里长的一线由德国第二军团的两个师,加以适当的占领。这个军团集中了 18 个师的兵力,攻击英军第五军团的左翼(一共 5 个师的兵力),其正面长约 14 英里。在极南端,德国第十八军团就从圣康坦的两侧进攻。鲁登道夫决定仅用 24 个师的兵力,来攻击一条长达 27 英里的正面。尽管他主张一种新原理,但是他分配兵力的标准,却还是依照敌人的兵力比例,而未能集中全力直捣敌人的最弱点。

他下令的方向,更加凸显出这种趋势。主力的方向指向索姆河以北,在突破之后,第十七和第二两个军团就像车轮一样,转向西北方,压迫英军向海岸退却,而河流和第十八军团就保护着他们的侧翼。换言之,第十八军团的任务只是在攻势中担任侧卫而已。可是实际上的发展,却使这个计划遭到了根本性的变化,而且在外表上,却很像是随着抵抗力最弱的路线发展,因为鲁登道夫在他所存希望最小的地方,居然获得了迅速的成功,而在他存有最大希望的地区中,却反而没能获致成功。

德军在 3 月 21 日发动攻击,由于晨雾的缘故,使奇袭获得更大的效力。在索姆河南面,英军的防务最为单薄,同时德军攻击兵力也最微弱,可是在这里却还是获得了成功的突破。不过在阿拉斯附近,德军的攻势却发生了顿挫,这个顿挫对于在河流以北地区的一切攻击行动,都造成了影响。这个结果本应该是在意料之中,但是鲁登道夫,却还是违背了他自己的新原则,在接连几天之内都拼命地攻击阿拉斯地区中的坚强要塞工事,以企图使他的攻击有复活的希望——始终坚持着以这个方面为他的主攻方向。当此之时,他却尽可能的约束住第十八军团,他们正在向南长驱直入,一路上都没有碰到阻拦。一直到 3 月 26 日,他还下令禁止第十八军团渡过艾弗尔河(Avre),而一定要他们在进度上和邻近的第二军团看齐,而第二军团本身却因为受到在阿拉斯附近第十七军团的牵制,而备感约束。由此看来,实际上鲁登道夫是想使用直接攻击的方式,以来击破英军防区中最坚强的那一个地段。由于这种固执的错误,他不曾把预备队的全部重量,都投掷在索姆河南岸,沿着抵抗力最弱的方向前进。等到后来他想纠正这个错误的时候,时机却已溜逝,再也来不及了。

当时若能绕过英军的侧翼,而直趋阿拉斯要塞地区的后方,那么这个向西北面的转动也未尝没有成功的希望。3 月 26 日德军在索姆河以北的攻势已经明显的减弱了(由第十七军团的左翼和第二军团的右翼所构成)。在索姆河的南岸,第二军团的左翼进到了索姆河会战的旧战场,那里已经成为人工沙漠,使德军在运动和补给两方面,都受到很大的阻碍。只有第十八军团还可以继续前进,而没丧失它原有的冲力。

这种情况迫使鲁登道夫采取一个新计划,但是他却还是舍不得放弃旧计划。3 月 28 日,他命令再向阿拉斯附近的高地,发动一次新的直接攻击——在第十七军团的右面,维米(Vimy)和拉巴塞(La Bassée)之间——接着第六军团又开始向北进攻。但是由于索姆河南岸方面的有利情况,使他又把亚眠指定为第二军团的主要目标。即便如此,他还是制止第十八军团继续前进,在未有新命令之前,也不准他们向亚眠的侧翼方面实行迂回。亚眠虽被承认是一个额外的主要目标,但是他却准备采取穿越恶劣地形的直接路线去夺取它。

3 月 28 日,当阿拉斯新攻势发动的时候,既无晨雾又无奇袭作为掩护物,所以面对着英将拜恩(Byng)的第三军团蓄势以待的坚强抵抗,德军遂不免惨败。此后,鲁登道夫才放弃他那个原有的旧观念,而改将他的主力,加上所剩余的一些预备队,向亚眠进攻。此时,他又命令第十八军团再等两天才进攻。当攻势在 3 月 30 日再度开始的时候,第十八军团已经没有多少兵力,同时联军方面已有充分的时间,来加强他们的防务——法军预备队就好像水泥一样,把这个已经发生了裂缝的围墙都补好了——于是德军的进展遂不免大受限制。在这一天当中,法军的炮兵也跟在步兵的后面,正式参加大规模的作战。

4 月 4 日,德军以 15 个师的兵力,其中只有 4 个师是生力军,又作了一次进攻的企图,其结果比以前更差。

因为不愿被动地卷入消耗战,鲁登道夫决定暂停对亚眠的攻击。他始终不曾沿着英法两军的分界线进攻。可是在 3 月 24 日那一天,贝当(Pétain)曾经向海格提出警告说:假使德军仍继续沿着他们现有的路线进攻,那么他就要把法军的预备兵力,向西南方撤退以掩护巴黎。只要德军稍为再加一点压力,这个小裂缝就马上会变成一个大缺口。

这个事实证明了两个历史性教训的价值:(一)只要接头的地方是最敏感的,也是最有利的攻击点;(二)当两军并肩作战的时候,要比隔得很远且组织上完全独立的时候,更害怕被切断的威胁,此时若能透入两军之间,则可使敌人感受到极大的压力。

由于他大部分的预备兵力,正在阿拉斯的南面,守着一个巨型的突出地,于是在很勉强的心理之下,鲁登道夫转向更北的地方,再次发动新攻势——他自己也不具太大的信心。3 月 25 日,他命令在拉巴塞与阿尔基蒂耶尔(Armentières)之间的地区中,作一次小规模的攻势准备,其目的是想利用此一步骤,以来扩张突破的宽度。当 3 月 28 日向阿拉斯的进攻失败之后,他决定再扩大这个计划。在阿尔基蒂耶尔南面攻击发动之后 24 小时内,接着发动在它北面的攻击,然后便像一把钳子般把这个城市夹了下来。

因为准备迟误,一直到 4 月 9 日,这个攻势才开始发动,而到发动前,其最初目的只不过是用来分散敌人的注意力而已。这一次又是获得晓雾的帮助,加上这个地区中敌人的抵抗力早已减弱,所以这次攻击获得了迅速惊人的成功。因此才使鲁登道夫逐渐把它改成一个主力的攻击。在阿尔基蒂耶尔以南,沿着一条 11 英里宽的正面,九个师的德军,再加上第二波的 5 个师,向着 1 个师的葡(萄牙)军和 2 个师的英军进攻——在英军后面,还有 2 个师的预备队,位置在紧接的地区中。第二天,德军 4 个师,再加上第二波的 2 个师,沿着一条 7 英里宽的正面,也在阿尔基蒂耶尔以北开始进攻——这次又获得了浓雾的助力。当联军的抵抗力开始转强的时候,新的生力军就分成碎片地投入这场战火,到了 5 月初,已经消耗了 40 个师,而鲁登道夫也已经无法摆脱这个消耗性的战役。

英军已经快退到他们的基地和海岸边,在绝望中他们还是拼死苦斗,终于阻止住德军的狂澜,虽然德军已经侵入了 10 英里之深,但却未能达到位于阿兹布鲁克(Hazebrouck)的重要铁路交点。于是,到了 4 月 17 日,鲁登道夫企图在伊珀尔两侧,作一次向心式的攻击,但是由于海格采取了一个间接性的行动,在 48 小时之前,即已自动将防线撤出了该地区,结果使这个计划完全落空。此后,鲁登道夫遂决定再在伊珀尔的南面,发动一次纯粹直接性的攻击,法军的预备队已经到达那里,并接管了一部分的防线。4 月 25 日的攻击,就正落在接头的地点上,在基麦尔岭(Kimmel Hill)把敌人击碎了之后,鲁登道夫却突然因为害怕敌人逆袭的缘故,而停止了扩张战果的行动。他虽然曾经一再的使用预备兵力,但是却都不免有太迟太少之感,所以当然不会有完全成功的可能。当他第一次攻击失败之后,他似乎对于第二次攻势缺乏信心,而在 4 月 29 日作了最后一次的努力之后,他又停止不前。不过他的原意只是暂时叫停,因为他想设法把法军的预备队,先引回到他们原有的战线,然后计划在法兰德斯平原上,对英军进行一次最后且具有决定性的打击。

此外,鲁登道夫早已在苏瓦松(Soissons)和兰斯(Reims)之间,做好在榭芒(Chemin-des-Dames)地区发动攻击的准备。原定在 4 月 17 日发动攻势,但是一直拖到 5 月 27 日才准备完成——主要是因为鲁登道夫延长了法兰德斯的攻势,使他的预备兵力消耗殆尽。美军总部的情报对于这次攻势的地点和大致时间,都有相当准确的预测,但是一直等到 5 月 26 日,从一个战俘口中获得证实之后,这个警告才被联军所注意,可惜已经太迟了。虽然来不及增强防御力量,但是却可以提高前线部队的警觉,并且命预备队开始采取行动。第二天上午,德军用 15 个师开始发动打击,后面还紧跟着 7 个师——沿着一条长达 24 英里的正面,英法两军一共只用 5 个师加以防守,后面还有 4 个师的预备队。在大雾和烟幕的掩护之下,德军开始发动攻击,迅速把守军逐出了榭芒,接着渡过了恩河。5 月 30 日,他们到达了马恩河。可是这一次,鲁登道夫却获得了一个意想不到的胜利,他既无准备也未存有希望。用奇袭攻击敌人的人,本身却反而遭到了奇袭。这个最初的成功不仅吸引大量的预备兵力,超过了应有的比例,而且也抵消了他们的效力——因为他们在调动预备队的竞赛中,也比不过联军。

这一次初期的成功很值得加以分析。其主要的原因可以分为下述三点:(一)联军的注意力和预备队过分分散;(二)德军努力地追求抵抗力最弱的路线;(三)当地法军指挥官实在是太愚笨,他坚持把步兵都集中在最前线的位置上,这样好像是故意把他们压缩起来,以便充当德军大炮的炮灰。炮兵、局部预备队和指挥所也同样地紧靠着第一线,结果当德军一突破之后,整个防区就迅速而全面的崩溃。本来在攻势尚未发动之前,其奇袭性已丧失了一部分,可是此时也算是完全恢复了。因为所有一切奇袭手段的目的，都是一样的，那就是使敌人丧失平衡。不管是用欺骗的手段，使敌人睡着了之后再下手；还是设法让他们在张开眼睛的情况下，自动走进陷阱。

现在鲁登道夫已经在联军的防线上面，创出了两个巨型的突出地，另外加上一个比较小型的。他下一个企图就是要肃清夹在索姆和马恩两个突出地区之间的康白尼拱柱地区（Compiègne buttress）。不过这一次却已无奇袭的余地，而 6 月 9 日在西面的攻击又发动得太迟，未能和东面的压力产生配合的作用。

于是中间又暂停了 1 个月的时间。鲁登道夫很想完成他那个一厢情愿的梦想——对比利时境内的英军，作一次决定性的打击。但是他却认为英军的预备兵力还是太强，所以决定再采取一个分散敌人兵力的计划——希望在南面发动一次强大攻势，以吸引英军的预备队。在马恩突出地的西面，他固然未能将康白尼拱柱地区加以肃清，但是他现在又想在东面达成这同样的任务，在兰斯的两侧实行进攻。不过此时他需要一些预备和休息的时间，而这一延迟即足以致德军的死命——因为时间也可以使英法两军恢复元气，更可使美军厚积他们的实力。

鲁登道夫的战术成功，反而成为他自己的一个拖累——因为受了这些成功的影响，结果向前推进得太远，把他自己的预备队都用完了，以至于两次打击之间，都需要很长的重整时间。至此，他所追求的已经不再是抵抗力最弱的路线，反而却是抵抗力逐渐加强的路线。在每次最初的突破之后，每一个攻击从战略方面来说，即都变成一种纯粹直接性的路线。他已经在联军的防线上，冲开了三个大缺口，但是却没有一个透入得够深，足以切断敌人的重要动脉。而这个战略性的失败又使德军的战线变成锯齿状，使其侧翼极易受到敌人的逆袭。

7 月 15 日，鲁登道夫又发动了他的新攻势，但是这次攻势对于联军却已毫无任何机密性。兰斯以东的攻击，为联军用弹性防御的方式所击退。在兰斯以西，德军虽然越过了马恩河，但却只是使他们愈陷愈深，失败得更惨而已——因为 7 月 18 日，福煦在马恩突出地的另一侧翼，也开始发动一次准备良久的打击。这次作战由贝当负责指挥，他使用了鲁登道夫所没有的锁钥，以康布雷会战为模型，集中使用轻型坦克，来领导一个奇袭式的攻击。德军本希望尽可能地使突出的大门敞开着，以便有足够的时间，使他们的兵力退回安全地带，并拉直他们的战线。但是他们的预备队却早已用光。于是鲁登道夫先是被迫暂时延缓在法兰德斯平原上的攻势，最后也以放弃终结。从此主动之权正式移交到联军的手里。

联军在马恩河上所发动的反攻，其性质也值得加以仔细研究。贝当已经要求福煦在博韦(Beauvais)和埃佩尔内(Epernay)两地，分别集中两个集团的预备兵力，其目的是想等到德军发动新攻势之后，再来向它的侧翼实行逆袭。第一个集团由曼金(Mangin)率领，用来击毁德军在 6 月 9 日的攻势，然后再移转到马恩突出地的西面位置。福煦计划用它来攻击在苏瓦松的铁路中心。当正在进行准备时，情报当局却获得一个确实的消息，知道德军下一次的攻势一定是在兰斯附近。福煦决定先发制人，提前在 7 月 12 日发动他自己的攻势。可是贝当却有另一种观念，他主张让德军先攻进来，然后再向他们后方的侧翼发动打击。可是说也奇怪，事实上，法军在 7 月 12 日却未能准备完成，因此实际作战的方式，依照贝当观念的地方较多，依照福煦观念的地方较少。不过只是较多，却并非全部。因为贝当的计划，本来可以分为下述的三个步骤：(一)只用极少数兵力守住最前线，故意放弃它以来引诱敌人，然后在后方地区中阻止他们继续前进；(二)发动局部性的逆袭，以吸引敌人的预备队，使他们陷入新的袋形地区之中；(三)最后放出曼金的预备队，使他沿着马恩突出地区的主要基线，向东发动真正的反攻。这时德军都已经在恩河南岸，被装入巨型的口袋中，曼金这一击即可扎紧袋口。

事实的发展和福煦的意见交互影响，使这个观念发生了改变。兰斯的东面，德军的攻势为弹性防御的方式所抵消——这也是一种战术性的间接路线。但是在兰斯的西面，指挥官却坚持着那种旧式硬性的防御方法，所以防线遂终被德军突破。德军一直透入，渡过了马恩河，为了应付这个紧急的危机，贝当被迫只好把他本拟在第二阶段使用的预备队，先动用了一大部分。为了抵补他们，他决定抽调曼金的兵力去加以补充，而暂时延缓了他的反攻——福煦本已下令在 7 月 18 日进攻。当福煦得知贝当的命令后，他马上又把它撤销掉，于是贝当计划的第二个阶段遂完全被破坏，因此德军的预备队现在就可以用来阻止曼金的兵力，以使袋口不致被束紧。不久法军的反攻就变成了一种单纯的直接压迫，正如同 1915 年法尔根汉在波兰的情形一样，整个口袋都压扁了，而把德军全部挤了出去。

此后福煦的主要观念就是尽量保持主动，使敌人永远得不到休息的机会，因为此时，他自己手里的预备兵力正一天天增加，所以有恃无恐。他的第一个步骤就是发动一连串的局部攻击，以使他自己的横贯铁路可以获得自由。8

月8日在亚眠前线上,海格首先发动第一个攻击,利用巧妙的预防和欺诈手段,劳林森(Rawlinson)的第四军团兵力暗中增加了一倍,并且利用了450辆坦克,来领导这个攻击。当攻击开始发动时,可以说是获得了完全奇袭的机会,这是整个战争中未曾有过的经验。虽然它不久即发生了顿挫——其压力所具有的直接性,当然要算是重要的理由——但是这个由奇袭所产生的最初震动力,即足以使德军最高统帅在心理上丧失平衡。当鲁登道夫认清了他的部队,在精神方面已经濒临破产的程度,于是他遂公开宣称:应用谈判的方式来获致和平。这时,他又说:"我们战略的目的就是使用一种战略防御的手段,以来逐渐消磨敌人的作战意志。"

不过此时,联军也在逐渐演化之中,发现了一种新型的战略方法。福煦首开其端,他命令联军在不同的地点,开始发动一连串的攻击。当海格拒绝接受福煦的训示,不肯继续命其第四军团再作正面的压迫时,这个演化的程序遂告完成。一直等到英军第三和第一两个军团,都轮流发动了攻击之后,第四军团才又继续进攻。所以专就海格和贝当的控制范围而言,联军的攻势已经变成了一连串的快速打击,打在不同的地点上面,一旦当最初的冲力开始减弱的时候,马上停止,而又改在其他的地方再发动新的攻击。这样一来,每次攻击就好像是为下一个攻击铺路,因为在时间和空间上都非常的接近,所以彼此之间具有很密切的关系。这样的车轮战法使鲁登道夫无法调动他的预备部队,来应付预料中的下一个打击,同时联军只要用最经济的成本,即足以使德军的预备兵力,很快地消耗殆尽。这种方式虽不能算是一种真正的间接路线,但却十分近似。它虽然不一定能采取期待性最少的路线,但至少却已经避免自然预期的路线。虽然不一定是采取抵抗力最弱的路线,但至少却永远不去追求抵抗力逐渐增强的路线。所以事实上,它可以算是一种消极形式的间接路线。

因为德军在精神上和数量上,都已经在走下坡,所以此时使用这种方法,即足以使德军的抵抗力不断减弱。由于这种颓势已经有了明显的证据,所以海格才敢担保说,他有力量突破兴登堡防线,而在那里的德军预备队要算是最强的。这样才使福煦决定放弃他的主见,而改在9月底同时发动全面攻势。

该计划是打算直接集中压迫德军防线在法国境内构成的突出地。他们希望由英美两军所分别构成的侧翼,可以从两面抄入,而把在突出地区中的德军,切断一大部分。这个希望的基础是认为阿登山地可以构成一个无法通过的后墙,只有在侧翼方面才有一条狭窄的出路。实际上,这完全是一种错误观念,因为阿登山地具有相当良好的道路,所谓山地崎岖的说法,只是徒见其表而已。(注:这种类似的错误判断也同样在 1940 年 5 月,使联军统帅部认为德军的机械化兵力无法通过这个地区,侵入法国。)

本来,依照潘兴(Pershing)的建议,这个计划是含有某种程度的间接意味。他认为美军应首先扩展局部的战果,向布里昂(Briey)前进,破坏圣米赫尔(Saint Mihiel)突出地,然后经过梅斯,以切断德军在洛林的交通线为目的,这样就可以阻止德军向莱茵河退却。但是海格却表示反对,他认为这个进攻方向,与联军向心的进攻是不同的,是离心的。于是福煦遂拒绝了潘兴的建议,而照海格的意见,修改了他的计划。结果,美军奉命移转到西面,匆匆地奉命在马斯—阿尔贡(Argonne)地区中,发动攻势,仅仅只有一个星期的准备时间。在这次进攻中,又是沿着抵抗力渐增的路线,施加长久的压迫,结果是付出了高价,而毫无收获,对于海格向兴登堡防线的进攻,也毫无帮助。

这一次作战可以证明,即使有优越的火力,面对着士气已经崩溃的敌人,若是采取直接路线的话,虽然是可以突破敌人的阵地,但却并不能击破敌人的力量。一直到 11 月 11 日(休战的日子),德军除了牺牲他们的后卫以外,其余的兵力都已经全部安全地退出了突出地以外,在他们的后面是一条缩短而拉直了的战线。联军的前进事实上已经完全停顿,并不是由于德军的抵抗,而是因为他们自己经过这个废墟地带时,在补给和维持方面,发生了极大的困难。在这种条件之下,直接路线只不过是使德军溜得更快,而使他们自己无法追上去。

侥倖的是,这个军事攻势的最后阶段,根本就没什么意义。致命的一击还是 8 月 8 日的最初奇袭,再加上在其他远距离战场上的间接路线,才使德军最高统帅部感到绝望。那就是联军在萨洛尼卡战场上的攻势。其目标地区的地形非常恶劣,而守兵人数也极少,所以不久就被突破了。一旦突破之后,恶劣的山地又使守军难于调动他们的预备队,以来阻止联军沿着抵抗力最弱的路线前进。当他们的军队被分裂为两段之后,已经厌战的保加利亚开始投降。这次胜利使得同盟国出现溃裂的现象,同时更打开了一条通向奥地利后方的道路。

当意军再度发动攻势并获得突破之后,这个危机就越来越严重。此时奥地利人在精神和物质上早已到了山穷水尽的阶段,终于不支投降。联军便经由奥地利的领土和铁路,攻入德国的后门。9 月,格尔维茨(von Gallwitz)将军即曾向德国的首相提出警告,说这攻势实已"决定"一切。

这个威胁,再加上封锁所产生的高度精神效力——这也是一个大战略性的间接路线——使整个德意志民族都感到大祸即将临头。现在饥饿和失望遂构成一对尖刀，威逼着德国政府投降。

德军最高统帅部此时已经感到神经错乱，一时无法恢复。9月29日，兴登堡和鲁登道夫决定德国应该要求休战，因为他们认为保加利亚的崩溃，已使他们的一切部署完全混乱——本来要派往西线的部队现在势必要改调往那一方面。若是联军再向西线发动攻势，则一切情况都会发生"彻底"的变化，纵或这一次能够把他们挡住，若是对方继续进攻，终究总还是会崩溃的。

福煦的攻势正好被这句话言中。美军在马斯—阿尔贡地区的进攻已在9月26日开始，但是到了9月28日，实际上即已完全停顿。9月28日，法英比三国的部队又在法兰德斯进攻，但却未能构成真正的威胁。但是到了9月29日上午，海格的主力打击落在兴登堡防线上时，德军便开始感到动摇。

在这个紧急状态下，马克斯亲王（Prince Max of Baden）奉命出任首相，想利用他在国际社会中的地位，来达到谈判和平的目的。为了使这个买卖可以发生效力，并且表示不是自己认输起见，他向军方要求说："应该使我有十天或八天，至少也得有四天的喘息期间，以便我好乘机向敌人提出和平的呼吁。"但是兴登堡却回答他说："眼前军事情况已经到达生死存亡关头，势不可以再延缓。"坚决主张立即向敌人求和。

于是，10月3日，德国正式向美国威尔逊总统，提出了立即停战的要求。这无异于是向全世界公开承认失败。甚至于在此之前，早在10月1日，德国最高统帅部就已经开始破坏他们自己的国内阵线。他们在一次国内各政党领袖的集会席上，也公开提出同样的意见。

当人们在黑暗中关久了，突然看见光线，反而会瞎眼睛。因此在德国内部，所有不和的力量和弱点都马上显露了出来。

在几天之内，德军最高统帅部的心理又逐渐转向乐观，因为他们看到英军透入了兴登堡防线之后，并未能立即对战斗正面作真正的突破。德军获得的报告，认为联军在攻击时的兵力不够充足，尤其是无力扩张战果——所以使他们感到兴奋。鲁登道夫却仍认为休战还是必要的，但是他的目的是为了使他的部队可以获得一个小休的机会，以便再作继续的抵抗，并使他们得以安全地撤到国界上的缩短防线中。到了10月17日。他甚至认为即使没有休息，他也照样可以做到这一点。可是尽管他个人的看法已经改变，但是其所造成的印象却已经无法收回。当他在9月29日发表意见的时候，情况可以说是已经恶劣到了极点。于今情况虽已转好，但是他那个最初的印象却已经在德国的政治圈中和民间慢慢地传播，就好像是把一颗石子投进水池里一样。国内防线虽然要比战斗防线较后发生裂痕,可是它的崩溃速度却快得多。

10月23日,威尔逊总统用一个通牒答复了德国人的要求,实际上即无异于要他们作无条件投降。鲁登道夫这时就主张继续作战,希望在德国国界防线上,作一次成功的防御战,以来打击联军的气焰。但是情况的演变却已经超出了他的控制范围之外,德国民族的意志力已经崩溃,再没有人愿意接受他的忠告。10月26日,他被迫辞职。

在接着的36小时内,德国首相由于服用安眠药过度,一直处于昏睡不醒的状况中。等到他在11月3日下午,前去上班的时候,不仅土耳其投降了,而且奥地利也步上它的后尘。后门已经被打开。第二天,德国国内的革命也开始爆发,并蔓延至全国。当和平谈判发生延迟,加上德皇不想退位,这种情势就更成燎原之势。唯一的机会就是向革命势力让步,于是到了11月9日,马克斯亲王把政权移交给社会党领袖艾伯特(Ebert)。此时,德国休战协定签字的全权代表,早已和福煦会面。11月11日上午5时,他们签定了条件,到了11点,战争遂已成过去。

最后决定战争胜负的日子就是9月29日——在德国最高统帅部的内心中决定的。鲁登道夫和他的同僚们心理上发生了溃裂的现象,这个影响传到了后方,然后在德国到处都引起了回音。再没有什么力量可以阻止它和收回它。指挥官的神经可以恢复,实际军事情况可以改善,但是这个心理上的印象,对于战争即足以发生决定性的作用。

关于促使德国投降的原因,封锁似乎要算是最基本的一个。即便德国国内不发生革命,德军对于他们的国境防线,也还是不可能久守。因为即便德国人民能够死拼到底,结果也不过只是暂时使敌军的攻势,受到一点顿挫,最多也不过是战争结束之期,略为展缓而已。因为联军方面握有制海权,这是英国人的传统武器。但是促使战争提前结束,使其不至于再拖到1919年,其首功应归军事行动。这个结论并不是说当休战的时候,德国军事力量已经崩溃,或者是他们的军队已经受到了决定性的挫败,更不是说这个休战是一种错误的认输。从这后"100天"的历史记录上看来,更足以使我们认清那个不朽教训的价值——战争中的真正目的是敌方统治者的心灵,而并非其军队的躯壳,胜负双方的平衡是随着心理上的印象而转移,至于物质上的打击,只具有间接的影响。使鲁登道夫的神经感到震惊的是奇袭的威力,这种威力使他自己感到无能为力。这种威力比之人员、土地和武器的损失,更为严重。

第三篇　第二次世界大战的战略

第十五章　希特勒的战略

　　第二次世界大战实际上是从 1939 年开始,但是无论在此以前还是以后,若对于希特勒的战役经过加以详细研究,将可作为极显著的例证说明本书前段所已经追溯过的方法。在他的第一个阶段中,他使间接路线的战略,在物质上和心理上,在战场上和会场上,都达到了一个新的境界。然而之后,他却使对手获得了充分的机会,对他发挥间接路线的功效。

　　在战争中,最好不要把敌人估计得过低。同样重要的,是要了解敌人的方法和他的心灵运作。要想预知和预防敌人的行动,这种了解即为必要的基础。那些爱好和平的国家,对于希特勒的下一个行动,总是判断得太慢,结果才老是"赶不上车子"(missing the bus)。假使政府的顾问机构中,能够设立一个"敌人部"(enemy department),对于有关战争的一切问题,都一律从敌人的观点来加以研究,那么对于一个国家的前途而言,将非常的有利。因为在这样的假想情况下,也许可以预测出来敌人的下一个行动指向何方。

　　对于未来的史学家而言,这似乎是一件再奇怪不过的现象:当时民主国家的政府居然不曾事先估计到希特勒将要追求的路线。因为像他这样一个野心家,居然会把他的心事,都事先向大家说明,这也是旷古所未有的怪事——他甚至是故意采取这种做法。《我的奋斗》(Mein Kampf),再加上他所发表的其他各种言论,都可以提供充分的线索,说明他的行动方向和后果。假使说这种特别清楚的"自白"可以当作是一种最好的证据,来说明他的成就既非偶然,亦非机会;那么它也同时足以构成一个更明显的证据,来说明下列的格言是如何的正确:"人们真是如何的愚笨呀!"即使是拿破仑也不曾像他那样地藐视敌人,也不敢那样冒险地把他的意图完全明说出来。希特勒为什么敢采取这么随便的态度,其原因在于他认清了人们常常都是"明足以察秋毫之末,而不见舆薪"。放在最明显位置的东西,反而最不易为人发现;有时最直接的路线反而是敌人所最料想不到的。正好像保密的巧妙就是尽量把大多数的事情都公开发表,于是便令人想像不到还有少许秘密存在。

劳伦斯(此即指阿拉伯的劳伦斯)曾经说过:列宁是唯一一个曾经构思革命,实行革命,并且巩固革命的人。这个评语对于希特勒而言,也同样适用,而且还可以再加一句:他还"写出"革命。很明显,希特勒曾经研究过布尔什维克革命的方法,从中获益不少,他不仅学会了如何夺取权力,而且更学会了如何扩张权力。列宁曾经创造了下述的格言:"在战争中最健全的战略,就是一直要等到敌人在精神上已经涣散之后,才开始作战,这样,一个致命的打击才有容易完成的可能。"希特勒也曾说过一句话,与这句话的意义非常相似:"我们真正的战争都是在军事行动开始之前,就早已打过了。"根据劳希林(Rauschning)的《希特勒自供》(Hitler Speaks)书中的记载,当讨论到这个问题的时候,希特勒曾经宣称:"在战争尚未发生之前,如何设法使敌人的精神先崩溃,是我最感兴趣的问题。任何一个曾在前线有过战争经验的人,都会希望尽量避免不需要的流血。"

因为把注意力集中在这个问题上面,所以希特勒的思想就开始与德国军事思想的传统趋势,分道扬镳了。一个世纪以来,他们的注意力都是集中在"会战"上面,同时也领导着多数的其他国家,在军事理论方面沿着同一狭窄的路线发展。因为他们奉普鲁士战争哲学家克劳塞维茨为教主,于是对于他那些并未成熟的箴言,都一律盲目地生吞下去。其中有如:"以流血的方式解决危机,努力毁灭敌人的兵力,就是战争的长子。""只有伟大和全面的会战才能产生伟大的结果。""血液就是胜利的代价。""我不相信将军们可以不流血而征服敌人。"克劳塞维茨拒绝承认下述观念:"有一种巧妙的方法,可以不必大量流血,即足以解除敌人的武装并制服敌人,而这也就是战争艺术的正当趋势。"他痛斥这个观念是"慈善家"幻想出来的。他并不曾注意到,事实上这种观念是为了国家的利益,是基于纯粹自利主义的立场,而并非仅是代表古代侠士之风。那些没有思想的信徒,应用他这些教训的结果,即足以促使将军们一有机会即去寻求会战,而再也不想创造有利的机会。所以到第一次世界大战时,战争艺术就退化成为一种大规模互相砍杀的程序。

不管他的天才到底有多大的限度,希特勒至少是已经超过了这些传统的界线。劳希林引证他的话说:"唯有当无法使用其他的方式来达到目标的时候,人们才会开始互相砍杀。……有一种广义的战略,使用着智慧性的兵器。……假使我可以利用更好和更廉价的方法,来达到瓦解敌人士气的目的,那么我又何必一定要用军事手段呢?""我们的战略是从内部毁灭敌人,通过他们自己征服他们。"

希特勒对于德国的军事思想,带来了一个新的方向和较广泛的意义。只要把他的理论拿来和鲁登道夫的理论作一对比,就可以看出希特勒思想的宽广限度。在上一次大战中,鲁登道夫是德国战争方面的总指挥,他在 1923 年也曾和希特勒合作,企图用"向柏林进军"的方式,来夺取政权,但不幸失败了。

在极权国家建立之后,已经过了差不多 20 年的光阴,使他有充分的时间来反省上次大战的教训,于是鲁登道夫开始作出他的结论,以作为未来"总体战"的蓝图。在书中(中译本名为《全民战争论》)他一开口就对克劳塞维茨的理论大肆攻击,这本是 1914 年德国军事思想的基础。照鲁登道夫的看法,克劳塞维茨理论的最大错误不是因为它们不考虑成本,或过分偏重"无限制暴力"的观念,而是他这种"偏重"还不够彻底。他批评克劳塞维茨对于政策未免太过分重视,而并非太不重视。为了举例说明,他更引述克劳塞维茨的话:"政治目标就是'目的',而战争却是达到这个目的的'手段',若先无一定的目的,则当然也无法考虑到手段问题。"照鲁登道夫的观点看来,这是已经落伍过时了。总体战争的原理,是要求一个民族应该把它的一切都贡献给战争;而在和平时期,也应把它的一切都用来准备下一次战争。战争是民族"生命意志"的最高表现,所以政策应受战争行为的支配。

读完鲁登道夫的书,我们就可以明了他的理论和克劳塞维茨的主要差别,就是他认为战争是一种无目的的手段——除非你说它的最后目的是要把国家整个变成军营。实际上,这种理论也并不像鲁登道夫本人所想像的那样新奇。斯巴达人在过去就尝试过,而最后只不过是使他们自己陷入瘫痪灭亡的境地而已。因为他的目的是发展一个好战的民族,是要创立一个超级的斯巴达,所以鲁登道夫的首要目的就是要使"整个民族团结一致"。为了达到这个目的,他就想创立了一种"民族主义"的新宗教。根据它的教条,女人最光荣的任务就是生孩子,承受"总体战的负担",而所有的男人都必须发展他们的力量以达到那个目标——简言之,人生的过程即为生育、教养和屠杀。此外,为了达到"团结"的目的,鲁登道夫也主张采取古老的迫害手段,不准任何人有反对最高统帅部的思想。

鲁登道夫又主张一个国家应有一种自给自足的经济制度,以适合总体战的要求。从这一点看来,他似乎认清了军事力量是要以经济为基础的。可是令人想不通的,就是一方面,他认清了封锁在第一次世界大战中,曾经使德国感受到极大的困难,但是另一方面,他却还是始终坚信决定战争的因素,是两军在战场上的会战。关于这一点,他却认为德国的老教主,是应该加以赞扬的——"克劳塞维茨一心只想在会战中歼灭敌军。"鲁登道夫认为,这是一条"永远不变的真理"——可是希特勒却认为一个战争领袖的真正目的,是要"不战而屈人之兵"。

在鲁登道夫的心目中,未来战争的打法似乎只是他1918年攻势的放大而已——这个攻势,在开始的时候也是声势骇人,可是到了终结的时候,却不免"秀而不实"。对于他而言,这个攻势仍然还是一个"战斗的程序",在火炮、机枪、迫击炮和坦克的支援之下,步兵逐渐前进,一直到最后使用"肉搏战把敌人征服为止"。一切的运动都是为了达到战斗的目的,机械化的作用,只不过是为使兵力能够迅速地送上战场。

鲁登道夫对于战争的推广形式,从来不曾加以反对,无论是在道义上和军人武德上,都是如此。他指明由于总体战的需要,对于"取消无限制潜艇战争"的观念,连理论上也不必加以考虑。对于凡是想要开入敌方港口的一切船只,在将来战争中,飞机应与潜艇相配合,一律将其击沉——"即使悬有中立国旗帜者亦不例外。"至于说到直接攻击平民人口的问题,他强调说:在将来"会使用轰炸机群来向平民作毫无怜惜的攻击"。不过他所更重视的是在纯粹军事方面,所以空军应首先用来帮助攻击对方的军队。等到这个目的达到之后,行有余力,才可以用它来向敌国内部发动攻击。

他固然对于每一种新兵器和新工具,都表示欢迎,但是他只是盲目地把它们添加在他的兵器表上,而并未有意地拿它们和任何大战略做配合。他对于战争中各种不同因素间的关系,也殊少明确的认识。用最简单的话来说:他的见解是你应该尽可能地使用各种不同种类的力量,于是你就可以达到某一种境界,至于这个境界到底是什么,他是既不想追问,也不想考虑,他所肯定说明的只有下述这点:"军事上的总司令,应该训示政治领袖如何工作,而后者必须遵守他的训示,完成他们的任务,以求为战争作出贡献。"换言之,那些负责决定国家政策的人们,应该把一张空白支票给予他,好让他可以无限制地支取这个民族的现有资源和未来的生命。

鲁登道夫和希特勒之间,有许多思想都是相同的,例如种族、国家和德国民族应有支配世界的权利等项观念。可是他们之间的差异还是很大,尤其是在"方法"方面。

鲁登道夫曾提出一个无理的要求,认为战略应该控制政策——那就是说工具本身可以决定它自己的任务。希特勒对于这个问题却采取了另外一种解决方式——把这两种工作都集中在一个人身上。所以他和古代的亚历山大、恺撒，后代的腓特烈和拿破仑一样，享有同样的优势。这使他获有无限的机会，来准备和发展他的工具，以达到他心里所想到的目的，这是任何纯粹战略家所未敢梦想的权利。同时，他也早已把握住其他军人，由于职业性的偏见，故不易于认清的真理——军事性的武器只不过是达到战争目的的许多手段中之一种而已，也不过是大战略的一方面而已。

　　一个国家参加战争的原因固然可以很多，但是其最基本的目的，是为了要使它的政策能够继续发展下去——而对方的国家却正决心追求一种相反的政策。冲突的来源和主因埋藏在人类意志之中。一个国家若要想在战争中达到它的目的，那么它一定要设法改变对方的意志，使其能符合它自己的政策。若能认清这一点，那么克劳塞维茨的信徒们所认为最重要的军事原理——"在战场上毁灭敌军的主力"，就会和大战略中的其他手段，列于平等的地位，并作适当的配合。这些所谓其他手段者，包括各种非直接性的军事行动，以及经济上的压力和外交手段。绝不可以过分重视某一种手段，因为环境可能有时会使它丧失效力。最聪明的方法是选择和并用各种手段，以达到最适合、最深入和最经济的目的。换言之，当屈服敌人意志的时候，应该设法使战争成本减到最低限度，而且更应使其对于战后的前途，只造成最小量的伤害作用。因为假使一个国家自己已经受到惨重的牺牲，那么虽然能够获得最具有决定性的胜利，实际上也还是毫无价值。

　　大战略的目的就是要在敌方政府的作战能力上面，找到阿基里斯之踵，并且一针扎到那个要害上。至于战略，就是要在对方战线上面，找到一个接头的地方，而从那里穿透进去。把自己的兵力用来攻击对方兵力强大的地方，其结果只是使自己蒙受不必要的损失，而终至"得不偿失"。要使攻击能够具有强大的效力，则必须打击在敌人的弱点上面。

　　若能设法解除敌人的武装，那么要比用硬打的方法来毁灭敌人，不仅较经济而且也更有效。因为"硬打"的方式，不仅成本太高，有两败俱伤的危险，而且兵凶战危，更会使"机会"成为战局的最后决定者。一个战略家的思想，应以"瘫痪"为着眼点，而"岂在多杀伤"？即使从战争的较低层次来说，一个人被杀死了只不过是损失了一个人而已，但是一个神经受到震动的人，却可以成为恐怖病菌的传染媒介，足以造成一种恐怖现象。在战争的较高层次中，若能在对方指挥官的心里造成一种印象，那么其结果即可以抵消其整个部队的作战力量。而在战争的更高层次中,对于一个国家的政府,若能加以心理上的压迫,即足以取消他的所有作战力量——假使手掌本身瘫痪了,那么刀剑当然会从手掌中掉落下来。

现在再把本书第一章的要旨重述一遍:从对战争的分析中显示出,尽管一个国家的表面实力,是用它的数量和资源来代表,但是这种肌肉的发达却要依赖它的内脏和神经系统的强度——即控制力、士气和补给等项因素。直接的压力常常只会把对方的抵抗力压紧和变硬——正好像把雪块压成雪球一样,压迫得越紧,那么就融得越慢。在政策和战略两方面都是一样的——或者可以说它是外交战略和军事战略——使敌人在心理和物质上都丧失平衡,而间接路线则是使敌人自动崩溃的最有效办法。

战略的真正目的就是要尽量减少对方抵抗的可能性。由此又引到了另一条公理——要赢获某一目标,便应该同时具有几个可以掉换的目标。攻击这个目标时,又可以同时威胁到另一个。唯有在目标方向具有这样的弹性,战略才可以配合得上战争的不定性。

不管是由于先天的还是后天的原因,希特勒对于这些战略的真谛都具有深刻的认识,很少有军人能够达到他的水准。他把这种心理战略用在政治战役之中,因此才夺得了德国的政权——大肆攻击魏玛共和的弱点,利用人性上的弱点,挑拨资本主义者和社会主义者互相斗争,而坐收渔人之利。这样逐步使用间接性的手段,他终于达到了他的目标。

等到1933年,他获得了德国的统治权之后,这种同样的复合程序就有了更广泛的扩展。第二步,他首先和波兰签订了一个10年期限的和平协定,以保护他在东面的侧翼;接着在1935年,他又自动毁弃了凡尔赛条约所规定的限制军备条款。1936年,他又冒险在军事上重占莱茵地区。同一年之内他与意大利合作,开始用"伪装战争"的手段来支援佛朗哥,去推翻西班牙的共和政府。这是一条间接路线,以攻入法英两国的战略性后方为目的,在大战略方面构成一种牵制作用。使英法两国在西面的地位削弱之后,他又在莱茵地区重新建立要塞,以增强他自己在西面的地位,此后他便可以反转身来向东发展了——这是一个富有间接性的行动,以打击西方国家的战略基础为目的。

1938年3月间,他进占奥地利,因而使捷克斯洛伐克的侧翼,完全处于暴露的地位。同时在一战之后,法国在德国周围所布置的防御网,也就从此冲开了一个大洞。1938年9月间,利用慕尼黑协定,他又不仅得到了苏台德区(Sudetenland),且更使捷克斯洛伐克在战略方面陷入瘫痪的境地。1939年3月间,他占领了这个早已瘫痪了的国家,于是又包围住了波兰的侧翼。

利用这种一连串几乎完全不流血的行动,并且在巧妙的宣传烟幕掩护之下,他不仅毁灭了法国人原先在中欧的控制地位和对于德国的战略包围圈,而且更进一步使他自己居于控制的地位,而使法国反陷于包围之中。这种程序和先达到有利地位再行挑战的古训是不谋而合的,只不过范围愈广、计划愈大,而形式更近代化罢了。在这个过程之中,德国的力量日益成长,直接方面,它本身的军备已经作了大量的发展,间接方面,利用剪除同盟国和砍断他们战略根本的手段,使其主要假想敌国的力量,日益减低。

于是到了 1939 年春天,对于公开的决战,希特勒已经不再感到害怕了。正当这个紧急关头,英国人又做了一个假动作,更使他获益不少——英国人突然向波兰和罗马尼亚提出保证,此时这两个国家在战略上都已经处于孤立的地位,只有苏联还可以对它们作有效的支援,可是英国事先却未向苏联寻求任何的保证。英国人一向都是采用安抚和退却的政策,这一个盲目的行动实不啻作了个一百八十度的大转身。而在当时看来,这种保证的行为实无异于向德国挑战。就地点而论,因为那是西方国家力量所达不到的,更足以构成难以抵抗的诱惑。因为当时西方国家在力量方面,既然处于劣势,这一个行动遂使他们所能够采取的唯一战略形式,也自毁其基础。因为既不能够在西面构成一道坚强的防线以阻止侵略,反而使希特勒获得了一个容易的机会,首先突破一道脆弱的防线,来一个"下马威"。

诚如劳希林所记载的,希特勒的计划总是以孤立脆弱的国家为奇袭的对象,而准备让他的对手去背起攻击的重担——因为德国人要比同盟国方面的任何军人或政治家,都更能够认清近代化防御力量的价值。现在他可以有一个很轻松的机会,来达到这个目的。在这种环境之下,他的战略原理十分明白,必须先和苏联携手,始能确保苏联人不至于出面干涉。一旦这个保证到手之后,希特勒便处于"左右逢源"的地位。假使英法为了履行他们的诺言,而向德国宣战,那么他们就等于自动放弃了守势的利益,而被迫采取攻势——既无必要的资源,而又处于极不利的条件之下。假使他们碰到了齐格菲防线(Siegfried Line)便不再前进,那也正足以证明他们的无用,徒然丧失了威望。假使他们再继续硬攻,结果必然会受到极大的损失,等到日后希特勒再回师西指时,他们的抵抗力反而会相对的减弱。

英法两国为了不使自己陷入这样进退维谷的窘境,为了不让希特勒可以完全如愿以偿,唯一可以采用的方法,就是经济上的制裁和外交上的绝交,并且同时把军火供给侵略中的受害者。这对于波兰而言,其功效并不会减低,但比起在这种不利条件之下实行宣战,对他们的威望和前途的伤害自然小得多。

结果,法国所企图发动的审慎攻势,并未能使齐格菲防线发生任何动摇,因为事先"夸大"得太厉害,因此一旦失败之后,遂更使同盟国的威望受到了很大的影响。和德军在波兰的迅速胜利相比较,更使中立国对德国深感恐惧,而这对同盟国本身信心的打击,甚至要比另一次妥协还更严重。

现在希特勒就可以开始巩固他在军事上的收获,在他西线要塞的后面,尽量发挥他在政治方面的优势,而那些自命为援救波兰的国家们,却根本无力突破这一道防线。于是他遂可以一直保持着安稳的守势,来坐候英法两国的人民,对于战争慢慢产生厌倦心理。但是联军方面的政治家,早在他们手里还并无工具以使理想变成事实之前,即已高谈"反攻"的理论。结果他们只是徒然的挑拨敌人,使其先下手为强,而他们自己却并没有招架的能力。因为他们这种说而不做的态度,才又使希特勒获得了一个新机会和一个新刺激来先发制人。当在英法两国,有许多人正在想利用邻近德国的一些中立小国,作为通到德国侧翼的道路时,希特勒却一口气侵入了五个中立国,达到联军的侧翼——这也正代表侵略者的本质,可以不顾一切。

在战争的初期,希特勒本主张保留挪威的中立地位,以掩护他自己的侧翼,并且使德国运输瑞典铁矿石的船只,可以经过挪威在大西洋海岸上的港口纳尔维克(Narvik),而获得相当的安全保护。然而由于联军方面正在计划如何控制挪威的水面和港口,而使他立于不利的地位,于是才促使希特勒不得不先下手为强,将这个国家迅速地加以占领。

不过就这一部分而言,并没有什么新奇的观念。早在 1934 年,希特勒即曾经向劳希林和其他人公开表示过,他准备运用怎样的奇袭手段,来占领斯堪的纳维亚半岛上面的主要港口,那就是使用小型的海运远征兵力,再加上空军的掩护,同时发动连串的突击。潜伏在当地的第五纵队会先为他们开路,实际采取行动时的藉口,即为保护这些国家不至于受到其他强国的侵略。这位战争"艺术"家还曾经这样说:"这是一个冒险而有趣味的企图,在世界历史上是找不到前例的。"在 1940 年 4 月 9 日所执行的计划中,这种惊人的观念遂完全如愿以偿,其成功甚至于超出了原先料想之外。他原本的评估是认为在某几点上,这种突击会失败,但预计可以稳占大部分的战略要点。事实上,他却毫无阻碍地获得了所有的目标,且他的手指还贪心地伸展到了纳尔维克的北面。

因为他的成功是如此的轻松,而联军的救援企图又是那样的容易击败,所以自然使他敢于大胆地作更进一步的尝试——他的下一次大攻势,早已计划好了。过去,当讨论到在什么样的情况下他才会冒险挑起大战的问题时,他曾经明白表示,他的意图是在西面采取守势,而让敌人先发动攻势,之后他就会席卷斯堪的纳维亚和低地国家,以来改进他的战略地位,然后再向西方国家提出和平的建议。他说:"假使他们不想要和平,那么他们就可以尝试把我赶出去。无论在哪一种条件之下,他们都一定要负起攻势的重担。"不过现在的环境却又已经不同了。在波兰被征服之后,他曾经作过一次和平的建议,但是已被西方国家拒绝。自此以后,他就决定要用实力来压迫法国人求和,并且把兵力调往西线,准备在那年秋天发动攻势。因为他的将军们,都不相信他们能有足够的实力,击败英法联军,所以都纷纷提出异议,再加上天气的阻碍,才使他暂时放弃了他的企图。但是这个犹豫使他日益感到不耐烦,而挪威的胜利——这一次他又是不听将军们的谨慎忠告而获胜的——更使这些将军们再也无法控制他不动。

很久以前,当讨论这种攻势可能性的时候,他曾经这样说:"我要不损失一兵一卒,而从马奇诺防线的右面,进入法兰西。"虽然这种说法不免过分夸张,但是以 1940 年 5 月时他的成就而论,他的损失与他的收获相较,真可以说是微不足道。

在原定计划中,主力放在右翼方面,由波克(Bock)集团军负责。但是到了 1940 年年初,这个计划又作了一次彻底的修改,重点转移了位置——依照曼施坦因将军(Gen. von Manstein)的意见(他是伦德斯特〔Rundstedt〕集团军的参谋长),若能从阿登地区进攻,则成功的机会会大得多,因为那是最不被预期的路线。

西线战役中最有意义的一个景象,即为德军统帅部十分谨慎地避免任何直接攻击,总是继续使用间接路线——尽管在近代化的攻击工具方面,他们居于优势的地位。他们并不企图透入马奇诺防线。反之,他们先向两个中立小国作"诱敌式的攻击",以来引诱联军跃出在比利时边界上的防线。等到联军已经深入比国境内之后——他们一路都不断受到德国空军的袭击——德军才向他们的后面进攻———刀刺在当法军前进后,已经无掩蔽的"铰链"上。

这个致命的一击是由一个小型打击兵力来负责,它在整个德军里面只占极小的比例,但却是由装甲师所组成的。德国统帅部对于这一点的认识可以算是很高明的,他们深知要想获得一个迅速成功的机会,所靠的是机器而非大量的人力。即使如此,但是因为这个矛头实在是太小了,所以许多德国将军

们，还是不敢相信这次攻击会有成功的希望。德军能够大获全胜的主因，是由于法军统帅部实在太冥顽不灵，他们把重兵都集中在左翼方面，企图在比国境内作一次决战，而只留下几个次等的师，来防守这个面对着阿登的枢纽地区——因为阿登是一个多山的森林地，照法国人的估计，机械化部队是很难通过的。反过来说，德军为了奇袭的缘故，决定尽可能地利用这一条险恶的路线，这也正足以证明他们认清了那一条古老的教训："地利不如人和"——天然的障碍物并没有人为的抵抗力那样坚强可怕。

此外，当德军越过了色当向前迅速挺进时，事实上，他们又总是连续威胁到两个不同的目标，这也使他们获益不少。因为它可以使法国人永远猜不透他们的真正方向——第一步是趋向巴黎呢？还是趋向在比国兵力的后背呢？接着当德军装甲师转向西面的时候，又摸不清楚他们是会指向亚眠，还是里尔（Lille）。这样一路"声东击西"，他们终于达到了海峡海岸。

德军的战术完全配合他们的战略——避免一头撞上去的硬攻，总是寻求"弱点"以便沿着抵抗力最弱的路线渗透前进。那些联军方面的政治家们，完全不了解近代战争的真相，号召他们的军队用"拼命进攻"的方式，来击退敌人的侵入，可是德国的坦克狂潮却从笨重的步兵部队旁边横扫了过去。联军的行动可能使德军更为有利，假使没有人告诉他们应该放弃坚守防线的观念，那么也许还要好一点，天下最糟的事情就莫过于他们的逆袭企图。联军指挥官的思想是以会战为中心，而这些新派的德军指挥官却是想以战略性的瘫痪，来消灭敌人的抵抗力；使用坦克、俯冲轰炸机和伞兵，以制造混乱和扰乱交通。说起来似乎很够讽刺，当初艾恩塞德元帅（Marshal Ironside）曾经批评过，对方的将领在第一次世界大战中，没有一个曾经做过比上尉更高的官职，这是德军的一大弱点。哪知道那个弱点却正是极大的优点。八年前，希特勒也曾批评德国的将军们，是被囚禁在他们技术知识的牢笼之内，不肯接受一切新奇的观念。事实上，其中有一部分后起之秀，对于新的观念具有非常高度的判断力。

不过专就新兵器、新战术和新战略来立论，似乎还不足以包括德国成功的一切因素。因为在希特勒的战役中，关于间接路线的使用，其范围实在更广泛，其层次还要更深入。在这一方面，他从对布尔什维克革命技术的研究上，曾经获益不少；正好像德国军队，是应用英国所首创的机械化战争的技术，而轻取胜利是一样的——不晓得希特勒本人知道与否，在这两方面的基本方法，若是追溯其起源，则成吉思汗的蒙古战争技术似乎又是他们的始祖。在为他的攻势准备进路时，他首先在其他国家中寻找有影响的附和者，一方面破坏那个国家的抵抗力,一方面为他的利益制造混乱,并且准备建立一个新政府来达到他的目的。贿赂是不需要的,他认为想出头的野心,对于权势的欲望和党派的仇恨,都足以使他在统治阶级当中,获得自告奋勇的走狗。于是在选定的时机中,他才开始发动攻势,首先使用"敢死队"在和平状态尚存在的时候,化装成旅客和商人,越过边界渗入敌国之内。一声令下,就换上敌军的制服,四出活动。他们的任务是破坏敌人的通信和交通,散布假消息,若可能的话,还可以绑架敌国的重要人物。这种化装的先锋队又可以用空降部队来支援他们。

在真正的战役中,正面的前进始终只是具有欺骗和牵制的作用。主要的任务都是通过向敌后攻击的方式来完成。希特勒对突击和上刺刀冲锋这一套表示很轻视——这却是一般传统军人的基本知识。他的战法可以用两"D"字来代表:一是使敌人士气涣散(demoralization);二是使敌人组织崩溃(disorganization)。更进一步说,战争是要用思想来当作工具,用言论来代替兵器,用宣传来代替炮弹。正好像在一次世界大战中,当步兵前进之际,要先使用炮兵的轰击,以击溃敌人的防线;在将来战争中,一定要先使用精神上的轰击,各种型式的弹药都可以用,尤其是革命的宣传。他说:"尽管战争的教训已经很明显,将军们却都希望他们的行为,能够像中世纪的骑士们一样的光明磊落。他们认为战争应该和中世纪骑士比武那样单纯。可是骑士对我而言却毫无用处,我需要革命。"

战争的目的就是要使敌人投降。假使他的抵抗意志已经麻木不仁,那么杀戮就实在是多此一举,而且用这种方法来达到目的,实在是太麻烦和太浪费。把细菌注射到敌人身上,让他们在意志方面产生内在的疾病,这种间接方法似乎更有效力。

以上所述即为希特勒的新型战争理论——使用心理上的武器。那些企图阻止他的人,实在应该首先明了他的思想。这种思想在军事方面的应用,已经很明白地显出了它的价值。使敌人在军事方面的神经系统发生麻痹现象,实在是一种最经济的作战,要比"硬打"上算得多了。在政治方面,它的应用固然也发生了效力,但是却并不能令人满足。假使当时若非使用新型的兵力,并应用新式的攻击方法,以先使敌人发生瘫痪现象的话,那么这种打击敌人士气的方法是否能够成功,似乎还是颇有疑问。即以法国的情形而论,除了在民族意志方面的任何崩溃和混乱以外,德国人在军事技术方面的优势,足以使法国覆亡。

只要在强度和技巧两方面具有足够的优势,则一方力量总可以击毁另外一方力量。但是力量却并不能击毁思想。因为它是空虚的,所以除了心理上的透入以外,可以说是再无其他的东西足以损其毫末,而它所具有的弹力,更足以使崇拜力量的人吓一跳。他们这些人当中,没有一个人会比希特勒对于思想的威力更有认识。可是当他的权力日渐扩张之后,他对于力量也就日益倚重,这足以证明他对他自己的政治技术实在估计过高,以为他自己可以控制别人的思想,供他驱使。但是任何思想若非由经验真理中产生,那么它只具有昙花一现的价值,而它的反作用却会十分的尖锐。

希特勒曾经使攻击战略的艺术,获得了新的发展。同时他也比他对手中的任何人,对于大战略的第一个阶段,具有更深刻的认识——那就是发展和调节所有各种形式的战争活动,并使用一切可能的工具,来打击敌人的意志。但是他也和拿破仑一样,对于大战略的较高层次,缺乏适当的了解——那就是说在作战时应有远大的眼光,应该随时都考虑到战后的和平问题,要想有效的做到这一点,那么这个人不仅应该是一个战略家,而且更应该同时是一个领袖和哲学家的综合体。战略是和道德处于完全对立的地位,其内容的大部分都是研究如何欺骗敌人的艺术——兵者诡道也——但是大战略却具有与道德律暗合的趋势,在任何变化之中,都始终不忘记其最后目标。

为要明证他们是“攻无不克”的,结果德国人用多种不同的方式,削弱了他们自己的防御力量——战略方面、经济方面,而尤其是心理方面。当他们的力量遍布欧洲的时候,所带来的是愁苦,却未能确保和平,于是他们到处散播不满意的种子,使各地对于他们的思想开始产生反感了。因为他们自己的部队,也和被占领国家的人民发生了接触,所以也很容易受到这种思想细菌的传染。于是由希特勒所鼓动的尚武精神,开始一落千丈,再加上思想家的心理,使这种病态更为加深。僵持的局面,使他们感到孤立无援,于是厌战的心理就开始渗入,同时思想方面也就开始产生反动了。

因为他的攻势膨胀过度,希特勒遂使他现存的对手,有机会从他手里把优势抢了回来。假使敌方对于大战略若能有更充分的认识,则这个机会一定可以发展得更快。不过即便情况不然,只要英国没有被征服,那么机会就会逐渐长成。要想获得他理想中的和平,他需要完全的胜利,要达到这个目的,又势必非征服英国不可。不管他再向哪一方发展,只要前进得愈远,则如何控制被征服人民的问题也就愈扩大。每前进一步,其危险性也随之增加一分。英国人的问题很简单,但是也很艰苦。他们就是要一直坚守下去,以等待希特勒“一失足成千古恨”的时机到来——正好像过去拿破仑的故事一样。很侥幸,希特勒很快就失足了,因此英国人并不曾吃大大的苦头。为什么这次失足即可成千古恨的主因,是因为他已经过分迷信攻势战略,而忽略了守势战略。也正和拿破仑一样,由于初期的轻快胜利,使他也开始相信攻势即足以解决一切问题。

第十六章　希特勒的全盛时期

1939 年,德军征服了波兰,1940 年,又接着蹂躏了整个西欧,这在军事史上构成了一个里程碑,对于高速度机械化战争的理论,具有决定性的示范。这种理论发源于英国,但在德国才为人所采用,主要应归功于古德里安将军(Gen. Guderian),他是德国装甲兵的创造者。虽然那些德国高级军官们,对于这种新技术是抱着审慎怀疑的态度,并且对于它的发展,所给予的支持力度也不够到位,尽管如此,它还是足够产生一个惊人迅速的胜利。这种新技术不仅使战争革命化,而且改变了世界历史的发展路线。因为希特勒的胜利,对于西欧的形势和前途所产生的震动效力,是连他的最后失败也无法抹杀的。此外,由于美国的大力投入,才使希特勒终归于失败,其结果也使世界权力的重心开始移到了西半球上。而苏联势力侵入欧陆东部,又是另外一个重大的结果。

这些战役产生了双重的革命——在战争方面和世界权力平衡方面。同时,它对于间接路线的战略也构成最有价值的例证。尤其是对于西线战役作过了一番分析之后,更可以看出来若非战略方面同时有如此的配合,则这种新型的机械化兵力也不一定就能够获致成功。但是这种效力却是互为因果的。机械化兵力的机动和弹性也正足以使此种间接路线,具有较大的威力。

很不幸,对于这种结合而言,波兰恰好构成了一个最理想化的示范地点。它和德国接壤的界线长达 250 英里,由于当时德国又占领了捷克斯洛伐克的缘故,其长度又再增加了 100 英里。其结果使波兰的南面侧翼,也和面对东普鲁士的北面侧翼一样,同时处于暴露的地位。于是波兰西部遂构成了一个巨型的突出地,夹在德国的两把巨钳之间。

波军的部署方式更增加了它的危险,因为他们把大部分兵力都摆在太靠前线的地区。之所以如此,一方面是他们希望掩护波兰的主要工业地区——在维斯瓦河以西;另一方面,则是由于民族的骄傲和军事上的过分自信。

波兰陆军平时的兵力差不多和法军一样大,比德军小不了多少。包括 30 个步兵师和 12 个骑兵旅。但是波兰的工业资源并不足以按适当标准的装备供给其现役兵力。到了动员的时候,它的师数只能增加三分之一;可是在德国方面,除了装甲师和摩托化师外,其他的师数却可以增加到一倍以上。虽然在装甲兵力方面,德军受到限制,可是由于波兰几乎完全缺乏这种近代化的兵力,所以影响不大。

由于波兰平原提供机动化侵入者一个长驱直入的绝佳地形,所以情势更为严重。不过比起法国,它的便利性还是稍差,因为在波兰缺乏良好的道路,而且在某些地区中,有许多的湖沼和森林。但是德军所选定的侵入时间,却恰好足以使这些弱点减到最低限度。

波兰在这种陷入包围的情况中,使得德国人很容易使用一种物理性的间接路线战略。而当他们追求这个路线时,其效力增加了好几倍。

在北面,侵入军的主力为波克集团军,包括库希勒(Küchler)的第三军团和克鲁格(Kluge)的第四军团。前者从东普鲁士的侧翼位置向南进攻,后者则越过波兰走廊向东推进,与前者会合在一起,再向波军的右翼上实行迂回行动。

比较重要的任务是在南面,由伦德斯特集团军负责。他的步兵实力要比波克差不多强了两倍,而装甲兵实力则在两倍以上。它包括第八军团,司令为布拉斯柯维茨(Blaskowitz);第十军团,司令为莱希瑙(Reichenau),第十四军团,司令为李斯特(List)。在左翼方面,布拉斯柯维茨应向洛次的大工业中心挺进,一方面掩护莱希瑙的侧翼,并协助"孤立"在波兹南(Poznan)突出地区中的波军。在右翼方面,李斯特应向克拉科夫推进,并同时转向波军在喀尔巴阡山的侧翼上,用一个装甲军通过那些山地上的隘路。而在中央位置的赖赫劳军团,则负责执行决定性的打击,因为如此,所以装甲兵的主力也都配属给他。

1939 年 9 月 1 日,德军开始发动侵略,受了他们对于波兰保证的牵制,法英两国也都相继参战。到了 9 月 3 日,克鲁格军团已经切断了波兰走廊,并且到达了维斯瓦河的下游。而从东普鲁士迫近的库希勒军团,也逼近了纳雷夫河(Narev)。而更重要的,是莱希瑙的装甲兵力已经透入到了瓦尔塔河(Warta),并且在那里实行强渡。此时,李斯特军团也从两翼方面,向心式地对克拉科夫进攻。到了 9 月 4 日,莱希瑙的矛头已经越过了皮利察河(Pilica),在边界以内约 50 英里远,2 天以后,他的左翼已经越过托马舒夫(Tomaszow),

而他的右翼则已进入凯尔来(Kielce)。

德国陆军总司令布劳希奇(Brauchitsch),遂命令继续向东直进,直扑维斯瓦河。但是伦德斯特和他的参谋长曼施坦因,却主动修改这个计划,因为他们估计波军的主力,仍留在维斯瓦河以西,所以准备在那里捕捉他们。结果他们的估计完全正确。莱希瑙的左翼,由一个装甲军前导,奉命转向北方,到达罗兹附近大量集中波军的后方,并且在罗兹到华沙之间,沿着布楚拉河(Bzura)建立一个阻塞阵地。出乎意料的是,这个北进的部队,只遇到了极少量的抵抗,结果这些集中在一起的波军都被切断了,无法退过维斯瓦河。

德军沿着期待性最少的路线和抵抗力最弱的路线,作战略性的深入穿透,其所获得的利益,现在又由于战术性的防御,使其进一步增加。如今他们只需坚守已经占领的位置即可。波军与基地间的联系已经被切断,补给日益短少,布拉斯柯维茨和克鲁格两个军团继续向东作向心式的进迫,使他们在侧翼和后方的压迫日益加重。在这种情形之下,他们回过头来,匆忙地向德军阵地冲去,结果无异于自寻死路。尽管波军打得非常凶猛,其英勇的战斗精神足以使对方感到敬佩,但是却只有极少数的波军曾突围而出,与华沙的守军会合在一起。

9月10日,波兰的总司令斯米格里·里兹(Smigly-Rydz)元帅命令他的残部向波兰东南部进行总退却,希望在一个比较狭窄的正面上,组成一道防线,以作长期抵抗,但是这个希望并未实现。因为当德军在维斯瓦河以西缩紧圈套的时候,同时也已经向维斯瓦河以东地区深入,并且实行一个较宽广的钳形攻击,而迂回到了桑河(San)和布格河(Bug)理想防线的后方。

德军使用一种很明显的间接路线,迂回布格河的最后防线。当侵入战开始的时候,古德里安的装甲军,担任克鲁格第四军团的矛头,从西北面直冲过波兰走廊,以达到德国的孤立省份——东普鲁士。通过这个德国的领土,向前狂奔,达到了极左翼方面,即朝南向库希勒第三军团的东面侧翼上。9月9日,渡过了纳雷夫河,古德里安更一直向南挺进,到了14日,就到达了布格河上的布列斯特—利多夫斯克(Brest-Litovsk)——沿着波兰巨型突出地的基线,深入达100英里的距离。他的矛头再向前挺进40英里,到达弗沃达瓦(Vlodava),并与克莱斯特(Kleist)装甲军所组成的钳形南端相接触。9月17日,苏军又跨入了波兰东界,于是波兰遂全部覆亡。

9个月以后,德军在西线的大捷,从物质的形式上看,似乎不能算是太明显的间接路线,但是就心理方面而言,其间接性实比波兰战役更强。它的原则就是将各种不同的方法配合起来,以颠覆对方的平衡——最先尽可能用一切的手段,牵制分散敌人的兵力,然后再沿着抵抗力最弱的路线,作最迅速的扩张,以达到最深入的距离。这样在方向、时间和方法三方面,都可以彻底的达到"出奇"的效力。而更重要的,是使用诱敌的手段和柔道的功夫,以获取胜利。

早在 1939 年 10 月间,征服了波兰之后,希特勒发出了准备西战场攻势的第一号命令,在这个命令里面,他说假定已经认清了英法两国并不同意结束战争,那么即应该提前采取行动——因为若是等待太久,将使敌人的军事力量增长到相当的程度,而更可能会使中立国倒向联军方面。照他的看法,从任何方面看来,时间对于德国人都是不利的。他更表示出他的恐惧心理,假使照那些军事顾问的意见,再等下去,则联军的军事力量即将追过德国;于是结果必然是一个长期的拉锯战,会使德国现有的有限资源,为之消耗殆尽,此时苏军若再从背面攻来,那么他就不会再有招架的力量了——因为他深知斯大林的中立保证是不会太久的,一旦斯大林自认时机已经成熟,他马上就会动手。希特勒的恐惧心理促使他想要提早发动攻势,用武力来压迫法国人求和,他认为只要法国退出了战争,则英国也必会随之而就范。

希特勒认为眼前他所有的兵力和装备,绝对有击败法国的把握——因为德军在最重要的新兵种方面,具有极大的优势。他说:"装甲部队和空军现在已经达到了技术上的顶点。不仅在攻势方面,而且在守势方面也莫不如此,这使其他任何国家都不能望其项背。"他当然也认清了法军在较老式的兵器方面是具有优势的,尤其是在重炮方面,但是他又说:"这些兵器在一个机动性的战争中,是不具有决定性的价值。"因为他在这些新兵器方面,拥有技术上的优势,所以即使法军在兵员动员数字方面占了优势,他也认为可以不必过虑。

德国陆军的领袖们同意希特勒的长期恐惧看法,但却不同意他的短期希望看法。他们认为德军的力量不足以击败法军,所以主张宁可坚守下去,以等候英法两国自动"求和",而不必去冒险进攻以免引起一个吃不消的反击。

但是希特勒却压制住了他们的反对意见。于是最后决定在 11 月的第 2 个星期中,发动攻势,接着由于气象预报认为天气不利,而且铁路运输情况也发生了故障,所以又顺延了 3 天。再接着又因为种种类似的理由——一共有 11 次之多——一拖就拖到了来年 1 月中旬。此后就又一直搁置,到了 5 月间,才下第二次的准备命令——这一次才算是真正确定了。在这期间,作战计划却已经发生了根本上的改变。

在哈尔德(Halder)领导下的德军参谋本部所拟定的原有计划,是要通过比利时中部,作主力的攻击——这正和1914年完全一样。这个主力由波克所率领的"B"集团军负责,而在左面的"A"集团军,由伦德斯特指挥,则准备经过阿登山地,作一次辅助性的进攻。由于预估这面攻击的胜算不大,于是所有的装甲师都分配给"B"集团军,因为德国参谋本部认为阿登的地形太险恶,完全不适宜坦克的行驶。

但是伦德斯特的参谋长曼施坦因,却认为这个计划太过明显了,几乎完全是1914年计划的翻版,所以也就是英法联军所能料想到的攻击路线,若沿着这条路线前进,势必会受到联军的阻拦。曼施坦因又指出另外一个弱点,即这个攻击的对象将会是英军,而英军却要比法军顽强。第三个弱点,照他看来,即使能够成功,也只不过是把联军赶了回去,获得了法兰德斯沿海平原而已。然而这样并不能导致决定性的结果,只有使用间接路线,才可以切断交通线,阻止在比国境内的联军退回法国。

曼施坦因建议应该把重点从右面移到中央,攻击的主力应该通过阿登地区前进,这正是期待性最低的路线。他认为尽管表面上,这个地区的地形是十分的险恶,但是装甲兵力还是可以在这里作有效的使用,古德里安以专家身份所作的判断,更加强了他的信念。

因为这个新观念具有果敢冒险的精神,所以很合希特勒的口味。不过真正决定改变原定计划的主因,却是由于一个意外事件。1月10日,有一位德军的参谋军官,携带着有关这个计划的文件,从蒙斯特(Munster)飞往波恩(Bonn),在大雪中迷失了方向,误行降落在比利时境内。德军统帅部当然害怕他可能来不及烧毁这些文件(事实上,他只烧毁了一部分)。即使情况演变至此,德国的陆军总司令和参谋总长还是不肯完全接受曼施坦因的计划。曼施坦因只好直接向希特勒请示,最后由于希特勒个人的决定,这个新计划才算是定了案。

在这个阶段中,由于虚惊的缘故,联军方面已经自动暴显出他们的意图,是要把重兵开入比利时境内的深处。这个趋势更使德国人非采取曼施坦因的计划不可。

从以后事态的发展上看来,这个旧有的计划是绝不可能产生任何决定性的结果。因为德军的直接进攻一定会碰上英法军队的主力,这是他们最精锐的部队,拥有最良好的装备,而且在这个地区中也布满了各种形式的障碍物——河川、运河和大型城镇。当然,从表面上看来,阿登地区的地形似乎还更恶劣,但是假使德军能在法军统帅部注意到这个危险之前,就先迅速地通过比利时南部的山林地带,那么他们以后所将面对的就只是略有起伏的法兰西平原——那是大量坦克行驶的理想地区。

曼施坦因也已经估算到联军有深入比利时境内的可能,而且认为这个行动对于德军更为有利。他的计算是很高明的。照联军统帅甘末林(Gamelin)的计划,一旦德军发动攻势之后,联军的强力左翼就应该立即冲入比国境内,尽可能向东推进到迪莱河(Dyle)之线,甚至于还可以更远。这个"D"计划正和 1914 年的"第十七号计划"一样的使联军吃了大亏。他们无异于是自动投入德军的罗网。联军向比利时境内愈深入,则德军通过阿登山地的进攻就更容易达到联军的后方,并切断他们的左翼。

最糟的是甘末林把他机动兵力的大部分,全都送入比利时境内,只留下少数次等的师,构成一条薄弱的屏障,以保卫他这个前进后的接头处——正面对着他们认为不可能通过的阿登山地出口。当这个接头点被透穿之后,法军不仅丧失了平衡,而且也再无恢复的希望,因为最适宜用来填塞缺口的兵力,早已深入到比利时的境内。把们放在太靠前的位置,结果遂使联军丧失了战略弹性。

但德军对于低地国家发动攻击时,因为来势颇汹,所以对于联军构成一个很有效的"引诱",使他们忽略了接头地点的危险。当空降部队落在他们的后方,再加上前面的猛烈攻击,荷军不战自溃,到了第五天就投降了。比军的第一道防线在第二天即被突破,于是他们照计划退到安特卫普—那慕尔之线,与英法联军会合在一起。

在荷兰境内,早在 5 月 10 日,德国的空降部队同时向首都海牙(The Hague)和交通中心鹿特丹(Rotterdam)实行袭击,同时陆军也向东面 100 英里以外的防线上进攻。这样前后两面的攻击,再加上德国空军到处骚扰,结果遂造成了极大的混乱和恐慌。在混乱之中,一个陆军装甲师从南翼上的缺口中冲入,第三天就和在鹿特丹的空降部队会合在一起。荷兰人虽然在战略上本是采取守势的,但是在战术上却不免被迫改取攻势,然而他们的装备却绝对不足以语此。到了第五天,荷兰投降了,虽然他们的主防线还尚未溃裂。

对于比利时,德军虽然是作一种物质性的直接侵入,但是却也有一种心理性的间接路线来与它配合,为侵入军作开路之用。地面上的攻击由莱希瑙所指挥的第六军团负责,兵力相当的强大。他们必须先克服一个困难的障碍物,然后方可作有效的展开,为了达到这个目的,德军只使用了 500 名空降部队,以来协助地面部队。他们接着夺占艾伯特运河(Albert Canal)上的两座桥梁,以及艾本艾美尔(Eben Emael),这是比利时最现代化的要塞,保护这一道水线的侧翼。可是这个渺小的支队就足以决定整个战役的胜负。因为通过比利时边界的进路,是要经过荷兰领土在南面突出来的那一段——通常称作马斯垂克盲肠(Maastricht Appendix)——可是只要德军一越过荷兰边界,在艾伯特运河防线上的比国守兵,即可以有充分的时间,在敌军通过那个 15 英里长的地带之前,先炸断那些桥梁。

乘着黑夜从天而降,这是夺取这些重要桥梁的唯一可能方法。一共还不到 80 人,德军用滑翔机载运着,降落在艾本艾美尔要塞的顶上,把这个要塞中的 1 200 名守军,封锁了达 24 小时之久。一直等到德军的地面部队赶到,占领了这个要塞,并且越过桥梁向前长驱直入之时为止。于是比利时军队仓皇撤到迪莱河防线,那时法英两军才刚刚到达。

在荷比两国使用空降突袭的计划,是希特勒本人所拟定的,不过由于有了勇敢无畏的斯图登(Student)将军,所以在执行时才会有那样卓越的成功。

此时,伦德斯特集团军的装甲兵力,已经冲过了卢森堡和比属卢森堡地区,达到了法国的边界。全部一共是 5 个装甲师和 4 个摩托化步兵师,组成了一个兵团,由克莱斯特指挥,而其主要的矛头就是古德里安的装甲军,下辖 3 个装甲师。在通过了 70 英里长的阿登地带之后,扫开了一些微弱的抵抗,他们跨过了法国国界到达马斯河河岸上——这正是攻势发动后的第四天。

把这样多的坦克和摩托化车辆,送入这样一个险恶的地区中,可算是极勇敢的冒险,因为照一般战略家的看法,这个地区连作大规模的步兵攻击,都是不可能的,当然别说是坦克的行动了。但是它却足以增加奇袭的机会,因为厚密的森林可以掩蔽德军的行动和兵力。

但是,尽管这次装甲兵的狂冲已经获得了奇袭的效果,但是他们却还须越过这道马斯河障碍物,渡河的时间即足以决定一切。事后,法国的参谋总长杜芒克将军(Gen. Doumenc)曾经追悔着说:"我们以为敌军的想法也一定和我们自己差不多,他们一定会等大量的炮兵运到之后,才敢作渡河的企图,这个行动约需五、六天的时间,因此我们可以从容不迫地增援。"

最值得注意的,就是法国人对于时间的计算,与德军较高级指挥官的看法竟不谋而合。法国人认为至少要到第九天,德军才能在马斯河上开始进攻。这也正好就是德军原定的时间。当 2 月作纸上模拟的时候,古德里安主张装

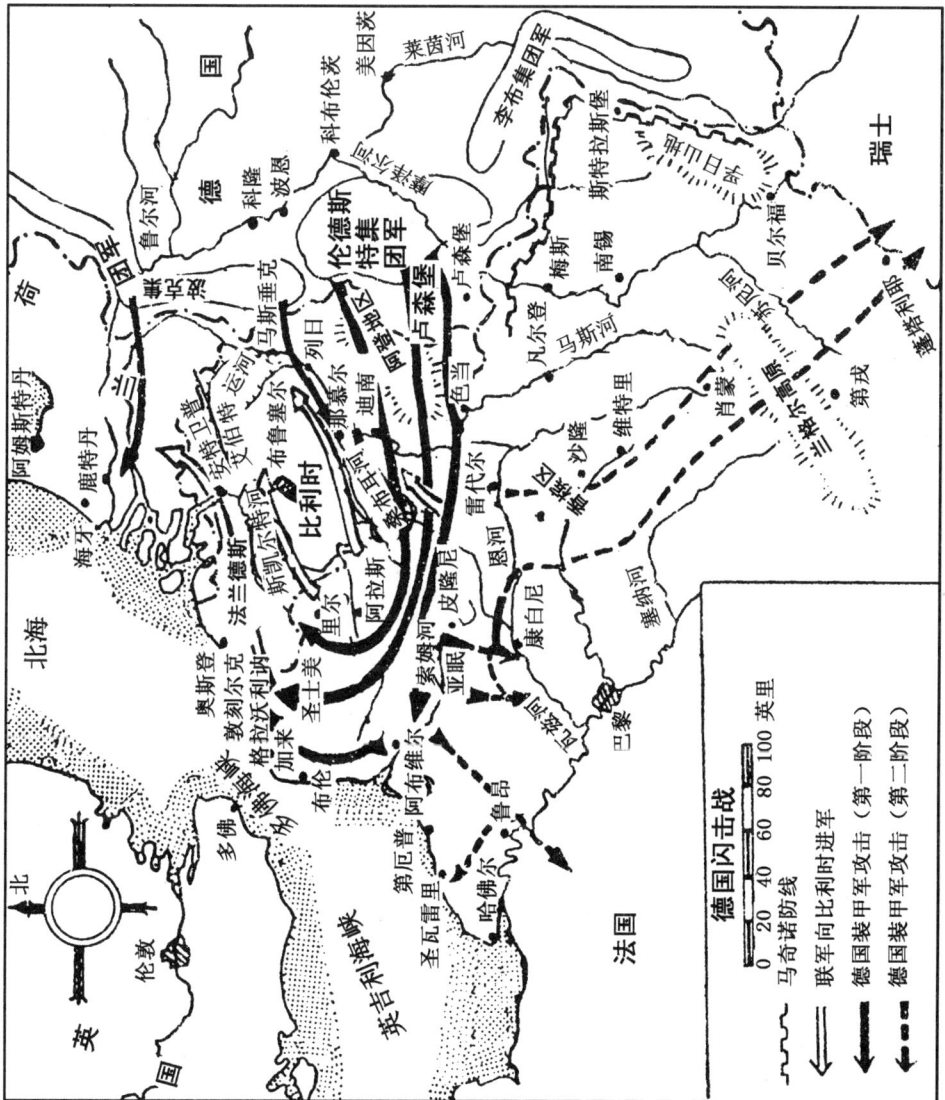

德国闪击战

甲部队应该用最快的速度渡过马斯河，而不必等候大量步兵和炮兵赶到。当时就受到哈尔德的激烈批评，他认为最早的攻击时间也要在第九天或第十天。当3月间举行会议的时候，希特勒问古德里安，假使占领了一个桥头阵地之后，他应该采取何种行动。古德里安回答说，应该尽量扩张战果，立即向西挺进，以亚眠和海峡各港口为目标。许多人对于他这种"鲁莽"的态度，都纷纷摇头表示反对。但是希特勒却向他点头，并且用眼色表示同意。

当古德里安于5月13日，在色当附近到达马斯河岸之后，当天下午他就立刻进攻，到了黄昏便已渡河了。另外一个比较小型的矛头——隆美尔（Rommel）的第七装甲师——也在西面40英里远的迪南附近，同时渡过了马斯河，这个行动可以分散法军统帅部的注意力，同时也使法军更易丧失平衡。

到了14日下午，古德里安的三个装甲师都已经渡过了马斯河，在击退了姗姗来迟的法军逆袭之后，他突然向西一转。到了黄昏时，他已经突破了马斯河之后的最后一道防线，于是向西进发的路线——距离海峡海岸160英里——已经完全打通，装甲部队只需长驱而入。

5月15日夜间，那个比较小心的克莱斯特命令古德里安暂停前进，先确保桥头阵地，以等候步兵来接防。经过了一番激烈辩论之后，这个命令终于修改了，古德里安可以有权扩展桥头阵地。古德里安马上抓住这个机会不放手，第二天一口气向西冲进了50英里，达到了瓦兹河（Oise）。其余的装甲兵力也都一致向西拥进，把缺口扩大到了60英里的宽度，坦克所构成的狂潮沿着大路向缺口中灌入，一直冲到了比利时境内联军的背后。

因为法军统帅部还猜不透德军会采取哪一个方向，所以德军的前进就更为容易。在色当实行突破有个特别有利之点，即由于它是位置在中央轴线上，所以可以向任何方向转动，同时威胁到几个不同的目标。德军的目的到底是海峡海岸呢？还是巴黎呢？一方面他们似乎是向西伸展，但是另一方面，最初又好像是准备南转而以巴黎为目标——法国人来说，他们很容易作如此想。由于工具的机动性，更使德军的计划在战略方面增加了相当的弹性，这两者的结合遂更使敌人陷于进退两难的窘境。

在每一个阶段之中，时间因素都足以决定双方的胜负。法军的每次反击都没能发生效力。因为他们的行动总是太迟缓，在时机方面赶不上瞬息万变的情况，而同时德军前锋的行动又太快，不仅超出了法国人的想像，而且连德军统帅部也都感到始料不及。法军的训练，还是根据一次大战中的旧法子，遇事都是慢吞吞的，在心理上根本配合不上这种新型的快速步调，所以瘫痪病象即开始在他们中间传播着。法军的主要弱点,不在他们的数量方面,也不在装备的素质方面,而是在他们的"理论"方面。他们的思想远不如对方那样进步,根本上不曾跳出第一次世界大战的模式。在历史上这样的例证实在是不胜枚举,胜利者每每产生保守的思想,结果遂成为下一次战争中的失败者。

在德军方面,当这一批少数的装甲师,在敌人后方作了这样深入的战略性透入之后,他们的高级指挥官对于这种"危险"感到很不放心。希特勒本人尤其是表现出神经不安的现象。他因为担心南翼方面的安全,竟命令向西的前进停止两天,以便第十二军团可以赶上来,好沿着恩河构成一道侧卫防线。

这个延误足以影响到德军的前途,若非法军现在早已陷入了瘫痪,那么更可能会招致失败。希特勒这一次的犹豫,是下一个星期成本更高的犹豫的前兆。但是由于在最初阶段,德军已经争取到够多的时间,同时对方也早已混乱不堪,所以这个在瓦兹河上的停顿,还不至于使德军受到太大的影响。不过由此也可证明,德军方面对于时间的认知,具有很大的距离。新旧两派之间的差异,甚至于要比德法两国之间的差异,还要更大。

为了抗议这个暂停的命令,5 月 17 日,古德里安不惜以去职力争。后来,上级慰留他,并准许他可以继续作"威力搜索"。他对于这个名词的解释就是率领着他的全军,尽可能地向前推进。等到禁令解除之后,他的速度比以前还要更快,5 月 20 日他扫过了亚眠,在阿布维尔(Abbeville)附近达到了海岸线——在比利时境内的联军交通线遂完全被切断。

5 月 22 日,由于上级的命令,他又暂停了一天,接着他再向北进攻,以夺取沿海港口并到达英军后方为目的。此时英军尚留在比利时境内,正由上止在抵抗着波克步兵的进攻。在古德里安的右面,莱因哈特(Reinhardt)的装甲军(也属克莱斯特兵团)同时也在向北转进。22 日,布伦(Boulogne)已经被古德里安所孤立,第二天加来(Calais)也被如法炮制。古德里安的阔步已经跨到了格拉沃利讷(Gravelines),距离敦刻尔克仅不过 10 英里而已。莱因哈特也达到艾尔—圣土美—格拉沃利讷(Aire-St. Omer-Gravelines)的运河岸上,并且在对岸占领了桥头阵地。现在英军所剩下来的唯一退路就是敦刻尔克,可是到了第二天,希特勒却突然命令他们不要再向敦刻尔克进攻。因为这个命令,才救了英军一命,使他们没有跟在左翼方面的比军和 3 个法国军团的大部分,一起同归于尽。过了两天之后,这个命令才取消,德军继续前进,可是到那时,英军已经增强了后卫的力量,使德军一时无法突破,于是 224 000 人的英军,加上 114 000 人的联军(主要都是法国人),都从海路撤走。即便如此,德军仍然收容了 1 000 000 人的俘虏——而他们自己的死伤数字却只有 60 000 人——这就是间接路线的伟大结果。

为什么希特勒要中途叫停呢？其理由始终不曾有过完全明白的解释。第一个动机，他自己所承认的，是由于害怕他的装甲兵力会坑陷在这个法兰德斯沼泽平原上面，当一次大战他还只是个小班长时，曾在这个地区有过亲身的经验，因此使他的印象颇深。第二个动机是他希望维持他的装甲兵力完整无缺，以便在第二个阶段中击毁法国人。第三个动机是受了戈林（Goering）的诱惑，认为德军的空军可以阻止大批英军从海上撤出。不过若进一步观察，却有一个更为确切的心理原因。5 月 21 日，英军在阿拉斯曾以 2 个坦克营的兵力，面对着德军侧翼，发动了一个小规模的逆袭。这个行动使希特勒和某些德军高级指挥官，在心理上产生不安，认为这样的孤军深入实在是太冒险。克莱斯特曾经一再地制止古德里安前进，军团司令克鲁格是克莱斯特的顶头上司，更主张立即停止一切的前进，以等候阿拉斯情况的澄清。伦德斯特当然也受到他们的影响。当 24 日上午，希特勒到伦德斯特总部视察时，这些意见更增强了他的疑惧心理，于是会报完毕之后，他就马上下令制止前进。这一次，布劳希奇和哈尔德却是主张装甲部队应继续前进，可是在古德里安和他们二人之间，希特勒却可以找得到更多的拥护者，支持他的谨慎想法。

6 月 5 日，也就是德军进入敦刻尔克的次日，最后一个阶段的战役又开始了。在攻势发动前，德国装甲兵力都正在向西北进攻，可是一声号令之下，他们马上掉过头来面向南，准备发动新的攻击。这种迅速的行动使德国人本身也为之又惊又喜。这样迅速地向另一方向作再度的集中，正足以证明出机械化的机动性，已经使战略发生了革命性的变化。

新攻势的对象为法军所临时构成的新防线——沿着索姆河和恩河——由法军的残部负责防守。它比原有的防线更长，但是防守的兵力却较为单薄。因为法军已经丧失了 30 个师，所有同盟国的援助也一扫而空，只剩下 2 个师的英军。此时魏刚（Weygand）已经代替了甘末林，出任联军统帅，他一共集结了 60 个师的残兵，其中有 17 个师摆在马奇诺防线内，与这个粗糙的索姆—恩河防线连接在一起。

在第二幕的战斗中，又是伦德斯特集团军担任具有决定性的角色，虽然在原有的计划中并非如此。最初，在 10 个德国装甲师当中，一共有 6 个都是分配给波克的。但是这个计划具有弹性。当战斗在发展中途逐渐变形的时候，于是波克的打击就变成一种诱敌的行动,而帮助了伦德斯特的打击产生决定性的作用。这种形式上的变化也正足以证明装甲兵力,具有一种随机应变的能力。

波克所部各军团在6月5日开始发动打击,但是伦德斯特迟了四天才动手,因为他那一个侧翼方面的兵力,有重新加以布置的必要。在波克的攻击中,其主力部分的进展反不如极右翼方面那样地迅速成功和深入。在第三天上午,隆美尔的装甲师已经从右侧方突破了法军的防线。

这个迅速的突破,主要应归功于隆美尔的英勇过人,这是任何守旧的对手所梦想不到的——当他尝试之后,居然获得了成功,而任何参谋学校的教习,都不会认为它有成功的希望。在他进击的地区中,法军已经把索姆河上的一切道路桥梁全都炸断,但却留下了一对铁路桥,其理由是因为他们尚在梦想可供反攻时之用。他们觉得保留这些桥梁并无太多的危险,因为这个单线的轨道是沿着两个狭窄的堤岸上铺设的,经过河边沼泽地,约有1英里长的距离。即便是步兵要想沿着这个窄线前进,也好像是"走钢丝"般危险。可是隆美尔,却在拂晓之前即已占领了这两座桥梁,并且在对岸的高地上占据了一个立足点,于是他立即下令拆去铁轨和枕木,并且在敌方炮火威胁下,把他的坦克和运输车辆,沿着这根"钢丝"送过河去。中途只停顿一下,延搁了半个小时,因为有一辆坦克在接近桥梁时,发生了故障,把路塞死了。

到了第一天黄昏时分,他已经透入了8英里的深度,第二天增到了20英里,第三天又增加了30英里,因为他采取越野的路线,尽量绕过已经设防的十字路口,所以更加快了前进的速度。这个深入的突击把法国第十军团切成了两段。其他的德军各师此刻都从这个逐渐展宽的缺口中,向前拥入。到了第四天,6月8日的夜间,隆美尔已经在鲁昂以南,达到了塞纳河上,他一口气冲了40英里远,在法军那个已经混乱不堪的防线中,如入无人之境。当法军尚未能集中兵力,沿着宽广河面设防之前,他就早已渡过了。隆美尔在6月10日那一天,又转过身来再冲了50英里的距离,以海岸线为目标。当天晚间就到了目的地,切断了法军第十军团左翼部分的退路——一共5个师,包括英军第51高地师在内,这些部队于6月12日,都被迫在圣瓦雷里(St. Valery)向隆美尔投降。

此时,从索姆河上进攻的主力右翼,其进展比较过去更为胶着。这是一个钳形的攻击,由克莱斯特所指挥的2个装甲军负责,此时德军在索姆河上,已经分别在亚眠和皮隆尼两地,获得了桥头阵地,于是即分别以此为进攻基地。

在亚眠方面为钳形的右股,于 6 月 8 日终于突破了法军的防线,接着转向南面,直趋瓦兹河的下游,但是钳形的左股在康白尼以北受到了顽强的抵抗,悬在半空中关不拢。

6 月 9 日,当伦德斯特集团军攻击恩河之线时,他们很快就突破了法军防线,于是德军最高统帅部决定把克莱斯特的 2 个装甲军抽调回来,转用来东面,使他们沿着恩河上的宽广缺口中前进,以促使在香槟地区的法军提早崩溃。这种迅速的调动又是一个更新的例证,足以说明机动装甲兵力是如何地具有弹性。

这一次具有决定性的突击又是由古德里安负责——这又是一个极好的例证,可以用来说明当深入战略性的透入和间接路线合在一起的时候,其效力是如何的强大。古德里安此时已经升任装甲兵团司令,受伦德斯特节制,他的 2 个军从加来海峡地带出发,绕行了 200 英里的距离,现在已在雷代尔(Rethel)的附近,集中在恩河上。当第十二军团的步兵已经在波西昂堡(Château-Porcien)附近对岸上获得三个小型的立足点之后,古德里安乘着黑夜,把他的领先装甲师送入了桥头阵地。第二天上午,他们冲出桥头阵地,用加速的步调前进,沿途绕过了法军所据守的村落和森林。接着法国的装甲部队也参加作战了,一路上都出现断续的坦克战斗,可是在头两天,他们还是透入约 20 英里的距离。第三天,古德里安的右翼到达了马恩河上的沙隆(Chalôns-sur-Marne),第四天又到达了维特里(Vitry-le-François),距离起点约在 60 英里之外。他的左翼在击退了侧翼上的敌军逆击之后,也赶了上来,达到了齐头的位置。于是古德里安就用更快的速度,冲向并越过朗格勒高原(Plateau de Langres)——已经深入到马奇诺防线的后方——再继续向东南面前进,以瑞士边境为目标。第五天前进了 50 英里,到达了肖蒙(Chaumont),此时是 6 月 14 日。6 月 15 日,又跃进了同样长的距离,达到索恩河(Saône)。6 月 17 日的清晨,领先的 1 个师越过了索恩河,再进 60 英里,到达了瑞士边界上的蓬塔利耶(Pontarlier)。这一击之下,把现在还滞留在马奇诺防线中的大量法军,都切断了退路。古德里安所属的其他各师早已奉命转向北面,朝摩泽尔河进发,以阻止他们的撤退。在之前几个小时,法国政府看到他的陆军已经总崩溃,就已决定投降,开始发出了休战的要求。

然而日后希特勒并未能征服英伦三岛,由于这个较高层次的战略计划失败了,所以大陆上的决定性战略性胜利,也变得不具决定性。这是由于敦刻尔克叫停的缘故,而弄到自讨苦吃。假使当时他若是能够阻止英军从这个唯一的漏洞中溜去,那么英国本身就会处于完全无防御的状况之下,这样他即使用临时拼凑起来的侵入军,也能够达到征服的效果。因为丧失了这个千载难逢的好机会,没有能够在敦刻尔克把英军一网打尽,所以现在他除非能够组成一支正式的侵入军,否则就无法使英人屈服,可是对于这个行动,他却既无准备也无计划。他的步骤太慢了,而他的和平攻势又未免太弱。等到"不列颠之战"失败之后,他对于在海路上空夺取制空权的企图也就完全付之东流,于是整个侵入计划都被束之高阁。

这个岛国的障碍始终摆在他前面——英吉利海峡的作用就相当于一道巨型的战防壕——对于他的欧陆控制计划,更构成与日俱增的威胁。这个"失算"对于他实在是一个致命的打击。

第二年当中,他的胜利前途是继续向前发展,首先是征服了巴尔干诸国,继之以侵苏之役,终于在苏联的深处被阻止住了。因为他缺乏足够的资源以达到他的目的。尽管在 1942 年一整年中,他仍然有很光辉的成功,可是他的失败在"不列颠之战"时即早已注定,若溯其本源,则敦刻尔克的叫停,实在是希特勒的最大错误。

第十七章　希特勒的衰颓

在 1940 年 6 月底以前,德国好像巨人一般,他的阔步在欧洲大陆上到处蹂躏。支配着整个西欧、中欧和东南欧——只有西部边缘上的不列颠小岛是唯一的例外。除了这海岸线的障碍物以外,唯一足以对于它的霸权产生严重限制的因素,就是苏联的存在,在它的东北侧翼上面投下一道暗影。希特勒已经是一帆风顺。他似乎不仅可以完成征服欧洲的志愿,甚至连征服世界也未尝没有希望。没想到五年之后,这个仲夏夜之梦竟成了一场噩梦。

他的衰颓是从大战略的层次开始,这是他最严重错误的发源地。假使他知道如何减轻他的进展所带来的恐惧,并且设法向邻国的人民,保证他这种"新秩序"是一种仁政,那么他也许可以达到拿破仑所不曾获得的成就,把欧洲联合成为一个整体,使其置于德国的领导之下——这种联合若能足够坚强,则一切外力都难于将它击碎。但是他的目的却被他的手段弄糟了。他的政治路线太直接化。它只足以使人畏威,而不能令人怀德。结果只是增强反感,而不能化敌为友。在他的"国家社会主义"的号召之下,是太偏重国家主义,而忽略了社会主义,否则后者也未尝不能吸引其他国家中的劳苦大众。铁拳未免太显露,外面的法兰绒手套却已经百孔千疮,遮掩不住它里面的内容。同样的,当他征服了他国之后,安抚的工作也都做得不够。等到他后来的冒险失败之后,这些错误就都累积在一起开始发生作用。

第一个障碍,也是一个持续存在的障碍,就是当西欧其他诸国都覆亡之后,他既未能使英国屈服,又无法和它讲和。只要英国屹立无恙,则希特勒对于西欧的控制就永远不能算是稳固,因为他的位置是经常会受到不断的扰乱。然而,专靠英国的力量,最多也只不过阻止他收获成功之果而已。凭着它的抵抗和干涉,或许可以使希特勒的意志屈服,而肯作更多的让步,以获取和平。但是英国却绝对无力击碎希特勒的权力,或是把他赶出征服地区。唯有当希特勒在烦恼和苦闷之余,于 1941 年 6 月,被迫转向东面对苏联发动攻势时,这种可能性才开始浮现。

这个决定敲响了他的丧钟,显示出他已经在大战略方面放弃了间接路线。不久之后,由于他急于想获得胜利,甚至在战略方面,也都放弃了间接路线。这个改变具有非常重要的意义,因为在此之前,即使是对于比较小型的障碍物,像在希腊境内的情形,他也都表现得十分谨慎小心。

巴尔干的征服

当少量英国援军在萨洛尼卡登陆之后,德军接着在 1941 年 4 月,侵入了希腊。此时德军已经集中在保加利亚境内。所以希军的主力即以扼守希保间的山地隘路为目的。但是预期中沿着斯特鲁马谷地(Struma Valley)的前进,却掩蔽着另一个比较间接性的行动。德军的机械化纵队从斯特鲁马河上向西转动,直抵与边界平行的斯特鲁米察(Strumitza)谷地,然后通过山地中的隘路,进入南斯拉夫境内的发达(Vardar)谷地。从那里,他们就刺入南希两军的接头地区,接着又从发达谷地迅速的向萨洛尼卡狂冲,以扩张这次透入的战果。这一举遂在色雷斯(Thrace)附近,切断了大部分的希军。

在这个打击之后,德军并不从萨洛尼卡,取道奥林匹斯(Olympus)山地,直接向南进攻,因为英军已经在这里设防。他们往西一转,从蒙纳斯提尔(Monastir Gap)冲了过去。这个前进一直冲到希腊的南部海岸上,切断了在阿尔巴尼亚境内的希军,迂回到了英军的侧翼,由于这一个行动已经威胁到残余军队的退路,所以遂使希腊境内的一切抵抗,都迅速全面崩溃。

侵 苏 之 役

当德军开始发动侵苏之役时,在作战方面还是尽可能地采用间接路线,加上地理条件的协助,于是获得了显著的成功。苏德疆界长达 1 800 英里,中间极少天然的障碍物,使攻击者在渗透和运动两方面,都具有充分的自由。尽管苏军的数量相当庞大,可是兵力对空间的比例却还是很小,因此德国的机械化部队很容易找到漏洞,作间接性的前进,以求进至苏军后方。同时,在这个广大的空间中,各大城市都相隔得很远,所有的公路和铁路线都是以它们为集中点,于是又足以使攻击者可以同时威胁到几个目标,而使敌人摸不清楚他们的真正方向,因此就可以迫使敌人处于"进退维谷"的情况,只能坐候他们的攻击。

苏联战场 1941—1942

0 100 200 300 400 英里

⟵ 德军的攻势（1941）

◀━ 德军的攻势（1942）

········· 德军的受阻线（1942）

---- 1940年苏德疆界

北

挪威

瑞典

芬兰

白海

阿干折

杜味拿河

波士尼亚湾

奥尼加湖

那维克

莫曼斯克

赫尔辛基

拉多加湖

斯德哥尔摩

那瓦耳

列宁格勒

爱沙尼亚

贝普斯湖

普斯科夫

耳塞夫

苏联

伏尔加河

里加

拉脱维亚

地文斯克

莫斯科

立陶宛

维特斯克

波罗的海

维尔纳

奥尔沙

斯摩棱斯克

佛雅马

但泽

哥尼斯堡

东普鲁士

明斯克

到奥得河

库斯裤宁

维斯臼河

比亚韦斯托克

新洛夫姆

布里安斯克

波森

华沙

布勒斯特

普里佩特

沼地

库尔斯克

沃罗涅什

波兰

卢布令

里多夫斯克

得斯那河

比尔果罗德

顿河

布勒斯劳 洛次

克拉考

基辅

哈尔科夫

斯大林格勒

西利西亚

息托密尔

白采尔科维

顿内次河

喀尔巴阡山

聂斯河

乌克兰

札波罗结

阿斯特拉汗

匈牙利

聂格河

外阿尔卑斯山

聂伯河

罗斯托夫

罗马尼亚

奥德萨

赫尔松

亚述海

布加勒斯特

多瑙河

克里米亚

迈科普

南斯拉夫

索菲亚

塞凡堡

土普塞

高加索山

保加利亚

阿尔巴尼亚

黑海

伊斯坦堡

巴统

马其顿

土耳其

尼古拉耶夫

虽然使用这种方法,德军在开战之始曾经获得很大的胜利,可是以后由于他们未能及时决定应该朝着那个方向追击,于是这个大好的成功遂终于完全丧失了它的作用。从拟定计划之始,希特勒和陆军总部之间,就抱着不同的见解,而两者之间又始终不曾作适当的调和。

希特勒希望以占领列宁格勒为主要目标,这样即可以肃清他在波罗的海方面的侧面威胁,并与芬兰人取得联络,因此他对于莫斯科的重要性,有故意加以低估的趋势。但是,由于他对于经济因素的敏感,所以他同时也想占有乌克兰的农业资源第聂伯河(Dnieper)下游的工业地区。由于这两个目标相隔得很远,所以必须采取完全分离的作战线。而这与采取一条单纯的中心作战线,而同威胁到几个目标时所具有的弹性,不免大有差别。

布劳希奇和哈尔德都主张集中全力向莫斯科进攻——不仅是为了占领敌人的首都,而且因为他们觉得若采取这一条路线,在沿途一定可以找到苏军的主力,于是便能获得一个"聚歼"的好机会。但照希特勒的看法,却认为这一条路线只会迫使苏军一直向东作总退却,而逃出德军所能达到的距离之外。当布哈二人同意他的见解,认为避免这种危险是非常重要的时候,他也就同意于他们的见解,主张应早作"包围性的会战"(Kesselschlacht),以毁灭敌人的主力。至于进一步的目标,他们决定暂时搁置不论,等到第一个阶段的侵入战完成之后再说。

布劳希奇因为害怕在和希特勒打交道的时候,会有"节外生枝"的危险,所以他决定采取拖延政策,结果是愈弄愈糟,到战役进行了一半的时候,他终于无法避免不和希特勒大起冲突。

在第一个阶段中,大家都同意应该把重心放在波克集团军方面,它恰好位于普里佩特沼地(Pripet Marshes)之北,沿着从明斯克(Minsk)到莫斯科的大路前进。德军装甲兵的主力也都用在这一方面。在开战之始,李布(Leeb)集团军从东普鲁士那个比较突出的左方侧翼上,首先向波罗的海诸小国进攻,以吸引苏联人的注意,藉以掩蔽波克集团军进行最富危险性的突击。此外,右翼方面的伦德斯特集团军,也从普里佩特沼地的南面进攻,以使苏军统帅部摸不清楚德军的主力作战线,到底是在哪里。

在波克的中央地区中,德军的计划是想使用双重包围的行动,来捕捉苏军的主力。古德里安和霍斯(Hoth)的 2 个装甲兵团,从两个侧翼上向明斯克作向心的会合,而第四和第九两个军团的各个步兵军,则在比亚韦斯托克(Bialystok)的周围和后面,构成一个内圈的钳形攻击。

德军发动攻击的日子是 6 月 22 日——比拿破仑早一天。古德里安和霍斯的两个装甲兵团,迅速深入敌境,到了第六天就已经在明斯克会师了,此时已经透入苏联境内达 200 英里的距离。在他们的后面,步兵的巨钳也在斯洛尼姆(Slonim)两面合上,不过时机却并未完全赶上,所以未能阻止大量的苏军逃出比亚韦斯托克袋形地区。接着德军又作第二次企图,以在明斯克附近包围他们为目的,这一次比较成功,差不多俘获了 300 000 人,但是大部分的苏军却还是在包围圈尚未封口之前,先行溜走了。这一网所捕获的数量,马上就引起了一个乐观的热浪,即便那些在过去反对希特勒征苏的将领,现在也改变了他们的初衷。哈尔德在 7 月 3 日的日记中,这样的写着说:"假使我要说对苏的战役在十四天之内即已决定胜负,这似乎也不算是过分的夸张。"

但是这个作战却早已受到了不利的阻碍。因为装甲兵力已经奉令在包围尚未完成之前,暂停前进;而照原定的计划,他们应该立即越过明斯克,毫不延迟地向前深入,只留下少数的支队,来帮助步兵军团完成合围的工作。

不过由于古德里安的果敢行动,遂终于又使德军重新获得已经丧失了的时机。他不等待第四军团的步兵赶到,同时也不让苏军有时间去召集援兵,即冒险渡过了宽阔的第聂伯河。从结果上看来,他这种估计是正确的。利用黑夜的掩蔽,他把兵力集中起来,在宽广的屏障后面,于 7 月 10 日找到了三个敌人尚未设防的地点,迅速渡到彼岸。接着他就直向斯摩棱斯克进攻,于 16 日达到了那里。现在侵入军在苏联境内已经深入达 400 英里以上,到莫斯科的距离只不过剩 200 英里而已。对于这样一个深入的前进,其速度可以说是够迅速。

等到霍斯也到达斯摩棱斯克的北面时,于是德军又决定再作一次新的包围行动,以切断位置在第聂伯河和杰斯纳河(Desna)之间的大量苏军为目的——当装甲兵前进时,他们已经被绕过。这个陷阱几乎是封锁住了,但是由于地形恶劣和泥泞载道的缘故,使德军在运动中发生了极大的困难,结果苏军的大部分还是逃出了陷阱。即便如此,在斯摩棱斯克的俘获总数,也有 180 000 人之多。

古德里安力主应使苏军处于不断的败逃之中,不让他们有时间来恢复元气。他认为只要不再浪费时间,他一定可以直捣莫斯科,对着斯大林权力的神经中枢,狠狠地刺上一刀,这样即可能使苏联的整个抵抗都发生瘫痪现象。霍斯也同意他的见解,波克也支持他们。

可是希特勒却认为现在是时候了,应该可以开始实现他原有的理想,以夺取列宁格勒和乌克兰为主要目标。他始终认为这两个目标要比莫斯科具有更大的重要性,实际上,他并非完全像是批评他的那些将军们所说的,把注意力都放在政治和经济两方面去了。似乎在他的想像中,有一个超级大空间的卡纳型作战的幻影。他首先做出威胁莫斯科的姿态,以迫使苏军把大量的预备兵力都集中到那个地区之内,于是德军的两翼方面,就可以轻易夺取列宁格勒和乌克兰这两个目标。接着再从侧翼的位置上,对莫斯科作向心的进攻,这样莫斯科就会像烂熟了的苹果般,落入他的掌中。这是一个高明而伟大的算盘。他之所以失败完全是受了时间因素的影响——因为苏军抵抗力的顽强和天气的恶劣,都完全超出了他的意料之外。当时德军将领之间,意见更是分歧,结果徒使局势变得更坏。这几乎是自然而普遍的现象,即每一位将领都只注意到他自己的那个防地,而不断地要求它应该受到最优先的重视。在希特勒的观念中,第二个阶段的战略已具有极宽广的分散性,因此这个趋势就益增加其危险。

7月19日,希特勒颁发了有关这个第二阶段的作战命令——规定在第聂伯河和杰斯纳河之间的扫荡战完毕之后,即马上开始执行。波克所属的机动兵力,抽出一部分向南迁回,以协助伦德斯特击溃在南面地区中的苏军。另外又抽出一部分向北迁回,以切断列宁格勒和莫斯科之间的交通线为手段,来帮助李布攻克列宁格勒。波克手里所剩下的就只有步兵,奉命凭着他自己的最大努力,继续向莫斯科作正面的进攻。

这一次,布劳希奇还是不敢立即提出一个不同的计划与希特勒力争,而仍然采取那个拖延政策。他托词说在任何进一步的作战之前,装甲兵力必须要先休息一下,以便修理机件和补充兵员。希特勒也表示同意,下命暂停行动。此时,在高层方面,遂继续讨论下一个行动,应采取哪一个方向的问题。一直到装甲部队已经准备就绪,可以继续前进的时候,他们的讨论还是没有结果。8月21日,布劳希奇和哈尔德主张向莫斯科进攻的意见终被否决,于是希特勒又下达了一个新的命令。还是采取他一个月以前所已经决定的旧有路线。唯一的区别就是对于列宁格勒方面,已经不再那样注重,而一心只想在基辅(Kiev)地区,对苏军进行包围歼灭战。此后,波克就可以继续再向莫斯科进攻,而伦德斯特则应该继续向南挺进,以切断高加索石油供应为目的。

在这个长期的讨论过程中,战况的发展,更使希特勒坚持他的主张。伦德斯特左翼方面的第六军团(由赖赫劳指挥),已经在基辅前方被阻,强大的苏军掩蔽在普里佩特沼地的东端后面,继续不断地威胁他的左翼,同时也威胁波克的右翼。在另一方面,克莱斯特的装甲兵团在一个斜行的运动中,已经获得了卓越的成就。7月底,在基辅以南的白采尔科维(Belaya-Tserkov)获得一个局部性的突破之后,克莱斯特沿着夹在布格和第聂伯两条河流之间的走廊地带,一直向南挺进。这个间接性的突击不仅打开了进入乌克兰的门户,并且也威胁着靠近黑海,面对罗马尼亚的苏军后方。到了8月中旬,德军达到了尼古拉耶夫(Nikolaiev)和赫尔松(Kherson),两地都是重要的河口商埠。虽然有一部分苏军逃出陷阱,可是克莱斯特的这种深入穿透,却早已使苏军在南方的抵抗体系,产生了极大的紊乱。

这些事实的结合即足以强调说明了下述的可能性:假使克莱斯特转向北面,而只从波克集团军中,抽出一支强大兵力向北行动,于是这样一个双面迂回的打击,就不仅可以击溃苏军在基辅附近的顽强抵抗,而且更可以把他们装入口袋之中,一网打尽。此后若再向莫斯科进攻,即不会再有后顾之忧,否则苏军很可能从第聂伯河的南岸,发动反攻,以来牵制德军的进展。这许多有利的理由,遂使希特勒下定决心,决定先进行基辅作战,以当作向莫斯科进攻的前奏曲。

不仅是他一个人作此主张。伦德斯特当然也很欢迎北面有援兵开到,以帮助他解决他所面临的难题,同时,他又何尝不想获得一个伟大的包围胜利——这是任何军人梦想中的目标。

从战略方面来说,似乎也有很充分的理由,先使南翼方面不受到敌人反攻的威胁,然后再来进攻莫斯科。此外,由于苏军数量虽然庞大,但却比较缺乏机动性,所以这种战略遂更显得有利。德军可以分别把兵力先后集中在不同的地区之内,而轮流的产生几个具有决定性的战果。但是唯一的弱点就是“时不我予”,尤其是德军对于冬季作战并无充分的准备。

就基辅包围战本身而论,实在可以算是一次极大的成功——对于德军而言,也可算是一个空前的杰作。莱希瑙和魏克斯(Weichs)的步兵军团,在正面牵制住苏军,古德里安从此向南直下,横越他们的后方,而克莱斯特则从第聂伯河河湾向上进攻,以与古德里安会合。两个装甲兵团在基辅以东150英里以外的地方会合在一起,于是在苏军的背后,封锁住了这个陷阱。这一次苏军逃走者颇少,德军一共俘虏了600 000人。不过一直到9月底,这个会战才告结束——恶劣的天气和不良的道路,虽未能阻止包围的完成,但却使它的速度大为减缓。

当希特勒决定把乌克兰的胜利当作“主要目标”时,同时列宁格勒仍然还是列为次要目标——并且也同时加以追求。在这一方面,德军也使用了相当的兵力,其结果是足以对于列宁格勒构成包围的形势,但却并不足以使这个地区中的苏军,受到决定性的失败。这方面的德军以后又被抽调,因为希特勒一方面否决了布劳希奇和波克等人的提前直捣莫斯科的意见,但另一方面却又同意一旦基辅包围战完成之后,重点仍然还是应该移回莫斯科轴线上面。

这个会战的胜利结束,对于希特勒和他的高级将领,产生了极大的兴奋作用,使他们抱着乐观的心理,使他们更敢于分散他们的兵力而不感到害怕。希特勒一方面决定要在秋季内攻下莫斯科,同时又要继续进行其他方面的作战,所以遂使问题更为复杂,而丧失了"集中"的意义。因为他实在抵抗不住胜利的诱惑,一方面想占领莫斯科,另一方面又想在南面扩张战果。他指派伦德斯特担负一个野心极大的新任务:肃清黑海沿岸,占领顿内次工业地区,并且直到高加索为止。

这个姗姗来迟的莫斯科攻势,是由 3 个步兵军团和 3 个装甲兵团来担负——其中古德里安那一个兵团已经升格为装甲军团。10 月 2 日,攻势最后又终于依照一个钳形的计划而开始发动了。这一次又完成了包围行动,又是 600 000 人的苏军,在维亚兹马(Vyasma)附近被装入了口袋。不过等到他们被肃清的时候,寒冬却已经来临,对于胜利战果的扩张已经来不及,在通往莫斯科的道路上,德军已经陷入了泥泞之中。

多数的将领现在都主张暂停进攻,选择一条适当的防线,以便过冬。他们都记得拿破仑所遭遇到的惨败,其中有许多人就开始重读考兰科特(Caulain-court) 对于 1812 年战役的悲惨记载。但是在较高的阶层中,因为他们距离战区较远,没有尝到泥泞的滋味,所以观念又自不同。莫斯科好像是一颗强力的磁石,对于他们具有极大的吸引力,使他们产生过分乐观的心理,认为达到这个目标是有实际上的可能性。正和一般人所想像的相反,希特勒本人并不坚持要继续进攻。从一开始,他始终认为莫斯科并不那样重要,虽然他现在已经批准了这个 10 月间的攻势,但是他内心里还是表示疑惑。不过波克的眼光却早已钉死在莫斯科上面,他内心里已经塞满了攻克这个名城的野心。他极力主张继续进攻,并且强辩着说:当双方都已接近衰竭的阶段时,较优越的意志力即足以决定最后的胜负。布劳希奇和哈尔德两人也都比较赞同波克的意见,因为他们原本便主张集中全力进攻莫斯科。因为他们花了很大的气力,才说服希特勒回心转意,决定试作攻占莫斯科的企图,所以他们现在当然不好意思再承认,或是告诉他说,这个企图已经没有成功的希望了。尽管伦德斯特和李布都主张停止这次进攻，而伦德斯特甚至还主张退回到波兰境内的原有界线上。不过他们的意见对于眼前的问题，却并无太多作用，因为他们与莫斯科的攻势并无直接关系。

所以德军在 11 月间又开始大举进攻。但是因为他们这一次的目标太明显，而进路又太集中，因此反而使苏联人的防御问题简单化，只要集中预备队，来阻止每一个危机的发展即可。到了 12 月初，德军的攻势即开始发生顿挫，接着在苏军反击的威胁之下，被迫向后撤退。希特勒于是把陆军总司令布劳希奇撤职，而亲自控制德军的陆军。这个动作，使他在人事问题方面，获得了双重的作用——一方面使布劳希奇代他作了赎罪的羔羊，而另一方面却乘机把陆军的军权收并在自己的掌中。

在苏联南面，11 月 23 日，德军的侵略狂潮达到了最高水位。此时，他们在顿河(Don)方面，透入了罗斯托夫城(Rostov)——该地正是高加索的大门。但是他们的燃料却已经在泥泞中消耗完毕，在一个星期之内，由于苏军对着他们的交通线，作深入的侧面逆袭，遂迫使已经进入罗斯托夫的先头部队，不得不匆匆撤回。

假使要追问在 1941 年战役中，德军失败的主因究竟是什么，其最适当的判词就是"为自然因素所击败的"。他们的兵力向各个不同的方面分散，一方面是由于最高阶层的意见分歧之所致，但另一方面，说起来也似乎很够讽刺，由于在最初阶段，各个方向上面都能获得光荣的胜利，所以也使他们会有"欲罢不能"的苦闷。本来应该采取一条单独的作战线，而同时威胁几个目标，结果他们却分别采取了几条作战线，而每一条都有一个极明显的目标，这样遂使守军反而容易布置防务。不仅如此，每当攻击者的方向变得十分明显的时候，他们的补给线也就更为危险。

一九四二年的苏联之役

到了 1942 年，德国人所有的资源，已经不再能够发动一次像前一年同样大小的大规模攻势。但是希特勒却不肯听信某一部分将领的忠告，改取守势来巩固他所已经获得的地位，当然更不肯依照伦德斯特和李布的主张，一直撤退到波兰境内去。不管这些办法在战略上是如何的有道理，但是对于希特勒而言，却无异于是要他自认失败："吃得太多使他无法消化"。为了收回已经丧失的面子和满足他个人的野心，并且依照他本能上的感觉，也是认为只有攻击才能解决问题。于是希特勒就在寻求一个攻势的解决方案,想用有限的工具来达到比应有限度更多的结果。

由于缺乏足够的力量,在整个战线上重整攻势,希特勒才决定集中全力在南部地区,其目的是要想夺取高加索的石油,而更主要的,却是切断苏联人的物资供应路线。假使说由于不得已的理由,希特勒已经放弃了直接击毁苏军主力的企图,那么他的目的即为希望用间接的方式来击毁苏军的抵抗力——因为苏军是必须要仰赖着高加索的石油来源。虽然最后是遭到了惨败,可是这个计算却并非不高明,而且也几乎完全成功,这是一般人所不知道的事实。

计划的开始相当顺利,因为这次所采取的作战线又是可以同时威胁到几个目标,所以迫使苏军分散兵力,而使德军获得了很大的利益。但是以后德军却自讨苦吃,因为他们自己分散兵力,要想在同时追求两个分开的目标。这个两路进攻的趋势,即为失败的主因,而其导源则是德军统帅部中的意念并不统一。参谋总长哈尔德,在拟定作战计划时,其主要的着眼是想在斯大林格勒附近的伏尔加河岸上,获得一个据点,在那里建立一道战略性的阻塞物,以隔断苏军主力与他们石油产地之间的交通线。希特勒的主张却是想用最快的速度,直接攻入高加索,但是他却没把他的心事告诉哈尔德,而只是鼓励部将把这个进攻当作是主力的方向。于是占领斯大林格勒这个战略位置的努力,就因此而吃了大亏。到了战役的下一个阶段,因为一心想攻下这个挂有"斯大林"招牌的城市,希特勒的心灵也发生了歪曲作用,于是为了这个目的,一切都不惜牺牲。德军对着这个太直接的目标,作太直接的集中,和太直接的拼命攻击。

当德军开始发动其 1942 年的攻势时,恰好苏军也正向着哈尔科夫(Kharkov)发动了他们的春季攻势,这个行动遂更使德军坐收其利。苏军这次的攻击是如此的直接,不久即自动发生了顿挫,而他们又拼命的继续苦战,结果把预备队消耗殆尽,其所产生的深入突出地带,更使德军指挥官有机会使他们陷于不利的境地。所以到了 6 月底,当德军发动攻势时,在作用上很有反攻的意味,而对方所处的形势可以说是十分的危险和恶劣。

德军原有的进攻轴线是与苏军平行,但是方向却恰好相反。从哈尔科夫北面的库尔斯克(Kursk)地区开始进攻,切过苏军突出地带的侧翼,迅速穿过这个 120 英里长的地带,而于沃罗涅什(Voronezh)附近,达到顿河上游——从莫斯科到高加索的主要路线上,这是一个重要的关键。苏军集中兵力在沃罗涅什附近,以来阻塞德军的进路,结果使德军把重点向东南面转移时,反而感得很轻松,一口气就冲进了顿河和顿内次河之间的走廊地带中。由于德军早

已在苏军的哈尔科夫突出地南面侧翼上,作了一个楔形的突入,所以对于这个行动也具有间接的帮助。

在这个联合的钳形压迫之下,苏军的抵抗开始溃裂,于是德军的机械化部队,利用两条河流掩护他们的侧翼,通过这个顿河—顿内次走廊之间,向前迅速冲进。在不到一个月之内,他们已经达到了走廊地带的尽头,并在罗斯托夫的北面,渡过顿河。这样遂打开了通到高加索油田的道路,而使战役达到了最紧要的关头。苏军似乎是有瘫痪的可能,因为德军所具有的机动性,几乎足以切断他们石油的供应路线。德军在前进中,一贯的采取"声东击西"的手段,结果使他们获得了卓越的成功。

可是等到德军渡过顿河,再继续前进的时候,他们即不再享有他们过去所有的战略利益。在此之前,他们在战略上是集中在一起,分成若干个具有弹性的集团,沿着一条轴线前进,而同时却可以威胁到几个目标攻击重点。可是在渡过顿河之后,德军势必就要分散他们自己的兵力,沿着两条离心方向的路线进攻——一股朝南向高加索进攻,另外一股朝东向斯大林格勒推进。

苏军在顿河—顿内次走廊地带中,可以算是已经全面崩溃,所以假使朝着这个方向进攻的第四装甲军团,不分兵南向,以协助第一装甲军团在攻向高加索的路程上,作渡过顿河企图,那么在 7 月时,德军也许早已轻松攻占了斯大林格勒,并控制住伏尔加河。可是这个协助实无此必要,而等到第四装甲军团再回转过头向北进攻的时候,苏联在斯大林格勒地区中却已经集中兵力,严阵以待了。苏军增援这个地区,要远比高加索地区容易,因为它比较接近中央地区,同时预备队也比较容易利用铁路和公路的运输。因为德军在那里连续被阻,于是才开始使斯大林格勒在精神方面,逐渐增高了其重要性,终于超过了其战略价值之上。德军于是对它,抱着必得之而后甘心的态度,结果遂使他们又错过了夺取高加索油田的机会。从第一装甲军团方面,不断抽调兵力以来增援斯大林格勒的攻击战,可是结果却完全是白白的浪费。

当第一次向斯大林格勒的进攻,功败垂成之后,以后就完全变成了直接路线,双方都尽量地增援,结果仍然是一个僵持的局面。于是德军的攻势集中,在比例上是越来越乏力。因为他们放弃了分散敌人注意力的手段,这也是他们在战略方面所应该付出的代价。他们的攻击愈是以这个城市为中心,则其战术上的运用范围也就愈为狭窄,所以就更难于击溃敌人的抵抗。

反过来说,正面愈狭窄,则守方愈易于调动他的局部性预备队,以来在防御的弧线上,应付任何具有威胁性的突破。所以尽管在斯大林格勒周围的防线上面,德军曾经几度突入,但是每次却都被苏军塞住了缺口。这些经验的总和证明出防线愈缩短,则对于守方愈为有利。

当攻势者的活动范围愈是狭窄时,则其损失也就当然的升高。每前进一步都要付出更多的成本,而收获却反而递减。因为德国人在物力方面所享有的优势,是要比 1941 年远为狭窄,所以就更吃不消这种消耗的程序。首先显出弱点的是他们的装甲兵力,在每一个打击中所能够供给的坦克数量越来越少,接着他们在空中方面的优势也开始消失了。由于这两个主要的兵器日益向下坡路走,于是他们步兵的负担便一天比一天更加重。集中大量步兵实行突击,纵然能获得任何局部性的成功,其所付出的代价亦将是得不偿失。

这种战术性的过度消耗,其结果是非常的危险,因为侵入军本身,在战略方面总是伸延过度的。可是当哈尔德力劝希特勒应该即刻停止,选择一个良好的过冬防线,以减少损失的时候,希特勒却完全拒绝了他的忠告。结果泽特勒尔(Zeitzler)代替他出任参谋总长,泽特勒尔不仅年事较轻而且也比较具有热情,不像哈尔德那样的冷静。斯大林格勒对于希特勒的诱惑实在是太强烈,正好像前一年秋天的莫斯科一样。同时他在军人中间也照样可以找得到拥护他这种主张的人。这次后果却非常的恶劣。进攻斯大林格勒的德军,由于向前推进太远,而且所采取的正面又太狭窄,所以结果不免遭受到包围的威胁。

当 11 月时,苏军开始发动反攻的时候,这个危机完全成熟。无论从精神和战略哪一方面来说,攻击军的失败都可算是已成定局。苏军这个反击本身,不仅在物质路线方面,具有巧妙的间接性,而且所有的反攻都先天的具有一种"压缩"的弹性作用,使它更具有致死的能力。希特勒使用罗马尼亚和意大利的部队,以来掩护他前进中的绵长侧翼,而苏军的攻击即以此为目的,而获得了很大的利益。结果是苏军切断了一大部分的德军,而确保住他第一个口袋的俘虏。

等到他们的进路部分被扫清之后,苏军就向南作一连串的攻击,来扩张他们的战果,并威胁到在高加索地区的德军后方和交通线。要说明这种情况的危险,可以用下述的简单事实来证明:这个时候德军在罗斯托夫以东,已经前进了 400 英里以上的距离,可是当 1943 年 1 月间,苏军由顿河进犯时,其到罗斯托夫的距离却仅仅只有 40 英里而已。罗斯托夫对于在高加索境内的德军而言,是交通线上的一个咽喉要害。虽然德军能够把苏军的牙床撑开,使这个捕鼠机的门不至于关上达相当长的时间,足够让德军慢慢的撤退,而不被切断。可是他们却终于不仅被迫放弃了高加索,而且在包围的压迫之下,也被挤出了工业化的顿内次盆地。

　　2 月间,德军的撤退速度突然地加快,而苏军就跟在他们的后面直追,到达并越过了德军夏季攻势的原发起线。他们收复了哈尔科夫并且迫近第聂伯河。但是到了 2 月底,德军又发动了一个逆袭,重新夺回了哈尔科夫,并暂时使苏军丧失了平衡。也正和夏季中的德军一样,他们在追击中已经伸展过度,他们的补给接济不上来,而德军则向他们的基地和补给方面退去,由于滚雪球的作用,遂使其力量日益增加。

　　哈尔科夫的反击是一个最明显的例证,足以说明间接路线战略中的一种防御攻势形式,利用一个香饵以来引诱敌人进入陷阱——这一次是一个超级规模的陷阱。它的设计和执行都是由曼施坦因元帅负责,他在第一个冬季作战中是伦德斯特集团军的参谋长,1940 年 5 月间促成法国崩溃的阿登计划,就是他的杰作。他的侪辈都一致推崇他是他们中间最杰出的战略家,但是希特勒对他却并不一定欣赏。当保罗斯(Paulus)的第六军团于 1942 年 11 月,在斯大林格勒被围之后,希特勒才派曼施坦因接掌“顿河”集团军的总司令,以求解救这一场大难。虽然时机已经太迟,不足以扭转斯大林格勒的危局,但是曼施坦因却设法牵制住苏军达相当的时间,使他们无法切断罗斯托夫的咽喉,而救出了高加索境内的德军,并且沿着米乌斯河(Mius),在亚述海(Sea of Azov)和顿内次河之间,重建了一道防线。

　　但是现在苏军却从顿内次河的北面,突破了意匈两国部队所防守的战线,于是在顿内次与沃罗涅什之间,冲开一个宽达 200 英里的缺口,并且向西扫击曼施坦因的侧翼。在遥远的后方,越过了顿内次河,他们不仅占领了哈尔科夫,而且向西南推进,到达了第聂伯河的大河湾,这个地区是曼施坦因的补给来源地。2 月 21 日,苏军的先头部队在河湾上,已经到达了可以望见扎波罗热(Zaporozhe)的位置,曼施坦因的司令部刚刚迁离那个地方。在这个紧张的情况之下,曼施坦因显示出了特别冷静的头脑和稳定的神经。他早已拒接希特勒的要求,把他那点少得可怜的预备队,用来作直接的进攻,以企图收复哈尔科夫;现在他又拒接了用他们来对于第聂伯河之线,作直接的防御。因为他已经看出来当苏军向西南面前进时,他就可以获得一个伟大的机会,可以用间接的攻击使敌人的平衡发生动摇。所以他决定让苏军尽量地深入,尽管他的基地会受到威胁,亦在所不惜。

在这个时候,他忙于改组他的兵力,把那三个已经残破了的装甲军,从米乌斯河上调了回来,面对西北方构成一个反正面。到了 26 日,他已经准备就绪,可以开始攻击了,于是才一直向苏军的侧翼和后方冲了过去。这正和1940 年在色当的情形是一样的,这一刀恰好刺在敌人前进后的接头枢纽上。一个星期之内,原有向西南前进的苏军,都纷纷越过顿内次河,向后溃逃,一共损失了 600 辆坦克和 1 000 门火炮。于是曼施坦因再继续前进,转向北面攻入由哈尔科夫和别尔哥罗德(Bielgorod)向西推进的苏军后方侧翼之内。这里的苏军也同样丧失了平衡,被迫放弃了这两个城市,仓皇撤走。当时苏德双方的兵力,以师数来比较,其比例为八对一,所以这一串的间接路线,其所产生的战果实在可以说是很光荣。若非兵力差得太远,则很可能获得一个色当式的决定性结果。而这次的兵力悬殊也就成为一个不祥的预兆。

德国的预备兵力比之苏军是未免太有限,两年不断地采取攻势已经使他们受到了很严重的损失,而苏军新编成的师数却是有增无减。虽然哈尔科夫的反击能够暂时冻结住苏军的运动,但是在力量的平衡方面,现在德军却早已居于十分不利的情势。

太平洋战争

自从 1931 年起,日本人即不断地侵略中国,并在亚洲大陆上扩张他们的立足点。在那一年当中,他们侵占了中国的东北地区。1932 年,他们继续入侵中国,但是当他们想在这个巨型地区之中,建立控制的时候,却马上感到深陷泥沼之苦。于是为了求解决起见,遂决定南进,以图切断中国人的外援路线。当希特勒击败了法国之后,日本人利用这个机会,连骗带吓,获得了对于法属越南的"保护占领权"。

1941 年 7 月 24 日,美国罗斯福总统要求日军撤出越南,为了加强他的要求起见,他同时也下令冻结日本人在美国的一切存款,并且禁止石油运日,英国的丘吉尔为了附和起见,也采取了同样的行动,两天以后,在伦敦的荷兰流亡政府也被劝诱加入这项行动。诚如丘吉尔所说的,这样日本人的石油来源可以说是完全断绝了。

应该注意的,是日本花了 4 个月的时间来想用谈判的方式来解除石油禁运的障碍。美国政府表示除非日军撤出越南,并且撤出中国大陆,那么美国才肯解禁。日本不愿意接受如此条件。所以自从 7 月底以后,太平洋战祸即已

经是迫在眉睫。在这种环境之下,日本人能够延迟 4 个月的时间再进攻,对于英美而言实在是一件幸事。可是他们在这段时间之内,对于防御的部署,却很少有所成就。

1941 年 12 月 7 日上午,由 6 艘航空母舰所组成的一支日本海军兵力,对美国在夏威夷岛上的海军基地珍珠港,作了一次闪电式的空中攻击。这个攻击是发生在正式宣战之前,像过去旅顺港的情形一样,日本人对于苏联人也是先下手为强的。

一直到 1941 年年初为止,日本人所拟定的对美战争计划都是想把他们的主力舰队,用在南太平洋方面,一方面配合对于菲律宾群岛的攻击,另一方面当美军为了援救菲律宾守军,渡洋东来的时候,即加以迎头痛击。美国人心目中也认为日本人一定会采取这种路线,尤其是因为日军最近已向越南方面发展,所以更增强了他们的信念。但是当此之际,日本的海军上将山本五十六却已经创造出了一个新计划——向珍珠港作一次奇袭。这支攻击兵力采取一条非常迂回的路线,经过千岛群岛,从北南下,在美国人不知不觉之中,偷偷到了珍珠港的附近。在日出之前,使用了 360 架飞机,从 300 英里左右的距离向珍珠港进袭。8 艘美国战斗舰中,4 艘立即沉没,4 艘受到了重伤。只花了一个多小时的时间,日本人已经获得了太平洋的控制权。

在这样一击之下,日军经由海上侵入马来亚和马来群岛的路线都毫无阻拦了。当日军的打击主力已经从东北方向夏威夷群岛前进的时候,其他的海军兵力也同时护送着运输船团,开入了西南太平洋。差不多正当珍珠港遭受空袭的时候,日军也分别在马来半岛和菲律宾实行登陆。前者以英国人在新加坡的巨型海军基地为目标,但是他们却不企图从海上进攻,因为这个要塞的设防着眼点,主要是应付海上的攻击。日军所采取的路线是非常的间接。首先在马来亚东部海岸上,选择了两个地点登陆,以夺取飞机场为手段,来吸引敌人的注意力。于是日军的主力在半岛的头部登陆,其地属于泰国,在新加坡北面 500 英里以外。从这个位置在东北端的登陆地点起,日军如狂潮一样向半岛的西岸涌进,连续地迂回了英军企图阻止他们的防线。不仅由于选择这一条困难的进路,完全出乎英国人意料之外,而且在这个厚密的丛林中,又获得了许多意想不到的渗透机会,更使日军得到了很大的便利。经过 6 个星期的连续退却,到了 1 月底,英军终于被迫撤出了亚洲大陆,退入新加坡岛。2 月 8 日夜间,日军开始越过那 1 英里宽的海峡,向该岛进攻,在许多点上都登陆成功,并沿着一个宽广的正面发展了新的渗透行动。

守军的兵力,实际上要比攻方多了一倍以上,但是攻方却是特选的精兵,对于丛林和密闭地区的行动,受过良好的训练。至于守军却是杂牌部队,其中多数都是不熟练的新兵,所以他们完全缺乏作适当反应的能力,在战役的过程中,他们总是害怕来自侧翼方面的威胁。上述情形已经十分严重,再加上他们又缺乏空军的掩护,以对付日本空军不断的威胁,所以情况遂更为不利。不久守军即丧失了平衡,他们虽然想恢复这种平衡,可是由于后方已经发生混乱,所以结果也一无所成。他们不但没有一个稳定的基地,而且背后所靠的是一个人口混杂而众多的城市,粮食和水源都具有被切断的威胁,而在城市的后面又是一个敌人所控制住的海洋。当地政府又下令实行"焦土"政策,纵火焚烧油库,黑烟冲天更造成一种恐怖的景象,使多数人的神经都受到打击——这在心理战略方面实在是大错而特错。2月15日,守军遂自动投降。

在菲律宾的主岛吕宋(Luzon),日军最初在马尼拉的北面登陆,接着又在首都的后方登陆。在这个双管齐下的威胁之下,美军放弃了该岛的大部分土地,在12月底以前退入那个小型的巴丹半岛。在那里,日军只能够在一条狭窄缩短的正面上,对他们作正面的攻击,所以他们一直守到4月份,才为日军所克服。

远在巴丹陷落之前,甚至于新加坡沦陷之前,日军的征服狂潮早已扫遍了马来亚群岛。1月24日,日军分别在婆罗洲、西里伯斯(Celebes)和新几内亚等地实行登陆。3个星期之后,他们开始向荷属东印度的核心——爪哇岛——进攻,此时由于侧翼的行动,该岛早已处于孤立的地位。在3个星期之内,整个的爪哇像一颗熟烂了的苹果般,落入了日军手里。

但是澳洲却幸免于立即和直接的威胁。现在日军的主攻方向已经转向西南,以征服缅甸为目标。从曼谷到仰光之间,他们作直接而宽广的前进,对于他们在亚洲大陆上的整个目标——瘫痪中国的抵抗力——而言,却要算是一条间接路线。因为仰光即为滇缅公路的出口,对于中国的一切援助都是由此输入的。同时,这个企图还有一个更高的理想,它可以完全确保太平洋的西方门户,于是就可以在主要的路线上建立一道坚固的壁垒,以阻止盟军在将来作任何反攻的企图。3月8日,仰光陷落,再过2个月,英军被完全逐出了缅甸,越过山地退入印度。于是日军已经获得了一个非常坚强的天然掩护位置,假使盟军若想反攻,势必会遇到极大的障碍,必须经过极迟缓的程序。

经过了很长久的时间,盟军才建立起足够的兵力,以企图收复日军所征服的失地——从东端开始。由于保全了澳洲,使盟军获益不少,因为澳洲可以作为他们的大规模基地之用,并且比较接近日本的前哨防线。

1942 年 8 月,麦克阿瑟将军的第一个行动是以瓜达尔卡纳尔(Guadalcanal)岛为目标——这在所罗门(Solomon)群岛中,是最南端也是最近的一个大岛。光复瓜达尔卡纳尔岛的工作一共费时 6 个月。一直到 1943 年 6 月底,美军才进到这个岛群中的第二个大岛,新乔治亚(New Georgia),又花了 3 个月才把它收复。

此时,澳军已经在新几内亚大岛的东南角上,重获一个立足点,并且从那里发动攻势。在惊人困难的条件之下,面对着最顽强的抵抗,作战的进展是迟缓而痛苦。差不多花了一年的时间,于 1943 年 9 月才占领了莱城(Lae),于是新几内亚东南端的光复工作才算是完成了。

从这里看来,到菲律宾的路似乎还是非常的遥远,而到日本之路则更是无穷无尽。但是到了 1943 年秋天,由于采取一种绕过的方法,遂使步伐大为加速,这也可以说是另外一种间接路线战略的变形。美军利用海运前进,不仅把日军外围圈的岛屿丢在他们后面,并使岛上守军孤立,无法获得补给。换言之,从战略上来说,无异于把他们圈禁在那里。

1944 年 10 月间,一个长距离的跃进,使美军回到了菲律宾。最初的前奏曲是强烈的空中攻击,以菲律宾群岛中的南北大主岛——棉兰老岛(Mindanao)和吕宋——的港口和机场为目标,这些空袭当然使日本人预料美军必定会在这些地区中的某一点上登陆,但是他们却猜不透真正的目标在哪里。接着麦克阿瑟的海运船团突然在莱特岛(Leyte)的边缘上出现,正在两大主岛之间,并且在那里登陆。在这一击之下,不仅一斧头就砍在菲律宾的腰部上,而且在战略上也构成了一个宽广的楔形,把日本与其在荷属东印度群岛所征服的大部分地区隔成两段。

无可避免的,美军还需相当长的时间才能够建立起来足够的兵力,以来扩大他们的攻势和完成菲律宾的全部征服工作。但是最后成功的保证却是美国人善于合用两种战法。首先使用海空军组成一个包围网,使这些岛屿孤立,然后再用"砍劈木材"(log-splitting)的方式把这些岛屿加以征服。此外,美国人现在又已经获得了一个够接近日本本土的基地,以来发展一个强大而持续的空中攻势。下一个巨型的跃进,就是绕过台湾,而直接以琉球群岛中的冲绳为目标,它位置在台湾与日本的中间。

在这个后期的作战中,有一个最显著的要点,极值得加以注意。每当美军采取越岛跃进的方式时,他们必尽量利用不同目标的选择,以来迷惑敌人使其猜不透他们的真正目标,并且尽可能地寻找敌方部署上的弱点。所以每一个行动的战略间接性都能够倍增其效力。

日本的征服狂潮因传播得太远,所以无法持久。日本人的力量因为分布得太广,所以也就拉得太薄,结果他们的处境遂不免异常危险。一旦当空权和海权的平衡局面发生了变化之后,美国人恢复了海运上的机动性,日军很容易陷于孤立的状态,而受到各个击破。其进锐者其退速,侵略者也常为反作用力所击败。这种反作用力打倒了军事上的教条:"攻击就是最好的防御。"反过来说,因为最初的攻势太成功,结果使日军以后的防御力量过分伸展,超出了其安全限度之外。德军的情形也正复与此相似。

地 中 海 战 争

地中海方面的初期战役,是以德意两国企图控制埃及和苏伊士运河的行动为重心。这些战役的经过可以构成一个极显明的例证,足以说明战略性过分伸展——直的或是横的——的效力。它们在间接路线的价值方面,也带来了许多教训。

1940 年 9 月,意大利的格拉齐亚尼元帅(Marshal Graziani)从利比亚(Libya)开始向埃及进攻。无论从数量上作任何计算,这一次的成功应该是毫无疑问的。意大利的侵入军比起英国守军,在数量上实在是大得太多。但是他们的机动性却极低,一方面由于机械化的程度太有限,另一方面又加上行政上的缺乏效率,所以使他们在机动和奇袭两方面,都受到了极大的障碍。通过西部沙漠前进了 70 英里以后,意军在西迪巴拉尼(Sidi Barrani)碰到了障碍,于是在那里胶着达两个月之久。

英方中东军司令魏内尔将军(Gen. Wavell),决定使用西沙漠兵团——第八军团的前身——由阿康纳将军(Gen. O'Connor)指挥,对意军作一个颠覆性的攻击。从表面上看来,这似乎更像一个强力的突袭——本是准备打了就跑的——而不是一个正规的攻击,一共只有 2 个师的兵力:第七装甲师和印军第四师。在这次攻击之后,后者马上得撤回尼罗河上,然后再送往苏丹(Sudan),协助对付在厄立特里亚(Eritrea)和衣索比亚境内意军的威胁。

可是这次"突袭"居然变成了决定性的胜利,因为阿康纳经过沙漠地区,向敌人后方所作的奇袭,产生了瘫痪和颠覆的作用——这就物理和心理上来说,都要算是一个间接路线。这个突然的打击是发生在 12 月 9 日。格拉齐亚

尼的军队有一大部分,立即被切断,被俘的人数达 35 000 人之多,其余的残部
逃回了他们自己的边界之内,在恐怖的溃退中,已经变成了毫无秩序的乌合之
众。英军第七装甲师在追击中,很快地突破了这条边界的防线,于是残余的意
军又仓皇退入巴比迪亚(Bardia),英军又作了一个迂回的行动,把他们暂时切
断在那里。

假使英军高级统帅部不那样坚持,一定要依照原定计划把印军第四师撤
回,那么整个战役即可能会在这里告一结束。因为缺乏步兵的支援,第七装甲
师当然无法立即透入巴比迪亚的防线。一拖就是几个星期,然后才有一个新
的步兵师,澳军第六师,由巴勒斯坦调来以供"罐头开刀"之用。于是到了 1 月
3 日,才攻下了巴比迪亚,俘获了 40 000 人。22 日托布鲁克(Tobruk)才又被攻
陷。再俘房了 25 000 人。

格拉齐亚尼的残部经过班加西(Benghazi)向的黎波里(Tripoli)退却,但却
又为间接路线的追击所拦截住了,在整个战争中,这都要算是一次最卓越和最
果敢的攻击。第七装甲师通过内陆方面的沙漠地区,于 2 月 5 日在班加西的
南面,达到了海岸线。它的领先单位在 36 小时之内,经过困难和生疏的地形,
一口气冲过了 170 英里的距离。英军立即分为两部分:一部分由康贝上校
(Col. Combe)率领,在贝达富姆(Beda Fomm)横越过敌人的退路,建立了一道
阻塞物。另外一部分为考恩特旅长(Brig. Caunter)所率领的第四装甲旅,一直
压迫着敌人,直到他们投降为止。这两股兵力总加起来也不过 3 000 人,但是
由于他们的机智和勇敢,结果这一网捕获了 21 000 名俘房。

凭着这一点微弱的兵力,英军居然征服了昔兰尼加(Cyrenacia),完全出乎
自己的意料之外。这个时候,他们简直可以向的黎波里长驱直入,前面根本没
有太多障碍物。所剩余的意军,不仅是装备太差,不足以抵抗坦克的冲击,而
且由于他们的主力已经全军覆没,所以在心理上更是发生了极大的动摇。阿
康纳是极力主张乘胜追击,并且认为只要能够获得新的补给。他们马上就可
以毫无延迟地向前作新的跃进。但是英国政府却突然叫停,因为它想要抽调
兵力,去向希腊作那个不幸的远征。魏内尔奉命只准留下最少的兵力来守住
昔兰尼加。阿康纳也回到埃及,守兵改由能力较差的人员指挥。正当这个时
候,隆美尔所率领的德国非洲军(Afrika Korps),已经有一部分先遣单位到达
了的黎波里。他们来得太迟了,所以无法使意军逃出这一场大难,可是这支德
军却足以使北非战役再拖过两年以上的时间,在这个阶段中,英国人在埃及的
地位曾经一再地发生危险。

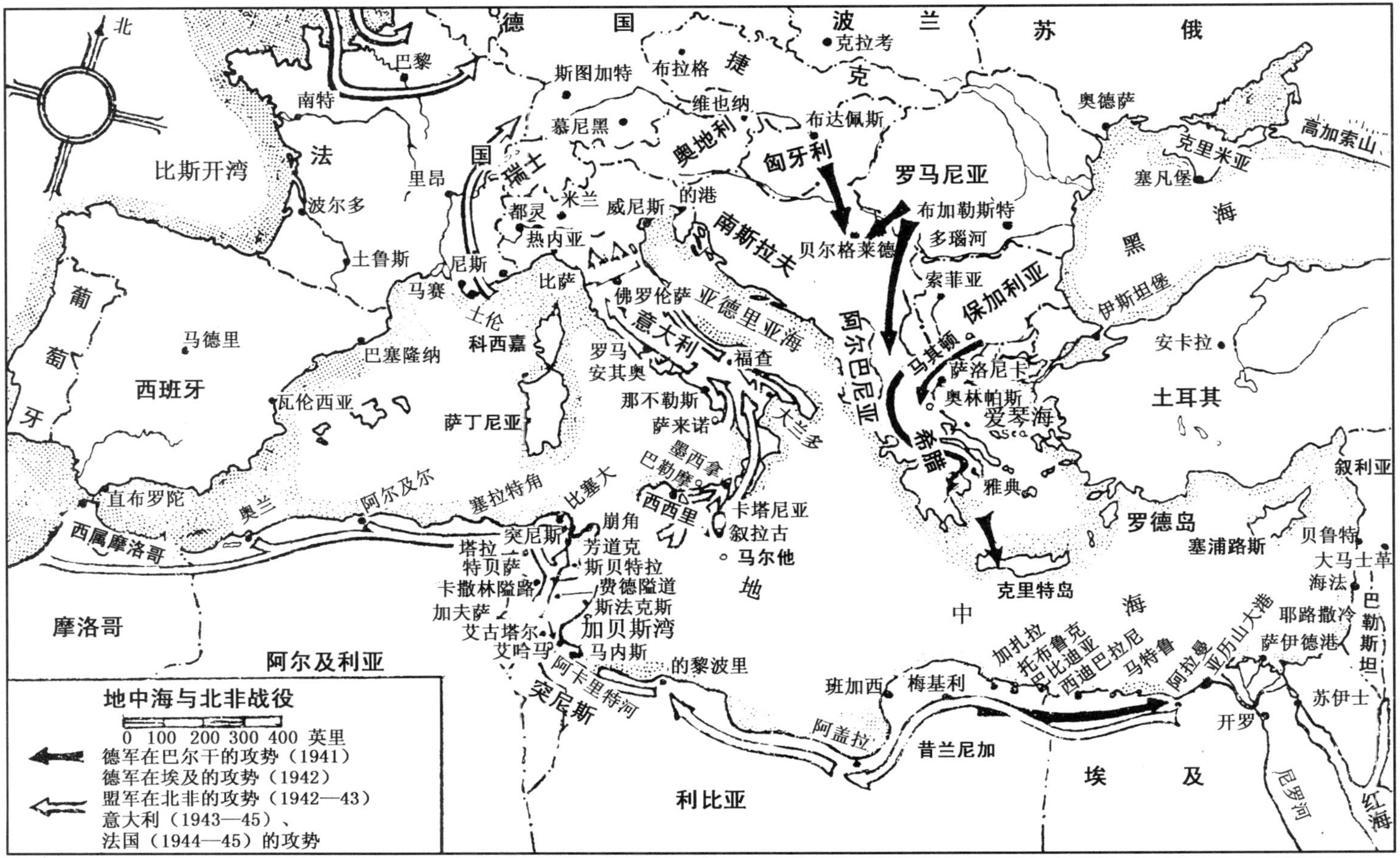
地中海与北非战役
0 100 200 300 400 英里
德军在巴尔干的攻势（1941）
德军在埃及的攻势（1942）
盟军在北非的攻势（1942—43）
意大利（1943—45）、
法国（1944—45）的攻势
北
德
国
波
兰
苏
俄
捷
克
巴黎
南特
法
比斯开湾
波尔多
土鲁斯
里昂
马赛
尼斯
土伦
斯图加特
慕尼黑
布拉格
克拉考
维也纳
布达佩斯
奥地利
匈牙利
罗马尼亚
布加勒斯特
多瑙河
奥德萨
克里米亚
塞凡堡
高加索山
黑
海
伊斯坦堡
安卡拉
土耳其
葡
萄
牙
西班牙
马德里
巴塞隆纳
瓦伦西亚
直布罗陀
西属摩洛哥
摩洛哥
阿尔及利亚
奥兰
阿尔及尔
塞拉特角
比塞大
国
瑞士
都灵
米兰
热内亚
威尼斯
的港
南斯拉夫
贝尔格莱德
比萨
科西嘉
萨丁尼亚
佛罗伦萨
意大利
亚德里亚海
罗马
安其奥
福查
那不勒斯
萨来诺
大兰多
墨西拿
巴勒摩
西西里
卡塔尼亚
叙拉古
马尔他
阿尔巴尼亚
索菲亚
保加利亚
马其顿
萨洛尼卡
奥林帕斯
爱琴海
希腊
雅典
克里特岛
罗德岛
塞浦路斯
叙利亚
贝鲁特
大马士革
海法
巴
勒
斯
坦
耶路撒冷
萨伊德港
苏伊士
开罗
尼罗河
红海
突尼斯
崩角
芳道克
斯贝特拉
塔拉
特贝萨
卡撒林隘路
费德隘道
斯法克斯
加夫萨
加贝斯湾
艾古塔尔
艾哈马
马内斯
阿卡里特河
突尼斯
的黎波里
地
中
海
阿盖拉
班加西
梅基利
昔兰尼加
加扎拉
托布鲁克
巴比迪亚
西迪巴拉尼
马特鲁
阿拉曼
亚历山大港
利比亚
埃
及

凭着仅仅相当于一个师的兵力,隆美尔在 3 月底就开始发动反攻。利用迅速的夜间运动,绕过对方的侧翼,而达到了他们的后方,他撕裂了敌人的前进部署,并且用包围的威胁,逼着他们的主力在梅基利(Mechili)投降。他这种突如其来的前进,使他以后每个阶段中的行动都具有间接性,而使敌人感到不知所措。两个星期之内,他已经把英军扫出了整个昔兰尼加之外,只有一部分孤军退入了托布鲁克——这遂变成他背上的一根芒刺。不过当他达到边界的时候,他的补给线却已经伸展过度,于是只好被迫停顿了下来。

6 月间,英军已经获得了新的增援,于是企图向利比亚的边界上,作一次新的攻击,其作战的代字定为“战斧”(Battleaxe),表示他们大有“灭此朝食”的雄心。可是他们这次攻势却大部分只是一种正面的推进;隆美尔很容易把它卡住,于是接着反转身来,使用适当的装甲反击,绕过沙漠方面的侧翼,攻入了敌人的后方。

11 月间,英军又发动了一次更大的攻势。此时奥钦列克将军(Gen. Auchinleck)代替了魏内尔,出任总司令的职务,在利比亚边界上的英军已经改组为第八军团,由康宁汉将军(Gen. Cunningham)充任军团司令。11 月 18 日英军开始进攻,从沙漠侧翼方面前进,逼近隆美尔的后方。由于这个间接路线,他们已经获得了战略上的利益,可是他们却采用了一个太直接的战术,希望在正面的遭遇战斗中,击碎德军的装甲兵力,结果遂使这种战略利益完全落空。于是他们自己投入了隆美尔的网中。

为了应付英军装甲兵力的优越数量和机动性,德军在战术方面使用了一个间接的路线,巧妙地引诱英军的坦克进入他们的网罗——这是由隐蔽好了的坦克和强大的火炮,所交织而成的。在这里又和过去的“战斧”作战一样,隆美尔充分表现出在现代化的机械战争中,应该使用防御攻势的方法,来诱敌深入。一方面用自己的“盾”以来磨钝敌人的“剑”锋,而另一方面却准备自己的突击。结果英军不仅丧失了战略上的优势,而且更丧失坦克方面的数量优势。无论在心理方面还是在物质方面,第八军团都已经丧失了平衡,到了 11 月 23 日,康宁汉遂想停止这次攻势,撤回边界内,重新整顿他的兵力。

第二天,隆美尔认为采取较果敢行动的机会已经成熟,马上使用他兵力中的机动部分,冒险绕过第八军团的沙漠侧翼方面,越过了边界而到达英军的后方交通线。因为他一下就冲进英军的后方地区,所以立即造成了广泛的紊乱和恐怖。假使当时英军进退之权是操在康宁汉手中,那么这一个行动也许就会决定这一场会战的胜负。可是正当这个紧急关头,奥钦列克亲乘飞机赶到了最前线,他坚决命令英军继续打下去,两天之后他飞回开罗,并立即指派李奇(Ritchie)接替康宁汉的职务。由于奥钦列克的干涉,英军才终于转败为胜——但是他这个决定,要比之隆美尔的战略性突袭,似乎还更具有"赌博"的意味,当第八军团停留在这个过分前进的位置上,实在大有全军覆没的危险。尤其对于英军而言,实在可以算是一个极大的幸事:当隆美尔领兵前进时,居然不曾发现路边的两个巨型补给仓库,这是整个英军在前进时所依赖的补给来源。他们为什么没有发现的理由,是因为英军拥有制空权的缘故。

当隆美尔的深入突击功败垂成之后,他在失败时所受到的损失遂不免相当严重。因为此时,他和他的三个装甲师(两德一意)都已经越过边界作战,和其余的部队距离得很远,所以留在他们后面的一部分英军,已经乘机恢复了他们的平衡,重新采取攻势,隆美尔再回过头来援救他的非机动兵力之前,即已经和托布鲁克的守兵发生了战斗。这也可以当作一个例证,以来说明此种战略突袭性的作战形式,是具有极高的危险性。当一部分兵力进击之后,其后方的枢纽不够坚强,无法作长时间的抵抗。经过了几天的苦战之后,隆美尔又终于获得了暂时的优势,但是他的成功已经十分勉强。他的损失比起初期的作战,已经重得太多,他的坦克实力本来就有限,现在又大量的减少,已经超过他所能支持的限度,尤其是英军方面的增援却正在不断地增加着。12 月 3日,隆美尔被迫只好暂停托布鲁克周围地区的战斗,而开始向后撤退,第一步退到加扎拉(Gazala),然后又退到的黎波里塔尼亚(Tripolitania)的边界上。

在这里他又使用攻势防御的方法,获得了惊人的成功。当英军于 12 月 27日发动攻击的时候,他首先阻止住他们的装甲兵力,然后从侧翼上绕过了他们的后方,迫使他们以反正面作战,而最后将他们包围住了,这一战之中,英军的装甲兵力受到了相当的损失,接着在第二个星期当中,有一个运输船团到达,使他获得了相当的增援,自从 11 月中旬以来,这是第一次获得补给。所以他马上计划反攻,因为此时英军的伸展也早已过度,他很想针对这个弱点进攻。当英国人还以为他的元气尚未恢复时,隆美尔却突然发动反击,首先突破他们的正面,然后乘着混乱,从沙漠侧翼方面作间接性的突袭,一直冲到英军在班加西的基地,接着又把他们逐回到加扎拉——把英军已经征服的地区,收回了一半以上。

以后三个月当中,战线大致稳定在加扎拉阵地上面,但是英国第八军团所采取的直线部署,比较适宜作发动新攻势的跳板,而并不足以供给良好平衡的防御。5 月,隆美尔又先动手,26 日夜间,利用他的装甲兵力作宽广的侧面迂回,使英军丧失了平衡。但是在他尚未能达到海岸线,以切断防守加扎拉防线的英军之前,却已经被英军拦截住了。于是他马上改取防守的态势,把他的背面靠在英军的布雷地带上——这种姿态使英军以为他已经被卡住了,遂想立刻前往包围。可是英军的反行动又太直接,于是一头钻进了隆美尔的防御网,当他一被阻止之后,他马上迅速地布置这种罗网。由于被缠在网中,当英军的预备队消耗完毕之后,隆美尔便作第二次侧翼行动,此时英军即感到无法招架,遂逐渐为德军各个击破。英军分为两部分,一部分向边界退却,一部分向托布鲁克撤退。隆美尔的装甲兵力首先扫过托布鲁克,好像是准备向边界方向追击一样,可是突然又来一个大转弯,不等到英军喘息已定,就从反面攻入了托布鲁克。无论从物质和心理哪一方面来说,这都是一次间接路线的杰作。从弱点上透入了英军的防线,隆美尔击败了援兵,并且差不多把他们一网打尽——此外,还加上许多的物资和运输车辆,使他在继续前进时,可以获得了不少的方便。

于是隆美尔就乘着战胜的余威,经过西部沙漠,向英军实行穷追,差不多到达尼罗河流域——那是埃及的主要大动脉。假使隆美尔真的做到这一步,接着就会切断苏伊士运河,那么英国人在中东的整个地位都会发生动摇。在危急的关头,奥钦列克马上亲自指挥这个正在溃败中的第八军团,把他们收容起来,命令他们死守着阿拉曼(El Alamein)防线,这是沙漠中的咽喉要道,一直通到尼罗河流域。隆美尔的兵力不仅在数量上比较单薄,而在长期追击之后,也不免疲倦不堪。这时他们突然受到意料不到的顽强抵抗,于是立即发生了顿挫。每当隆美尔在寻找弱点,企图突破的时候,奥钦列克马上也用间接的手段,实行还击,同样的在其他方面,向德军防线上作类似的企图。他这种手段固然还不足以使隆美尔丧失平衡,但是却可以使他无法达到原定的目标。

不久,援军已从英国开到。丘吉尔希望英军不要再延迟,立即转取攻势,可是奥钦列克却似乎更聪明,他坚决主张应该再等候一下,以便新到的部队在战术方面能够熟悉沙漠作战的条件。结果,亚历山大(Gen. Alexanden)代替了奥钦列克,出任中东军总司令,而蒙哥马利继任第八军团司令。

8月底,隆美尔还是先动手,但却仍然为英军的新型防御战术所击退。此时英军防线的南半段,除了地雷的保护以外,并无其他设防,而英军步兵的主力却都集中在北半段中,所以隆美尔决定让他的装甲兵力,通过雷区进攻。这样他才可以把英军的装甲主力,引到后方所选择的地区中,然后再加以攻击。在这个失败的突击中,他损失了很多坦克。当他被夹在这个后方侧翼位置和雷阵之间时,不免丧失了机动性,而英军的另外一个装甲师,第七装甲师却又遮断了他的南翼。英军的网口并未能适时的缩紧,结果使隆美尔还是有时间撤出了险地,不过从此主动之权却由他的手中移到了英军的手里。

当蒙哥马利的兵力和资源不断增加时,这个变化就更是确定了。为了作彻底的准备,首先经过一段长时间的休息——这个长度远超过奥钦列克所敢想象的限度——然后第八军团在 10 月底才开始发动攻势。现在他们获有绝对优势的空军、火炮和坦克的支持。即便如此,这个战斗还是非常的惨烈,整整打了一个星期,因为正面太有限,所以无法作任何宽广的运动。隆美尔方面,不仅由于力量已伸展过度,且因盟军的潜艇,在地中海内把他的运油船击沉了多艘,使他实际上已经变成一个跛子。机动性的丧失,即足以构成决定胜负的主因。当他在那个极端前进的位置上,开始崩溃之后,中途就很难于再站住脚跟,一直非缩回原有的基地不可。

当战斗开始时,隆美尔正告病在维也纳治疗,但是他却马上飞回非洲。把情况估计了一番之后,他就计划把兵力撤到富卡(Fuka)防线,在阿拉曼以西约 60 英里。若是真能采取这个步骤,则可以使蒙哥马利的计划一时感到脱节。可是希特勒却坚持不准丧失寸土的主张,打消了隆美尔的意图。结果一直等到战败之后,才仓皇逃走。隆美尔在这次撤退中,又表现出他的机变和毒辣——放弃比较缺乏机动性和水准较差的部队,其中包括大部分的意军,而使用一切摩托化运输工具,把他的精兵撤了出来。

英军丧失了切断退路的机会,因为他们的追击不够间接化,其所绕的圈子也不够大。首先,英军为了想捕捉沿着海岸公路撤退的德军,所以把网索拉得太早了。接着他们又以阿拉曼西面 120 英里,马特鲁(Mersa Matruh)附近的"查令十字架"(Charing Cross)为第二个合围目标。但因先是受到大雨的阻碍,继之以燃料缺乏,所以未能将德军切断。若能在沙漠中把圈子绕大一点,向内陆深入得更远,那么也许可以避免这个"雨带"。不过使英军错过大好机会的主要原因,却还是由于这三个装甲师都把他们的大部分运输车辆,用去装载弹药以供战斗之用,所以一等到要追击的时候,燃料的供应就不免发生问题了。

当隆美尔一溜出了虎口之后,他马上迅速撤退,中途毫不休息,一直达到昔兰尼加的尽头,阿盖拉(El Agheila)的附近,这是他理想中的一个立足点,从阿拉曼算起,已经后退了 700 英里之多。在 2 个星期的迅速撤退之中,他一路实行破坏,使追兵一无所获,并没有留下多少俘虏和物资。当他绕着班加西湾退走时,若是使用空中攻击,也许可以使他的部队发生混乱现象。但是假使英军方面采取这个步骤,势必利用前进飞机基地,目前这些基地上的空军都是用来保护英国陆军的前进,所以尽管空军指挥官愿意冒险一试,而陆军指挥官却不肯表示同意。隆美尔在过去所作的闪电反击,已经在英军心理上留下了极深刻印象。可是这一次他实在是损失太大了,这一类的反击完全没有可能性,甚至于在阿盖拉都无法支撑太久。

英军也休息了 3 个星期,才把兵力调齐,开始向阿盖拉发动攻势。正当这个攻势要发展的时候,隆美尔又开始溜走,虽然英军的侧翼行动,曾经切断了他的后卫兵力,可是他们还是在英军合围之前,冲了出去。隆美尔退后了 200 英里,又在布拉特(Buerat)防线暂时停住。在那里停留了 3 个星期,等到英军逼近,于 1 月中旬开始再取攻势的时候,他又撤走了。这一次他几乎一口气退了 350 英里,经过了的黎波里,达到了突尼斯(Tunisia)边界内的马内斯防线(Mareth Line)。他之所以作如此决定的理由,不仅是由于他自己的兵力单薄,大多数的补给船只都已被击沉,而且因为 11 月间,盟军侵入摩洛哥(Morocco)和阿尔及利亚(Algeria)之后,局面已经有了新的改变。

这个行动在时间上是紧接在阿拉曼攻势之后,地点是北非的另外一端,距离在 2 500 英里以外。这对于隆美尔的守住利比亚,和在尼罗河三角洲附近造成威胁局势而言,可以算是非常远程的间接路线。在它自己的战略领域之内,它的成功也正和它的间接性成比例。照原定的计划,盟军本只准备在摩洛哥的大西洋海岸上登陆。这可以说是一个纯粹的正面进攻,可以使法军有充分的机会,作有效的抵抗。这个进攻的起点距离比塞大(Bizerta)在 1 200 英里以外,这是整个北非战场的总枢纽,所以德国人可以有充分的时间和机会,以来增强法军对于盟军的抵抗。这对于盟军的前途可以算是一件大幸的事,后来计划中又有增补,决定在地中海方面,也准备在奥兰(Oran)和阿尔及尔(Algiers)附近实行登陆。英国人的外交手段,为这些登陆扫开了一条平坦的大路,使许多法国人都反正过来。一旦在这一方面的登陆成功之后,马上就在西部海岸上的法军后面,构成了一个决定性的威胁,使他们无法再继续作顽强的抵抗。

在阿尔及尔附近的登陆,使盟军到比塞大的距离,缩短到只有 400 英里远。在那个时候,只要有一队摩托化的兵力,就可以经过比塞大一直冲到突尼斯(Tunis),沿途除了山区道路以外,没有任何其他的障碍物。此外,若用海运或空降的方式,在它们附近着陆,也一样不会遭到任何严重的抵抗。但是海军当局因为看到超出空中的掩护范围未免太远,所以连小规模的登陆也不愿意尝试,而在陆上的行动又未免太谨慎持重。尽管登陆的行动是出乎德国人的意料之外,可是他们的反应却是非常的迅速。从第三天起,他们就开始利用一切可以动用的运输机,和沿海的小型船舶,把兵力向突尼斯输送。虽然总数还是很小,但是当盟军第一军团在登陆之后,整整花了两个半星期的时间,才达到突尼斯的通路时,这支兵力却恰好把他们阻止住了。

由于这个顿挫的结果,双方就在掩护着比塞大和突尼斯的山地弧线上,进行了长达五个月的僵持。话虽如此,若就长期的形势而论,则这一次的失败却反而对盟军有利。因为这个僵持局势,遂促使敌人不断地从海上把援兵向突尼斯输入,而盟军凭着优势的海军可以切断他们的补给线和退路,使他们陷入绝境。说起来很够讽刺,希特勒宁愿用较大的兵来守住突尼斯,但是在过去却不肯用这样多的兵力来征服埃及。抽出这么多德意两国的预备兵力,把他们送过地中海,然后放在这个"口袋"里面,结果使盟军在将来侵入欧洲时,省了不少的气力。北非之于希特勒,就正好像西班牙之于拿破仑一样,这个战略性的香饵就使他感到欲罢不能。希特勒在非洲和苏联之间,被拉扯得两头不讨好,不特不能达到原有的两个目的,而且陷入左右为难的窘境,这种窘境就促成他和拿破仑一样,终至于一败不可收拾。

当 1943 年突尼斯战役开始的时候,又是德国人首先发动反击,使盟军方面受到了很大的震动。这个时候,正当第一军团从西面,第八军团从东面,两道牙齿分别从上下两面咬紧,似乎残余的轴心军就要被他们咬烂了。轴心方面的统帅部也看出了这个局势的危险性,于是决定先发制人,向西面的牙床进攻。实际上,当他们作此项行动时,其所具有的条件又比表面情况上所显示出来的,远为有利。到了这个时候,送往突尼斯的援军已经编成了一个新的军团,由阿尔尼姆将军(Gen. von Arnim)指挥,至于隆美尔军团的残部,当他们向西撤退,日渐接近补给基地时,也获得了一些新的兵员和装备。因为有了这个暂时局部性的有利条件,隆美尔就准备使用一次拿破仑式的"内线作战"——利用他夹在盟军之间的中央位置,先后分别向每一端的盟军进攻,以图将他们连续各个击破。假使他若能够先解决威胁他背面的盟军第一军团,那么反过身来,他就又可以空出两只手来对付第八军团,由于补给线愈拉愈长,英军的实力也已经日渐剥削。

照计划看来,这个作战是很有希望的,但是在实际执行的时候,却遭受到了很大的障碍,其原因是隆美尔所要依赖的兵力,是他所无权控制的。当发动这个作战的时候,阿尔尼姆的军团是一个独立的单位,甚至于连那个被指定担负主攻的老第二十一装甲师,也已经拨交给阿尔尼姆指挥了。

这个反击的第一个目标就是美军第二军(其中包括法军的一个师)。它的正面长达 90 英里,但是兵力集中的焦点,却是三条山地通到海边的道路,其矛头则位置在加夫萨(Gafsa)、费德(Faid)和芳道克(Fondouk)等地附近。由于进路都是那样的狭窄,所以盟军在占领了之后,遂感到十分安稳。

但是在 1 月底的时候,德军第二十一装甲师突然向费德隘路跃进,在美军援兵赶到之前,即先击败了法军的守兵,而获得了一个突出的立足点。这个突袭使联军指挥官预料到马上就会有更大的攻击要来了,但是他们却认为一定是打在其他的地点上面。他们把费德的突击当作是一个佯攻,而相信下一个打击一定会打在芳道克头上。诚如布莱德雷(Gen. Bradley)在他的回忆录上所说的:"这种想法简直是一个错到底的假定。"

2 月 14 日,真正的打击来到了,德军还是从费德隘路中向前进攻。阿尔尼姆的副司令,齐格勒(Ziegler)负责前线上的指挥。美军装甲兵力首先向他们迎击,但是德军第二十一装甲师一方面在正面上,把美军牵制住,另一方面却从侧翼方面,绕到了他们的后方。在这个陷阱之中,美军损失了 100 辆以上的坦克。隆美尔催促齐格勒乘黑夜向前挺进,以来充分的扩张战果,可是齐格勒却擅自等候了 48 小时之久。等到他接获阿尔尼姆的命令之后,才继续前进,走了 24 英里到了斯贝特拉(Sbeitla),美军已经在那里集中兵力,作防御的部署了。即便如此,他还是把美军击败了,不过这战斗却已经很够惨烈,同时美军又集中力量退守卡撒林隘路(Kasserine Pass)。当此之时,隆美尔又已经从马内斯防线中,抽出了一个装甲支队,命令他们经过加夫萨,从更南面进击;到了 2 月 17 日已经前进了 50 英里,在卡撒林的西面,占领了美军在泰勒普特(Thelepte)的飞机场。

亚历山大此时刚刚奉命同时指挥盟军的这两个军团,遂赶到前线上去视察,他所发出的报告上面说:"我发现这个局势要比我所预料中的还更为危急,在卡撒林地区只看见一片混乱景象,美军、英军、法军都搅和在一起,既无有联系的防御计划,更无明确的指挥系统。"亚历山大又接着说:"假使隆美尔能够突破我方在西多沙尔(Western Dorsale,次一个山脊)上面的薄弱防线的话,那么他再向北进展的道路上,就很少有其他的天然障碍物。……这即足以使我方在突尼斯的防线溃裂,我军纵不全军覆没,也势必非退却不可。"

在另一方面,隆美尔想乘着敌人在混乱和恐怖之中,集中所有的机械化兵力,通过特贝萨(Tebessa,在西多沙尔以外 40 英里处)一直冲到盟军与阿尔及利亚基地之间的主要交通线上。空中侦察的报告说盟军在特贝萨的补给仓库,已经正在自动焚烧之中。但是他却发现了阿尔尼姆并不愿意参加这一次的冒险,于是在失望之中,他只好向墨索里尼提出申诉。一拖又是好几个小时,最后到了 2 月 19 日,罗马的电报才来了:准许继续进攻,并授权隆美尔指挥,可是命令上却规定向正北面对着塔拉(Thala)进攻,而不是依照隆美尔的原定计划,向西北方以特贝萨为目标。隆美尔认为这种改变实在是一种“莫名其妙的短视”,因为这样的攻击,距离敌方的正面实在太接近,必然使德军会一头碰上敌人的强大预备队。

事实上的结果完全印证了隆美尔的看法。因为这一条进攻的路线也正是亚历山大预料到的,在那里他早已有了万全的准备。他已经命令第一军团司令,集中他的装甲兵力,以来防守塔拉,同时英军的预备队也从北面向这个地区调动。假使隆美尔当时若能够照着他自己的计划作战,那么可以有充分的证据,足以证明联军一定会丧失平衡的。

同时,美军沿着通过塔拉的路线,也开始重整他们的力量,对于卡撒林隘路的防御战,打得非常顽强,使德军一直到 20 日晚间,才获得了突破的机会。第二天德军冲入塔拉的时候,已经是精疲力竭,于是马上为刚刚赶到的英军预备队所逐出。这样到了 22 日,隆美尔认清了他的机会已经过去。他结束了这次攻势,开始慢慢向后撤退。一天之后,罗马方面又有一个新命令来——但已经太迟了——升任隆美尔为集团军总司令,有指挥非洲全部轴心军的全权。

对于这次反攻的分析,在间接路线的研究上,可以作为一次极有意义的教训。因为第一点,它极明显地表示出来,若是丧失了时机,则一切的有利形势都会变为无效。其次,必须运动的范围够宽广,足以出乎敌人意料之外,才可以具有物质上的间接性。

由于隆美尔获得统一指挥权的时候已经太迟了,结果使轴心军也多吃了一次大亏,因为他已经来不及撤销阿尔尼姆北面的攻击计划,该计划是以面对着突尼斯的盟军阵地为对象。这个行动是一个太直接的路线,不仅阿尔尼姆本身遭到了惨重的失败,而且使兵力的抽调又多所延迟,导致隆美尔无法提前进行第二次对蒙哥马利的打击意图。

这个迟误对于战局的前途实具有极大的影响。一直到 2 月 26 日,蒙哥马利才只调足了一个师的兵力,开进马内斯防线的正面。这时他感到相当烦恼,而他的僚属则在拼命工作,企图在德军攻击来临前,恢复他们自己的平衡形

势。可是到了 3 月 6 日隆美尔发动攻势的时候,蒙哥马利的实力却已经增加了四倍——除了他手里已经有的 400 辆坦克以外,另外 500 门以上的战防炮,也已经进入阵地。所以这个阶段一过,隆美尔那个想凭着优势兵力实行打击的机会是已经落空了。这个攻击到了下午即发生停顿,德军已经损失了 50 辆坦克,而这对他们的下一阶段战役,无疑是个严重的打击。到了此时,他们又损失了一个隆美尔,在疾病和失望之中,他飞回了欧洲,再不回来了!

3 月 17 日,盟军也开始发动攻势,首先进攻的是美军第二军,由巴顿将军(Gen. Patton)负责指挥。攻势的目标是非洲军向突尼斯的退路。但是美军的行动,最初由于谨慎的原因,进展的特别迟缓,接着在那个掩护沿海地带的山地隘路中,又为德军所阻。这个防御性的胜利促使德军作再一次攻势的企图,但也未能透入美军的防线。德军又损失了 40 多辆坦克,这不仅使其攻击的锋刃变得更钝,并且也更减弱了德军的装甲力量,使其更难于抵抗蒙哥马利的进攻。

对于盟军的最后胜利而言,德军的乱事攻击对于它的贡献,也许比盟军本身的进攻还要更大。仅正是因为德军在攻击中把他们自己的力量伸展过度,盟军才获得了一个翻本的机会。德国人固然使战局拖长了许多时间,但是他们却也把所有剩余的力量都完全浪费干净。

第八军团对于马内斯防线的攻击,是在 3 月 20 日的夜间发动的。主要的打击是正面性的,希望突破靠近海边的防线,造成一个缺口,以便装甲师可以从此拥入。同时,新西兰军向着敌人后方的艾哈马(El Hamma),作一个宽广的迂回行动,其目的是牵制驻在那里的德军预备队。这个正面的攻击并未能冲开一个适当的缺口。所以,经过了 3 天的努力之后,蒙哥马利决定改变他的计划,改向内陆方面溜进,把第一装甲师派随在新西兰部队后面,以威胁敌人的后方。这个突然把他的"骑兵"从右翼调往左翼的行动,很像马堡公爵在拉米伊(Ramillies)的行动,只是规模更大而已,实足以与这个表现战术弹性的历史杰作比美。但是当装甲兵通过一处谷地进攻时,两面侧翼上都布满了战防炮,若非恰好起了一阵沙暴,否则一定会构成一个死亡陷阱。即便如此,英军的攻势在艾哈马还是为德军所阻。因此,虽然英军这个切断的威胁,足以压迫敌人放弃马内斯防线,但是他们却有力量使英军无法合围,并且安然的撤退,而没有受到太多的损失。

德军退到艾哈马后面仅 10 英里的地方,就站住不走了,沿着阿卡里特河

（Wadi Akarit）设防，这条河道横在加贝斯隘路（Gabes Gap）之间，一面是山另一面是海，中间留出一个非常狭窄的正面。美军从南面绕过艾古塔尔（El Guettar），当德军在前面应付第八军团攻击时，他们很想从背后突袭这个阵地，但是没等到他们从山地中跃出时，即已为德军所阻止。于是在 4 月 6 日的清晨，在黑暗掩护之下，第八军团开始向阿卡里特河进攻。这个战术性的奇袭造成了一次"透入"，可是日出之后，德军即阻止了他们再作进一步的扩张。但是由于他们那三个残破的装甲师，已经有两个都用去对付美军的压迫，所以在这一方面实在没有足够的力量，以来维持他们的抵抗。到了第二天夜里，他们就撤出了防线，迅速的向突尼斯附近的海岸退走。

为了要想切断敌人的退路，盟军第九军奉命于 4 月 8 日突破芳道克隘路，一直冲到敌人后方的海岸线上为止。由于步兵未能为坦克扫开一条干净的路线，所以联军的装甲兵第二天冲过一个雷区时，受到了重大损失，等到他们赶到时，德军却早已溜走。在几天之内，德军的两个军团就已经会合在一起，沿着保护突尼斯的山地弧线上设防，似乎他们还可以在那里作相当长久的抵抗。或者，他们可以利用这个喘息的空间，作迅速的撤退，将他们的主力撤往西西里岛。

隆美尔的非洲军团从阿拉曼到突尼斯，一共撤退了 2 000 英里的距离，这在军事史上要算是最杰出的表现之一，尤其是在最初和最末的两个阶段中。从马内斯防线到突尼斯之间，要经过一道狭长的走廊地带，沿途都摆满了敌军，所以随时都有受到敌人拦截送命的危险。这种色诺芬（Xenophon）式的伟大成就，在近代似乎是颇难找到第二个。不过在这同一个冬天里，却也还有另外一次大撤退，足以与它比美：危险性差不多相等，长度要差一点，但是其执行时的条件也许还更为恶劣。此即克莱斯特的集团军从高加索的深处，经过罗斯托夫的瓶颈地区所作的撤退，当时苏军已经由顿河往下压迫，使他们的侧翼受到不断的威胁。

这两个例证都足以证明近代化的防御，若能作巧妙的运用，其所具的抵抗潜力可以大到极点。此外，这种后方攻击的限制，也足以强调说明过去老经验所供给的新教训，那就是专靠地理上的间接路线，还是不足以保证攻击的成功。在这些例证中，每一次攻方最初都是有一部分很重要的实力，悬在退却军的后方地区中，可是到了最后，却还是无法封锁住这个陷阱，而让敌人溜走了。这个威胁的路线常常是太明显，使守方可以有效的利用他的防御工具，以来维护他的安全。所以必须要有一个心理上的间接路线,以来先使对方丧失平衡,而建立一个足以决定胜败的条件。

德军不仅迅速撤出了阿卡里特河上的阵地,并且也巧妙地避过了盟军的截击企图,这样遂使德军最高统帅部,获得了一个空前的好机会,只要他们愿意的话,就可以把大部分的兵力都撤到西西里岛上。至少要经过 14 天的喘息,盟军才有力量对德军的新防线,发动一次重大的攻击。这一条新防线从突尼斯南面的恩费达维里(Enfidaville)起,一直延展到比塞大西面的塞拉特角(Cape Serrat)为止。在这段时间中恰好遭逢着多雾的天气,遂使德军的运输和搭载多了一层掩护,因此在突尼斯的兵力,可以用海运和空运的方式撤出一大部分。

不过,德国的最高统帅部却决定设法尽量的延长非洲的战役,而不愿意撤回欧洲基地,用这个力量去防守欧洲南部的海岸线。甚至专以突尼斯而论,他们所据守的防线也还是太长,超出了他们能力所能负担的限度,周界一共长达 100 英里,企图同时保护着突尼斯和比塞大两个据点。因为他们自己陷于这个"左右为难"的窘境中,结果才使盟军获得了一个理想的好机会,足以同时威胁到两个目标。

在还没动手之前,亚历山大先洗动他的纸牌。他把美军第二军从南面调到北岸上,面对着比塞大而言,是右翼方面调到了左翼方面。他同时又把第九军北调,把它插在第五军和法军第十九军之间,而第九军则与盟军右翼的第八军团相衔接着。

4 月 20 日盟军发动攻势,首先由第八军团向敌人的左翼进攻。但是在恩费达维里以外的海岸走廊地带实在是太狭窄,这个前进不久便减慢了速度,终于在 23 日发生了顿挫。4 月 21 日,第五军经过通到突尼斯的山地,从中央的左方向前进攻。第二天,第九军也在古拜拉特(Goubellat)附近,从中央的右方进攻,以获得一个装甲突破为目的。但是这个攻击却还是未能刺穿敌人的防线,不过德军却已经受到了很大的损失,尤其是在他们所剩余的装甲兵力方面。接着大部分前线上的战事都暂时停顿了下来,一拖又是两个星期,只有在北方的美军和一个军的法属非洲部队,仍然继续作逐渐的透入,达到了距离比塞大只在 20 英里以内的地点。

此时,亚历山大又洗动他手里的纸牌。在古拜拉特附近的中点右方,只留了一些屏障的兵力,他把第九军的大部分,移到中点的左方,集中在第五军的后面,并且又从第八军团之内,抽出了 2 个师的精兵——第七装甲师和印军第

四师——以来加强他们的实力。同时，他又使用一个非常巧妙的欺敌计划，以来掩蔽这些部队的调动，并且设法欺骗敌人使他们相信下一个攻击，是来自南方的。由于第八军团和蒙哥马利的盖世英名，遂使这个欺敌计划更增加了它的效果，所以阿尔尼姆将军把他的兵力留置了一大部分在南面，超过了应有的比例。但是，阿尔尼姆却很难于发现盟军的诡计，更难于在盟军打击降临以后，再来重新调配他的兵力，因为盟军有制空权的缘故。他们使用这个绝对强大的空中优势，把敌人的飞机完全逐出了天边，使敌人部队和补给在路上的一切运动，都发生了瘫痪的现象。

在何洛克斯将军（Gen. Horrocks）指挥之下，于 5 月 6 日清晨，在有星无月的黑夜中，第九军集中了强大的兵力，开始进攻。攻击的前奏曲是强烈的炮兵轰击，在通到突尼斯的迈杰尔达谷地（Medjerda Valley）中，面对着不到 2 英里宽度的一个地区，一共使用了 600 门火炮。天亮之后，空军更继续轰炸，真是弹如雨下。守军不久即为英军的步兵所击退。这个伸展过长的防线不仅太薄而且更缺乏纵深，于是第六和第七两个装甲师的坦克，就从缺口中向敌阵之内拥入。但是他们为了对付许多小型的德军抵抗据点，而浪费了不少时间，到了夜幕低垂时，他们距离缺口才不过几英里远，而突尼斯却还在 15 英里之外。

可是到了第二天上午，即可以看出整个德军都还没有缓解他们的瘫痪状况，空袭的震惊再加上战略上的震惊，使他们已经无法作任何战术性的反动作。到那天下午，英军装甲师的领先部队已经进入突尼斯。于是第六师转向南面，第七师转向北面，使敌人加速崩溃。差不多在同一时间之内，美法军也冲入了比塞大。德军在防线北半段的抵抗，马上全部崩溃。

在南面，德军还有撤向崩角（Cape Bon）半岛的可能性，在那里他们还可以作长期的抵抗。但是英军第六装甲师却迅速的冲到了敌人的后方，并切断了半岛的颈部。这时轴心军才算是总崩溃了，盟军一共俘获了 250 000 人以上。

德军的指挥体系在这一场战役中，完全丧失了平衡，当空军在他们的头上施加压力，而坦克又在他们的背后冲击的时候，他们的一切机构都失灵了。控制的丧失是造成崩溃的主因，通信的断绝加上预备队的缺乏和物资的匮竭，就更增加了它们对于士气的影响。

另外一个因素是敌人基地距离破碎的前线实在太接近。盟军的迅速透入这些基地，使轴心军在士气方面和行政体系方面，都同样地发生了摧毁作用。它不仅是使基地中的人员，立即产生了恐怖现象——在后方的人员比起前线上的战斗部队，往往更容易丧失士气——而且更使这种恐怖现象，像波浪一样地向外扩展。当德军丧失了基地之后,更增加了他们在这种背海作战时,所具有的失望情绪——因为这个海现在也早已在盟军海空权的控制之下。

虽然也许并非故意,亚历山大的作战计划,却和 1914 年的马恩河之战一样,与拿破仑的典型战例颇多暗合之处。这个典型的特点就是当正面把敌人钉住了之后,就应该立即从某一个侧翼方面,实行迂回的运动。这个运动的本身并不具有决定性,但是却为一个决定性的打击创造了机会。因为包围的危险,使敌人不得不延展其一翼以来迎敌,于是就会产生出一个脆弱的接头点,而具有决定性的打击就可以落在它的上面。

虽然亚历山大由于缺乏一个开阔的侧翼,而受到不少障碍,但是他却使这个典型具有更大的内在发展,再加上弹性和机智的结合,终于获得了一次大胜。他首先把敌方的注意力和资源都完全吸引到左翼方面;然后再在右翼和中央的右方加强压迫,接着在这些攻击之后,又把他的打击主力投向左边的中点上面。当敌人差不多在那里可以阻止他的突破企图时,他表面上装作把兵力重点更向左方移动,而实际上却移到了中点的右方,这样使敌人完全猜不到他的真正意图。因为采取了许多层次的手段来分散敌人的注意力,所以遂使他的最后集中,更显出了真正集中的价值。

关于非洲战役的较后阶段,似乎要比其他的战役,更有值得详细加以讨论的价值。因为在战略的物质和心理方面,它都提供了很多可以研究的资料,尤其是它可以当作一个客观性的教训来说明间接路线的机变性。

第十八章　希特勒的败亡

　　在斯大林格勒惨败并退出了高加索之后,德国人在苏联即已无获得决定性胜利的真正希望。1941 和 1942 年的经验,都可以充分说明当以有限的力量,在无限的空间之中,采取攻势战略时,其成功的机会是如何的有限。到了1943 年,德军的力量已经更为减弱,而苏军的力量却又相对地增强。但是一方面,这种兵力优劣的对比固然已经使德国人,对于攻势战略感到绝望,而在另一方面,就兵力和空间的比例来计算,实行静态的防御也都十分的困难。所以在这种环境之中,德军若是想要改取守势的战略,则势必要尽量牺牲他们所已经获得的领土,以采取弹性防御的方式——用一连串的退却运动来吸引敌人的攻势力量。同时在应用防御攻势的战略时,为了要创造反击的机会,也同样有放弃土地之必要。

　　即便是在 1943 年,也仍有很充分的理由,认为德军在此时若改取机动形式的防御战略,则前途对于他们还是很有利。经验证明,若能采取守势,则德军可以使来攻的苏军遭到严重的损失,而他们自己的死伤数字却可以小到不成比例的程度。尽管苏军的指挥官对于运动的技巧,已经学得很在行,同时广泛的空间也使他们有活动的余地,可是却另有其他因素,足以驱使他们宁可采取蛮攻硬打的方式。因为一方面,苏联人的本能都希望把侵略者迅速赶出国土之外,同时苏军的指挥官也都希望在斯大林面前,表示他们是英勇无比的,因此他们自然会不断地采取直接攻击的方式。这是德国战略家的一致意见,他们认为若是能够采取一个良好计划的弹性防御战略,则他们可以把苏联的力量和继续作战的意志都消磨殆尽。甚至于还可以获得一次反攻的机会,而使局面发生彻底的变化。

　　但是希特勒却已经中了攻势思想的毒素,所以不肯听信他们的忠告。他疯狂地相信攻击就是最好的防御形式,其次就是死守到底的硬性抵抗。在这种变态心理之下,他甚至于拒绝了任何要求增加战斗机生产来应付盟军轰炸攻势的呼吁,一直到 1944 年 6 月,他都不肯改变他的决心。同样的,当他的部下们向他诉说德军预备兵力是已经如何的缺乏,并且指出扼守这个现有的防线是如何的困难。希特勒却不仅反对撤到第聂伯河之线,而且坚信在 1943 年夏季再重整攻势之后,即可以解决一切问题。

这里最值得一提的是曼施坦因的计划。在 3 月间,当他运用非常具有间接性的哈尔科夫反击,击退了苏军在斯大林格勒的追击之后,他就向希特勒提出了一个新计划。米亚斯河地区,夹在顿内次河与亚述海之间,现在成为从德军防线上伸出来的一个非常深入的突出地区。所以这很可能就是苏军春季攻势的主要目标。曼施坦因就主张对于这个地区的防御兵力应尽量拉薄,当苏军进攻时即应该尽量向后退,以来引诱敌人进入陷阱。于是接着德军就要集中一切可能调动的兵力,从基辅地区向苏军的北翼发动反击,其目的是想要席卷苏军在南部的整个正面,而将他们包围在网罗之中。

但是这个计划却未免太勇敢,令希特勒感到吃不消。同时他更不想放弃拥有大量工业和矿产资源的顿内次盆地。结果德军采取了另一种计划,他们想在苏军发动春季攻势之前,先设法使苏军分散和发生紊乱。然后再以夹在别尔哥罗德和奥勒尔之间,向对德军防线突入的库尔斯克巨型突出地作钳形攻击为手段。曼施坦因南面集团军(原顿河集团军的第四装甲军团),构成钳形的右端;而克鲁格中央集团军的第九军团,构成它的左端。曼施坦因坚持说,假使一定要采取这项计划,那么在 5 月初,春季的泥泞刚刚干燥之后,就应该马上动手,以使苏联人无暇来重组他们的力量。但是第九军团的司令摩德尔(Model),却主张暂缓行动,以等候较大的坦克增援到达,希特勒接受了他的意见,把攻势展缓到 6 月间,而最后一直迟到 7 月 5 日才开始。这是一个非常有意义的例证,足以说明时间和力量实在是两个互相对立的因素。结果我们所获得的教训是虽然力量增加了,可是重量却反而相对减少,远不如提早的把握时机,利用较大的奇袭还比较上算。

当时间长久之后,希特勒本人对于这次攻势的前途也很感疑惧,但是他却又不肯死心塌地地接受战略性撤退的计划,于是还是为泽特勒尔的攻势意见所牵制,而感到欲罢不能。泽特勒尔是哈尔德的后任,他是力主采取攻击的手段,以阻止苏联人的攻势。

然而这一次,苏军的统帅部却表现出较高明的判断力,在德军尚未动手之前,一直是保留着他们自己的攻势——这也就是在战术方面所惯用的诱敌之计,只不过是范围更较广泛而已。他们发现了德军的准备情形,并且也测知了他们的意图,苏军即在这个受威胁的突出地区之内,布下了厚密的雷阵,而把他们兵力的大部分都撤到它的后面去了。所以德军的攻势不但未能把苏军装入袋内,反使本身陷入泥沼,钳形的右端曾经有相当的进展,透入了敌人的头两道防线,在那个地区中冲散了一大部分的苏军装甲部队,可是左端却一开始就受到了阻碍,毫无进展之可言。这一个半途而废的攻击,使德军跃出了他们原有的防线,而陷入了一个形势很恶劣的陷阱中,只要苏军发动强力的反击,即会遭到重大的溃败。苏军首先在奥勒尔以北,摇动了德军的防线,暂时造成一个危机。曼施坦因奉命停止他这一方面的进攻,抽出几个装甲师,用来援助克鲁格。结果苏军又在曼施坦因地区中,找到了一个弱点突破了进来。这个作战的整个程序,非常像贝当在第二次马恩河会战时,所使用的弹性防御和反击的手段,在第一次大战中那是一个具有决定性的转折点。

虽然也正和1918年马恩河之战一样,德军适时的集中了兵力,阻止了苏军的继续突入,可是苏军却更扩大了他们的突破范围,使德军感到应接不暇。苏军作战的典型和韵律,遂变得像1918年,盟军在西线上的大反攻。在许多的地点上面,作一连串的打击,若是面对着敌人逐渐转硬的抵抗而丧失了冲力的时候,即马上让它逐一暂时停顿下来,每一个打击的目的都好像是为第二个打击铺路一样,在时间和空间两方面都是非常的接近,所以其间具有互相协助的作用。所以也正和1918年一样,一方面迫使德军指挥部,不能不把他们那个少得可怜的预备队,迅速送往那些已在被攻的各点上,而同时另一方面,却又限制了他们,把预备队开往那些将要受到威胁,和敌人快要进攻的点上。这个作用即可冻结他们的行动自由,而使他们的预备队逐渐丧失平衡。这是一种"逐步麻痹"的战略形式。

当一个军队拥有普遍的兵力优势时,自然可以采取这种方法——1918年西线的盟军和1943年的苏军,都是属于这种典型。尤其是当横的交通线不够发达,使攻击者难于迅速把其他地区中的预备队,调集到某一个地区中,以在某次胜利后来扩张战果时,则此种方式就更属合用。因为每一次都等于要突入一个新的正面,所以采取这种"宽广"方法,其所花的成本会比"纵深"方法要更大,而其效力却也不那样具有迅速的决定性。不过这个效力却是可以累积起来的,只要使用这种方法的那一方,具有足够的力量,能够持久不断即可。

1943年秋季的苏军攻势,很像一波汹涌的狂潮,沿着一个长达1 000英里的堤岸冲击。9月时他们达到了第聂伯河,在大河湾与基辅之间,沿着这条宽广的河流,获得了好几个据点。德军撤出了他们留在库班(Kuban)的桥头阵地(在高加索的西端),把这一部分兵力经由克里米亚撤了回来。德方想用他们来增强夹在第聂伯湾到海岸之间的主防线南段,可是都已经太迟了。苏军在德军援兵尚未赶到之前,即已先突破了这段防线,在混乱之中他们进到了第聂伯河的下游,并使克里米亚陷入孤立的地位。10月,苏军在河湾的正北面,又渡过了第聂伯河,并在这个突出地区中插入了一个巨型的"尖劈"。盟军方面的战报都已经哄传德军已经总崩溃,可是事实上,他们却并未崩溃,不过就整个形势而论,却已经受到了严重的打击。

希特勒为什么要死守着第聂伯河突出地区的南端不肯放弃的理由,是因为他想要保有尼科波尔(Nikopol)地区,它是一个重要的锰矿产地,对于德国的军需工业具有重大的价值。经济上的需要在这里与战略上的要求发生了冲突,于是发展成一种危险的拉锯形势。由于希特勒想要保持住这些锰矿,所以德军遂不得不付出重大的代价。像他们现在的处境,是全线上都已经绷得紧紧的,若是在某一点上作局部性的苦战,那么就更可能发生广泛的溃裂现象。

每一次,当德军由于遵守希特勒的命令,被限制着非死守某一个定点不可的时候,结果必然造成全面的崩溃,使其付出更高的代价。守方的力量愈弱,则愈需要采取机动防御的方法。因为否则较强大的攻方,即可以把空间当作它的盟友,使用侧翼迂回的行动,而获得决定性的利益。

10月初,苏军在第聂伯河上又获得了两个其他的桥头阵地,一在基辅以北,一在基辅以南。前者又慢慢扩大,等到一个月以后苏军发动攻击时,就用它当作一个宽广的跃出基地。结果苏军收复了基辅,并且迅速向西扩展。仅仅一个星期,俄将瓦杜丁(Vatutin)的进攻达到了日托米尔和科罗斯坦(Korosten)两个会合点上,距离第聂伯河已在80英里以外。

虽然曼施坦因手里已经没有预备队,可是他却还能够设法使这个危险的情况,平安的度过。他首先迅速的撤退,引诱苏军深入,于是创造成出一个侧翼反击的机会。执行这个反击的人为曼陀菲尔(Manteuffel),为德方名将中的后起之秀,他所使用的兵力是从各方面所搜集得来的一点装甲残部。这个打击的力量固然很轻,但是由于它本身所具有的间接性,和苏军已经伸展过度的缘故,结果它所显示出来的重量却很大。苏军被迫放弃了他们所已经获得了的这两个枢纽点。

于是曼施坦因遂希望等到西面调来的援军赶到之后,再发动一次规模较大的反攻。可是时间的因素却打消了他这个希望,因为到了那个时候,瓦杜丁的兵力也恢复了他们的平衡。虽然曼施坦因侧面压力迫使他们向后退，并吐出了他们在第聂伯河岸所已经获得的大部分土地，可是这个反攻却并不像表面上那样具有高度危险性，到了 12 月初就逐渐销蚀在泥泞之中。而且又把曼施坦因所已经接受的增援，都全部消耗殆尽，使他再无余力来对付苏联人的下一次行动，因为希特勒又再度拒绝接受他那么长距离退却的计划。

此时基辅突出地区虽然已经缩小，但却还是相当庞大。圣诞节前夕，瓦杜丁又从那里突出进攻。在晨雾的掩护之下，他发动了新的攻击，一个星期之内，又重占日托米尔和科罗斯坦，1 月 4 日更越过了战前的波兰边界。他再向左进攻，在文尼察(Vinnitsa)附近达到了布格河之线，于是就威胁到从奥德萨(Odessa)到华沙之间的主要铁路横贯线。在这里曼施坦因又发动了另外一次反击，但是瓦杜丁却拥有足够的力量，足以击败他的企图。而且由于希特勒固执地要坚守基辅以下的那一段第聂伯防线，结果也使苏军大受其利。瓦杜丁现在与另外一翼上的柯涅夫(Koniev)配合起来，用一个钳形的打击，切断了这个科尔松(Korsun)突出地区，包围着 10 个师的敌军——尽管希特勒一再严令死守不退，其中还是有一部分突围逃出。

这样的一击在德军战线上，造成了一个缺口，而使苏军尔后的进展会更为容易。在乌克兰境内的其他苏军，现在就开始采取车轮战法，逐一跃进了。在北面侧翼上，德军现在被迫放弃卢茨克(Luck)和罗夫诺(Rovno)，在南面侧翼上，也放弃了尼科波尔突出地区，连同它的锰矿资源都在内。

3 月 4 日，苏军又开始一个新的联合攻势，由朱可夫元帅(Zhukov)首先发动——当瓦杜丁患病之后，他的部队改由朱可夫继续指挥。从谢佩托夫卡(Shepetovka)进攻，朱可夫在最初 24 小时之内，透入 30 英里深。两天之后，他就切断了奥德萨—华沙之间的铁路干线。这个行动使德军在布格河上的防线，受到了迂回作用。在黑海附近，马林诺夫斯基(Malinovsky)也向前进攻，到达了尼古拉耶夫(Nikolayev)。在这两端之间，柯涅夫又从乌曼(Uman)出击，3 月 12 日到达了布格河，18 日又到达了德涅斯特河(Dniester)——并且在第二天渡过了它。像这样宽广的河流，而能够如此迅速渡过，在战史上也要算是一次创举。于是朱可夫也从塔尔诺波尔(Tarnopol)地区，继续前进，攻入喀尔巴阡山地的山麓地区。

对于这个威胁的立即反应，就是德军占领了匈牙利。很明显，为什么要采取这个步骤的理由，就是要想确保着这喀尔巴阡山地防线。德国人必须要守住这一道天险，一方面阻止苏军冲入中欧平原，另一方面把它当作防守巴尔干的总枢纽。

喀尔巴阡山脉,由特兰西瓦尼亚阿尔卑斯山脉(Transylvanian Alps)向南延展而成,构成一道非常坚固的天然防线。由于山地中有一些隘路,所以从战略上看来,其实际上的长度似乎已经缩短,而足以使守军可以经济其兵力之使用。夹在黑海与福克沙尼(Focsani)的群山之间,有一个长达120英里的平坦地带,不过东半段却为多瑙河三角洲和一连串的湖沼所塞满,所以"危险地区"就只剩下一个长达60英里的加拉茨缺口(Galatz Gap)。

早在4月初,德军似乎不久就会要退回到这一道最后的防线上。柯涅夫的兵力已经渡过了普鲁特河(Pruth),进入了罗马尼亚境内;在更南边,德军也被挤出了奥德萨。苏军两路作向心的攻击,也重占了克里米亚,留在那里的德军全被击溃,但是当苏军越过普鲁特河前进时,还是受到了德军的阻止,使他们无法继续向罗马尼亚境内深入,于是也暂时守住了那里的油田,使其不陷入敌手。不过这个成功在五个月之后,却使德军大受其害。因为它又引诱着希特勒,把他的兵力留置在喀尔巴阡山地和加拉茨缺口的东面,而使其处于暴露的位置。

更往北深入,在塔尔诺波尔的西南,德军也击退了朱可夫想冲入喀尔巴阡山地中隘路的企图,不过这个反击不久即为苏军所控制住了。

再向北面看,在波罗的海附近,苏军于1月中旬也发动了攻势,使列宁格勒解除了被围的威胁,并且继续向西扩张战果。但是德军却终能作有秩序的撤退,缩短和拉直了他们的战线,从纳尔瓦(Narva)经普斯科夫(Pskov)。这一条战线只有220英里的长度,其中90英里为两个大湖所占满。从普斯科夫到普里佩特大沼地之间,德军的防线还是以维帖布斯克(Vitebsk)和奥尔沙(Orsha)两个要塞城市为其枢纽。自从9月底起,苏军即已向它们进攻,但是那里的德军却一再击退了苏军的直接攻击和侧翼迂回。在以后9个月当中,它一直还是一个有效的阻塞物——到1944年7月为止。

总而言之,到了4月底,苏军的正面已经暂时稳定了下来。苏军已经收回了大量的土地,尤其以南面为最多,不过当苏军实行钳形运动的时候,德军几乎总是安然地溜出了陷阱,使极危险的局面都平安度过。德军被俘的总数,与苏军的攻势规模,似乎完全不成比例。不过在这一连串的困难行动中,德军当然也受到了累积的消耗,在将来终于产生了很严重的后果。可是希特勒的现实感却已经越来越少,他居然把这位旷世奇才的曼施坦因元帅免职,并且发表声明说:寸土必争的抵抗,是要比这种巧妙的运动还更重要。

在过去 9 个月当中,由于美英军队已经从南面侵入欧洲,所以局势遂更显得严重。在那一方面,盟军首先征服了西西里岛,接着在 1942 年 9 月间,意大利也投降了。德国的同盟崩溃了之后,在他的"欧洲堡垒"南面墙壁上,就出现了一个大洞。虽然意大利的半岛形势限制了盟军的进展,可是这个漏洞的大小已经足够牵制住德国人,使其不能不调动相当数量的兵力,来填塞它。此外他们对于巴尔干地区的防御力量也须加以增强。

意大利的崩溃对于德国还有更进一步的坏影响,那就是使盟军的轰炸机,可以有更广的作战范围。由于美国力量的成长,盟军的空军威力日益强大。

从大战略的立场上来看,对于德国工业资源的空中攻势,也可以算是一个间接路线,因为它可以使德国的整个作战力量,逐渐地丧失平衡。假使盟军的轰炸战略,能有较好的设计——改以毁灭物资为目的,而不攻击人口众多的都市——那么也许可以使德国的抵抗力,更早发生瘫痪现象。不过即便白费了许多气力,但它还是能够产生一种"逐渐麻痹"的现象。此外,专就军事方面而论,则对于交通方面的破坏,实为使德国人无法动员全力,以来迎击盟军的主要因素。

7 月间,盟军之所以能在西西里顺利完成登陆的主因,是因为他们在突尼斯,已经把敌军"一网打尽"的缘故。否则这些兵力中的大部分,就可以用来增强西西里的防御。这一次大捷所产生的精神作用,不仅打击了在西西里岛上的意军守军,而且还进一步,使墨索里尼在意大利的统治权发生了根本性的动摇。德国人害怕意大利马上就会崩溃或是投降,所以不敢派遣相当的兵力,去增强西西里岛的防务,因为他们担心兵力南调之后,就会卡在那里再也抽不回来。除了这些因素之外,盟军也许应该感到后悔,那就是没有乘着对方注意力还集中在突尼斯的时候,抢先把西西里岛攻占下来。因为,即便条件是那样的有利,西西里岛的克服仍不算容易。在那里的德军,固然实力已经减弱,但是其所处的位置却已经不是海权所能隔断的了。

不过盟军方面,由于强大的两栖力量和广泛的战略情况,还是具有一种分散敌人兵力的潜力——德军在南欧所要防守的地区,从比里牛斯山脉直到马其顿为止。盟军在战略上的主要优点,就是他们能够自由的选择好几个目标。当他们在法属北非集中兵力的时候,对于西西里和萨丁尼亚而言,构成了相等的威胁。假使他们的主要行动是沿着意大利西岸发展,它也可以构成一个互相交换的双重威胁:意大利北部的工业地区,或是德国人所控制的法国南部。假使他们改在亚德里亚海方面登陆,则其目标也可以在意大利北部或西部巴尔干二者之间选择一个,因为两者都也同时受到威胁。假使他们再向爱琴海方面发展,则由此可同时威胁到希腊和南斯拉夫,或者是保加利亚和罗马尼亚。

事后的发展证明,由于盟军拥有这种战略弹性的便利,再加上他们在欺敌计划方面的运用,遂使轴心国家的统帅部,分散了他们的注意力。有人认为盟军不会在西西里登陆,而会以萨丁尼亚或希腊为目标,甚至更有人认为他们会以意大利本部,或法国南部为对象。由于空中侦察的报告,表示盟军沿着地中海,在许多点上都有船只集中,于是更增强了他们的印象。

7月10日,当盟军在西西里岛实行登陆时,沿着70英里长的海岸线,把兵力分布的非常广泛,这也是一种有利的计划。正如1915年,在加利波利的登陆相似——不过还没有那样的广泛——他们的目的是要想使对方摸不清楚真正的重点是在哪里,这样在最紧急的关头上,可以使敌人的反应迟缓。这种狐疑不决的心理,使英军第八军团在岛东端的迅速前进,减少了很多的阻碍,而终于使敌军丧失了平衡。又因为敌人在部署防务时,假定盟军的主力一定会在西西里岛的西部登陆,因为那里距离北非基地最近,而且又有很多港口。可是这个错误的假定却使他们自己大吃其亏。事实上,盟军的主攻却是指向西西里的东北角上,是在战略方面形成了一条间接路线。在4天之内,蒙哥马利的部队在东岸方面前进了40英里,距离极重要的墨西拿海峡(Straits of Messina),差不多只差一半的路程,最后他们在卡塔尼亚(Catania)的郊外被阻住了。

当巴顿所率领的美军第七军团,在蒙哥马利的左方站住了脚跟之后,其发展的速度也差不多一样的快。他突然的把重点向西移动,然后向北越过全岛,直向巴勒莫(Palermo)进攻。这正好像是足球戏中的"声东击西"诡计。因为盟军同时威胁到巴勒莫和墨西拿两个目标,所以更加速了敌军的全面混乱。

在战役的初期中,意军的抵抗就告崩溃。这个打击又促成墨索里尼政权的崩溃。

意大利军队崩溃之后,西西里岛的防守重责即完全落在德军肩上——他们一共只有2个师,都是由新兵编成的,到了以后才又增加了1个师。盟军一共是7个师,作齐头共进,不久又增到了一打以上。可是这样一个微弱的抵抗核心,虽然并无空中支援,结果还是使盟军对西西里岛的征服,延缓了1个月以上的时间。最后在高射炮的保护之下,他们溜过墨西拿海峡,退入意大利本土。一方面固然是由于德国具有极顽强的战斗力,但是另一方面,盟军的进攻方式越来越直接化,而地形又极为险恶,似乎也是一个明显的原因。

在占领巴勒莫和肃清西西里西部之后,巴顿的部队即向东转动,与蒙哥马利会合在一起,对墨西拿作向心式的攻击。这个岛的东北端构成一个三角形,其间山地遍布。敌人不仅在防御方面,可以获得良好的地形,而且愈向山顶上退却,则其战线也就愈缩短。所以他们每退后一步,则防御力量即增厚了一分,反之盟军愈前进,则兵力也就拉得愈薄了。而这对于战略路线来说,也是一个具有反面意义的重要教训。在下一个阶段中,还可以获得更进一步的教训。

意大利进攻战

占领了西西里岛之后,盟军便算是在欧洲边缘上,获得了一个立足点,而且可以很容易地把它变成一块跳板。占领了西西里岛之后,使他们的威胁更迫近欧洲大陆,一方面使他们便于集中,但是另一方面还是可以使敌人分散注意力。他们有好几条路线可供选择。除了向意大利脚趾部分进攻那一条最明显和最直接的路线以外,他们还可以作一个短程的跳跃,打击在意大利的脚胫上面、脚跟方面,或者是萨丁尼亚岛上。不过脚跟方面却已经在盟军战斗机的掩护航程之外,所以当时有人凭着这个理由,认为这实在是一个期待性最小的路线。因为过去盟军的一切行动,都是小心谨慎的,以战斗机的掩护航程为其限度,所以假使能够突然不遵守这个规律,则可以对于敌人发生奇袭作用。一旦登陆完成之后,那里的地形又特别便于机械化部队的长驱直入。同时该地又可以同时威胁到巴尔干和中部意大利,于是便会迫使德军统帅部面临新的矛盾难题。从战略方面来说,意大利的脚后跟,对于德国人而言,很可能变成一个"阿基里斯的脚后跟"。

可是盟军统帅部却还是决定不把他们的主攻点,摆在战斗机掩护航程之外,不过到了最后一分钟,他们却又在脚后跟方面,临时凑成了一个助攻的行动。主攻方面是由英军第八军团,首先在脚趾方面登陆,接着在那不勒斯正南方萨勒诺(Salerno),再作一个规模较大的登陆。这支兵力为英美两国部队所混合编成的第五军团,由美将克拉克(Gen. Clark)指挥。

不仅是由于战略路线的直接性,而且更因为盟军方面的政治家们,事前已经坚决要求意大利必须"无条件投降",所以才会把局面弄糟。多数的意大利

领袖人物,都很想求和,但是却不愿意如此的屈辱低头,同时也不愿毫无一点自卫的保障。只因为西西里惨败,同时意大利本土已经处于暴露地位,他们才不得已而推翻墨索里尼,开始寻求和平的谈判——但是却还需要很长久的时间来加以安排。这个迟误使德国人获得了一个月以上的时间,来作紧急应变的措施。

9月3日,盟军渡过了墨西拿海峡,在脚趾部分登陆之前,先加以表面上非常壮观的强烈轰炸——可是其附近的德军一个师,却在几天之前即早已撤回北方。甚至于当盟军继续深入的时候,他们也很少遇到什么障碍物,但是他们的速度却还是很慢,一方面是地形恶劣,另一方面是他们实在过分谨慎。所以这个行动对于在萨勒诺的大规模登陆,并未能产生开路的作用。登陆于9月9日举行,意大利的投降公告也事先配合好了,赶在前一天下午发表。但是在那里防守的德军却一点都没受到震动,在他们发动逆袭之后,盟军的处境变得非常危急,直到第六天才算有所改善。

这一个事实的根源,事后克拉克将军曾经有过很详细的解释:

> 德国人照事理来推断,认为可能有第二个登陆正在酝酿之中。他们也可以计算出,那一定是在空中掩护的范围之内。此时,用西西里来当作基地,其最大的限度大约可达到那不勒斯。所以他们把兵力集中在萨勒诺—那不勒斯地区中,而我们正好一头撞在他们的主力上。

这段引文特别具有深意。因为由此可以说明出,由于盟军的计划是受了某种条件的限制,所以才会使德军坐享其利。结果表示出盟军所选择的,恰好即为期待性最高的路线。盟军不仅在人力上和时间上大受损失,而且距离整个的惨败,也是间不容发。萨勒诺又为历史上的教训再供给一次例证:对于一个军队而言,若是集中全力去攻击敌人早已料想到对方必然来攻的一点,则结果一定会遭到惨败,因为敌人此时一定可以集中他的力量来加以防守。当此之时,德军的总司令凯塞林元帅(Kesselring)手里,一共只有7个师的兵力,一方面要保卫整个意大利半岛的中部和南部,另一方面还要镇压和解除意军的武装。

与萨勒诺的主攻作一对比,则在脚跟方面的助攻,可以说是并未遭到重大的抵抗,很快地占领了两个良好的港口,塔兰托(Taranto)和布林迪西(Brindisi)。从海岸边起,一直到福贾(Foggia)的铁路重要交点为止,道路都已经畅通无阻——附近还有重要的飞机场。那个时候,夹在塔兰托和福贾之间的整个地区中,德军一共只有 1 个伞兵师,其兵力还是不足额的。

但是登陆部队也只有 1 个英军第一伞兵师,他们是"下马"来作战的。匆匆的由突尼斯的休息营地中调来,事先他们一点消息都不知道。当他们登陆时,没有坦克,除了一门榴弹炮以外,便没有其他的火炮,此外也完全没有摩托化的运输工具。一言以蔽之,他们缺乏必要的工具,以来扩张所获得的战果。

差不多又过了 14 天之后,另外一支小型的兵力,包括一个装甲兵旅在内,在东部海岸方面的下一个港口巴里(Bari),实行登陆。他们向北推进,一路上不曾受到抵抗,就占领了福贾。德军本在横跨着向那不勒斯直接通路的山地中设防,对付第五军团的正面攻击,现在当这个从脚跟方面所发动的间接进攻,达到够深入的程度,足以威胁到他们后方侧翼时,他们才开始往后撤退。10 月 1 日,盟军进入了那不勒斯,距离登陆之日已经 3 个星期了。但是在这段时间中,德军的反应强度却远超过盟军估计之外,他们已经把意大利的其余部分,都完全控制住了,解散了意大利的兵力,使意大利的投降几乎完全丧失了实际上的效力。

此后,当盟军再继续向意大利半岛上推进的时候,就好像是一个打气筒的活塞杆子向内抽送的时候一样,愈下去其阻力也就愈大。本来德军的原定计划,只想使盟军进入罗马的时间略为迟延一点,而准备在意大利的北部,去等候盟军。但是当他们看到盟军的进展,因为受到狭窄正面和困难地形的限制,变得如此的缓慢,而且在这样一个有限的作战中,盟军的两栖威力也完全丧失了它的弹性时,于是他们的胆子不免放大了,开始把援兵南调以来增援凯塞林的部队。

第五军团的进展,在超过那不勒斯 20 英里的沃尔图诺河(Volturno)上就暂时被阻,之后到了卡西诺(Cassino)的前方,在加里格里诺河(Garigliano)之线也遭到更为强硬的抵抗。在 11 和 12 两个月当中,盟军一再地进攻,都未能穿过这个障碍物。此时,沿着东岸前进的第八军团也在桑格罗河(Sangro)上被阻,等到渡过之后,还是感到寸步难移。一直到年底,盟军花了 5 个月的时间,距离起点沙尔罗,一共只前进了 70 英里而已。多数的进展都还是 9 月所获得的,此后速度可说是慢到了极点,结果他们甚至于创出了一个新名词"寸进"(inching)来形容它。盟军的作战简直慢得好像牛吃草一样,咬下一点然后慢慢加以咀嚼。

从长期的经验看来,这种战术有时也能够成功,不过通常其结果却总是不免令人失望。这一场战役对于这条规律也不例外。它一再地证明出来,在一个狭窄的正面上,采取直接攻击的方式,通常总是会得到负的结果。即便是具有极端优势的兵力,也一样会感到英雄无用武之地——因为兵力虽多,必须要有回旋之余地,才能发生作用,换言之必须要有相当宽广的正面。意大利半岛一共只有100英里左右的宽度,而大部分的空间又都为纵横起伏的山地所塞满。一旦当德国最高统帅部决定在南部加大他的赌注时,他们的防御密度也就相对的加大,于是盟军在意大利腿部上的前进,遂变成了战略上的爬行。

　　1944年初,盟军对于敌后的绵长海岸线,又企图作一次新的海运迂回。1月22日,一支侧击的兵力在安奇奥(Anzio)登陆,约在罗马南面25英里外。在这个地区中一共只有2个营的德军,所以盟军若迅速向内陆挺进,则可以马上攻占掩护着罗马门户的阿尔班丘陵(Alban Hills)——甚至于罗马本身也唾手而得。可是盟军的计划却是以下述的计算为基础:他们估计敌人必然会对这个登陆作迅速的逆袭,所以他们主要的工作就是要赶紧巩固桥头阵地,而在南面的主力却准备乘德军抽调增援侧面的机会,在正面上寻找弱点进攻。但是德军的反应却并不如他们所料。

　　当安奇奥方面的敌人完全缺乏抵抗力的态势明显之后,亚历山大(盟军统帅)即希望在那里的部队,能够迅速的向内陆挺进,可是当地的地区指挥官本身又构成了一个新的障碍物。因为他的行动太持重,所以耽搁了一个星期以上的时间,却没有太多的进展。于是凯塞林一方面有时间,把预备队调往那个地区,另一方面他自己也击败了盟军主力诺在卡西诺地区的进攻。2月3日,登陆后的第十三天,德军对于安奇奥桥头阵地,发动了一个强烈的反攻。虽然这个攻势终于被阻止住了,但是处于又浅又窄的滩头中的盟军,其形势却已经是十分的危险,它的窘境就好像是一个大规模的"集中营"——这是第一次大战中,德军对于联军在萨洛尼卡桥头阵地,所奉赠的一个绰号。但是大家也都记得到了1918年,这个"笑话"却翻了边,联军从萨洛尼卡突出之后,遂终于使德国走上总崩溃的途径。这正合了一句古话:"最会笑的人,最后才会发出笑声。"

　　5月,盟军在意大利又重新发动一次大规模的攻势。这一次也可以算是一个较大计划中的一部分。因为它是盟军对于德国发动决定性攻势的"大计划"中的一个开端而已。1个月后,集中在英国南部的盟军,也开始向法国发动渡海进攻战。在两次打击之前,都有猛烈的空袭以作为前奏,其目的是想绞断敌人的补给线。

亚历山大将军计划的第一个阶段,是在卡西诺的两侧,发动一个新的攻击,该地也就是以前攻击被阻的地方。为了增强这个攻势的效力,李斯将军(Gen. Leese)的第八军团延展了它的正面,并且把它的重量从亚德里亚海方面移转过来,和克拉克的第五军团会合在一起,向古斯塔夫之线(the Gustav Line)进攻。这个攻击在5月11日23时,月亮初升之际展开,以攻占支持敌人防线的山地要塞为目的,这些要塞恰好掩护着通到利里河谷(Liri Valley)的狭窄出口。

向东面的门户开罗山(Monte Cairo)的进攻,经过了好几天的苦战之后,仍然缺乏良好的进展。不过在卡西诺到海岸之间,盟军在古斯塔夫线上,却已经突破了一些小缺口。其中最重要的一个透入,是由儒安将军(Gen. Juin)所指挥的法属殖民地军所造成。因为他们对于山地战的技术特别有研究,所以能够经过奥云西(Aurunci)山地中的险恶道路,实行追击,而收到了意想不到的效果。3天之内,前进了6英里远,经过了马爵山(Monte Majo),达到了俯瞰利里河谷的高地,把敌军在古斯塔夫的抵抗力,慢慢的挖松了。这个威胁使第八军团的英国部队,在向谷地推进时减少了很多气力。于是他们一直迂回过了卡西诺,并于18日将其攻陷。同时也为美军的进攻达成了开路的任务。

到了在5月23日,盟军在安奇奥也开始从桥头阵地跃出进攻。当地的德军守兵为了向南增援的缘故,其力量已经减弱,于是盟军的行动恰好配合上了这个弱点。到了第三天,德军的防线在压迫之下开始发生了裂痕。一旦突破完成之后,德军就感到缺乏预备队,以来应付盟军的扩张战果。此时盟军正向阿尔班丘陵和敌军在南部的主要交通线进攻。

和安奇奥的打击同一时间,第八军团也向在利里河谷中的德军最后阵地,开始发动攻击。加拿大部队在第一天之中,即已突破敌人的阵线,到了第二天,即可以很明显地看出,全线各地的德军都已经向后撤退。当安奇奥的威胁也开始加强之后,德军后撤的速度便更快。在几天之内,向罗马的直接退路已在第6号高地上,为盟军所切断,德军被迫只好改向东北面,经过险恶的山路行走。在那里,他们的行军纵队更容易遭受空中打击的威胁。

虽然有相当数量的残部已经经过这条小路,逃出了陷阱,但是德军至终还是丧失了退守罗马城的机会。亚历山大将军把所有一切可能集中的兵力,都移到他的左翼方面,以来对付德军的另一个军团。又经过了一个星期的恶战,终于攻占了阿尔班丘陵。一旦当这个战略性的防浪堤溃裂之后,盟军的兵力遂迅速淹没了罗马附近的平原,并于6月5日的清晨,占领了罗马城。9个月之前,当意大利政府投降时,这个城市本已是他们的囊中物,可是一直到现在,才算是真正到手。

法 国 进 攻 战

占领罗马的第二天,诺曼底登陆便接着展开——这是战争中最富有戏剧性和最具有决定性的行动。以英国为基地的美英盟军,由于受到恶劣天候的阻碍,所以渡海的行动曾经一再延迟。当他们发动攻势时,风力还是很强烈,使他们的行动感到相当困难——但是也似乎在敌人意料之外。艾森豪威尔对于这个冒险的决定,不仅从结果上看来是正确的,而且也更增加了奇袭的效力。

盟军登陆的时间是 6 月 6 日上午,地点是夹在卡昂(Caen)和瑟堡(Cherbourg)之间的塞纳湾。在登陆的前夕,已利用月光,在两翼的附近,投掷了强大的空降部队。

在准备阶段中,盟军曾经连续不断地实行空中攻势,其强烈的程度可以说是史无前例。尤其是以敌方的交通线为攻击目标,其目的是使敌人陷于瘫痪的状态,无法把预备队调到危急的地区中去。

虽然有许多的因素都足以指明出,这个地区即为盟军可能登陆的地点,但是德军在奇袭之下,却还是丧失了平衡——他们的预备队大部分还是位置在塞纳河的东岸上。一方面是上了盟军欺敌计划的当,另一方面是他们有一种先入为主的想法,以为盟军不仅会直接渡过海峡,而且还更会采取最短的路线。盟军为了想获得最大量的空中掩护,而不惜采取过分谨慎的行动,结果使他们在意大利战役中的进展和目标,都受到了很大的障碍和限制。可是现在却无意中获得了一个利益,使敌人产生一种主观偏见,认为他们一定会采取谨慎路线的。接着盟军的空军又炸毁了塞纳河上的桥梁,更使这个错误的计算成为德军的一个致命伤。

在侵入战尚未发动之前,希特勒根据盟军在英国的部署,在 3 月初,即开始怀疑盟军会以诺曼底为其登陆地点。他的参谋本部人员并不同意他的见解。可是负责防守北段海岸线的隆美尔,也和他的意见相同。但是伦德斯特,却认为盟军的登陆地点可能会在第厄普和加莱之间,因为那里的海峡宽度要算是最狭窄的。之所以产生这种信念的原因不仅是因为盟军在过去,一向喜欢用最大限度的空中掩护,也不仅是受了他们现有欺敌计划的影响,而是照理

诺曼底登陆与突出部之役

图例：
战斗进攻路线（1944—1945年）
德军的阿登反攻（1944年12月）
齐格菲防线
诺曼底桥头阵地（1944年6月底）

0 20 40 60 80 100 英里

北

北海

英吉利海峡

多佛海峡

英国
朴茨茅斯
怀特岛
威茅斯

法国

比利时

荷兰

德国

瑞士

论上看来,这似乎是一条最短的路线。从正统派战略理论家眼中看来,这实在势所必至,理有固然。所以他不认为敌人有出其不意的可能性,甚至于也不会有避重就轻的打算。

盟军实际的计划,不仅是以避过敌方准备最佳的防线为着眼点,而且还有更进一步的想法。当他们选择诺曼底路线时,他们的作战线是具有双重的目标,可以同时威胁到阿弗尔(Havre)和瑟堡两个重要港口。一直到最后一分钟为止,德军始终摸不清楚哪里是他们的真正目标——这样遂使德军一直陷入左右为难的窘境。等到德国人认清了瑟堡是盟军的主要目标之后,塞纳河又构成一道鸿沟,把他们的兵力切成两段,使他们必须绕一个很大的弯子,始能把预备队运到紧急的地区中。又因为盟军的空军不断加以干扰,所以在运动中的时间就更为延长。此外,当增援的兵力到达战场之后,他们到达的地区却是在卡昂附近,距离瑟堡还很远。英军在卡昂地区的牵制,不仅本身在那里构成了一个威胁,而且也更构成一个防盾,足以掩护美军在瑟堡半岛上的作战。这种双重的效力和交替的威胁对于整个侵入战的成功,实具有极大的贡献。

盟军的庞大船队,在海运过程中,一路都没有遭受到阻碍,而滩头的占领又比意料中的情形,要容易得太多了。只有美军的左翼在维尔河(Vire)口以东,曾经受到相当的损失。成功的主因是设计的完美和装备的优良,其中包括许多新发明的东西。即便如此,成与败的机会还是间不容发,其所差的距离实比一般人所想像的还要窄。滩头的发展还是不够深,所以盟军并未能控制卡昂和瑟堡两个地区的"锁钥"。所幸的是,攻势正面的宽度却变成了一个重要的因素,足以挽救这个危机。德军的天然趋势,是集中兵力在两翼方面,以来保护这些要点,所以中间当然感到力量空虚。英军在阿罗芒什(Arromanches)附近登陆,继之以迅速地扩张,使英军进入巴约(Bayeux)。到了周末,这个透入的膨胀使盟军在奥恩(Orne)和维尔河之间,获得了一个宽近 40 英里,纵深由 5 英里到 12 英里的桥头阵地。他们在瑟堡半岛的东边,也已经确保了另一个桥头阵地,不过形状却比较小。12 日,美军又夺获了卡伦坦(Carentan)的中间据点,所以桥头阵地的连续长度达到了 60 英里以上。

蒙哥马利将军,在艾森豪威尔之下,负责整个进攻军的执行指挥,现在遂可以使他的攻势发展得更为圆满。

第二个星期,在西面的侧翼上,盟军桥头阵地又已经有了显著的扩张。在这里,美军第一军团开始横越瑟堡半岛的腰部前进,而在东侧翼上的英军第二军团,再继续向卡昂周围施加压力,以来吸引德军的增援兵力,尤其是装甲师。

从战略方面来说,这个英军在东面突破的威胁,可以算是一种间接路线,以来协助蒙哥马利在桥头阵地的西端,实行突破的计划。

在第三个星期当中,首先切断了瑟堡,美军转向半岛的顶端,从后方攻入港口。6 月 27 日,美军攻占了瑟堡,不过港口本身却已经暂遭受破坏,暂时不能使用。在卡昂附近,由于地形有利于弹性防御,而敌人又用极高明的防御战术,所以英军的攻击始终被阻,但是由于他们的不断威胁,却使德军丧失了使用预备队的自由权。

在这个压力的掩护之下,进攻军的兵力增加速度到了显著的高度。人工港口的发展也很有帮助,它抵消了天气的干扰作用,增强了奇袭的效力,使敌方的计划失灵。

苏军攻入波兰

在芬兰前线发动一次前奏性的攻势之后,苏军的夏季战役在 6 月 23 日也开始揭开序幕——这是希特勒侵俄三周年纪念日的后一日——攻势的起点在白俄罗斯,普里佩特沼地之北。在 1943 年的战役中,这个地区证明出它是防务最坚强的一区,所以德军对于它感到很放心,只给予最少量的增援。他们最注意的是夹在普里佩特沼地和喀尔巴阡山地之间的开阔地区,而预料苏军会在那里发动他们的春季攻势。结果德军又是在奇袭之下,丧失了平衡。

当地的德军指挥官主张撤到别列津纳河(Beresina)之线,在现有战线的后方约 90 英里处,但是希特勒却悍然拒绝了这个要求,所以德军的处境遂更为困难。若果真能在适当的时机中,作这样的一个退步,则苏军的攻势可能会暂时停顿下来。

一旦当德军的防线外壳被刺穿之后,苏军的进展即开始变得异常迅速。在巴拉米扬(Bagramyan)和切尔尼亚霍夫斯基(Chernyakovsky)两个集团军的向心攻击之下,维特斯克在第四天就落入苏军手中,于是德军第三装甲军团的防线上,被撕开了一个大洞。此时,德军第四军团由于向第聂伯河之线,作了一个短程的撤退,使其正面上的苏军攻势压力,已经略告减轻。但是由于这个空洞的发生,苏军遂得以迅速向南冲入,横越过莫斯科—明斯克公路,而到达德军第四军团的后方。同时,罗科索夫斯基(Rokossovsky)集团军也在这个德军巨型突出地的另一侧翼上,切了一刀。从普里佩特沼地的正北面突入,以每天 20 英里的速度跃进,切断了明斯克背后的交通线,使这个重要的据点陷于

孤立的地位,于是到了 7 月 3 日,明斯克也被苏军攻克。

　　这种多方面的间接性攻击,遂使德军整个防线发生了全面崩溃的现象。苏军所俘获的人数,打破了过去的纪录。不过过了头几个星期之后,德军被俘的人数又逐渐减少,虽然苏军前进的速度并未减缓。这两个事实的结合,实具有极重大的意义。一方面,表示德军指挥官的本领实在是很高明。当希特勒最后为事实所迫,不得不承认大规模退却是有此必要时,德军的将领们即能够发挥出他们的特长,把残余兵力安全地撤出,而不受到太大的损失。另一方面,这种撤退的速度和范围,再加上许多重要的据点,都是不经一战即自动放弃,也足以表示出德军指挥官,对于间接路线的运用,是已经大有进步。

　　若将作战的过程加以仔细的观察,即可以看出有许多次,苏军在进攻中总是能够同时威胁到两个重大的目标,可是苏军却又有意地避开它们,而从中间防御力薄弱的地区穿透过去,以深入到它们的后方,迫使德军对于两个据点都必须同时放弃。此外,更有意义的是,当苏军两个主要攻势箭头,分别向华沙和因斯特堡(Insterburg)进攻时,却首次遭到严重的挫折,其原因是两方面的攻势都已经变成了直接路线的缘故。

　　在不到两个星期的时间内,苏军已经把白俄罗斯境内的德军,全部予以肃清。到了 7 月中旬,他们已经占领波兰东北部的大半边,逼近布勒斯特—里托夫斯克和比亚韦斯托克(Bialystok),渡过了涅曼河(Niemen),并且向东普鲁士的边界上前进。苏军这一方面的进展,对于德军北面集团军而言,在它的侧翼上面,已经突入了 100 英里的深度。这个集团军在林德曼(Lindemann)的率领之下,沿着纳尔瓦到普斯科夫之线,还在担负着掩护波罗的海诸小国的任务,现在不幸已陷于腹背受敌的窘境。

　　7 月 14 日,苏军在普里佩特沼泽之南,沿着科威尔(Kovel)到塔诺普之间的正面上,也开始发动了他们那个期望已久的攻势。在那里的德军却早已在撤退之中,十天之内,他们已经达到利沃夫(Lwow)和卢布林(Lublin)——在华沙东南面约 100 英里。至于普热梅希尔(Przemysl)、布勒斯特—里托夫斯克,和比亚韦斯托克等要塞城市,也都在同一星期之内沦陷了。在北翼方面,苏军经过了迪纳斯克(Dvinsk),向在里加后方的波罗的海海岸线进攻,就这样可以使林德曼的兵力有被切断的危险——他撤退得特别慢。到了 7 月底,苏军已经进入了里加湾,而在中央方面,他们也已经透入了华沙的外围。

　　但是事实的发展,却证明出德军现在已经从震惊中恢复了他们的定力,当他们已经退得够远,足以使他们免于眼前的危难之后,他们对于情况遂逐渐恢复了控制力。而另一方面,战略性伸展过度的自然律开始逐渐发生效力,苏军已经进展得太远,他们的补给已经跟不上来,不久,即可以看出来德军还有余力,足以制止苏军的前进,而苏军在征服了这样大的一块土地之后,势必要有相当的时间,始能修复交通线,而再来重整攻势。

8月初德军发动了一个反攻,重新打通了北面的退路,并且把苏军逐出了华沙的近郊,当华沙城内的波兰人,听到苏军迫近开始起义的时候,德军也有足够的实力,把他们迅速镇压平复。华沙之南,苏军在维斯瓦河上,固然建立了一个桥头阵地,但是却并未能作进一步的发展。在8月这个月的其余时间之内,一切情况都没有任何重要的变化。

于是苏军变换了他们的方向,在南面的罗马尼亚防线上,发动了一个新攻势,才打破了这个暂时性的僵持局面。差不多正当苏军要发动攻势的同一时候,罗马尼亚政府,于8月23日,也宣布他们已经准备求和。这个行动更使苏军能够迅速前进,经过雅西(Jassy)沿着普鲁特和塞列特(Sereth)两条河流中间的走廊地带,一直冲向加拉茨缺口。并且也帮助了苏军,把还留在普鲁特河以东,处于暴露突出地位的德军,加以包围了。在他们的背后,苏军继续前进,27日攻占了加拉茨和福克沙尼,30日又占领了普洛耶什蒂(Ploesti)油田,并且于次日进入了布加勒斯特(Bucharest)。苏军的坦克在12天的前进中,一共冲过了250英里的距离。

于是苏军开始向北、向西和向南,作扇形的展开。他们越过外特兰西瓦尼亚阿尔卑斯山,向匈牙利进攻,达到了南斯拉夫的边界,一刀切断了希腊境内德军败兵的退路,又渡过多瑙河向南攻入保加利亚——此时苏联政府才开始向保加利亚宣战。

意大利的僵局

当罗马沦陷之后,德军的抵抗力并不如意料中那样的迅速崩溃。凯塞林把他的兵力,撤出了那个险恶困难的环境,使用非常高明的手段来指挥这一次退却战。当盟军再继续向北进攻的时候,他们又使其受到一连串的新阻力。整整花了7个星期的时间,盟军才到达罗马北面160英里外的亚诺河上,开始向比萨(Pisa)和佛罗伦萨(Florence)两城的郊外进攻。凯塞林又坚守了3个星期,才放弃了佛罗伦萨,从亚诺河之线,撤回到后面山地中的主防线——哥德防线(Gothic Line)。

因为认清了这一道障碍物的坚韧性质,所以亚历山大现在才计划采取一个新的侧面攻击行动。把第八军团的重量,又移到亚德里亚海方面的侧翼上,在8月时,他开始向佩扎罗(Pesaro)附近,哥德防线的东部沿海岸地区进攻,并向里米尼(Rimini)实行突破。

但是凯塞林却有能力阻止这个威胁的发展,把这个门户又重新关闭。于是亚历山大为了想把它打开,遂不得采取硬攻的手段。虽然逐渐的,盟军终于还是找到了一条进路,攻入了波河河谷的东端,但是平原上充满了葡萄园,黏性土壤在雨后,就很快的变成了烂泥潭,所以在这个地区中,实在难于作迅速的追击。这年秋季的大雨,对于疲兵久战的德军而言,可以算是个意外的救星,使他们避免了崩溃的危险,而形成了一个新的僵持局面,一直延续到春天。

8月时为了实行在法国南部登陆的计划,亚历山大所部的实力,又被抽去了一部分。实际上法国南部的行动,对于法国北部的主战场,并无太多的价值,因为在南部登陆之前的两个星期,北面的胜负即已经早成定局。可是同时却把亚历山大唯一的一点剩余力量,都搜括殆尽,否则这一点力量对于意大利的战局,也许可能发生决定性的作用。不过天下事却往往是"塞翁失马,焉知非福"。因为亚历山大的秋季攻势,不具有局部决定性的压力,结果才使德军没有自动撤往阿尔卑斯山麓地区。若是德军能够在那个时候撤退,则不仅他们的兵力还能维持相当的强度,足以在那里作有效的抵抗,而且天气条件对于撤退行动,也可以作有利的掩护。

1945年初,凯塞林的兵力又被抽去了4个师,开往西线增援,而同时希特勒又继续下令,禁止德军立即撤回阿尔卑斯山区。此时,德军在物资方面的窘态也就日益明显。到了春天,他们已经极端缺乏飞机坦克,运输工具和燃料,使他们再也无法迅速地撤回阿尔卑斯山的"避难所"。当4月盟军大举进攻的时候,他们轻松的突破了德军的单薄防线,迅速的钻到了德军后面,然后扇形的展开,封锁住一切退路,德军陷于混乱之中,纷纷徒步逃命。

盟军在意大利算是终于获得了最后的胜利,在苦战之后,这似乎是一个应得的奖品,而使人忘记了过去的许多苦痛回忆。敌人先在意大利崩溃,然后才在主战场上崩溃,使人感觉到这和第一次大战的情形,颇为类似——当在战略上被圈禁在马其顿的盟军,突然冲出来之后,第一次大战就开始结束了。不过这一次德军的崩溃,其主要确定的原因却还是主战场上的作战。当盟军在诺曼底突破了德军的战线之后,1944年8月间,那里的战事即已开始进入最具有决定性的阶段。

诺曼底突破

7 月在诺曼底,有一整个月的苦战,除了庞大的死伤数字外,看不出任何的效果。可是德军却不像盟军,能够吃得消这种消耗。在那个表面上几乎成为静态的战线后方,盟军的实力是正在不断的增加之中。

7 月 3 日,美军第一军团在攻占了瑟堡之后,已经重新整顿就绪,遂决定作一个突破的企图,向南冲出这个半岛的底线。但是攻击军却还是感到空间太有限,毫无回旋的余地,所以进展极为迟缓。7 月 8 日,邓普西(Dempsey)将军所指挥的英军第二军团,透入卡昂,但是在奥恩河的渡口上,还是为德军所阻。其他连续的侧面攻击也都逐一为德军所击退。7 月 18 日,又作了一个野心更大的企图,是谓"加林作战"(Operation Goodwood)。英军使用 3 个装甲师,梯次的编成了一个大方阵,从卡昂东北面的桥头阵地跃出。首先用强烈可怕的空中轰炸,在 3 英里长的正面上,造成一个狭窄的缺口,然后英军就从这里钻进去以达到德军卡昂防线的后方。短时间之内,英军似乎已经有了突破的希望,但是进展却实在太慢,而低级的指挥官们又不敢大胆的,绕过德军已经设防的村落。此时德军迅速的搜集坦克和战防炮,横跨着盟军进路,建立了一道屏障。当这次机会丧失之后,英军的再度进攻即更少进展。不过他们却吸引住了敌人的注意力。使他们把最好的军队,都留在卡昂地区中。9 个装甲师当中就有 7 个是被牵制在这一方面。

在诺曼底桥头阵地的西端,美军在布莱德雷指挥之下,于 7 月的头三个星期当中,把他们的战线向前推进了 5 英里到 8 英里的距离。此时,巴顿的美军第三军团,已经从英国运往诺曼底,准备大举进攻。

"眼镜蛇作战"(Operation Cobra)是在 7 月 25 日才开始发动,使用六个师的兵力,在一条长仅 4 英里的正面上同时进攻。开始攻击前的空中轰炸,要比"加林作战"时还要猛烈。地面被炸得都是坑洞,结果反而帮助了德军的零星守兵,便于阻止盟军的前进。头两天当中,美军一共只进展了 5 英里远的距离。此后缺口才慢慢的扩大,进展也逐渐加速——直向半岛的西南角上钻去。7 月 31 日,盟军作了一个具有决定性的突破。因为前一天,英军第二军团突然的把他们的重点,从奥恩河的东面,移到了巴游以南的中央地区,准备向考蒙特(Caumont)附近进攻。德军为了应付这个危机,把卡昂地区中所有一切可以调用的兵力,都是集中到那一方面去。于是美军即在此时,沿着瑟堡半岛的西岸附近开始向阿弗朗什(Avranches)冲出,打开了那里的大门。

　　从这个缺口中涌出,巴顿的坦克首先向南冲去,然后又转向西南,很快的扫过了大半个布列塔尼(Brittany)。于是他再折向东面,继续扫过罗亚尔河以北的地区,向勒芒(Le Mans)和沙特尔(Chartres)进攻。这个本来只有 70 英里宽的桥头阵地,突然放宽成 400 英里的正面,由于空间太宽广了,使敌人的那一点微弱兵力,根本上无法阻止他们的进展。当德军企图守住任何道路中心的时候,盟军却不断的从旁绕了过去。

　　这个迅速发展的唯一危机,即为德军也许可能发动一次反击,以来切断在阿弗朗什的咽喉要道,那是一切补给所必须经过的地方。在希特勒坚持之下,德军在 8 月 6 日的夜间,开始发动这个反击,一共调来了 4 个装甲师,准备孤注一掷。希特勒从他那个遥远的大本营中,在地图上所选择的路线,实在是太直接化,所以一头就撞在美军侧翼方面的"防盾"上。诚如布莱德雷所说的:"假使敌人的坦克,再多向南面溜过几千码的距离,那么他们在这头一天之内,也许即已经突入了阿弗朗什。"德军一经被阻之后,盟军的空军马上飞来助战,于是这个攻击就此无疾而终。而当这一次突击失败之后,德军也开始陷于腹背受敌的险境,当他们的重量向西移动的时候,而美军的装甲兵力却向东挺进,达到了他们的后方。美军的左翼向北旋转,以阿尔让唐(Argentan)为目标,此时克里拉将军(Crerar)的加拿大第一军团也从卡昂向法莱斯(Falaise)推进,于是双方构成了一个钳形运动。虽然这个钳形并未能适时的合拢,把被围的两个德国军团一网打尽,可是他们还是收容了 50 000 人的俘虏,而在战场上的遗尸也在一万具以上,至于所有突围逃出的德军,也都已经溃不成军。由于在那个日益逼紧的空间里面,他们不断受到空军的轰炸,所以车辆的损失比人员还要厉害。德军在法莱斯"口袋"中受到了重创之后,遂使他们再无余力来阻止盟军的东进,因此盟军迅速渡过了塞纳河。

　　每一次当德军逃出了一个陷阱之后,他们不知不觉中,却又陷入了一个更大的陷阱之内。他们在内陆方面的侧翼,不断受到迂回,他们的后方也不断受到威胁,因为巴顿的装甲兵,正在盟军的左翼方面,拼命的往前冲。他在进路上,不断的绕过敌人的据点,所以进展极速,使德军的主力在战略上,不断受到迂回的威胁。

　　当巴顿的兵力在巴黎上方,越过塞纳河向前推进之时,指挥最先头部队的第四装甲师师长沃德将军(Gen. Wood),曾经把他自从阿弗朗什突破以后,所采用的进攻路线,写了一个大纲送给我看。其中的要点是说:"唯一可做的事情就是必须依照下述两条原理:(一)大胆,(二)间接路线。"

当盟军打开西战场上的大门时,空间和速度就变成了两把互相配合的锁钥。直接的进攻虽往往被阻,而迂回的行动却经常可以获得胜利。一旦盟军获得一个可以自由调动的无限制空间之后,机械化的机动性,遂使他们可以把强大的优势力量,完全发挥出来。

这种宽广的侧翼迂回,使得德军在法国境内的地位,迅速开始崩溃,因此8月15日,当美法盟军所组成的第六军团,在巴奇将军(Gen. Patch)指挥之下,从法国南部登陆时,实在已经是画蛇添足。这种侵入战只算得上是"散步",因为德军在南部海岸上,一共只留下了4个师的兵力,而且素质也都低劣不堪。以后当盟军直向内陆挺进,冲到隆河河谷时,其所遭遇到的主要问题,都是在补给方面,而非战术方面。8月23日,盟军占领了马赛,同一天之内,盟军又经过山地,达到了格勒诺布尔(Grenoble)。

8月19日,法国的地下军在巴黎开始起事,虽然在前几天之内,他们的情况非常的危险,可是盟军的装甲部队于25日赶到了该城,扭转了这个局势。此时,巴顿军团却已经在巴黎的东北面,向马恩河狂奔。

第二个重要的发展,即为英军第二军团的扩张行动,他们在鲁昂以东,渡过了塞纳河,把还正在鲁昂以西,与加军第一军团相持的德军第七军团残部,装进了陷阱之中。德军的大部分都能够迅速溜走,退过塞纳河,但是他们却想不到英军的装甲纵队,又迂回得更远更深,在更后方的地点上切断了他们的退路。邓普西的矛头于31日清晨,达到了亚眠,从塞纳河上起,两天一夜共走了70英里。渡过了索姆河,他们就迅速经过阿拉斯和里尔,直向比利时边境进发——到达了尚留在加来海峡附近的德军第十五军团后方。在东面,霍金斯(Hodges)的美军第一军团也已经向前跃进,在伊尔松(Hirson)附近,达到了比利时边界。

在更东边,巴顿军团所作的行动就分外惊人,他穿过香槟地区,绕过凡尔登,在梅斯与蒂永维尔(Thionville)之间,到了摩泽尔河河岸,接近着德国本土的边界。不过因为燃料的补给已经开始发生困难,所以逐渐丧失了它的重量。由于燃料缺乏,其装甲矛头不得不停止前进,尽管在战略方面的希望,却是一天比一天多。因为此时他们距离莱茵河已经不到80英里。他们获得燃料补充之后,马上又继续前进,可是敌方的抵抗却已转坚。巴顿的突进对于"法国之战"而言,是一个决定性的因素,但是在"德国之战"中,由于补给上的限制,却使他们无法具有同样的决定性。"伸展过度"的战略性规律在此又发生了作用,使战局陷于停顿。盟军在这个地区中,停顿了很长久的时间。首先巴顿被迫向梅斯,作直接性的进攻,接着为了争夺这个名城,又发生了长期的近接战,完全丧失了迂回的意味。

9月初在左翼方面,盟军的进度又开始加速,现在提早获得胜利的希望,就又转移到这方面来了。英军的装甲纵队于9月3日进入布鲁塞尔,9月4日又进入安特卫普,接着就透入了荷兰。利用这个巨型的迂回运动,蒙哥马利已经把留在加来和诺曼底的德军后路,完全切断——这也就是他们在西线上的主力。美军第一军团占领了那慕尔,并且在迪南特和吉维特两点上,渡过马斯河。

在这个千钧一发的时候,德军在西战场上的前敌指挥官,已经改由摩德尔元帅充任,他在苏联前线上,以能从"无中生有"的环境中获得预备队,而负有盛名。他现在遂更大规模地创造出了一个奇迹。德军在法国境内被俘的总数,已在500 000人以上,现在他们的防线,从北海以达端士边界,全长为500英里,所以若凭常理来推断,则他们实在是无处可以抽调预备兵力,以来防守这样长的一条防线。可是德军却居然能够创出奇迹,使战争又再拖了8个月之久。

在这个恢复期中,由于盟军补给方面发生了困难,使他们获益不少。因为盟军最初的攻击,其重量都很轻,所以德军使用临时杂凑的兵力,居然也可以撑得住。接着盟军的力量增加得也很慢,使他们无力作强大的攻击。补给困难的理由,一部分是由于盟军自己进展太快太远;一部分是由于德军故意留下一些守兵,死守住法国的各港口。结果盟军对于敦刻尔克、加来、布伦、阿弗尔,以及布列塔尼方面的若干大港,都无法利用,这对于盟军的攻势,是一个很重大的间接阻碍。虽然他们已经占领了更大和更好的安特卫普港口,但是德军却依然控制住斯凯尔特运河河口,使盟军无法加以利用。

在尚未从诺曼底地区突出时,盟军的补给从基地运到前线的距离,还不到20英里。现在却已延长到300英里左右。这个重担完全由盟军的摩托化运输车辆负荷,因为法国境内的铁路网早已为空中攻击所炸毁。在过去,轰炸曾使德军陷于瘫痪的境地,使他们无法对盟军的侵入,作有效的反击。现在却倒过来,它也使盟军在追击时,难于保持他们的动量。

9月中旬,为了想挖松德军防线的根基,盟军曾经作过一次果敢的企图。他们准备把3个空降师,投掷在荷兰境内敌军右翼的后方,以便当英军第二军团向莱茵河进攻时,可以先扫清他们的进路。在德军防线的后方,空降部队分成许多梯次,向一个宽达 60 英里的地带,纷纷降落。在所有四个战略性"踏脚石"上,都要获得一个立足点:(一)在艾恩德霍芬(Eindhoven)的威廉敏娜运河(Wilhelmina Canal)渡口,(二)在格拉夫(Grave)的马士河(Mass,即马斯河的下游)渡口,(三)在奈美根(Nijmegen)的瓦尔河(Waal)渡口,(四)在安纳姆(Arnhem)的来克河(Lek)渡口。这四个踏脚石当中,有三个已经被站稳通过。但是在第三点上发生了一点挫折,结果遂使联军丧失了站稳第四个的机会,因为德军的反应实在是太快了。

这个挫折使盟军的地面攻势,也随之而失败,并且把第一空降师完全牺牲在安纳姆。不过因为有迂回德军莱茵防线的可能性,所以这个险是值得一冒的,而把空降部队投掷在如此深入敌后的地区中,也要算是非常英勇的行为。第一空降师在安纳姆这个孤立位置上,一共苦战了 10 天之久,本来预计他们最多只能支持两天的时间。但是由于空降部队着陆的地点,四个点都在一条直线上,这无异于把第二军团的攻击方向,都明白地告诉了敌人,所以成功的机会遂不免大为减少。

因为目标太明显,遂使德军的问题大为简化,他们只要集中一切的预备队,以来守着最后一个踏脚石,在英军第二军团的领先部队赶到之前,先把那里的空降部队完全消灭即可。荷兰的地形,加上它的狭窄路线,也帮助德军阻止住盟军的进展,因为盟军在这里无法绕着大圈子走,以来迷惑敌人和掩蔽进攻的方向。

莱 茵 河 之 战

在安纳姆的赌博失败之后,提早获得胜利的希望也就随之而落空。盟军只好暂时采取守势,首先沿着德国的边界,增强他们自己的力量,以便发动一个谨慎的巨型攻势。这种工作当然需要很长久的时间,而尤其是因为盟军宁可企图先在亚琛(Aachen),打开德国大门,而不去肃清斯凯尔特运河岸上的德军,以来打通一条新的补给路线。结果美军对于亚琛的攻击是不免太直接化,所以其进展不断的受到阻碍。

沿着西线的其余部分,从 9 月到 10 月之间,盟军更是缺乏任何有意义的进展。在这段期间,德军的防守兵力却已经在继续增强之中——除了从法国逃回来的残部以外,也增加了不少的新力量。德军尽管在物资方面处于绝对的劣势,可是他们的增援进度,却超过了盟军之上。一直到 11 月初,斯凯尔特运河河口上的德军才被完全肃清。

11 月中旬,盟军在西线同时使用 6 个军团的全部兵力,发动了一次总攻势。所花的成本极高,而收获之小则令人失望,继续的努力也不过只是徒然使攻击部队大伤元气而已。

对于这次攻势应采取的基本模式,英美两军当局的意见并不一致。英军主张集中全力打击某一点,但是美军却希望采取宽广的正面,到处向德军防线作试探性的进攻。在这次攻势失败之后,英国人当然批评美国人的计划失当,因为兵力分散,所以才得不到结果。不过若对于作战的情形,再加以仔细分析,就知道最基本的错误还是企图太明显。尽管攻势在表面上是具有宽广的意味,分别由几个军团来执行,可是在每个军团地区之内,他们的攻击却都是非常的狭窄集中。在每一处,盟军所进攻的地点,都是德军所事先已经预料到的。因为所有的攻击都是以进入德国的天然门户为目标。此外,主要的攻击地区又是一个平原地带,在这个冬季作战中,很容易变成泽国,而影响到行动的速度。

12 月中旬,德军突然发动反攻,使盟军方面的军民,都不免大吃一惊。他们已经能够限制盟军的攻势,使其速度减慢到爬行的程度,并且还不曾动用他们自己的机动预备队。所以自从美军"突破"的机会逐渐销蚀了之后,德军会来一次激烈反击的危险性,似乎已经很明显,尤其是盟军方面也知道,德军曾经乘着 10 月间的平静时期,把他们多数的装甲师,都撤出了第一线,并使它们获得新坦克的再装备。但是因为联军求胜心切,才会完全忽视了这个反攻的可能性,结果遂至于为敌所乘,受到很大的震动。

无论是大型反攻也好,小型逆袭也好,都是乘着对方已经动用了他们的全部力量,而尚未能达到其目标时发动,才最为有利。在这个时候,由于久战之余,敌人的部队必已疲惫,而其指挥官手里也不会有太多的预备队,来应付敌人的反击——尤其是当这个反击是从另一个方向打来,则更会使他们手足无措。

德军统帅部对于地形的选择,其观念也与他们的对手完全不同,这也是对他们有利的。他们所选择的反攻战场,就是那个丘陵起伏,森林密布的阿登地区。那是公认的险恶地区,所以照正统派的看法,绝不可能在那里作大规模的攻势。同时,森林对于兵力的集中,可供掩蔽之用,而较高的地势使地面干燥,便于坦克的驰骋。这两点对于德军都是有利的。

他们主要的危险,即为害怕盟军空军会迅速地加以干扰。摩德尔对于这个问题,曾经作过下述的总评:"第一号敌人就是对方的空军,因为他们具有绝对的优势,可以用战斗轰炸机的攻击,和地毯轰炸的方式,来毁灭我方的攻击矛头和炮兵,并且使后方的运动变得完全不可能。"所以德军根据气象预测的结果,来选择发动攻势的日期,希望能够获得天然的掩护。结果头三天当中,雨雾交加,使得盟军空军无法起飞作战。这样,恶劣的天气也变成了一个有利的因素。

德军实在需要这一切的"有利因素",因为这一次,他们赌本实在是太小了,而赌注却又下得太高。他们自己也明知这是孤注一掷,所以他们才打出了最后的一张王牌。打击的主力为第五和第六两个装甲军团,所使用的坦克是从各处尽量搜刮得来的。

从攻势的眼光来看阿登地区,其最大的弱点就是高山与深谷交错,使中间通过的道路变成了"咽喉"要点。在这些点上,坦克的前进是很容易被阻塞的。德军当局为了预防这种危险,本来可以首先使用伞兵,把这些战略性隘路,迅速加以占领。但是自从 1941 年 5 月,德军曾经大规模使用空降部队,攻占了克里特岛之后,他们就听任这个特殊技术性的兵种自行退化,于是到那时能用的人数已经十分有限。

这次反攻的目标实是太远大——使用一条间接路线,一直向前突破,冲到安特卫普为止,切断英国集团军与美军和补给之间的联系,然后再把孤立的英军完全击毁。曼陀菲尔所率领的第五装甲军团,预定在阿登地区中,首先突破美军防线,先向西冲进,再转向北面渡过马斯河,经过那慕尔以达安特卫普。他们一面前进,一面沿途建立了一道侧卫阻塞防线,以阻南向的美军,干涉北面的战事。第六装甲军团由党卫军将军迪特里希(Sepp Dietrich)指挥,则沿着一条斜行的作战线,向西北挺进,经过列日以达安特卫普,在英军和北部美军的后方,建立起一道战略性的阻塞线。

由于奇袭的助力,在最初数日中,德军的反攻进展颇速,使盟军方面大为震动,并且发生了紊乱。最深入的穿刺是曼陀菲尔的第五装甲军团所造成的。但是由于盟军空军的压力,使他们感到燃料缺乏,终于丧失了时机。他们始终不曾冲到马斯河上,但是在某几点却已经十分的接近。德军失败的主因有两点:(一)是被绕过的美军残部,还是死守着阿登山地中的若干重要"瓶颈",使德军的运动不易畅通。(二)当蒙哥马利受命负责挽救这个北面危局的时候,他的行动也非常的迅速,立即调动预备队开向南方,以阻止敌人渡过马斯河。

在第二阶段,当盟军已经集中了他们的兵力,正准备拔去已经插在他们防

线中的那个巨型"尖劈"的时候,德军却作了一个技巧的退却,使他们跳出了那个网罗。专以这个作战本身的经过而论,德军的反攻对于他们还是有利的,虽然未能达到预定的目标,但是却已经破坏了盟军的整个攻势准备,他们自己的成本并不算高,而敌人的损失却很惨重。唯一的错误,就是到了作战后期,希特勒又是坚持不肯撤退。

但是从整个的战局来看,这一次反攻却是一个"送终"的行动。在这次作战中,德军所消耗的力量,已经超过了他们所能够负担的限度。由于这一次的消耗,遂使德军对于尔后的盟军攻势,再也没有持久抵抗的可能性了。同时它也使德国军人认清了,他们绝无"回天"的力量,因此也使他们完全丧失了希望。简言之,这次战役无异于是宣告德国在军事方面,已经破产。希特勒从此再也无法欺骗德国的军民,他们都知道眼前已是山穷水尽,再打下去只不过是徒然牺牲罢了。

最 后 阶 段

从 8 月起一直到年底为止,苏军的主战线都完全陷于静止的状态中,停止在波兰的中央部分。苏军现在正在补修他们的后方交通线,并且增强前线上的兵力。秋天时,他们曾经企图攻入东普鲁士,但并未能击溃德军的防线。

此时,苏军的左翼从罗马尼亚和保加利亚,继续向前推进,使用一个巨型的迂回运动,逐渐把匈牙利和南斯拉夫,都框进他们的圈子之内。这在大战略和战略两方面,都是一个具有长远目标的行动。因为一方面要在所通过的国家中,建立控制的体系,另一方面又受到交通阻塞的影响,所以进展得很慢。但是只要它还在继续进行之中,那么它对于共同的目标,也就当然的增加了战略上的影响作用。德军为了应付这个侧翼上的威胁,不免抽调了很多的兵力,结果使他们更难于应付东西两面的主要攻势。

1 月中旬,柯涅夫的部队在波兰南部,向德军发动了一个大规模的攻势,以桑多梅日(Sandomierz)附近的维斯瓦拉河上桥头阵地为起点。等到他们透入了德军防线,并对于中央地区,构成了侧面的威胁之后,朱可夫的兵力也随之在华沙附近的桥头阵地,向前跃进。虽是在冬季条件之下,这个攻击在第一个星期内的进展,其速度实不亚于过去的夏季攻势。

在西波兰的防线后方,多数地区都是宽阔平坦,对于守方极为不利——德军在 1939 年的攻势中,即已有过这种经验。一个机动性的攻击者,在这里是占了先天的地利,若是他拥有优越的兵力,则在这个宽广的空间中,更是具有运动自如,蹈隙乘虚的利益。而现在德军却是处于守势,同时又缺乏兵力及机动性的地位。

在第二个星期中,苏军的步调还是维持着原有的速度,而俘虏的数量不断增加,这表示由于事先德军统帅部,迟迟不肯实行总退却,以至于苏军的矛头现在已经追过他们。而德方对于德国边界内的若干大城镇,也开始匆匆撤退平民人口,更显示出苏军进展的速度和威力,已经使德军统帅部的原定计划丧失了效力,他们现在准备退守国界,所以才作此行动。

从夹在克拉科夫和罗兹两城之间的宽广空间中前进,柯涅夫的大军扫过了波兰西部边界,进入了西里西亚。1 月 19 日,克拉科夫和罗兹两个城市都被攻陷,前者是由于朱可夫侧翼进攻之所致。23 日,柯涅夫在布雷斯劳(Breslau)上方,进入奥得河(Oder),其正面宽达 40 英里,并已经在好几个点上,渡过了这条河流阻塞线。在这个迅速的前进中,他蹂躏过了上西里西亚的重要工业区,而使德国的战时生产受到重大的打击。但是德军在奥得河的彼岸,却已经厚积兵力。实行固守。并限制了苏军桥头阵地的扩展。

在苏军的右翼方面,罗科索夫斯基的兵力,也从纳雷夫河上(在华沙的东北面),向东普鲁士进攻。他们从边界的西端,透入东普鲁士,经过著名的坦能堡古战场——这是 1914 年苏军遭到惨败的地方——并于 26 日在但泽(Danzig)以东,到达波罗的海海岸。在东普鲁士境内的德军,大部分都被切断,然后被包围在哥尼斯堡(Konisberg)。

此时,在苏军中央的朱可夫部队,已经向西北面进攻,以两个交通中心——托伦(Torun)和波兹南(Poznan)——作为目标。然而他却绕过这两个据点,直接冲向德国边界,让它们像两个小岛般,孤立的站在狂潮之中。朱可夫于 29 日,越过了德国国界,然后继续向奥得河挺进,该河在这一方面,要比在西里西亚境内更往西流。因为他的目标已经明显地指向柏林,距离奥得河岸只有 50 英里远,所以他自然会遭遇到德军的强烈抵抗。虽然他的坦克于 31日,即已在科斯钦(Kustrin)附近,到达了奥得河,但是又过了相当的时候,他的兵力才能够以宽广的正面,推进到河岸上,而其渡河的企图,却一再连续的为德军所击退。

柯涅夫的兵力现在企图作一个侧面的助攻,以求奥得河的彼岸上,向西北推进,但在奈塞河上(Neisse)又复为德军所阻。

伸展过展的定律现在又开始生效了,苏军在东线受阻,一直等到盟军在西线重整攻势之后,战局才获得了最后的决定。

当苏军正在奥得河上作战时,艾森豪威尔在 2 月初,也发动了一个新的大攻势,其目的是在莱茵河以西,将德军击溃,而不让他们渡河退回去。首先由左翼方面的英加第一军团开始攻击,向莱茵河西岸旋转,使正在科隆(Cologne)以西,面对着美军(第一和第九两军团)的德军,受到侧面上的威胁。但是由于受到德军阿登反攻的影响,这个攻势未能提前进行,现在因为解冻的缘故,地面又变得非常的柔软,这使德军在抵抗方面获益不少。德军炸毁了鲁尔河(Roer)上的水坝,使美军受到洪水泛滥的阻碍,延缓了两个星期的时间。以后当美军进攻时,仍然还是受到顽强的抵抗。结果一直到 3 月 5 日,美军才进入科隆。此时德军已经有了充分的时间,足以把他们那个残破的兵力,连同多数的装备,都撤过莱茵河。

不过德军为了想阻止盟军左翼方面的进攻,其所使用的兵力,在比例上未免过高。结果使他们自己左翼的兵力减弱,而替美军第一和第三两个军团,造就了一个好机会。第一军团的右翼在波恩冲到了莱茵河上,而其中的一个支队在雷马根(Remagen),使用奇袭的手段,抢到了一座完整的桥梁。艾森豪威尔并没有从这个意想不到的缺口中,立即作扩张行动,因为若是那样做,他就势必要调动他的预备队,而且对于下一个阶段(也就是决定阶段)的计划,也必须作相当的调整。但是雷马根的威胁,却构成了一个很好的吸引力,吸住了德方那个已经很感缺乏的预备队。

美军第三军团突入了艾弗尔地区(Eifel,即阿登山地向德国境内的延长部分),却要算是一个更大的收获。这次又是巴顿担负矛头的任务,和在诺曼底突破时一样,还是那个身经百战的第四装甲师。他们在科布伦茨(Coblenz)冲到莱茵河岸上。巴顿于是把他的兵力往南面一转,越过下摩泽尔河,进入了帕拉提纳特地区(Palatinate),再进到莱茵河的西岸上,切断了面对着巴奇第七军团的德军的后路。这一击之下,他使他们无法退过莱茵河,并且捕得一大口袋的俘虏。接着他再回转身来,在毫无阻力的状态之下,向东渡过了莱茵河。这次渡过的时间是在 22 日夜里,地点在美因茨(Mainz)到沃尔姆斯(Worms)之间,接着他就向巴伐利亚的北部深入,以求迅速的扩张战果。于是德军整个防线都脱节了,当时有一种传说,认为德军可能会退到自南部山地中,凭险死守到底,巴顿的这一击也打消了这种企图的可能性。

23 日夜间,蒙哥马利集团军,在荷兰边界附近的莱茵河下游方面,也开始照预定计划,作渡河的攻击。在黑夜里,盟军分四点渡河,第二天上午,再把两个空降师,投掷在更远的地方,以来减轻德军对于桥头阵地的压迫。德军的抵抗开始到处发生了溃裂的现象,而终于变成了全面的总崩溃。

即便如此,战争还是又拖了一个月以上才结束。此时除了南北两端部分地区,德军的残部可以说已经不再有任何抵抗的作用。但是当盟军越过莱茵河再往前进之时,其补给问题却使他们遭到很多的困难。而空中攻击,也制造了许多的碎瓦颓垣,阻塞着进路,此外还有复杂的政治因素,也使他们不能不多所顾虑。

当盟军渡过莱茵河之后,军事上的胜负即已经成为定局,不过在此以前,德军的力量即本已用尽,所以这实在只是一个时间问题而已。

当盟军从各个方向上向中央压迫时,德军原有的绵长战线,也就迅速缩短,可是他们的力量却减低得更快,更不成比例。其原因是由于希特勒,一直坚持要实行那种毫无弹性的防御战略,所以才会把德军的力量完全消耗殆尽。当他尚未被胜利的气焰冲昏脑筋时,他对于攻势战略方面,却是具有极灵巧的弹性。可是等到他来使用防御战略时,却反而完全丧失了弹性。这真是个很奇怪的对比。

由于德军的力量和他们的物质资源,都已经匮竭到了极点,然而他们在那样宽广的周界上,却还能够继续支持那么长久的时间,实在要算是奇迹。一方面,是由于德军具有一种超人的忍耐力,而另一方面,盟军的"无条件投降"要求也与有功焉——从大战略方面来看,这实在是一条太直接的路线。不过最重要的却是这个事实也正足以证明出,近代化的防御实在是具有极大的潜力。依照任何正统军事家的计算,在这种强大攻击力量的重压之下,以德军的力量要想抵抗一个星期的时间,似乎都很成问题,可是他们却居然苦撑了好几个月之久。当他们所据守的正面,若是长度能与兵力成相当比例的时候,他们即常常能够击退优势的敌人——这个优势的对比常在六比一以上,有时更在十二比一以上。所以击退德军的不是盟军,而是"空间"。

假使德国的对手,在过去早能认清这一点,而改用能够发挥"防御"优势的方法,以来对付德国的侵略,则这个世界将可省却很多麻烦和悲剧。

很久以前,著名的拳师梅斯(Jem Mace),累积他多年拳赛的经验,而归纳出下述的格言:"让他们先向你攻击,结果他们就会被他们自己所打倒。"另外一个名拳师麦柯依(Kid McCoy),在教拳的时候,也发表了同样的意见:"引诱你的对手进攻,然后乘他两只手都占据了,而你还有一只手是空着的时候,来把他击倒。"

梅斯格言中所表现出来的真理,也就是我们从非洲、苏联和西欧的各个战场上面,所可能获得的最有价值的战术性教训。任何有经验和有头脑的指挥官,即便是在采取攻势的时候,他们也都知道如何去获得守势的利益。

对于整个战争而言,这也是最主要的教训。德国人是被自己打败的。假使他们自己不那样倒行逆施,那么他们的对手想击败他们,就不免会难上加难了。德国人对于胜利的问题,采取一种太直接性的路线,结果使对方对于他们的问题,却反而获得了间接性的解决。德国的失算和膨胀过度都足以使对方坐享其利。不过假使盟军方面,在最初即能对战争的基本条件,有更彻底的认识,而且在准备战争时,不采用传统性的路线,那么战争的时间和祸害必能大量的减少。

第四篇　战略和大战略的基础

第 十 九 章　 战 略 的 理 论

从历史的分析上面,我们已获得结论,现在似乎就可以在这个新的基础上面,为所谓战略思想,建筑一幢新的住宅。

首先让我们说明战略到底是什么? 克劳塞维茨在他那本巨著《战争论》(*On War*)中,曾经有过下述的定义:"一种使用会战为手段,以来获得战争目的的艺术。换言之,战略形成战争计划,对于构成战争的每一个战役,划出其理想中的路线,并且管制着每一个战役中所要硬打的会战。"

这个定义的第一个缺点,是它侵入了政策的范围之内。所谓政策者,也就是对于战争的较高层领导,这是政府的职责,而并非军事领袖所应该过问的。军事领袖的任务即为对于作战,要作执行性质的控制。第二个缺点,就是它把"战略"的意义限制得太狭窄,只以纯粹利用会战为限,于是遂产生一个错误观念,会使人认为会战就是达到战略性目的的唯一手段。对于那些自命为克劳塞维茨的高徒,而又欠通的人们,似乎很容易就会把目的和手段混成一团,而得到这样一个结论:在战争中应以决定性会战为主要目标,而其他一切的考虑都是这个主要目标的附属品。

战略与政策关系

假使战略和政策这两种任务,都很正常的集中在一个人的手中,例如过去的腓特烈大帝和拿破仑,那么它们之间的区别,自然不会有多大的意义。不过时至今日,这种军人统治者已经很少见了,在 19 世纪当中,几乎暂时绝迹,于是若不把战略和政策之间的界线,明白划出来,则不免会有许多潜伏的害处。因为它足以鼓励军人们,提出荒谬的要求,认为政策应该向他们的战略低头。尤其是在民主国家中,又有一种矫枉过正的现象,政治家要想扩大他们的控制范围,甚至于当他们的军事雇佣如何实际使用他们的工具时,也要受到他们的干涉。

　　毛奇对于战略,也曾经下了一个比较清楚而聪明的定义。他说:"战略就是当一位将军想达到预定目的时,对于他所可能使用的工具,如何实际应用的方法。"

　　这个定义确定了一位军事指挥官,对于政府所应负的责任——他是受着那个政府的雇用。他的责任即为在指定给他的战场中,使用分配给他的力量,以求对于较高级的战争政策,作最有利的贡献。假使他认为所分配的力量,不足以完成这个指定任务,他应该据理力争,假使政府不听信他的意见,他可以去力争;但是假使他要想企图"命令"政府,把何种力量交给他指挥运用,那么便超出了合理限度了。

　　反而言之,政府既然具有决定战争政策的全权,所以就必须使这种政策,能够经常适应着变化的条件。当战争正在进展时,一切的条件也都是瞬息万变,因此政策也绝不可以硬化,而丧失了弹性。政府对于一个战役中的战略,也具有干涉的权柄,不仅可以撤换丧失了信任的指挥官,而且还可以修正他们的目标,以来配合战争政策的需要。政府应该把任务的性质,明白地告诉军事指挥官,但是对于他如何运用他自己的工具,却不宜加以干涉。所以战略并不一定只是有一个单纯的目标——击毁敌人的军事力量。当政府看到敌人,在某一个战区中,或全面战场上具有军事上的优势时,那么采取一个有限目的的战略,似乎是比较聪明。

　　有时需要等候,直到同盟国参战,或从另外一个战场上有生力军调来之后,才可能使力量平衡的局面发生新的变化。有时不仅需要等候,甚至需永久的限制军事方面的行动,而让经济战来决定最后的胜负。有时在战前的计算中,即可以看出击毁敌人军事力量的任务,根本上就超出其本身能力限度之外,或者是得不偿失,不值得如此去做——这时战争政策即可以夺取某些领土为目的。当和平谈判时,可用它来当作讨价还价的工具,或是设法永远的占领着它。

　　这种政策在历史中,可以找到许多例证,虽然正统的军事理论并不支持它。有些人很抱歉地说,这是一种"弱势"的政策,实际上并不尽然。事实上,大不列颠帝国的历史即以此为其维系,对于英国的盟友,这种政策也常常成为它们的救生圈。在过去,是习焉而不察,所以我们现在就要正式追问,到底这种"保守"性的军事政策,在战争指导的理论中,是否也有资格占一席之地呢?

　　采取有限目的战略的一般理由,就是为了要想等候"力量平衡"的局面发生变化。我们常常可以用"针刺"的方法,而不必一定要冒"打击"的危险,即足以达到消耗敌人和削弱敌人的目的,因而逐渐的使平衡发生变化。使用这种战略的最重要条件,即为必须使敌人的消耗量,超过他们自己的消耗量。要达到这个目的可以使用下述的手段:攻击敌人的补给线,发动局部攻击以达到"大吃小"的效果,引诱敌人作徒劳无功的攻击,促使敌人分散他的兵力,设法消磨敌人的精力。

以前曾经提出过这样一个问题:将军在他的战场之内,对于他自己的战略执行,是否具有绝对的自由权。毛奇的那个比较清楚的定义,对于这个问题似乎可以供给一个暗示性的答案。因为假使政府已经决定采取一个有限目的,或是"费边"式的大战略,那么那位将军在他自己战略领域之内,若还是想要击毁敌人的军事力量,则结果对于他政府的战争政策,遂不免要害多利少了。通常一个有限目标的战争政策,一定会产生一个有限目标的战略,只有获得政府的批准之后,军事指挥官才可以去追求一个决定性的目标,而只有政府才有权决定何种目标是值得追求的。

现在我们可以拟定一个比较简短的定义:"战略是分配和运用军事工具,以来达到政策目的的艺术。"战略所研究的不仅只限于兵力的调动——一般的定义都只注意这一点——而且更注意到这种运动的效果。当军事工具的运用,最后终于和实际战斗合而为一的时候,此时如何处理和控制那些直接行动的方法,遂被称作是"战术"。虽然为了便于讲解起见,我们在这两个名词之间划了一条界线,但是事实上,却很难真正将它们分隔清楚,因为它们之间,不仅互相具有影响作用,而且根本上即已混合成一个整体。

大战略或高级战略

战术是把战略应用到较低的一个阶层中,同样的,战略也就是把大战略应用到较低的一个阶层中。大战略和指导如何进行战争的政策,实际上是完全一样,但是和专门决定战争目的的基本政策,却又自有不同之处。大战略这个名词使我们想到"政策在执行中"的意味。因为所谓大战略——高级战略——的任务,就是协调和指导一个国家(或是一群国家)的一切力量,使其达到战争的政治目的。这个目的则由基本政策来加以决定。

大战略必须要计算到,并且还要设法发展国家的人力和经济资源,以来维持作战的力量。此外,精神上的资源也是同样的重要——养成人民的意志精神,其重要性并不亚于获得其他更具体形式的权力。大战略也要负责规定各军种之间的力量应该如何分配,以及军事与工业之间的关系应该如何分配。抑有进者,军事力量只不过是大战略的各种工具中的一种而已,它更应该注意应用财政上的压力,外交上的压力,商业上的压力,甚至于道义上的压力,以来削弱敌人的意志。一个良好的理由(师出有名)是一把利剑,同时也是一块防盾。所以,在战争中表示侠义的精神,可以算是最有效的武器,一方面可以减低对方的抵抗意志,而另一方面又可以提高本身的精神力量。

更进一步说,当战略学的视线是以战争"地平线"为界的时候,大战略的眼光却透过了战争的限度,而一直看到战后的和平上面。大战略不仅要联合使用各种不同的工具,而且还要限制它们的用法,避免有损于未来的和平状态。在许多次战争之后,交战双方都常常是两败俱伤,其理由可以用下述的事实来加以解释,大战略和战略不同,其领域之中还有一大部分都是神秘的处女地,正等待着人们去开拓和研究。

纯粹战略或军事战略

在扫清了场地之后,我们才可以在它的适当平面上,和原定的基础上,把我们的战略观念建立起来——那就是以"为将之道"为基础。

要使战略能够获致成功,其最首要的要求,即为对于"目的"和"手段"之间的关系,必须有精密的"计算",使二者之间能够密切的"配合"。目的必须与一切手段(工具)的总和成比例,而用来达到每一个中间目的的手段,必须与那个中间目的的价值和需要,能够成比例——或者是要获得某一种目标,或者是要完成某一种任务。手段绝不可以太过,因为太过与太少同样有害。

真正的标准就是要使"兵力的经济",达到恰到好处的境界。"兵力的经济"(或节约)已经成为一种习用的军事术语,它的意义早已发生歪曲,而使人忽略了它的"深意"。但是,由于战争是具有一种"不定性",更由于缺乏科学化的研究,这种"不定性"的成分更分外增加,所以即便是最伟大的军事天才,也不可能完全达到标准,不过愈是能接近这个标准,则其成功也愈大。

这种相对性是必然的,因为无论我们如何发展战争科学的知识,但却还是不免要依赖应用时的"艺术"。"艺术"不仅可以使"目的"接近"手段",而且也给予手段以较高的价值,使目的可以更扩大。

这种情形就使计算益增其复杂性,因为没有一个人,对于人类天才和愚蠢的程度,可以作出正确的计算,同时意志的力量,更是无法估计的。

因 素 和 条 件

不过在战略方面的计算要比战术方面简单,而且比较容易接近"真理"。因为战争中最无法计算的因素,即为人类的意志,在抵抗力方面更显出它的伟大价值,不过那却是属于战术范围之内的。在战略的领域之内,除了天然的抵抗力外,它不需要克服其他的抵抗力。它的"目的"是"减少"抵抗的可能性,为了达到这个目的,必须尽量发挥"运动"和"奇袭"两个因素的威力。

运动是属于物理性的领域之内,首先所要计算的就是时间、地形和运输容量等项条件。所谓"运输容量"者的意义,包括着运送和维持兵力时,所使用的一切工具和方法。

奇袭则属于心理性的领域之内,它的计算要比在物理性领域之内的问题,复杂得太多了。其条件不仅众多,而在每一种情形中,都有不同的变化。这些条件对于对手的意志,似乎都具有影响作用。

虽然就一般的情形而论,战略的着眼如果不是比较偏重运动,而轻视奇袭;就是比较偏重奇袭,而轻视运动。实际上,这两个因素却互为因果,相辅相成。运动可以产生奇袭,而奇袭又可以增加运动的冲力。因为在运动中,假使突然增加它的速度,或是变换它的方面,那么即便并无掩蔽,也一定可以带有几分奇袭的意味。同时奇袭可以阻止敌人采取对抗的行动,而为运动碾平了道路。

至于说战略和战术之间的关系。在执行的时候,这条界线常常只算得上是一个暗影,我们很难决定到底战略行动在何处结束,而战术行动在何处开始。可是就观念方面来说,这两者之间却具有很明确的分界。战术是位置在战斗的领域之内,而且也填满了这个范围。战略不仅停止在这一道界线之上,而且它的目的是想要把实际的战斗,减至最低的限度。

战 略 目 的

有些人认为在战争中,唯一正常的目的即为毁灭敌人的军事力量,有些人认为战略的唯一目的即为会战,有些更中了克劳塞维茨的毒,认为"血液就是胜利的代价"。这些人对于上述的说法,也许会不表同意。不过即使就他们自已的立场而论,上述的说法也还是不会发生动摇。因为即便把一个决定性会战当作是目标,可是战略的目的还是要使这个会战,在最有利的环境之下进行。而环境愈有利,则战斗的成分也就愈相对的减低。

所以战略的完美境界,就是要产生决定性的战果,而不需要任何严重性的战斗——不战而屈人之兵,善之善者也。依照我们已经研究过的结果,历史上有许多的例证,足以说明若是能有有利条件的帮助,则战略,事实上是可以产生这样的结果。这些例证包括:恺撒的依勒尔达战役、克伦威尔的普雷斯顿战役、拿破仑的乌尔姆战役、毛奇于1870年在色当对于麦克马洪所部的包围战、艾伦贝于1918年在撒马利亚(Samaria)丘陵地对于土耳其军的包围战。而最近代化,最惊心怵目和最具有悲剧意味的例证,却是1940年,当古德里安在色当作了一个奇袭性的中央突破之后,德军在比利时境内即切断了联军的左翼,并将他们一网打尽,接着遂使欧陆上的联军,终于发生了全面的崩溃。

以上所举的例证,说明了若能迫使敌人自动投降和解除武装,即能够很经济的达到"毁灭"敌人军事力量的目标。可是对于获得决定性的结果,或是完全战争的目的而言,这种"毁灭"并非一定必需。有时一个国家只是以维护本身安全为目的,而并不想征服任何国家,那么只要解除安全的威胁,就可以算是达到目的了——换言之,只要逼迫敌人放弃他的目的即可。

在波斯人早已放弃他们侵入叙利亚的企图之后,贝利撒留为了想约束他部下的"决定性胜利"的野心,自愿在苏拉(Sura)吃一次败仗。这是一个极好的例证,说明了"画蛇添足"不但无益而且有害。反而言之,当波斯人以后又大举来犯时,贝利撒留还是很巧妙的把他逐退,使叙利亚境内不见敌踪。这一次胜利可以算是在历史上首开纪录,它构成一个显著的例证,表示纯粹使用战略,也可以获得决定性的战果——实际上,是完成了政策的目的。因为在该次行动中,心理行动是如此的有效,使敌人自动放弃了他的目标,不再需要任何物质性的行动。

因为这种不流血的胜利似乎是一种例外情形,所以物以稀为贵,更增重了它的价值,这指明出来战略和大战略方面,它是具有极大的潜在可能性。尽管人类已经有千百年的战争经验,可是我们对于心理战的领域,还只是刚刚进入探险阶段。

从对于战争的深入研究中,克劳塞维茨曾获得下述的结论:"所有的军事行动中,都充满了智力和它的效果。"可是在实际战争中,所有的国家总是为感情所驱使,而忘记了理智,因此完全忽视了这个结论的深意。他们还是不肯用头脑,而宁愿一头猛撞在最近的墙壁上面。

　　因为负责决定大战略的当局,即为一个国家的政府,所以它也要负责决定在战争中,战略是用来获得军事性的决定呢? 还是另有其他的目的? 一位外科医师的手术箱里面,可以装着许多不同种类的工具。为了达到大战略的目的,军事工具不过是其他各种工具中的一种而已。同样的为了达到战略的目的,会战也不过是许多工具中的一种罢了。假使条件适合时,会战常常是收效最快的一种工具,但是当条件不利的时候,勉强使用它却是一种愚行。

　　让我们假定有一位战略家,由政府授权给他去寻找一个作军事决定性的机会。他的责任就是在最有利的环境中,去寻找"决定",以求能够产生最有利的结果。所以他的真正目的并非寻求会战,而是要寻求一个最有利的战略情况。这种情况即令它本身不能产生决定性的战果,可是若再继之以会战,则一定可以获得这种结果。换言之,使敌人丧失平衡,自乱步骤,才是战略的真正目标,其结果不是敌人自动崩溃,就是在会战中轻易被击溃。要使敌人自动崩溃,也许还是需要一部分的战斗压力,可是在本质上,这与会战却完全是两件事。

战　略　行　动

　　战略如何才能使敌人丧失平衡呢? 在物质性的领域中,下述的几个行动都能产生这种结果:(一)扰乱敌人的部署,迫使他们突然的改变正面,使他们在兵力的组织和分配上,自乱步骤,发生混乱现象;(二)隔开(切断)他们的兵力;(三)阻挠他们的补给;(四)威胁他们的退路,使其与基地或祖国之间,丧失联系。

　　上述这些方法中的任一种,都可以产生使敌人丧失平衡的效力,可是通常却是几种方法合用的后果。实际上,它们是很难分开的,因为一个趋向敌人后方的行动,即可以把这种方法都合并在一起。不过各种方法的影响作用,却可以有不同的变化,在历史上我们可以找到这种变化的轨迹,它与军队数量的大小和组织的复杂性,都具有密切的关系。当军队采取因粮于敌的办法时,用抢掠或征收的方式,来就地取得补给,那么所谓交通线者对于他们,实在没有什么重要性。甚至于在一个较高度发展的军事情况中,若是兵力愈小,则其在补给方面,对于交通线的依赖性也愈小。军队的体型愈大,组织愈复杂,其对于交通线的威胁,所感应的效力也就愈迅速而激烈。

当这种依赖性不太大时,战略的运用当然受到相当的障碍,而战术遂居于较重要的地位,虽然如此,即令是受到障碍,有本领的战略家用威胁敌人退路,扰乱敌人平衡,和切断局部性补给等等手段,还是可以在会战之前,先产生出一个具有决定性的有利条件,而让会战来竟其全功。

要想产生效力,则这种威胁在使用时,无论就时间和空间而论,都应该较接近敌人军队的本身,而非以他们的交通线为目标。所以在古代战争中,我们对于战略和战术性两种运动,实在是很难加以区别。

就心理方面而论,是由于我们以上所列举的物质性手段,在对方指挥官心灵上产生了一种印象,结果才使敌人发生"丧失平衡"的现象。若他是突然感受到他已经处于不利的境况之下,或者是他感觉到已经无力采取对抗的手段时,那么这种印象也就会特别的强烈。心理上丧失平衡的主因,即为他本人感觉到他已经陷入陷阱了。

为什么当我们向敌人后方,采取一种物理性的行动之后,敌人在心理上常常会感到丧失平衡,其原因即在此。军队也和人一样,除非回转过身来,把它的手臂(兵器)用在另一个新的方向上面,否则他就很难保护他的背面,不受到敌人的打击。当"转"一个身的时候,即可使他暂时丧失平衡,无论是军队或是个人都是一样的。不过军队要想恢复平衡,其所花的时间一定比个人还要长。所以"头脑"(指挥官)对于任何来自背面的威胁,总是最敏感的。

反而言之,直接面对着敌人的行动,则在物理和心理上两方面,都不但不能摇动敌人的平衡,反而更巩固了他们的平衡,换言之即是增加了他们的抵抗力量。因为对于一支军队而言,正面攻击只能使敌人向后卷退,逐步接近他们的预备队、补给和增援,所以原有的正面在撤退中逐渐磨薄了的时候,在它的后面却又加上了"新层"。这样的攻击,充其量最多也只能使敌人发生紧张现象,而不能使其发生震恐现象。

所以当绕着敌人正面趋向他的后方时,其目的不仅是希望在途中能避免敌人的抵抗,而且还希望在最后的结局上,也同样能如此。用最奥妙的语气来说,就是要采取抵抗力最少的路线。若从心理方面来立论,那么也就相当于是期待性最少的路线。它们好比是一个铜钱的两面,能明白这个道理,则我们对于战略的了解,才可以更推广一层。假使我们所采取的路线,固然是抵抗力最少的,可是同时这种性质又是显而易见的,那么我能知则敌亦必能知,于是这一条路线马上即可能会变得不是抵抗力最少的了。

在研究物理性的问题时,我们要永远记着心理方面的关系,而且唯有把这两方面融会贯通之后,才算得上是真正间接路线的战略,唯其能如此,才足以破坏敌人的平衡。

仅是向敌人作间接的行军,以达到他们的后方,这算不上是一种战略性的间接路线,战略的艺术没那么简单。也许刚刚开始行动时候,对于敌人的正面而言,是具有间接性的,但是因为它在前进时,是直接以敌人后方为目标,所以很容易让敌人看出这种危险,而抢先变换他们的部署,于是对于敌人的新正面而言,这个行动遂一点也不再具有间接性,而变成了纯直接性了。

因为敌人既然有这种抢先变换正面的可能性,所以在采取这种直趋敌后的行动之前,通常势必还要先有一个或几个"预备性"的行动,这些行动的目的就是要"分散"敌人的注意和"牵制"他们的兵力。换言之,也就是想设法剥夺敌人的行动自由权。无论在物理还是心理方面,都应该先使用这些手段。在物理方面,应该设法分散敌人的兵力,使他去追求一些不相干的目标,让他们感到"备多力分",而无力阻止我方的决定性行动。在心理方面,要设法欺骗敌人的指挥官,使他感到困惑和恐惧。"石墙"杰克逊对此种战略方法曾经有过下述的格言:"使敌人感到神秘莫测,引诱敌人走上错误的途径,然后再实行奇袭。"前两句也就是"分散"敌人注意和兵力的基本方法,而奇袭即为使敌人"丧失平衡"的先决条件。必先使敌方指挥官的注意力分散,然后才可以使他们的兵力也随之而分散。行动自由的丧失,也就是思想自由丧失的后果。

对于物理性的领域是受到心理因素的支配和影响这一点,有了一番较深切的认识之后,即更可以看出这种认识还自有其间接的价值。因为它无异于向我们提出一个警告,告诉我们那些想用数学的方法,来对战略作分析研究的人,其想法是如何浅薄可笑。照他们看来,只要能够在一个选定的位置上,集中了优势的兵力,即足以决定战局的胜负。实际上,这种定量观的战略思想,也正和过去那种几何观的战略思想一样,都是犯了同类的错误。

一般的教科书都有这种错误的趋势,把战争的主体,当作是"集中优势兵力"这一回事看待。这种观念与战争真理差距太远,因为照这种观念向前发展,其结果一定非钻入牛角尖不可。福煦对"兵力经济"的原理,曾经下了一个著名的定义。他说:"这就是一种艺术,能够把全部的力量,于一个指定的时间中,投掷在一个指定的地点上。要想把全部的兵力,都用在一点上,那么所有部队之间,就必须要保持着永久性的联系,而绝不可以把他们分割开,使每一部分固定在某一个不变的任务上面。它的第二个部分就是当一个结果已经达到之后,马上又能把已经集中的兵力散开,去追求新的目标。"

假使我们采取下述的说法,那么或许可以更准确、更流利。那就是说当一支军队在分布兵力的时候,必须使它的各部分能够互相协助呼应,结合在一起对于某一点上,即足以产生最大可能的集中,而为了使集中能够成功,对于其他各处所使用的兵力即应以最小必要为原则。

要想集中全部兵力的观念,实在很不实际,即便是把它当作"口号"喊,也都未免具有危险性。而且在实际上,许多"最小必要"的兵力总和,在全部总兵力中所占的比例,也许还会超过所谓"最大可能"的兵力。甚至于我们还可以这样说,用来牵制分散敌人的力量花得愈多,那么那个集中的打击,也愈容易达到它的目标。否则,这个打击会碰在一个太强硬的目标上,而无法把它击碎。

专在那个理想中的决定点上,保持着优势的重量还不够,一定更要设法使对方在那个点上,无法"适时"获得增援。同时在这个点上,敌人兵力数量处于劣势,并不能保证必胜,一定要他们在精神方面也是处于劣势才行。拿破仑有几次受到严重挫败的主要原因,就是他忽视了这种保证条件。自从兵器的迟滞威力增大了之后,这种"分散"手段的需要遂更显得重要。

战　略　基　础

有一个较深奥的真理,是福煦和克劳塞维茨的其他门徒们,所不曾完全了解的。那就是在战争中,所有的问题和所有的原理,都一律是"二元性"的。像铜钱一样,它都有两面。所以必须作调和妥协的计算,以求折衷于至当。事实上战争是一个双方参与的事件,所以这种真理即为无可避免的后果,当攻击对方的时候,一定同时也要预防对方也攻击你。这个原理的推论就是说,当你希望你的打击能有效时,那么最重要的先决条件即是要取消敌人的自卫力量。只有当敌人兵力分散了之后,才可以作有效的集中;而通常为了达到这个目的,攻方自己的兵力便先要分布得更广泛。于是我们获得一个表面看来似乎很矛盾的说法:真正的集中实在即为分散的产品。

从这种"双方"交战的条件之下,我们又可以获得进一步的结论,那就是说要想保证达到一个目标,那么你必须要有可供交换的其他目标。在这里也可以看出来,19世纪单纯思想的代表人福煦和他的门徒们,与我们之间所具有的重大差异。这也是实践和理想的差异。因为假使敌人确定你的目标是在那里,那么他就可能会有最好的机会,以来保卫他自己,而使你徒劳无功。反而言之,假使你采取的路线,是能够同时威胁到几个目标,那么你就可以使他的注意和兵力,都分散开了。而且,这也就是"分散"敌人的最经济方法,因为它可以使你在真正的作战线上面,保持着最大比例的兵力——换言之,可以同时兼顾到最大可能的集中和分散的必要性这两种条件。

若无一个可以替换的目标,则对于战争的本质而言,也完全是背道而驰。包色特在 18 世纪,即曾说过下述这段十分透彻的话:"所有的作战计划一定要有几个分枝,每个分枝都必须经过详细的思考,在这些分枝当中至少会有一个是不会失败的。"年轻的拿破仑就是完全服膺这个观念,他也曾说:"必须面面顾到。"70 年之后,谢尔曼从经验中,也曾重新学会了这个教训。事后他在反省的时候,遂创出他那句著名的格言:"使敌人处于左右为难的位置。"在任何一个问题中,假使有反对势力存在,而又是无法控制的,那么我们即必须要有远见,能够想到几条可以互相调换的路线。在战争中也正和在生活中是完全一样的,只有"适应"才能"生存"!战争就是人类集中力量,对于环境的一种斗争。

为了实用起见,在拟定任何计划时,都必须要考虑到敌人所具有的破坏力量,要想克服这种障碍,其最好的机会即为这个计划可以轻易的改变,以适应它所遭遇到的环境。想要保持这种适应性,而又同时保持主动之权,那么最好的方法即为一个具有交换目标的行动线。因为这样,你就可以使你的敌人,处于左右为难的窘境,而你却至少可以达到一个目标——那个防御力较弱者——甚至还可能"一箭双雕"。

在战术的领域中,敌方的部署常常是以地形性质为基础,所以选择这样的目标,似乎要比在战略的领域中更为困难。在战略的领域中,敌人一定会有重要的目标,必须加以保护——例如工业中心和铁路交点。但是在战术方面,假使你懂得让你的攻击路线,与所可能遇到的抵抗程度相适应,而且对于所发现的弱点,尽量加以开拓,那么你也一样可以获得类似的利益。计划就和树木一样,一定要有分枝,否则它就不会结果。一个只有单独目标的计划,就好像是一根光杆儿一样。

切 断 交 通 线

在计划对于敌人的交通线,作任何打击的时候,可以有两种不同的方式:(一)实行侧面迂回的办法,(二)在敌方正面上打开一个裂缝,然后作迅速地透入。比较成问题的,还是应该打击在什么地方,才会最有效呢? 是应该指向敌人兵力的紧接后方呢? 还是打击在更远的地方上呢?

当我开始研究这个问题的时候,试验性的机械化部队,才刚刚成立,而他们的战略性使用还停留在思考的阶段。所以我首先分析过去的骑兵突袭战法,想以此来作为思考的指标,尤其是注重近代有了铁路运输以后的用法。照我的预测,这种骑兵的突袭,比之机械化部队的深入战略性穿透,其所具有的可能性实在太有限了。可是这种差异却正足以显示出,他们所供给的例证,其意义不但没有减弱,反而还更加强。在作了一些必要的修正之后,即可以获得下述的结论:

一般说来,这种切断的位置,距离敌人兵力愈近,则其效力愈迅速;距离敌人基地愈近,则其效力愈伟大。无论是采取哪一种方式,假使敌人是在运动中,或正在作战的过程中,其所发生的效力,就会比处于静止状态时,要更大和更快。

在决定一个机动性打击的方向时,其所依赖的最主要因素,即为敌军的战略位置和补给条件,例如:他们补给线的数目;采取替换补给线的可能性;在他们前线后方的补给站中所可能储存的物资数量等等。在把这些因素都考虑过之后,其次就是要把每一个目标的可达性(accessibility),再来考虑一番,例如:距离,天然的障碍物,以及所可能遭遇到的抵抗等等。一般说来,所经过的距离愈长,所遭遇到的天然障碍物也必然愈多,但是敌方的抵抗力却可能会相对的减少。

所以除非天然障碍物非常的险恶,或者是敌人在补给方面对于基地具有极高度的独立性,否则切断敌人交通线时,是愈向后方深入,则其成功的机会和效果亦愈多。

另外还有一种想法:当这个打击点距离敌军位置较近时,那么对于敌方部队的心理,可以发生较大的效力。反而言之,假使这打击点是在深远的后方,那么对于敌方指挥官的心理,也许会具有更大的影响作用。

过去的骑兵突袭,因为往往不注意到爆破的工作,所以减低了他们的功效。因此,有许多人对于机械化部队的突袭价值,也都不免估计过低。所应该注意的,不仅是路线的爆破足以阻止敌方攻击物资的流通,而且对于敌方的运输车辆,也可以实际的加以拦截,或是使它们受到被拦截的威胁。由于有了机械化部队的发展,这种形式的拦截方法,其可能性就更分外增高。因为机械化部队具有较高度的弹性和越野运动的能力。

这一段结论,由于第二次大战的经验,更获得了一个新的证实。当时古德里安的装甲部队,跑到了德军主力的前面,切断了联军的交通线,因而使他们在心理和物理上,都产生了瘫痪的现象,终至于全军覆没。

前 进 方 法

一直到 18 世纪末为止,无论是在战略方面(向战场上的),还是在战术方面(在战场上的),都是以物理性集中的前进为原则。等到拿破仑出现后,他才将包色特的观念和新师制的精神,加以充分发挥,而创立了一种分散性(distribute)的战略性前进——军队分成独立单位运动。但是一般言之,战术性前进还是采取集中的方式。

到了 19 世纪末叶,由于火力兵器的发展,战术性前进也变成了分散性的:分成一个个的质点,以来减少火力的效力。但是战略性前进却也变为集中性的——其中的原因,一部分是受了铁路交通和兵力扩大的影响,一部分也是由于误解了拿破仑思想所致。

要想使战略的艺术和效力,发生复苏的现象,那必须使分散性的战略前进方式,首先能够复活。而且,新的条件——空权和摩托化的威力——也指明出来,未来的发展也一定是趋向于分散性的战略前进。空中攻击的危险,神秘化的目的,机械机动性的充分发挥,都暗示出在不影响团结一致和联合行动的原则之下,前进的兵力是应该尽量的分散。面对着原子武器的威胁,这更变成了必要的条件。无线电的发展更是一个恰到好处的帮助,它可以使分散之后,而不丧失控制和联系。

为了取代使用一支集中兵力作集中打击的单纯观念,我们可以依照环境的变化,做下述的选择方式:

(一)分散的前进,但是只有一个集中性的单纯目标,即对着一个目标作"分进合击"的行动。

(二)分散的前进,但是却有一个集中性的连串目标,即对着连贯的目标前进(在每一种行动之前,都需要作预备的行动,以来分散敌人的注意力和兵力。除非我们有同时威胁几个目标的可能性,使敌人早已感到困惑,而可以发生分散之效)。

(三)分散的前进,也同时有分散的目标,即同时对着几个目标进攻(在新的战争条件之下,部分性成功的累积效力——对于多数的点上,即便只是一个威胁而已——可能会要比在一点上的完全成功,还更重大)。

军队的效力,就要靠这种新型方法的发展来加以决定——这种方法目的,是渗入和控制一个地区,而不是占领"线"。这种目的是实际性的,以瘫痪敌人行动为原则,而并非理论性的,以击溃敌人兵力为原则。兵力的流动性可能会成功,而兵力的集中性却常常遭到硬性的失败。

第二十章　战略和战术的基本要点

在这简短的一章中,我们企图从战争的历史中,摘出几条经验性的真理。这些真理是如此的普遍化,如此的基本化,因此可以称之为"公理"而无愧色。

它们是一种实际性的指导,而并非抽象性的原理。拿破仑曾经认清这个道理:只有实际性的东西,才有用处。所以他留给我们的"格言"都是实际化的。但是近代化的趋势,却是想要找到一种可以用一个"名词"便能表示出来的"原则"——但是却往往需要好几千字,才能把它解释清楚。即便如此,这些原则还是太抽象,对于不同的人,可以有不同的解释。至于说到它们的价值,也要看每个人对于战争的了解程度而定了。这种研究愈趋于抽象化,则它们就更像一个幻影——既不可能达到,又毫无用处。

几乎所有的战争原则——而不只是一条——都可以化约成一个名词,那就是"集中"。但是真正解释起来,我们便需把它扩大成一句话:"集中力量来对付敌人的弱点。"假使要使这句话有任何真正的价值,那么我们就要更进一步解释着说:为了要能集中力量,以来打击敌人的弱点,就先要使敌方的力量分散。要使敌方的力量分散,那么首先你自己至少要作一部分的分散,以造成一种形势来引诱敌人。结果遂变成了下述的一连串程序——你的分散,他的分散,然后才是你的集中。真正的集中即为有计划分散的后果。

这样我们对于这个基本的原则,就有了比较深刻的认识,足以预防我们触犯一种基本错误,也是最普通的错误,那即是:使你的对手,有自由和时间来集中他的兵力,而用以对抗你的集中兵力。但是假使只专门说明"集中"二字,而且把它当作原则看待,那么在执行时,它根本毫无实际意义之可言。

上述的这一类的公理,是无法把它缩短成为一个名词;但是为了实际上的需要,却可以把它缩短成为一个简短的句子。一共只有八条,六条是正面的,两条是反面的。除非有特殊的说明,否则它们对于战略和战术,都同样可以适用。

正　面　的

一、调整你的目的以来配合手段　在决定你的目标时,一定要具有清楚的眼光,和冷静的计算。"咬下的分量超过你可以嚼烂的限度"那实在是一种愚行。军事智慧的开端,即为一切思想应以具有可能性为其限度。所以应该学会一方面面对事实,而另一方面还保持着信念。信念还是十分重要的,一旦行动开始之后,信念可以使你达到表面上似乎不可能完成的目标。信念好像是电池中的电流一样,最忌的就是糟蹋浪费。你应该记着,假使你把电池中的电力消耗光了——即你所依赖的人力——自己的信念也就会变得毫无用处。

二、心里永远记着你的目标　当你依据环境修订计划的时候,心里应该永远记着你的目标。应该了解到许多不同的途径,都可以达到同一个目标。在考虑任何可能性的目标时,必须要注意到它是否有实际达到的可能性。徘徊歧路固然要不得,钻到牛角尖里去,也是同样的不妥当。

三、选择一条期待性最少的路线　你要站在敌人的位置上来加以考虑,想出哪一条路线是他们最不注意的。

四、扩张一条抵抗力最弱的路线　只要这条路线所通到的终点,对于达到你的最后目标是有所贡献的。(在战术方面,当你使用预备队时,就可以用到这条公理。在战略方面,当你扩张任何战术性成功时,也可以应用这一条公理。)

五、采取一条同时具有几个目标的作战线　因为这样你就可以使敌人处于左右为难的窘境。你至少有赢得一个目标的机会——那就是他防御力较差的那一个——甚至可能使你连续达到两个目标。

具有互换性的几个目标,可使你至少有达到一个目标的机会。假使你只有一个单独的目标,那除非敌人是处于绝对的劣势,否则只要敌人一旦拿稳了你的目标是什么,那么你便绝无达到目标的可能性。把作战线和目标混为一谈,是一种极普通的错误。保持一条单纯的作战线,通常都是一种很聪明的办法;而保持一个单纯的目标,却往往会徒劳无益。(这条公理主要适用于战略方面,但对于渗透战术也同样的可以适用。)

六、计划和部署必须具有弹性,以适应实际的环境　你的计划对于下一个步骤,一定要具有先见之明,无论是成功,或是失败,是一部分成功——这是战争中最普遍的现象——都要有预定的应付办法。你的兵力部署,一定要让你只需花极短的时间,即可以适应一切的环境变化。

反　面　的

七、当敌人有备时，绝不要把你的重量投掷在一个打击之中　这时敌人是居于有利的位置，他可以击退你的攻击，或是避开你的攻击。历史的经验告诉我们，除非敌人是处于极端的劣势，否则若不先将他们的抵抗力或闪避力，加以瘫痪化，那么这种打击是绝不可能有效的。所以任何指挥官，除非他认为这种瘫痪现象是已经在发展之中，否则他绝不会对一个有备的敌人，发动真正的攻击。要使敌人发生瘫痪现象，在物理方面来说，就是要使他们的组织涣散（disorganization）；而在心理方面来说，就是要使他们的士气瓦解（demoralization）。

八、当一次尝试失败之后，不要沿着同一路线，或采取同一形式，再发动攻击　单只增加你的重量，并不足以使战局发生变化，因为在这个中间阶段中，敌方也同样可以获得增援。而且他再度击败你的机会也比较多，因为他乘战胜之余威，在精神上早已占了上风。

从这些格言上面，我们归纳出的基本真理为：要想成功，有两个主要问题必须加以解决——"颠覆"（dislocation）和"扩张"（exploitation）。一在实际打击之前，一在实际打击之后；而实际打击本身，却是一个比较简单的行动。除非你先创出一个颠覆的机会，否则对于敌人的打击绝不会具有效力；接着除非你能在他尚未恢复之前，即扩张第二个机会，否则你这个打击的效力，也绝不会具有决定性。

大家对于这两个问题的重要性，始终不曾有过适当的认识。这个事实即足以解释为什么战争老是不具有决定性的道理。军队的训练多偏重在攻击的执行细节方面，想从此处增进攻击的效力。这种过分重视战术技术的态度，遂令人忽视了心理上的因素。它的着眼是"正确"，而非"奇袭"。这样所造就出来的指挥官，是事事都依照书本的教导，他们只注意到不让自己犯任何错，而忘记了必须要设法使敌人犯错。其结果是他们的计划往往会毫无所获。因为在战争中，唯有常常逼迫敌人犯错，才可以使战局发生决定性的变化。

许多指挥官都是避免显明的事情，而在不可预料的事情中，找到一个决定性的锁钥——除非是他的运气特别坏，否则他总可以有这种机会。战争和运气总是分不开的，因为战争也是人生的一部分。所以"不可预料"并不能保证成功，但是它却可以保证成功有最好的机会。

第二十一章　国家目的与军事目标

在讨论到战争中的"目的"这个问题的时候,首先必须认清,在政治目标和军事目标之间具有很明显的差异。这两种目标是不同的,但并非分立的。因为一个国家并非为了战争而发动战争,而是为了贯彻它的政策。所以军事目标实在是一种达成政治目标的手段而已。因此军事目标必须受着政治目标的控制,不过其基本条件,却是政策绝不可以要求军事所不可能做到的事情。

所以对于任何问题的研究,其起点和终点都应该放在政策方面。

"目标"(objective)虽然是一个通用的名词,但并非是一个良好的名词。它具有一种物理性和地理的意义——容易引起思想上的混乱。所以最好特意将它分开:对于政策方面而言,我们用"目的"(the object)这个名词;而对于军事方面,则改用"军事目标"(the military aim)这个名词。

战争的目的是想要获得一个更好的和平状态——即便这所谓的好坏,只是你自己的观点。所以在进行战争的时候,一定要经常注意到你所希望的和平条件。对于以膨胀为目的侵略的国家和仅为自卫而战的和平国家,都莫不皆然,虽然照他们的看法,所谓较好和平状态这一个名词,可以有很大的差别。

历史告诉我们,获得了军事性的胜利,并不一定即相当于达到了政策上的目的。但是因为思考战争的人,其中多数都是职业军人,所以其先天的趋势即为忽视了基本国策,而只注意到军事目标。结果当战争爆发之后,政策常常会受到军事目标的控制——而军事目标本身即被当作是战争的目的,并不曾想到它只是一种达到另一个目的的手段而已。

这种恶劣的影响还曾经再进一步的发展。因为不注意政治目的和军事目标的正常关系——即政策与战略的关系——结果遂使军事性目标变得歪曲,且使之过于单纯。

要想对这个本身颇为复杂的问题,能有真正的了解起见,我们必须先了解过去两个世纪中,关于这个问题的军事思想背景,并且认清这些观念是怎样演化而成的。

　　差不多有一个多世纪的时间，军事思想方面的主要教条，都是以"在战场上毁灭敌人主力"来作为战争中的唯一真正目标。这是一个公认的教条，在所有的军事教材上面，在所有的军事学校里面，都莫不以此为教育的方针。假使有任何一位政治家，胆敢怀疑这个教条，是否在所有的环境中，都可以配合国家的目的，那么马上就会被军人视为"大逆不道"。从各国军人的回忆录和正式的史料上面，都可以找到此种例证，而尤以第一次世界大战及其战后为甚。

　　这样绝对性的一条规律，会让 19 世纪以前的名将大师，大为吃惊。因为他们都很明了，采取军事目标，必须要在国力和政策的限度之内，这是一种实际的需要，也是一种智慧的行为。

克劳塞维茨的影响

　　为什么这条规律会变得如此硬性化，其最大的原因是受了克劳塞维茨身后的影响。他的著作对于普鲁士的军人，尤其是毛奇，具有极大的心理作用。当普军在 1866 年和 1870 年，连战皆捷之后，遂使全世界上的军人，也都广泛地受到他们的影响，于是大家都以普鲁士的制度，来当作模范。因此对于克劳塞维茨理论的研究，实在是非常的重要。

　　就一般的情形说来，克劳塞维茨的门徒把他的理论，发展到了极端的程度，这似乎是他们的老师在生前所未料想到的。

　　在所有的学术领域之内，多数的先知者和思想家都有一种共同的命运，那就是总是被人误解。热心有余，理解不足的门徒们，其对于原始观念的损害，甚至于比具有偏见主观的反对者，还更厉害。不过，在另一方面，我们也应该承认克劳塞维茨要比其他人，更容易招致误解。他是康德的再传弟子，曾经学会一套哲学化的表达方法，但是却并未能发展出一颗真正哲学化的心灵。他在表达他的战争理论时，所用的方式似乎是太抽象，使一般只具有具体化心灵的军人们，感到颇难了解。他们只会随着他们辩论路线进攻，可是这种路线却常常会突然回过头来，指向与表面上完全相反的方向。他们一方面表示敬佩，另一方面却又感到困惑，他们只抓住他的一些生动的"警语"，仅仅只看见它们的表面意义，而未能深入了解他思想中的底流。

　　克劳塞维茨对于战争理论的最大贡献，就是他特别强调重视心理上的因素。他大声疾呼的，反对那个时代中最时髦的几何学派战略。他指明人类的精神,要比那些作战线和作战角的观念,更为重要。他讨论到危险和疲劳的影响,果敢和决断的价值,都足以表示出他对于这些问题,具有深刻的认识。

可是不幸得很,对于以后历史过程具有较大影响作用的,却反而是他的错误,而非他的创见。

他的观点是大陆化的,因之未能了解海权的意义。同时他的视线也太短窄——当那个机械时代正要开端的时候,他却还宣称着说:"深信数量优势的决定性是与日俱增的。"这样的"信条"更增强了一般军人的"天生保守性",拒绝相信机械化的发明,足以有创立新型优势的可能性。对于征兵制的广泛推行,和永远建立,这也是一个强有力的理由——因为这是供给最大可能数量的一种简单方法。因为没顾及到心理上的适合性,结果这种征兵制所建立起来的大军,比较容易受到恐怖的袭击,而发生突然崩溃的现象。过去的老办法,固然没那么制度化,可是它却至少能使军队中的组成分子,都是良好的"战士"。

克劳塞维茨对于战术和战略,都不曾有新奇进步的观念。他是一个"皓首穷经"的思想家,而不具有创造性和活力。比起 18 世纪所产生的"师"制和 20 世纪的"装甲机动理论",他的战争理论似乎不具有这种革命性的影响。

但是当他在想为拿破仑战争,找出一个理论体系的时候,他却把重点放在某一种退化的现象上面,结果遂构成了一种"反向革命"(revolution in reverse)的趋势——向部落战争(tribal warfare)的方向上倒退。

克劳塞维茨对于军事目标的理论

在为军事目标下定义的时候,克劳塞维茨受到他仰慕纯粹逻辑的心理影响,所以才会有下述的说法:

> 在战争中一切行动的目标就是解除敌人的武装,我们现在至少可以从理论上,说明这是必不可少的。假使我们想使我们的对方,接受我们意志的支配,那么我们一定要使他居于某一种情况之下,这种情况对于他的压迫,要比我们向他所要求的牺牲还更大。而且这种情况也当然不可以是暂时性,至少在表面上不可以如此,否则敌人就不会屈服,而宁肯苦撑待变了。所以战争的延续,若能对这种情况产生任何变化,那么这种变化就一定要使它越变越坏才行。

我们能加诸于敌人的最坏境况，即为能使其完全被解除武装。果能如此，则敌人必然被迫投降……他应该是真正的被解除武装或者是所处的地位具有这样的威胁。由此看来，使敌人完全解除武装或完全颠覆……就总是战争的目标了。

受了康德的影响，使克劳塞维茨的思想具有二元论的趋势。他相信有一个完满的理想境界，但同时又认清了在现实的世界中，这种理想绝无完全达到的可能。他对于理想和现实之间的差异，实具有深刻的认识：

理性是绝对的，心灵的发展不能够没有一个极致……但是当我们从抽象转入现实的时候，所有一切的事物又都呈现出来一种不同的形象。

他又说：

战争的目的，就抽象方面来说……即为解除敌人的武装。可是实际上这个目的却很难达到，而且对于和平也并非一个必要的条件。

当他讨论到用会战为手段，以来达到战争的目的时，克劳塞维茨又再度显示出，他这种趋向极端的态度。他一开口就说出一句惊人的大话：“只有一个唯一单纯的手段，那就是战斗。”为了证明这条“真理”是正确的，他又引经据典地作了一段极冗长的辩论，以来说明在任何形式的军事行动中，战斗观念都一定是它的基础。在这一番大道理之下，似乎已经足以说服多数的人，愿意诚心的接受他的教条。可是克劳塞维茨却突然作了个一百八十度的大转弯，他又说：“战争的目的并不一定都是为了要毁灭敌人的兵力……甚至完全不经过战斗，常常也同样可以达到这个目的。”

此外，克劳塞维茨也认清了：“在其他各种条件完全相等的机会之下，假使我们愈以毁灭敌人力量为目标，则我们自己军事力量的浪费也就愈大。它的危险就在这里——其进锐者其退速，一旦失败之后，所受到的挫折便更严重。”

克劳塞维茨用他自己的嘴巴所说出来的预言，对于两次世界大战中，由于追随他自己的教条，所得来的后果，可以说是十分的灵验。因为他那些有关会战的教训，所流传下来的只是理论方面，而并非实际方面。因为他曾经辩论着说：只有为了避免会战的危险，才会采取其他的手段，所以又增多了一层误解。

更因为他斤斤计较于理论观念的说明,更使他的门徒们,在心灵上发生了歪曲现象。

在他的读者当中,能够在这种哲学化的迷宫中,认清他的真正逻辑路线,而不迷失途径者,可以说是百不获一。但是任何人对于他的那些漂亮话,却很容易把它们来当作口头禅。例如:

> 我们在战争中只有一个手段——会战。
>
> 对于危机的流血解决,为了毁灭敌人力量的努力,就是战争的长子。
>
> 只有伟大而全面化的会战,才能以产生伟大的结果。
>
> 千万别相信将军们可以不流血而达到征服的目的。

因为克劳塞维茨把这些词句,一再的重复,结果使他那个本已经不太清楚的哲学,更增添了模糊的轮廓。它变成了普鲁士人的"马赛进行曲",它能够使血流沸腾,令心灵中毒。这样一来,他这种教条就只配产生军士,而不配产生将军了。因为当他使会战似乎变成了一个唯一的"真正战争行动"时,他的教条即剥夺了战略的桂冠,而使战争艺术变成了大量屠杀的机器了。尤其是,他更促使将军们一有机会就去寻求会战,而不思先创出一个有利的机会。

克劳塞维茨还曾经说过下面那个经常为人所征引的句子,使他对后代的将道衰微,更难辞其咎。即:

> 慈善家也许会很容易幻想到,可以有一种巧妙的方法,不需要大量的流血,即能够克服敌人,解除他们的武装……这是一个错误的观念,必须予以根本铲除。

很明显的,当他写出这句话的时候,他并没有停下来反省一下。因为他所深恶痛绝的东西,正是战争艺术方面的一切大师——包括拿破仑本人在内——所一致公认的"将道"的正确目标。

以后无数次的执行错误,都是用克劳塞维茨所说的话,来当作强辩的借口。甚至于当他们毫无意义的草菅人命,以来作狼奔豕窜式的攻击时,也似乎都是理直气壮的。

又因为他总是不断地提到"数量"优势的决定性价值,所以这个危险遂更分外的增高。在另外一个比较深入的分析中,克劳塞维茨也曾指明出"奇袭"

的价值。他说:"奇袭是一切行动的基础,因为没有它则不可能在决定点上获得压倒的优势。"但是他的门徒们,却惑于他那种惯于注重"数量"的说法,遂不免认定了,只有数量才是获得胜利的不二法门。

克劳塞维茨对于政治目的的理论

更坏的是由于他大肆赞扬"绝对"战争的观念,并且对它作理论性的阐明——他宣称着说,只有无限制的使用力量,才足以达到成功的道路——所以他的理论似乎是很矛盾。在开端的时候,他给战争所下的定义是:"战争仅仅是国家政策的延续,使用其他的手段而已。"可是结果却又使政策变成了战略的奴隶,这实在是一种恶劣的战略。

他又有下述的说法,更使这种趋势变本加厉:"在战争哲学的领域内,若引入一种调和的原理,那实在是大错而特错。战争是一种暴力的行动,向它的最大限度推进。"

近代化的总体战争所具有的夸大荒谬性,就是以他这种说法为基础的。他这种毫无限制,不计成本的暴力原理,只有对仇恨疯狂的暴民,才可以适用。它和明智的治术以及战略,是完全对立的。合理的战略必须以配合政策为目的。

假使诚如克劳塞维茨自己所说的,战争即为政策的延续,那么在进行战争的时候,就必须要注意到战后的利益。一个国家若使他自己的力量,扩张到濒临匮竭的程度,那么它自己的政策也将随之而破产。

克劳塞维茨自己对于他的"力量至上"原理,也曾经加以限制。他也承认:"政治目的既然是战争的主动力,所以在决定军事力量的目标和分量时,它都应该是一个标准。"

更有意义的是,当他谈到绝对逻辑的追求时,还曾经有一段更有反省意味的意见。他说:"这样,手段与目的间的所有关系都会丧失,在多数的情形之下,追求极端的努力,常常都会被它自己内部的阻力所击败。"

他的经典性名著《战争论》,是一部经过十二年深思的产品;假使它的作者能够活得再长一点,有更多的时间对战争再思考,那么他也许就可以获致更聪明和更清楚的结论了。在他的思想有了进一步的发展之后,他很可能会有另一种新的看法——比现有的更深入。所不幸的,是他在1830年患了霍乱而短命死矣,于是这个工作做了一半就中断了。一直等到他死后,他的寡妻才将

他的著作出版。在几个封锁得很严密的纸包中,找到了他的遗稿,上面写着一句有预言意味的附注:

> 假使我中途死了而使这个工作无法完成,那么后人所找到的,就只能算是一大堆尚未成形的观念……足以引起无穷的误解。

假使不是那个该死的霍乱,那么这个祸害也许就可以避免了。因为早已有征兆显示,他的思想正在逐渐演化之中,已经差不多要放弃他原有的"绝对战争"观念,而将他的整个理论加以全面修改,改采取比较合于常识的路线。可是正当此际,他却不幸死矣。

所以这个"无穷误解"的大门,是永远敞开着,甚至于远超过他本人的预测之上——因无限战争理论的被普遍采用,结果使文明受到了全面的破坏。因为缺乏适当的了解,克劳塞维茨的理论对于第一次世界大战的起因和特质,都有很大的影响。而且第二次世界大战也是一个"理有固然"的后果。

第一次世界大战后的理论

第一次世界大战的经过和效果,可以供给充分的理由,使我们对于克劳塞维茨理论的实用性,感到怀疑,至少对于他的继承者的解释,是不能不作如是观。在陆地上,曾经作过无数次的会战,但是其中没有一个曾经产生过所预期的决定性结果。可是负责的领袖人物对于如何使其目标与环境配合,以及发展新方法来使目标变为可能,这两方面都进步得非常的迟缓。他们不肯正视问题,而只拼命地推行理论,使其向自杀性的顶点发展,把自己的力量耗尽,远超过安全的极限以外,一心只想追求一个用会战来获得完全胜利的幢影,事实上,这却是永远不可能达到的。

结果其中一方面虽然最后崩溃了,但是其原因却是由于海权的经济压力之所致,使他们肚子吃不饱而饿倒的,并不是由于流血过多的缘故。不过1918 年,德国人在那个流产的大攻势中,所流的血当然也很不少,结果使他们的精神涣散,认为胜利已经毫无希望,于是也就加速他们的崩溃。假使说这种现象可以使对方获得一种胜利的表面,那么他们为了争取这个胜利,却付出了极大的代价,在心理和物理两方面,都已经疲惫不堪。所以他们表面上,似乎是胜利者,但是却已经无力来巩固他们的地位。

由此看来,无论在战术、战略,和政策哪一方面,理论上似乎都有错误,或者至少在实行方面是如此的。尽管他们的损失是那样的惨重,可是结果却都是白花气力,根本上就达不到"理想"中的目的。这些名义上的胜利者,到了战后却无一不筋疲力尽,因此对于所谓"目的"和"目标"的问题,似乎都有加以彻底检讨之必要。

除了这些反面的因素以外,另外还有几个正面的理由,足以引起我们作新型研究的兴趣。其一为海权所具有的决定性作用,虽然在海上并无任何决定性会战,但是经济上的压力却足以使敌人发生崩溃。于是又引起一个新的疑问:专就英国而论,似乎是犯了一个极大的错误。因为他放弃了他的传统战略,而不惜浪费许多气力,和付出许多成本,以求在陆地上获得一次决定的胜利。

从新因素当中也可以产生另外两个理由。空军的发展,使我们可以不必先在战场上毁灭敌人的主力,而即足以向敌人的经济和精神中心,作重大的打击。空军可以用间接的手段,以来达到直接的目的——跳过敌人的阻力,而不需要推翻它。

同时,由于摩托化动力和无限履带的联合发展,也造成了一个新趋势——具有高度机动性的陆上机械化部队。这又造成了另一个新趋势,即不需经过严重的战斗,便足以使敌人主力发生崩溃。其方法即为切断敌人的补给线,扰乱他们的控制体系,向他们后方作深入性的突破,以产生神经上的震动,而使敌人发生全面的崩溃。也和空军一样,不过程度要略差一点,这种新型的机械化陆上兵力,也具有向敌国神经中枢和心脏部分,作直接打击的可能性。

空中的机动性,可以使用超越式的间接路线,以来达到直接打击的效果。而坦克的机动性,在地面上也可以避过敌军的"障碍",以采取间接路线。我们可以用象棋游戏来作比喻:空中机动性很像"炮",而坦克机动性则很像"车"。当然这种比喻并不足以表示它们的相对价值,因为空军不仅只像一颗"炮",可以隔子打,而且还具有"将"的那种四面行动的弹性。另一方面,一支机械化的陆上兵力,虽然不能超越空间,但是却具有"占领"空间的能力。

这两种新武器的发展,对于军事目标,以及在未来战争中对于目的选择,都是注定会有广泛的影响。

它们使军事行动,对于非军事性的目的,无论是在经济和精神方面,都扩大了应用的范围,而且也使其效力更强大。它们也增长了军事行动对于军事目标的行动"距离",使一个反对"体"——例如一支敌军——更容易被推翻。

只要使它的重要器官发生瘫痪现象即可,而不一定要经过苦战,以来作物理和整体性的毁灭。用瘫痪的方式来取消对方的抵抗力,比实际击毁敌人所花的力量,一定经济得多了。因为后者所需要的时间必定较长,而所付出的代价亦必较高。除了闪避对方的阻拦,在敌国之内打击非军事性目标外,空军对于如何使敌人的军事性力量发生瘫痪现象一节,也可以开辟一个新天地。

无论是在地上还是在空中,这种多方面的机动性所具有的效力总和,都足以提高战略的地位,而使其比战术具有更大的重要性。未来的指挥官应该有这样的概念,比起他们的前辈,他们应该多用运动,少用战斗,以来获得决定性的结果。

当然赢得一个决定性会战的价值,并不会销蚀,实际上由于有了新型的机动,这种机会反而更会增多,不过这种会战在形式上,却已经不是过去传统性的面目了。它好像是战略行动的自然后果。对于这样一种"连续"性的行动,叫它是"会战",实大有名实不符之感。

不幸得很,在第一次世界大战之后,各国的军事领袖人物们,对此却迟迟没有认识。他们不知道由于战争的工具和条件已经有了新的变化,所以军事目标也应该有新的定义。

更不幸的,是空军方面的首长们,只想着如何保持他们的独立地位,遂使注意力变得很狭隘,只想尽可能的以打击非军事性目标为限度——既不考虑到它的限制,复不考虑到它的结果。对于这种新军种,他们充满了乐观心理,他们深信空军足以造成敌人的精神总崩溃,或是像海军一样,达到经济上绞死敌人的任务,而且还可以更迅速的达到这种决定性的效力。

第二次世界大战中之实践

当二次大战来临时,那些新型机械化的精兵,可说是完全兑现了他们平时高喊的口号。对于战略性的目标,作长距离打击时,都能够具有决定性的效力。

一共只有 6 个师的装甲兵力,遂使波兰在几个星期之内,国破军亡。一共只有 10 个师的装甲兵力,在德军大批步兵师尚未赶到战场之前,对于所谓"法兰西战役"即已产生了决定性作用。所有西欧各国,也都望风披靡。西欧的征服只花了 1 个月的时间,胜利者所付出的成本,实在是太低廉了。实际上,若照克劳塞维茨之流的标准来看,在运动中可以算是"兵不血刃",而即便在最后决定阶段,其损失数字也是"微不足道"了。

对于一个军事性的目标,之所以能如此迅速获得胜利的缘故,主要的原因是战略而非战术,是运动而非战斗。

此外,当深入敌后的时候,一方面足以切断敌方的交通线,和扰乱他们的控制体系,同时也可以动摇敌方人民的精神,和破坏他们的民政组织。这两方面的效力似乎是很难分开的。所以至少有一部分足以说明其对于非军事性目标,是同样的具有效力。

1941 年 4 月,德军征服巴尔干,其行动似乎还更迅速。这又再度足以证明这种新工具的瘫痪效力,和它们在战略上应用价值。"会战"在相形之下,可以说是毫无意义;而这种获得决定性结果的方法中,根本就不曾有"毁灭"的意味。

等到德军侵俄的时候,他们又尝试使用一种不同的方法。有许多德国的将领——尤其是参谋总长哈尔德——都抱怨希特勒太重视经济目标,而忽略了军事目标。但是从作战命令和他们自己的证词中加以分析,却发现他们的这种指控是毫无根据的。尽管希特勒也许认为攻击经济目标,是更为有效,可是在 1941 年战役的紧张阶段,他却还是同意德国参谋本部的见解,以"会战"为第一目标。对于这种目标的追求,并未能获得决定性的结果,不过却产生几次巨型的胜利,每次都把敌人兵力击毁了不少。

是否集中全力去争取经济目标,即可以获得更具有决定性的效果,这固然是一个无法解答的疑问。但是有些最杰出的德国将领,却认为"征苏之役"之所以失败的主因,就是因为德国人是遵照"传统典型"的形式,去追求会战的目标。假使他们肯尽量向前疾驱,直趋精神与经济并重的目标,例如莫斯科和列宁格勒,则他们也许已经获胜。机动战争新派的领袖古德里安,即力主此种见解。可是在这个紧要关头,希特勒却反而倒向正统派方面去了。

在德国人这一连串的迅速胜利之中,空军也和地面上的机械化部队相配合,以使敌人和敌国发生瘫痪和瓦解的现象。空军的效力也很惊人,其重要性与装甲兵相较,似乎是在伯仲之间。两者之间在评价时是很难分开的,结合在一起,遂造成这种新型的闪击战。

在战争的后期,英美两国的空军对于盟军陆海军的成功,更是具有极大的贡献。首先应该说明的是,因为有了空军的力量,盟军才有攻入欧陆的可能性,接着在通往胜利的进路上,它也始终是一个必要的保证。因为他们对于军事目标的打击——尤其是交通方面——才使德军受到了极大的障碍,而无法向登陆的盟军作有效的对抗。

可是空军方面,对于这一类的作战,却没表现出同样的热忱,他们宁肯以敌国的非军事性目标——即工业中心——为攻击对象。他们的目的是想对敌国作直接的打击,以同时摧毁敌人的经济和精神。他们认为这种方式要比与其他军种合作,来对敌国的军事力量作联合的打击,可以具有更多和更快的决定性。

虽然空军人员称这种行动为"战略轰炸",实际上这个名词是不正确的,因为这种目标和行动都是在大战略的领域之内。所以严格说来,似乎应该叫作"大战略轰炸"才比较妥当。若是这个名词显得太冗长,那么叫作"工业轰炸"也行,这个名词可以把精神和经济两方面的效力,都包括在内。

尽管曾经有过多次的详细调查,但是这一类的轰炸,对于胜利的贡献究竟有多大,还是很难加以决定。对于数字的估计,也人言人殊,有些人主张工业轰炸,有些人却坚决的反对它。除了人工的雾幕以外,同时这些调查的记录本身,也非常有问题——比任何其他军事行动的问题还要多。

不过即便我们对于它的效力,是保持着一种合理乐观的看法,但是若说其效力的决定性,比不上对于战略性目标的空中攻击——专就军事领域而言——则似乎是非常的公平。无论如何,它们的决定性并不那么明显。同时,这也是很明显的,在战争中的每一个阶段内,它们的实际效力总是赶不上预计的目标。

更明显的是工业轰炸对于战后情况所造成的过度伤害。除了物质方面的大量破坏,很难修复以外;还有比较不明显的,是在社会和精神两方面的影响,也许这个效力还更具有持久性。这一类的行动,对于一个基础比较浅薄的文明生活,无疑可产生更深入的危险。而有了原子弹之后,这种危险更是日益巨大。

在这里我们又谈到了战略和大战略之间的基本差异。战略研究只是以赢得军事胜利的问题为限度,大战略却必须具有较深远的观念——它的问题是如何赢得和平。这一套思想并不是把"车放在马的前面",只是要弄清楚马和车所要去到的目的地。

对于以非军事性目标为主的空中行动,都要算是属于大战略的领域之内。从它本身性质的试验上看来,这似乎不是一个健全的目标。即便它对于战争能具有更多的决定性,可是用它来当作军事性的目标,似乎还是很不明智的。

对于理论的进一步修正

为了想要修正某一种理论,或者是想重新调整它,以来获得更好的平衡,那么最好是先对这个问题的背景有所认识。据我所知,在一次世界大战之后,第一个主张把克劳塞维茨理论所引出有关于战争目的的理论,加以再检讨的人,似乎就是我自己。在发表了许多的杂志论文之后,1925 年我又出了一本专书,书名为《巴黎,或者是战争的将来》(*Paris, or the Future of War*)。

这一本小书的开端,即为对正统主义的批评,反对"在战场上毁灭敌人主力"的想法——这是一次大战中,大家所追求的目标。我指明出这是一种不具有决定性,而且又浪费精力的行动。接着我在这本书中极力陈述"精神目标"的重要性。并且指明出两点:(一)一支装甲兵力可以对敌军的"阿基里斯脚跟"——即构成敌人神经系统的交通线和指挥中心——造成多么决定性的打击;(二)除了与这个战略性的行动相配合以外,空军还可以对一个国家的神经体系——即工业中心——作具有决定性的打击。

当 2 年之后,英国第一个试验性机械化部队成立的时候,英国的陆军参谋本部即订购这本书,以供那些军官们作研究教材。而空军参谋本部方面,对于这本书,更曾经作充分的利用——这是一点都不稀奇的,因为当时还没有一本研究空中战略的专门教科书,而这本书与他们思想的发展趋势,又恰好能够配合。所以空军参谋总长曾经把这一本书,广泛的送人阅读。

现在我却宣布这些见解又有加以修正之必要,那本书是在 25 年前所写的,经过了长期反省之后,发现它还是不免有一些错误。它表现矫枉过正之感。劳伦斯在 1928 年,曾经写了一封信给我,里面讨论到这个问题:

> 克劳塞维茨的逻辑体系太完全了,容易把他的门徒们引入歧路——至少对于那些愿意用手打仗而不愿用腿跑路的人,尤其如此。你现在独力想把这种趋势扭转过来,那些以军事为职业的人对你却少有助力。可是当你成功之后(大约会在一九四五年左右),这个趋势马上又会倒到另外一面去。我们在前进的时候,总一定是走着"之"字形的路线。

在 1925 年时,我自己对于用空军攻击非军事性目标的利益,也未免太过分强调了。不过我还是曾经有过一个附带的限制。我也曾强调说明:当执行的时候,必须设法使永久性的伤害,减到最低的限度,因为今天的敌人,也许就是明天的顾客,甚至于还是未来的同盟国。所以我的信念是认为,一个具有决定性的空中攻击,其对于战败国的全部损害,以及对于未来购买力的影响,都会比现有形式的延长战争较轻。

根据后来更进一步的研究,我才认清了对于工业中心作空中攻击,似乎很难获得立即具有决定性的效力,实际上所产生的只不过是另一种新形式的延长消耗战而已。比起一次世界大战的形式,也许杀伤力略小,但破坏力却可能更大。可是当我指明出这一点之后,马上就发现空军方面很不愿意接受这种修正的意见,而宁肯坚持原有的旧观念。他们对于"速决"的观念,继续保持过分乐观的信念,当战争的经验逼得他们非得改变观念的时候,他们却模仿一次世界大战时陆军方面的态度,把他们的希望从工业消耗,移到了人力消耗方面。

话虽如此,认清了用非军事性机构当作目标的缺点和错误之后,并不是说我们又要回到旧路上,仍然再用旧有的"会战"观念,来当作我们的目标。克劳塞维茨的公式,从一次世界大战的经验中,即足以证明它的缺点太多,不能再用。而二次大战也充分的表现出,对于一个军事目标采取战略性间接行动,是不仅有新的可能性,而且也有新的利益——与我们对于这一方面的预测,可以说是若合符节。即令在过去,虽然他们在工具方面是具有很大的限制,可是有某些伟大的名将,对于这种路线也曾同样的加以充分的发挥。时至今日,因为有了新工具的帮助,固然战术性的抵抗力也增加了它的强度,可是它的决定性却似乎更显著。新的机动性产生了一种新的弹性,在突击和威胁的方向上可以有多种的变化,这就可以"抵消"战术性的抵抗力了。

根据过去的经验和现在的条件,关于军事目标和政治目的的理论,似乎已经到了重新修正的时候。似乎应该从三军联合作战的基础上来立论,以求产生合理的解决——因为在目前,思想方面的矛盾冲突实在是太多了。

我希望在对于这个问题的讨论中,即足以说明这种配合新条件和新智识的修正理论的大概。最基本的观念是"战略行动",而不是"会战"——会战是一个古老的名词,对于目前的时代早已不再适用。现在再把从二次大战所得来的结论,重述一遍:"真正的目标并不是要寻求会战,而是要寻求一种有利的战略情况,假使说这种情况本身还不足以产生决定性结果,那么若再继之以一个会战,则必然可以获致这种结果。"

第二十二章　大　战　略

这本书的主题是战略的研究,而并非大战略——或战争政策——的研究。要想对这个更宽广的主题作适当探讨,不仅需要更多的篇幅,而且还可能得另写一本新书。因为一方面固然战略是受着大战略的控制,但是另一方面,大战略的原理却有许多地方,是和战略方面的某些原理恰好相反。不过正是因为这个原因,所以本书在这个最后阶段中,对于大战略的精义,也应该略加分析。

战争的目的是为了获得一个较好的和平——即便这个所谓较好者,仅仅是就你自己的观点而言。所以在进行战争的时候,你必须经常不断的注意到你所希望的和平。克劳塞维茨所举的定义——"战争为政策的延续"——其真正的含义亦即在此。我们一定要记得在战后还会有和平。一个国家把他的力量用到匮竭的阶段,结果必然会使他的未来政策变得总破产。

假使你只是专心集中全力去追求胜利,而不想到它的后果,那么你就会过分的精疲力竭,而得不到和平的实惠。这样的和平一定是一个不好的和平,蕴含着另一次新战争的细菌。这种教训在历史上可说不胜枚举。

假使这个战争是由几个国家联合进行的,那么其所具有的危险可能更大。因为在这种情形之下,一个太完全的胜利必然会使问题变得更复杂,而难于获得公正而明智的和平解决方案。由于已经没有一个足够平衡的反对力量,可以控制胜利者的胃口,因此在同盟国之间,意见利害的冲突就再也没有一个调解的力量了。这种分歧会愈来愈尖锐化,结果使战时的盟友变成了战后的敌人。

这里又引出一个更深和更广的问题。在任何同盟体系当中,最容易发生的摩擦,即为想要"兼并"的观念,而这种摩擦在缺乏平衡力量的时候尤其严重。在历史上作这种企图的人实在是太多了。可是历史的教训却告诉我们,虽然有这种由小并大的自然趋势,但是这种趋势却必须要听其自然发展,若要想勉强速成,结果必然会造成很大的混乱。

此外,对于理想家而言,也许会感到很遗憾,可是历史的经验却告诉我们:自由才能使进步有可能性,而"统一"(unification)却很难于产生真正的进步。因为当统一的结果能够使思想定于一尊之后,结果遂往往阻止了新观念的成长。这种思想的统一只是伪定一时而已,而其本身却只能产生反作用。

从分散中才能产生活力——只有在互相容忍的状况之下,才会有真正进步的可能性。这种容忍的基础是因为已经认清了要想消除差异的企图,是比容许差异的结果还要更坏。因为这个原因,若希望和平能带动进步的发展,则其最好的保证即为由权力平衡所构成的互相制衡关系。无论在国内政治方面,还是国际关系方面,其原理都是一样的。

就国内政治方面而言,英国的两党制度,尽管在理论方面,比之其他各国的政府制度,似乎具有很多的缺点,可是实际上凭着它的悠久历史,即足以证明其具有的优越性。就国际方面而言,只要平衡能够维持住,则所谓"权力平衡"实在应该算是一个健全的理论。但是欧洲的"权力平衡"局面却常常发生动摇,因此才会引起战争。这种动摇的频率日增,因此才产生了一种紧急要求,希望能找到一个比较安定的解决方案——或者是兼并,或者是联合。联合是一种较有希望的方法,因为在合作中尚可发扬生气;而兼并则只能以某种单独的政治利益,来垄断全部的权力。而任何权力的垄断都足以证明阿克顿勋爵(Lord Acton)的名言实在是一点都不错——"权力导致腐化,绝对的权力,则绝对的腐化"。从这点看来,连"联合"也许都难于避免这种危险,必须用十分的谨慎,来保持互相制衡及平衡的因素,以来矫正这种天然的趋势。

凭倚着历史的背景,来研究大战略,所可以得着的另外一个结论,即为一般战略的理论,应具有适应国家基本政策性质之必要。在一个"进取"和"保守"性的国家之间,无论在目的上或手段上,都有很明显的差异。

若是注意到这种不同的差异,则可以很容易看出来,在第十九章中大致说明的纯粹战略理论,是最适合于以征服为目的的国家。假使一个民族只想保守他们现有的领土,或者只想维护他们的安全和生活方式,那么这些理论都必须加以相当修正,始能配合他们的真正目标。进取性的国家,因为先天上有所不满足,必须要先追求胜利,然后才能达到它的目的——因此不惜冒较大的危险去求战。而保守性的国家则完全不同,它只要设法使侵略者放弃其侵略企图即可以达到了它的目的——换言之,即设法使侵略者认清这是得不偿失的。所以它的所谓胜利,即为阻止敌人的求胜企图而已。事实上,侵略者的贪欲过度,结果往往会自讨苦吃——有时会自己把力量用尽了,因而抵抗不住其他的敌人,或者是由于过度的扩张,而使内部发生裂痕。在战争中,由于力竭而败亡的国家,其总数要比由于外来的攻击而败亡者,多得太多了。

在对这个问题的各项因素衡量一番之后,马上就可以看出来,对于一个保守性的国家而言,其主要的问题就是要找到某种形式的战略,以来适合这种先天上比较有限度的目的,而其着眼点则为尽量保持着自己的国力,不使浪费——这对于现在和将来都是一个极好的保证。从第一眼上看来,似乎会觉得纯粹的守势应该是一种最经济的方法,但是这却暗示着有静态防御的意味——而历史的经验却警告我们,如果只依赖这种方法是十分危险的。防御攻势的方法似乎是一种最好的结合,它是以具有迅速反击力量的高度机动性为基础,一方面合于“力量经济”的原则,另一方面又具有恐吓的效力。

东罗马帝国即为最好的例证。他们的战争政策是经过博考深思之后,而采用一种积极“保守性”战略来当作基础的。这个帝国能够延续那么久的寿命,此项事实实在是最好的解释。另外一个例证就是英国,但它却是本能多于理智的,以海权为基础,英国人从 16 世纪到 19 世纪,一直都是使用这种战略。当英国的国力与它的成长与时俱增,而它的敌国在战争中,却都因为国力消耗过度而垮倒了,凭着这个事实,即足以说明这种战略的价值。那些国家之所以失败的原因,都是因为心有余而力不足的缘故。

经过长期的战祸,尤其是三十年战争,使得各国都感到精疲力尽,于是到了 18 世纪,各国的政治家开始认清了,在战争中,他们的野心和欲望必不能没有限制。这种认识一方面产生了有限战争的趋势——力求避免过度的发展,以防对于战后的前途有所妨害。另一方面,当他们感到希望较为渺茫的时候,他们也较愿意接受谈判的和平。他们的野心和欲望也常常驱使他们走得太远,结果回向和平之路时,遂不免发现他们的国力不但没有加强,反而已经减弱,虽然如此,他们却总是知道悬崖勒马,而不使国力达到完全衰竭的阶段。所以最满意的和平解决,即便是对于强者而言,也都还是由谈判得来,而并非是决定性军事胜利的结果。

这种有限战争的教育,一直在继续发展之中,结果却受到了法国大革命的阻挡。由于革命的缘故,才使一些政治上的生手,变成了领袖人物。法国的督政政府,以及其承继人拿破仑,在 20 年的时间中,不断地作战以追求一个持久的和平。此种追求永远不会达到它的目标,而只会使他自己的力量逐渐匮竭,终至于难逃最后的崩溃。

拿破仑帝国的崩溃，又重新证明了旧有教训的正确性。但是由于拿破仑神话的回光返照，遂使这个印象又不免有模糊不清之感。当一次大战爆发的时候，这个教训似乎已被世人忘得一干二净了。甚至于经过了这次痛苦经验之后，二次大战中的政治家们也没有变得更聪明。

尽管战争是一种违反理性的行为，因为当谈判无法产生满意的解决时，我们才会采取这种武力解决的方式。可是假使我们想要达到目的，则战争的进行势必要受到理智的控制。因为——

一、尽管战斗是一种物质上的行为，可是其指导却是一种心理上的程序。你的战略愈高明，那么你占上风的机会也就愈容易，而所花的成本也就愈少。

二、反而言之，你所浪费的力量愈多，那么你就会使战局逆转，对你不利的机会也就愈多。即便你在战争中能够赢得胜利，可是由于你的力量已经用尽，所以也就很难于享受和平的利益。

三、你所使用的方法愈野蛮，则会使敌人的仇恨愈深，其自然的结果便是你所要克服的抵抗将变得越来越强硬。因此即便是双方势均力敌，聪明的人还是会尽量避免暴力的手段，以免增强了敌国军民的团结和拥护他们领袖的热忱。

四、这种计算还可以更伸展一步。当你愈是希望用征服的手段，来获得一个完全由你自己选择的和平条件时，那么在你前路上的障碍物也就会愈来愈多。

五、更进一步说，甚至于当你已经达到了你的军事目标之后，你对于失败那方要求得愈多，则事后所引起的麻烦也就愈多。将来一定会使你追悔不已。

力量本身是一个魔圈，也许可以视它是一个螺旋，所以对于它的控制，必须要有一种极审慎合理的计算。所以战争的开端固然是违背了理性，但在斗争的各阶段中，却又恰好证明了战争之不可没有理性。

在战场上，战斗的本能对于胜利也许是必要的，不过对于这匹烈马，却一定要把缰绳拉得很紧——而且即便在这里，头脑冷静的人也还是比面红耳赤之徒较占便宜。若是一个政治家只具有好斗的本能，而丧失了冷静的头脑，那么他就不配那种身系安危的重任。

所谓和平的真正含义，是指在战后，和平的状况以及本国人民的状况，都要比战前更好。要想获得这种意义的和平,其可能的途径只有两条:一是速战速决,二是持久战,使用的力量力求经济化,绝不超过国家资源所能担负的比例之外。一定要调整目的以来配合手段。假使发现这种胜利是不具太多希望时,聪明的政治家即绝不会再错过谈判和平的机会。双方对于彼此的实力都已经心照不宣,那么从谈判中去求得和平,似乎是要比两败俱伤、同归于尽好得多了。而这也常常就是长期和平的基础。

　　宁可为了维持和平而来冒战争的危险,但万不要为了想获得胜利的结果,而在战争中面临国力匮竭的危险。这个结论似乎与一般人的习惯正好相反,但却绝对合于历史的经验。只有当你认为对于良好的目的,有良好的希望时,才值得继续打下去——因为和平的远景也许可以抵得过战争中所受到的痛苦总和。实际上,若对于过去的经验能作深入的研究,则我们可以获得下述的结论:一个国家若在战争当中,晓得利用喘息的机会即开始和平的谈判,那么也许要比用继续作战的方式,来追求“胜利”目标,还更容易接近它所预期的目的。

　　历史还显示出,在许多情形之下,唯有当交战国的政治家能对心理因素有较深的了解,在做和平“试探”时,才可能获得比较有利的和平。他们的态度正和在国内党争时完全一样;每一个政党都不愿意表示让步,即便其中有一方有任何愿意和解的意图时,他所使用的语言也还是太强硬,所以其他方面的反应也都很慢——一方面是受了骄傲和偏见的影响,另一方面是把这种可能合乎常识的行动,当作是示弱的表示。于是这个千载难逢的机会居然就这样溜过去了,冲突还是继续发展下去,终十还是两败俱伤。假使这两方面若是注定了还是得在同一个天顶之下,继续生活的话,那么这样继续打下去,实在是毫无利益可言。对于近代化战争而言,这个原理似乎要比国内的党争,还更合用,因为自从各个国家都工业化之后,彼此就更是休戚相关。所以这实在是政治家的责任,当追求“胜利的幻影”时,却万不可以忽视战后的情况。

　　当双方因势均力敌,而不具提早获胜的可能性时,那么聪明的政治家,此时应可从战略心理学方面学会一点新的道理。这在战略学中也可以算是一条极粗浅的原则,当你发现你的对手正据守着一个坚强的位置,颇难加以硬攻的时候,那么你就得为他留下一条退路,这似乎是减弱他抵抗力的最快方法——围师必斗。对于政治而言也是一样,尤其是在战时更是如此,你要为你的敌人准备好一架梯子,以便他可以爬下来。

　　现在又有一个新问题发生了,这种以所谓“文明国家”间的战争历史为基础,所获得的结论,对于那种纯粹劫掠式战争的复活,或劫掠与宗教混合式的复活,是否也照样能够适用呢? 前者的旧例为野蛮民族对于罗马帝国的袭击,后者的旧例为狂热的回教徒所发动的战争。在这一类的战争中,任何谈判的和平所具有的价值,似乎要比其正常标准更低(从历史上看来,很明显的,很少有国家是守信用的,除非这个诺言与他们的利害一致)。但是每当一个国家愈不重视道义上的义务时,却往往是愈尊重物质上的力量——一个强大的阻吓力量,即足以使他们不敢轻于挑战。这正和人与人之间的经验是一样,一个恶人对于实力和他差不多相等的对象,往往不敢挑战,而当他面对着一个实力比他强大的对手,其态度反而不如秉性善良的君子那样坚定。

无论是个人也好,国家也好,对于侵略成性的对手,如想用收买的手段——用摩登化的说法,就是所谓“安抚”——都实在是愚不可及。因为收买的价钱愈高,则对方的身价也必愈抬愈高。但是侵略者却是吃软怕硬的。因为他们所相信的只有力量,因此在实力的威吓之下,他马上就会自动低头了。除了对于纯粹疯狂的现象以外,这都不失为一个当头棒喝。

固然和这种野蛮敌人,是很难建立真正的和平关系,但是要引诱他们接受一种休战的状况,也似乎并不太难。这要比想毁灭他们的企图,似乎可以节省不少的精力,因为他们也和所有的人类一样,具有困兽犹斗的勇气。

历史的经验可以供给充分的例证,显示出文明国家的丧亡,由于敌人直接攻击而造成者颇少,由于内在的腐化,再加上在战争中把国力用尽了的后果所造成者却颇多。一种拖延不决的局面固然是很难受——国家也和个人一样,因为受不了这种精神上的痛苦,而宁肯走上自杀的途径。但是比起追求“胜利幢影”而使国力匮竭的话,则拖延却似乎还不失为中策。何况对于实际的敌国实行休战,也可以使我方的力量获得休息生长的机会,而警戒的心理也更足以促使一个民族奋发上进。

反而言之,爱好和平的民族更容易惹起不必要的战祸,因为当他们一旦起而作战的时候,那么就比野蛮民族更具有追求极端的趋势。因为后者是把战争当作一种图利的手段,假使当他发现敌人太强大,而不容易克服时,他马上就会准备叫停了。可是那个为感情而非为理智所驱使的战士,虽然开始作战时感到很勉强,一打起来之后却反而有打到底的趋势。所以即便他自己不会直接战败,却往往会间接的把自己打败了。只有不战然后才能削弱野蛮主义的精神;而战争却只会更加强它——正好像是火上加油一样。

第二十三章 游 击 战

30年前,在我自己所著的一本书的前言中,我曾经杜撰了这样一句格言:"假使你想要和平,必须先了解战争。"照我看来这句似乎古老而过分简单的格言,与"假使你希望和平,必须准备战争",是完全一样的,而且也更为适当。所谓准备战争者,往往被证明出来不仅为一种对战争的挑衅,而且也常是错误的。换言之,即一心只想准备再使用上次战争的老方法,而忽视了情况早已经发生了彻底的改变。

今天,在核时代,我那句修正的格言可能应该再加以扩大。但并非像某些人所想像的,只是将"核"作为定语加在"战争"的前面而已。因为像目前所已有的核权力,除了保持阻吓作用外,根本上是不可以使用的,假使真使用起来,那么其结果就只是"混乱"(chaos),而不是"战争"(war)——因为战争是一种有组织的行动,在混乱的状况中是不可能继续进行的。但是核阻吓却又无法阻吓较微妙形式的侵略,而且不仅不适用于此种目的,反而还更有利于刺激和鼓励这一类侵略的趋势,所以对于上述格言,现在必须要作的扩人注释如下述:"假使要想和平,必须首先了解战争,尤其是游击和颠覆形式的战争。"

在20世纪的斗争中,游击战已经变得比过去任何时代都更为重要,而且也仅只是在这个世纪,它才在西方的军事理论中受到了相当的注意——尽管在过去的时代里,非正规兵力的武装行动也是一种常见的现象。克劳塞维茨在其巨著《战争论》中,只用了短短的一章来讨论这个问题,那是在其第四篇(讨论"防御"的各个方面)第三十章中快要结束的地方。在分析"武装人民"(arming the people)这个主题时,他把它当作一种对抗侵入者的防御措施,他固然曾经列举基本成功条件及其限制,但却不曾讨论到其有关的政治问题。同时,他对西班牙人民向拿破仑大军所发动的普遍抵抗运动,也只是略为提到而已。在他那个时代的战争中,这实在是游击行动的最显著例证——而且"guerrilla"这个字变成正式的军事名词,也是由此而起。(译者注:"guerrilla"这个字的西班牙原意为"小战"。)

一个世纪以后,对于这个主题才有较广泛和较深入的讨论出现,那就是劳伦斯(T. E. Lawrence)所写的《智慧七柱》(*Seven Pillars of Wisdom*)。这本书对于游击战理论的分析可以算是一个杰作,而以其攻击价值为讨论之焦点,那也是劳伦斯本人对于阿拉伯人的革命所获得的经验与反省结合而成的结晶,那个革命一方面是为独立的斗争,另一方面也是联军对土耳其战役的一部分。但是在第一次世界大战中,游击行动曾经发挥重要影响的唯一机会,就只限于这个在中东的外围战役,在欧洲战场上,它只扮演着不重要的角色。

但是在第二次世界大战中,游击战就变得是那样普遍,几乎可以说是一种无所不在的现象。凡是被德国人所占领的欧洲国家,都有游击战的发展;而被日本人所占领的亚洲国家,也多数是如此的。它的成长大部分是可以追溯到劳伦斯所造成的深刻印象,而尤以在丘吉尔的心灵上为然。德国人在 1940 年攻占了法国之后,遂使英国处于孤立的地位,因此利用游击战来当作对抗兵力的想法,遂成为丘吉尔战争政策的一部分。在英国,有特殊的部门专门制造和培养"反抗"(resistance)运动,以阻止希特勒建立其"新秩序"(New Order)为目的。在希特勒扩大了其征服范围,加上日本又以德国同盟国的身份投入战争之后,此种努力也就随之而推广。这些反抗运动的成功程度也各有不同,最有效的为铁托(Tito)在南斯拉夫所领导的克罗埃西亚(Croat)共产党民兵。同时,在远东方面,从 1920 年代起,共产党即早已在进行一种大规模的长期游击战。

第二次世界大战之后,在东南亚以及世界上的其他部分,游击战的发展更如火如荼,在非洲以阿尔及利亚为起点,在大西洋的彼岸还有古巴。这个战役很可能仍将继续发展,因为只有这种战争才能适合近代的条件,而同时又最能利用社会的不安,种族的纠纷和民族主义者的狂热。

随着核武器威力的扩大,这种发展也就变得顺乎自然。尤其是当氢弹在 1954 年出现时,美国政府也就同时决定采取所谓"巨型报复"(massive retaliation)的政策和战略,认为它可以阻吓任何形式的侵略。当时的美国副总统尼克松曾经宣布:"我们已经采取了一种新原则,我们不能让共产党在全世界用小战来把我们蚕食致死,我们在将来应依赖巨型机动化的报复权力。"这种要使用核武器以来击碎游击的暗示性威胁,其荒谬的程度正好像说要用大铁锤来击退一群蚊虫一样。这种政策是毫无意识可言,其自然的效果反而是刺激和鼓励那种侵蚀性的战争形式,因为核武器根本派不上用场。

这样的后果是很容易预知的,尽管当艾森豪威尔总统和他的顾问们在决定依赖"巨型报复"政策和采取他们所谓"新看法"(New Look)时,显然未曾预料及此。要想说明这一点,最简单的方法即为重述当时某一批评的意见。

今天在我们心灵中必须澄清的最紧急和最基本问题,即为所谓"新看法"的军事政策和战略。这个重要问题又与氢弹的出现具有密切的关系。

氢弹固然能够减少全面战争的机会,但却同样也能增加有限战争的可能性。敌人可以选择各种技术,这些技术在模式上虽然是各有不同,但其设计完全使我们难于使用核武器来作为对抗工具。

这种战略也许是采取有限的速度——即为一种逐渐侵蚀的程序。它又可能具有有限的深度,但速度却是很快——即很快地咬下一小块,然后立即继之以谈判。它更可能是只具有有限的密度——也就是采取许多质点的多方面渗透行动,那些质点是如此的微小,几乎构成了一种看不见的蒸气。

总结言之,氢弹的发展已经减弱了我们对侵略的抵抗力,这是一种非常严重的后果。

为了应付这种威胁,我们现在也就变得必须依赖传统性兵器。不过结论的意义并非说我们应该退回到传统性的方法上,而是应能发展一些较新的方法。

我们已经进入了一个新的战略时代,那是与那些旧时代的革命者、核空权的提倡者所假想的情况完全不同。我们对手现在正在发展的战略是以一种二元观念为基础,即一方面闪避优势的制空权,另一方面又要割掉它的脚筋(hamstringing)。具有讽刺意味的是,我们对于炸弹的"巨型"效力愈加以发展,则也就愈足以帮助此种新型游击战略的进步。

我们自己的战略必须以对此种观念的明白了解为基础,而我们的军事政策也需要重新调整其方向。对抗战略还是有发展之余地,而我们也应有效的发展它。

对于这些因素及其含意的认识是发展得很迟缓,直到 1961 年,肯尼迪总统上台时才突然的加速。那年 5 月,这位新总统在国会中致词时,曾经宣布说他正在"指导国防部长,与我们同盟国合作,迅速扩充现有的兵力,使其能应付核战争,准军事行动,以及次有限或非传统性战争"。新的国防部长麦克纳马拉（McNamara）先生也宣称"我们的反游击兵力已经增加了百分之一百五十"，同时新政府也正在考虑对反共的外国游击兵力予以援助。

有这样一句格言："早有警告也就是早有准备"（forewarned is forearmed），这对于游击和颠覆战争的应用程度远过于正规战争。对于此种战争的准备基础，就是首先应了解其理论和历史经验，再加上有关此种战争正在进行或将要发生的特殊情况之知识。

游击战必须永远是动态的，并能不断维持其动量（momentum）。比起正规战的情形，静态的间隔更有害于它的成功，因为那可以使对方加紧其对于国家的控制，并使其部队获得休息，同时又足以减弱人民参加或帮助游击队的热心。在游击行动中是绝无静态防御的可能，除了暂时的埋伏狙击以外，也绝对不能有固定的防御阵地。

从战略方面来说，游击行动是企图避免会战，所以也就违反了一般战争的正常实践；而在战术方面，对于任何足以使其有遭受损失可能性的战斗，也都应力求避免。因为除了埋伏狙击以外，在任何战斗中，所可能牺牲的往往就是最优秀的领袖和人员，这样下去就会使整个运动受到打击，而终于油干灯熄。所以"打了就跑"（hit and run）是一个较好的观念，但却仍略嫌笼统。因为多数的小型打击和威胁所能产生的效果，往往是比少数大规模的打击更好——可以在敌军中产生累积的扰乱作用，使其士气颓丧，同时也可以在人民之间产生远较广泛的印象。无所不在（ubiquity）加上无影无踪（intangibility）实为在此种战役中求进展的基本秘诀。因此我们应该说："轻轻地打了就跑"（tip and run），同时，这也常是一种达到攻击目的的最好方法，因为它可以引诱敌人进入埋伏的地区。

游击战也违反了正统战争的一个主要原则，那就是所谓"集中"的原则——游击与反游击两方面都是如此。在游击方面，"分散"为生存和成功的必要条件，他们应永远不构成一个目标，但在分成微小粒子活动时，又应能像水银一样的胶结成一大块，以压倒任何防御脆弱的目标。对于游击队而言，"集中"的原则是已为"兵力的流动性"（fluidity of force）原则所代替了——现在当正规兵力在核威胁之下作战时，这个原则也同样适用，不过程度上略有不同而已。同时对于反游击方面，"分散"也是必要的，正好像大铁锤打不死蚊虫一样，对于如此溜滑的游击队，狭义的兵力集中是毫无用处的。要想击毁这种兵力必须张开一顶精密的蚊帐，所包括的地区愈广阔愈好，这种控制网愈宽广，则反游击战也就愈能奏效。

空间与兵力的比例在游击战中是最重要的因素。劳伦斯对于阿拉伯革命所作的数字计算是一种很生动的例证，他认为土耳其人要想控制这个革命，则必须每 4 平方英里就要建立一个要塞化的据点，而一个据点又至少需要 20 名守兵。照这样计算，土耳其必须要有 60 万人，始能控制其所想尝试控制的地区，但实际上它只有 10 万人可以运用。所以劳伦斯说："我们的成功是可以断言的，因为只要了解空间与数量的比例之后，则马上就可以用简单的计算来加以证明。"这样的计算，即便是不免过于简单，但仍能代表一项概括性的真理。空间对兵力的比例的确是一个基本因素，但其效果却因为下述各项因素而有所变化——地区的形势，双方的相对机动性和双方的相对士气。崎岖的山地或森林地带对于游击队是最有利的。由于有了机械化地面兵力和飞机的发展，沙漠已经减低了其价值。都市地区是利害参半，但平均说来，还是对游击战有不利的趋势，尽管对于颠覆活动，那是最好的战场。

虽然山地和森林，就先天性质而言，可以对游击队的安全提供最佳的保障，同时也可以提供奇袭的机会，但是也并非完全有利无害。因为这样的地区，一定很难于获得补给，同时距离重要目标也一定较远。这些目标所包括的，又不仅是占领权力所呈现出来的弱点（尤其是交通线），而且还有应争取其合作的人民。一个游击运动若把自己的安全视为第一，则不久便会自动的熄灭，其战略应经常以打击敌人为目标。

空间与兵力的比例所代表的为数学加地理的因素，但这又与心理加政治的因素分不开，因为游击运动的前途和进展，都与作战地区中人民的态度有极密切的关系。从积极方面来说，他们应愿意帮助游击队，把情报和补给供给它；从消极方面来说，他们应不把情报供给敌人和帮助隐藏游击队。游击成功的主要条件即为应使敌人永远处于黑暗中，游击队则不仅了解当地的情况，而且对于敌人的部署和行动，也都有可靠的情报。因为游击队为了安全和奇袭的需要，大部分都在黑夜的掩蔽下行动，所以上述的条件也就至为重要。更进一步说，他们愈能获得迅速而详细的情报，则也就愈易于获得当地人民的支援。

游击战是这样的一种战争，即真正从事于战斗的人很少，但必须有赖多数人的支援。虽然就其本身而言，它是一种最富有个别性的行动方式，但若欲作有效的行动和达到其目的，则又必须有群众的集体同情和支援。所以只有在配合着民族抵抗的号召、独立的要求和社会经济的不满心理时，这种作战才会有最高度的效力，因为这样可以使它变成一种意义远较广大的革命。

过去,游击战一向都是弱者的武器,所以主要是防御性的,但在核时代,它却逐渐发展成一种侵略的形式,特别适合于利用核僵持的情况。所以"冷战"的观念现在已经落伍了,而应该改称为"伪装战争"(camouflaged war)。

这种广泛的结论却也引出一个更深入的问题。西方国家的政治家和战略家若是足够聪明,当在企图对此种战争发展一种对抗战略时,就应该向历史学习,避免再犯过去的错误。

为什么在最近二十年间,这种战争会突然大为流行呢?其主要原因之一就是在丘吉尔领导之下,英国在 1940 年采取了一种在敌方占领国家内,尽量制造和培养民间抵抗运动的战争政策,希望用这种手段来对付德国人——这个政策又延伸及于远东,以对付日本。

当时,对于这种政策的推进是具有极大的热心,而且也视为毫无疑问,当德国的征服狂潮已经席卷了欧洲的大部分时,这也似乎是唯一足以抵抗希特勒控制的手段。同时,此种路线对于丘吉尔的心灵和脾气也最为契合,除了他的那种直觉性的固执,和一心只想击败希特勒而不计及任何一切后果的想法以外,他和劳伦斯也有密切的友情,而且也一向是他的崇拜者。他现在还认为有机会可以把劳伦斯用于阿拉伯相当有限地区中的技术,扩大用之于欧洲大陆。

假使若有人对于这种政策表示怀疑的话,就会显得他是缺乏决心,甚至于是不爱国,所以即便有人认为这种政策对于欧洲未来的复兴是有不利的影响,但却还是没有人愿意甘冒那种恶名而起来表示意见。战争常常是一方面做着恶事,而另一方面又希望这种恶事能产生很好的结果,所以若想严辨善恶,则没有不影响决心者。更进一步说,谨慎小心的路线在会战中往往是一种错误,但此种路线却常为人所采用,相反的在战争政策的较高阶层中,谨慎小心的路线是很少受到欣赏的,但事实上在这个阶层中,那往往是比较聪明的,尽管通常总是不负人望的。在战争的狂热中,公众意见所要求和拥护的都是一些最激烈的措施,而不考虑其后果。

那么结果又怎样呢?武装的抵抗毫无疑问的曾经给德国人以相当的牵制,以西欧而言,功效最显著的是在法国。此外,在东欧和巴尔干,也曾对德国人的交通线构成严重的威胁,最足以说明他们的功效者,是德国指挥官们所提供的证据。正好像在爱尔兰叛乱时的英军指挥官一样,他们对于应付游击性敌人的负担感到非常厌倦,因为后者能获得人民的掩护,并能作突如其来的打击。

但若仔细地分析,可以发现必须要有一支强大的正规兵力,正在与敌人作正面的搏斗时,游击队始能发挥其牵制的功效。若是没有强大的攻势吸引住敌方的主要注意力,则游击队的行动最多不过是产生一点扰乱作用而已,并无太大的价值。

在这种情况之下,他们的效力是远不如广泛的消极抵抗——而对于本国人民所造成的损害却远较巨大。他们所挑起的报复是远比敌人所受到的损失为严重,他们使敌方部队有了采取暴力行动的机会,对于一个驻在不友好国家领土上的部队,往往是一种放松神经的乐事,游击队所直接造成的,以及在报复过程中间接造成的物质损害,只会使其自己的人民感受痛苦,而且最后又会变成未来重建国家时的障碍。

但是最严重的,也是最持久的创伤还是在精神方面。在爱国的号召之下,武装抵抗运动也吸收了许多的恶势力,使他们有好听的借口来无恶不作。这诚如约翰逊博士(Dr. Johnson)的名语所云:"爱国心是一个恶棍的最后掩护。"更坏的是整个下一代的青年人也都受到此种恶劣的精神影响,在对抗占领当局的战斗中,使他们养成了藐视权威和破坏道德规律的习惯,以至于在侵入者已经离去之后,仍旧很难恢复正常的"法律与秩序"。

暴力的习惯在非正规战争中所生的根,是要比在正规战争中较深。在正规战争中,还有服从权威的习惯与之抵消,而在非正规战争中,一切不服从权威和破坏规律的行动都被视为美德,成为鼓励的对象。所以在这种已经被挖空了的基础上,也就很难重建一个安定的国家。

在我与劳伦斯本人对他的阿拉伯战役作了一番讨论之后,开始使我认清了游击战的危险后果。我对于那次战役所写的书,以及对于游击战理论所作的阐述,在上次大战时曾经被许多突击单位和反抗运动的领袖们当作一种指导方针来看待。温格特(Wingate)当时还是一位在巴勒斯坦服务的上尉,他在二次大战爆发之前,特地来看我,并说明他有将这种理论作较广泛应用的想法。(译者注:温格特在巴勒斯坦服务时,曾帮助犹太人组织地下自卫武力。以后温格特在缅甸曾主持深入敌后的作战,颇具战功并升任少将。)但是我在那个时候即已开始发生了疑惑——那并不是对于其眼前的效力,而是对于其长远的效果。因为作为土耳其人的承继者,我们英国人现在在劳伦斯所曾经撒播阿拉伯叛乱种子的同一地区中,也正遭遇着同样的困难。

当我再研究一个世纪以前的半岛战争军事史,以及其后的西班牙史时,这种疑惑也就更为加深了,在那次战争中,拿破仑虽然能够击败西班牙的正规陆军,但其成功至终被西班牙的游击队所抵消。作为是一个对抗外国征服者的民间起义行动,那要算是历史纪录上最有效的一次。它不仅取消了拿破仑对西班牙的控制,而且也动摇了其权力的基础,所以实在是比威灵顿的胜利还更伟大,但是它不曾替解放后的西班牙带来和平。因为接踵而来的即为一种武装革命的流行病,一直延续了半个世纪之久才平息——但在这个世纪又再度爆发了。

另外一个不祥的例证,就是1870年,法国人为了困扰德国侵入军而创造的"自由射击者"(franc-tireurs),结果也还是变成了作法自毙。他们那些人对于侵入军只能发生极轻微的扰乱作用,而在国内却发展成为自相残杀的斗争,即所谓巴黎公社(Paris Commune)之乱。而且此种"不合法"的传统在以后的法国历史上,也形成了一种永久性的弱点。

那些曾经计划发动暴力叛乱,并将其当作我们战争政策之一部分的人,实在是太轻忽了这些历史的教训。在战后的时代中,对于西方同盟的平时政策已产生了严重的影响——而不仅只是在亚非二洲鼓励反西方运动而已。譬如以法国而论,那是早就可以认清,比起未来政治和道义上的不利影响,那种地下抵抗的军事效力实在是得不偿失。此种疾病还仍在传播。除了养成一种不现实的看法以外,它也破坏了法国的安定,并危险地削弱了北大西洋公约组织的地位。

现在开始学习历史的教训似乎也还不太迟。不过由于敌人的这种"伪装战争"的活动已经使我们受到了很大的损失,于是也就使人想到我们应该采取同样的反攻行动,即以其人之道还治其人。但更聪明的想法是我们不应走敌人的旧路,而应设法去寻求一种更微妙和更具远见的对抗战略。无论如何,那些拟定政策和执行政策的人,对于这个主题是必须要有比前人更深入的了解。

附录:李德·哈特及其思想

钮先钟

引　言

李德·哈特为 20 世纪的伟大战略思想家,他在 1970 年逝世,我早就想为他写一篇纪念文,但由于事冗,一直都不曾下笔。最近在英国《三军联合季刊》(*RUSI*)上看到有人写了一篇论李德·哈特的文章,深感他的思想到今天已经受到很多误解,尤其是英国的后辈对于先贤如此缺乏了解,更令人浩叹。所以遂决定草拟本文以供研究战略思想的人士参考。

李德·哈特生于 1895 年,殁于 1970 年,享年 75 岁。当一次世界大战爆发时,他还是剑桥大学的学生(主修现代史),投笔从戎之后在索姆河会战(1916 年)中曾受到毒气重伤。战争结束时,升到上尉官阶。1924 年从陆军中退役,从此以写作为生。李德·哈特真可算是多产作家,他所写的文章几乎多到难以计算。专以 1927 年而论,他在报纸上发表过 140 篇专栏文章。所出版的专书多达 30 余种。所以,"著作等身"对他而言,绝非虚誉。尽管如此,这样多的著作随着时代的演进有许多都已丧失其价值,到今天仍可传世者已经不多。研读他的重要著作,我们不仅可以了解其思想,而且也可以肯定其贡献。

概括言之,李德·哈特的思想是经过几个阶段的演变。最初只注意到战术层面,接着升高到(军事)战略层面,再进步到大战略层面,及至晚年,他更潜心历史研究,并进入哲学的境界。当然,他同时也无法脱离现实,所以从 20 年代到 70 年代,他也曾对英国政府,甚至整个西方世界,提出很多具体的建议。因此,他所留下来的思想遗产实在是太丰富,要想加以概括的论述的确很不容易。

为了简便起见,谨依照上述的演变顺序来分段分析。不过限于篇幅,所重视的是可以传世的部分,至于那些只与某一时代有关的部分则不予论列。

早 期 的 思 想

李德·哈特被公认为闪击战的先知者,这似乎已无疑问。不过,事实上,他在此思想领域中的地位至少还是仅次于富勒(J. F. C. Fuller)。李德·哈特与富勒在思想上的关系是一个非常有意义的问题,值得深入分析。李德·哈特不曾受过任何正规军事教育,但他的确有高度的天才,到一次大战末期即以对步兵战术的研究受到英国陆军当局的赏识。不过严格说来,他此时对于战略和战史等较高深的学问还没有什么成就。

李德·哈特之所以能走上学术研究的道路,实在应归功于富勒的提携和指导。富勒生于 1878 年,比李德·哈特年长 17 岁,他是正规军人出身,一次大战时已官居上校,任英国唯一坦克军(Tank Corps)的参谋长。所以他对于李德·哈特而言,不仅年长而且资深,至少是师友之间。从 1920 年开始,李德·哈特即完全接受富勒的意见,认为坦克将是未来战争中的决定性武器。在这个阶段,他对于富勒也推崇备至,下面一段话可以作为证明:

> 您是机械化领域中的导师,而我的皈依却到 1921 年才完成。我一向只在步兵战术领域中探索,对于机械化战争毫无研究。我早就佩服您的渊博。虽然我的心灵在能力和范围上也正在发展,但我却经常承认您的优越地位。

从那个时候开始,他们两人即共同努力于装甲战思想的提倡,虽然在细节上彼此仍然常有争论,但大体上,他们的意见是一致的。至于他们对于历史的贡献则很难分高下,尽管在二次大战之后,德国军人都比较推崇李德·哈特。古德里安在《德国百科全书》(Der Grosse Brockbaus)中称李德·哈特为"机械化战争理论的创始者"。事实上,这个尊号应属于富勒。

富勒对李德·哈特的思想启发又还不仅限于装甲战的领域。受到富勒的指导,他开始扩大其研究的范围,加深其思考的层次。他开始了解战争是一种社会和政治现象,同时所注意的已经不再是战术而是战略。不过,李德·哈特非常人也,他的思想虽以富勒为源头,但并不受其限制。所以遂能青出于蓝,另立宗派而成为一代大师。他们之间的关系真可算是学术史上的佳话。

间 接 路 线

假使说思想也和货品一样有商标，则"间接路线"就可以算是李德·哈特的商标。从 1925 年开始，李德·哈特就一直从事于历史的研究，并且希望从这种研究中找到战略的精义。到 1929 年，他出版了一本书名为《历史中的决定性战争》(*The Decisive Wars of History*)，所谓"间接路线"的战略观念也就是在此时正式公开发表。在此必须指出这本书的书名有一点小毛病，因为从历史家的观点来看，具有决定性的是"会战"而不是"战争"。

他以后在其回忆录中曾综述其当时的想法："必须对全部战争历史加以研究和反省，然后始能充分了解间接路线艺术的真意。"尽管"间接路线"的观念是在 1929 年即已提出，但李德·哈特的思想还是经过长时间的演进，始臻于成熟。他到 1941 年才正式采用《间接路线的战略》(*The Strategy of Indirect Approach*)为书名。到 1945 年二次大战结束时，其书扩大再版，并成为当时各国参谋学院的必读之书。李德·哈特到此时也开始名满天下，这又与德国将军对他的推崇不无关系。

1945 年，第一颗原子弹爆炸之后，李德·哈特又把他的书扩大、修正、再版，并且换了个新书名：《战略论：间接路线》(*Strategy：The Indirect Approach*)。1967 年，李德·哈特已垂垂老矣，他又把这书扩大再版，这也就是其生前的最后一版。事实上只增加了一章，其余内容几乎毫无改变。

间接路线虽是他毕生提倡的战略观念，但他从不曾宣称那是他的发明。事实上，他虽曾创造此一名词，但其内容又都是古已有之的观念。不过，由于时代的演进，这些旧观念遂被忽视或遗忘，于是李德·哈特在研究历史时遂再度发现它们。他不仅恢复原有的观念，而且更依过去战争中的教训予以综合组织，并作有系统的解释，而成一家之言。

他自称基于对 30 个战争、280 多个战役的研究，发现其中只有 6 个是用直接路线而能获致决定性战果。其余均属于间接路线的范畴。所以，他作结论说：间接路线实为最有希望和最经济的战略形式。当他最初使用此一名词时，那只具有地理意义。他指出："名将宁愿采取最危险的间接路线，而不愿驾轻就熟走直接路线。必要时，只率领小部分兵力越过山地、沙漠，或沼泽，甚至于与其本身的交通线完全断绝关系。"但以后，他又发现所谓"路线"不仅具有实质意义，而更具有抽象意义，所以他说："从历史上看来，除非路线具有足够的间接性,否则在战争中就很难产生效果。此种间接性虽常是物质的,但却一定是心理的。"他又指出"敌人心理平衡的动摇实为胜利的主要条件"。

间接路线是一种抽象原则,李德·哈特对于其实际应用又另有一套理论,他称之为"公理"(axiom)。他认为从战史的研究中可以发现若干经验性的"公理"。他把它们一共归纳成为八条:六条是正面的,两条是反面的,并且认为对于战略和战术都同样适用。

正面六条为:(一)调整目的以适应手段;(二)心中经常保持目标而计划则应适应环境;(三)选择期待最低的路线(方向);(四)利用抵抗最小的路线;(五)采取能同时到达几个目标的作战线;(六)计划和部署都必须有弹性而能适应环境。

反面两条为:(七)当对方有备时慎勿倾全力作孤注一掷的进攻;(八)失败后勿用同一路线(或同一形式)再发动攻击。

李德·哈特认为他这套公理并非所谓"战争原则",而对后者则颇有微词,尽管那正是富勒所提倡的。事实上,他对战争原则的批评不免过火,而他的公理与原则相差也非常有限,最多不过是五十步笑百步而已。李德·哈特认为战略是艺术,战争原则过分简化,不切实际。但富勒却认为其间接路线正犯同样毛病。富勒说:"若认为间接路线是万应灵丹实乃大错。"

事实上,李德·哈特并无把间接路线视为万应灵丹的意图,不过由于过分地强调,遂不免有言过其实之嫌。李德·哈特为什么会如此?要了解这一点则又必须先分析其在一次大战之后的心态。战争结束后,李德·哈特九死一生捡得一条性命,他在痛定思痛之余,对于战争期间那些高级将领(尤其是英国的海格)只知蛮攻硬打,而完全不用头脑,坐视许多青年冤枉地牺牲在西方战场上,真是深恶痛绝,所以在思想上也就自然地产生反动,他说:"好斗(pugnacity)是与战略完全相反。"这不仅暗示他有所为而发,更可以表示他已经从惨痛的经验中学得了一项重要教训,那就是正如刘邦向项羽所说的话:"吾宁斗智不斗力。"

间接路线就是斗智,直接路线就是斗力。在战略领域中应该尽量斗智不斗力,这个大原则是绝对不错,所以我们对于李德·哈特有时不免言论偏激应该加以谅解。从这里又可导出另一个问题,那就是李德·哈特在思想上与孙子的关系。他在 1927 年以前还不曾读过《孙子》,但其思想早已与孙子有许多地方不谋而合。到 1929 年首创间接路线时,他不仅已经读过《孙子》,而且也已深受《孙子》的影响。他以后在其著作的卷首列举《孙子》语录十三条,即可为证明。用《孙子》的"术语"来表达:直接就是正,间接就是奇,所谓间接路线不仅为迂直之计,而也正是奇正之变。

李德·哈特到了晚年对于孙子更是推崇备至。他在 1963 年替格里菲斯(Sannel B. Griffith)所新译的《孙子》英文本作序时,曾指出《孙子》为世界上最古老的兵书,但在思想的渊博和深入程度上,从无后人能够超越他。他又说在过去所有的军事思想家之中,只有克劳塞维茨可与其比较,但甚至于他还是远比孙子"陈旧",尽管他的著作晚了两千年。他最后说:"《孙子》这一本书所包括的战略和战术基本知识,几乎像我所著的 20 多本书中所包括的分量一样多。"

有趣的是,李德·哈特对于克劳塞维茨的态度与其对孙子的态度几乎成强烈对比。虽然他说克劳塞维茨可与孙子比较,但概括言之,他对克劳塞维茨的批评是贬多于褒。而且他对于克劳塞维茨的思想不仅不太重视,甚至于还颇多误解。对于其原文的引用也往往断章取义,对其思想的解释常有扭曲,不正确、不公平之嫌。为什么会这样?似乎不难解释。孙子论将把"智"列为第一位,克劳塞维茨论军事天才把"勇"列为第一位。尤其是克劳塞维茨的言论,从表面上看来,不无崇尚暴力的趋势,而那正是李德·哈特所最厌恶的。

战略与大战略

间接路线虽可算李德·哈特的商标,但他在战略思想领域中的贡献又非仅此而已。就最基本的层面来说,李德·哈特对战略所下的定义不仅简明扼要,而且更有其特点。他说:"战略为分配和使用军事工具以达到政策目标的艺术。"英国当代战史大师霍华德(Michael Howard)认为这个定义至少和任何其他定义一样好,而且比其中大多数均要好。他这个定义至少有三个优点:(一)明白说明手段与目的之间的关系,足以表明战略为工具之学;(二)扩大战略所涵盖领域,不限于战争或战时;(三)提出"分配"(distribution)观念,为过去所有战略家所未注意者。李德·哈特的定义直到今天仍为许多从事战略研究的学者所采用,不过又并非毫无缺点:(一)他的定义只能适用于传统军事战略范畴(李德·哈特曾称之为纯战略);(二)他虽提出"分配"的观念,但并未考虑"发展"(development)的观念,似美中不足。

照霍华德的分类,李德·哈特要算是最后一位"古典"战略家(classical strategist),他的思想主流都是在先核时代(pre-nuclear age)发展成形。尽管如此,他又仍为核时代的少数战略先知之一。人类对于核时代的来临,反应相当迟钝,但李德·哈特在 1946 年即已出版一书名为《战争革命》(*The Revolution in Warfare*)。他在书中指出核武器的出现已使全面战争变成荒谬的自杀行为,这也意味着将来核国家之间若发生战争只能采取有限形式。

尽管当时李德·哈特已名满天下,但他的思想对于美国官方并未产生任何影响,美国将军仍在准备打上次的战争,并且把核武器视为另一种武器而已。1950 年他出版《西方的防卫》(*Defense of the West*)1960 年又出版《阻吓或防御》(*Deterrent or Defense*),这些书都可以代表最早期的核战略理论。但仍然曲高和寡,不过他在美国政界至少有一位知音,那就是肯尼迪总统。肯尼迪说:"没有任何其他的军事专家能比李德·哈特赢得更多的尊敬和注意。在两代人的时间内,曾经把具有稀有想像力的智慧带入战争与和平的问题中。他的预测和警告时常是不幸而言中。"

从现代战略思想的观点来看,李德·哈特的最大贡献可能是在大战略的领域中。虽然大战略的名词和观念由来已久,但在当代战略家中,李德·哈特实为最早重视此一领域并曾作相当深入探讨的第一人。在《战略论》中不仅一再提到大战略的观念和运用,而且还辟有专章(第四篇第二十二章)。诚然,他的研究还是以军事战略为主,但他对大战略研究的倡导可谓开风气之先。他指出:"大战略领域大部分仍为未知,仍有待于探勘和了解。"他又说:"要想对这个更宽广的主题作适当探讨,不仅需要更多的篇幅,而且还可能得另写一本新书。"

李德·哈特对于大战略虽只作简略的检讨,但要言不烦,对于尔后的研究者能提供不少的启示。他指出:"大战略的任务为协调和指导所有一切的国家(或国家组合)的资源,以达到战争的政治目标。"他又说:"大战略应计算和发展国家经济资源和人力支持战斗力量。同时还有精神资源也和具体形式的力量一样重要。……军事权力仅为大战略工具中之一种,大战略更应考虑应用政治压力、外交压力、商业压力、道义压力以来减弱对方的意志。"最后,他更指出:"战略的眼界以战争为限,大战略的视线必须超越战争而看到战后的和平。"

李德·哈特在讨论大战略时,一再的流露出其哲学思想。有许多名言都值得重视。他说:"战争的目的为获得较好的和平。"国家在战争中不可专心求胜,而把国力消耗殆尽,否则将无以善其后。他又以东罗马(拜占庭)为例,说明"持盈保泰"的重要。他对于现代世界提出警告:"工业化已经使所有国家在命运上变得不可分。政治家的责任为永远不应忽视现实而追求胜利的幻想。"

虽然,他对于大战略并未作较深入的研究,而且在这一方面的思想也未能构成严谨的体系,这很可能是由于到 60 年代,他已经体力渐衰,心有余而力不足。尽管如此,其著作中关于这一方面的遗产,即令只是一鳞半爪,也还是弥足珍惜。

为什么不向历史学习

像所有一切著名的古典战略家一样,他们的研究都是以历史为基础,而且有时甚至于可以说,他们对历史的兴趣或造诣要比对战略还要更较深入。李德·哈特与克劳塞维茨在思想方面有很多差异,但在这一方面却完全一样。在其晚年,李德·哈特更是把其全部精力都投在历史上。他在辞去伦敦国际战略学会(Institute for Strategic Studies)理事时,曾致函其会长巴肯(Alastair Buchan)指出他准备集中其全部剩余精力在历史方面,因为那是他最感兴趣者。

李德·哈特写了很多历史,其第一和第二两次大战史更是不朽之作。不过有一本小书却最足以表现其历史思想。这本书名为《为何不向历史学习?》(中译本改名《殷鉴不远》)。李德·哈特虽不是一位史学专家,但他治学态度的严谨和客观,绝不逊于专业性的学者。他认为历史的目标就是求真(truth)。他又慎重地解释:"发现事实真相,并解释其原因,即寻找事相之间的因果关系。"

李德·哈特对于历史的贡献采取一种保守的看法,他说:"作为一个路标(guiding signpost),历史的用途很有限,因为虽能指示正确方向,但并不能对道路情况提供明细资料。不过,作为一个警告牌(warning sign)的消极价值则比较明确。历史可以指示我们应该避免什么,即便并不能指导我们应该做什么!它所用的方法就是指出人类所最易于重犯的若干最普通错误。"

他引用俾斯麦的名言:"愚人说他们从经验中学习,我则宁愿利用他人的经验。"历史是宇宙性的经验,比任何个人的经验都更长久,更广泛,更复杂多变。不过,李德·哈特又很认真地指出:"史学家的正确任务就是把经验蒸馏出来以作为对未来时代的一种医学警告,但所蒸馏出来的东西并不是药品。假使他已竭尽其所能,并忠实达成此种任务,则他也就应该心满意足。如果他相信后代一定会吸收此种警告,则他也就未免过分乐观。历史在这一方面至少已对史学家提供一项教训。"

他这段话固然有一点讽刺,但也正是针对人类的弱点,那就是不向历史学习而一再重蹈覆辙。李德·哈特对于人性的弱点有深刻认识。他指出:"那些影响国家命运的大事,其决定基础往往不是平衡的判断而是冲动的感情,以及低级的个人考虑。"人往往大事糊涂,小事精明,明足以察秋毫之末而不见舆薪。这样的事实不胜枚举,深值警惕。李德·哈特曾指出 1939 年的波兰外长贝克(Joseph Beck),在一支烟还没抽完的时间中即已决定该国的命运。

所以,他说如果能因研究历史而认清人性弱点,则应哀矜而勿喜。对犯错的人不要随便加以谴责,但必须努力使自己不再犯同样错误。因此,他强调历史对个人的基本价值。历史教我们以"人生哲学"(personal philosophy)。他又引述罗马史学家波里比乌斯(Polybius)的话:"最具有教训意义的事情莫过于回忆他人的灾难。要学会如何庄严地忍受命运的变化,这是唯一的方法。"简言之,历史意识能帮助人类保持冷静,渡过难关。历史指出最长的隧道还是有其终点。于是也就能增强苦撑待变的信心和勇气。

结　　论

李德·哈特不仅著作极多,而且也名满天下,仅凭这样简短的叙述,实在很难对其思想和成就作一完整介绍。不过文章总是要结束,现在就引述霍华德的意见来作为结论。霍华德首先指出:"50 余年来,其研究的渊博和深入已经使军事思想本身的性质发生变化"。但是李德·哈特对于人类的贡献却非仅限于军事思想,甚至于也不限于任何学术领域。李德·哈特不仅为战略家和史学家,他是一位通儒,也就是一位哲学家。

李德·哈特的本性使他无法仅在某一有限领域中从事专精的研究。他早在 1925 年就曾这样地说:"尽管在任何部门的专业经验是有益于专技的养成,但把眼光集中在技术问题上将会产生使视界狭窄的恶劣趋势。"所以,诚如霍华德所云,他是古代"圣贤"(sages)中的最后一位。他在学术思想领域中的地位正像法国的伏尔泰(Voltaire),英国的罗素(Russell)和萧伯纳(Bernard Shaw)。李德·哈特不仅是一位战略家,正像罗素不仅是一位数学家,萧伯纳不仅是一位剧作家一样。

到他晚年,他的思想也就更有炉火纯青,超凡入圣的趋势。他所发表的言论有时看来似乎很粗浅,但实际上却是至理名言,值得回味。现在就引述一段话以代表他对后世的永恒忠告:"研究战争并从历史学习。尽可能保持坚强,但无论如何都应保持冷静,要有无限的耐心。不要欺人太甚,经常帮助他维持面子。万事均应替对方着想,必须避免自以为是的态度。"

图书在版编目(CIP)数据

战略论:间接路线/(英)哈特著;钮先钟译.
上海:上海人民出版社,2010
书名原文:Strategy：the indirect approach
ISBN 978 - 7 - 208 - 09202 - 0

Ⅰ.①战… Ⅱ.①哈… ②钮… Ⅲ.①战略学
Ⅳ.①E81

中国版本图书馆 CIP 数据核字(2010)第 044927 号

责任编辑　苏贻鸣　张晓玲
封面设计　尚源光线

战略论:间接路线

[英]李德·哈特 著

钮先钟 译

出　　版　上海人民出版社
　　　　　(201101　上海市闵行区号景路 159 弄 C 座)
发　　行　上海人民出版社发行中心
印　　刷　江阴市机关印刷服务有限公司
开　　本　720×1000　1/16
印　　张　21.25
插　　页　4
字　　数　352,000
版　　次　2010 年 4 月第 1 版
印　　次　2024 年 4 月第 13 次印刷
ISBN 978 - 7 - 208 - 09202 - 0/E・39
定　　价　75.00 元

"独角兽·历史文化"书目

［英］佩里·安德森著作

《从古代到封建主义的过渡》

《绝对主义国家的系谱》

《新的旧世界》

［英］李德·哈特著作

《战略论：间接路线》

《第一次世界大战战史》

《第二次世界大战战史》

《山的那一边：被俘德国将领谈二战》

《大西庇阿：胜过拿破仑》

《英国的防卫》

［美］洛伊斯·N.玛格纳著作

《生命科学史》（第三版）

《医学史》（第二版）

《传染病的文化史》

《欧洲文艺复兴》

《欧洲现代史：从文艺复兴到现在》

《非洲现代史》（第三版）

《巴拉聚克：历史时光中的法国小镇》

《语言帝国：世界语言史》

《鎏金舞台：歌剧的社会史》

《铁路改变世界》

《棉的全球史》

《土豆帝国》

《伦敦城记》

《威尼斯城记》

《工业革命（1760—1830）》

《世界和日本》

《激荡的百年史》

《论历史》

《论帝国：美国、战争和世界霸权》

《社会达尔文主义：美国思想潜流》

《法国大革命：马赛曲的回响》

阅读，不止于法律。更多精彩书讯，敬请关注：

微信公众号　　　　微博号　　　　视频号